职业教育城市轨道交通专业系列教材

城市轨道交通电工电子

主　编　于　涛
副主编　居永梅
参　编　杨永奇　丁　楠　张利彪
　　　　田海燕　张在龙
主　审　仇海兵

机械工业出版社

本书从项目式教学的角度出发，对城市轨道交通系统中涉及的电工电子知识进行了全面的介绍。书中针对目前国内城市轨道交通设备使用的实际情况，从培养学生的实际操作能力入手，建立了十三个学习项目。本书内容包括城市轨道交通电工认知、直流电路认知、交流电路认知、磁路和变压器的应用、牵引电动机、低压电器与控制电路、半导体器件、继电器、整流器及其应用、晶体管放大电路、蓄电池、数字电路认知、安全用电等。

本书可作为城市轨道交通机电维修作业人员、车辆段（场）列检员和车辆维修作业人员的培训教材，也可作为车站站务员学习一般电工电子知识的普及教材，同时可作为高等职业院校城市轨道交通及相关专业的教材和教学参考书，也可供从事城市轨道交通运营与机电维修的专业技术人员参考。

为方便教学，凡选用本书作为授课教材的教师均可登录 www.cmpedu.com 以教师身份免费注册下载电子课件。编辑热线：010-88379865。

图书在版编目（CIP）数据

城市轨道交通电工电子/于涛主编．—北京：机械工业出版社，2011.8（2025.8 重印）

职业教育城市轨道交通专业系列教材

ISBN 978-7-111-34543-5

Ⅰ.①城…　Ⅱ.①于…　Ⅲ.①城市铁路—轨道交通—电工技术—职业教育—教材　②城市铁路—轨道交通—电子技术—职业教育—教材
Ⅳ.①U239.5

中国版本图书馆 CIP 数据核字（2011）第 121168 号

机械工业出版社（北京市百万庄大街 22 号　邮政编码 100037）
策划编辑：曹新宇　责任编辑：曹新宇　王莉娜
版式设计：张世琴　责任校对：刘怡丹
封面设计：王伟光　责任印制：常天培
河北虎彩印刷有限公司印刷
2025 年 8 月第 1 版第 22 次印刷
184mm×260mm・17.25 印张・426 千字
标准书号：ISBN 978-7-111-34543-5
定价：44.80 元

电话服务	网络服务
客服电话：010-88361066	机　工　官　网：www.cmpbook.com
010-88379833	机　工　官　博：weibo.com/cmp1952
010-68326294	金　　书　　网：www.golden-book.com
封底无防伪标均为盗版	机工教育服务网：www.cmpedu.com

职业教育城市轨道交通专业系列教材
编 写 委 员 会

出版说明

目前我国正在经历着有史以来规模最大的城市轨道交通建设。城市轨道交通的高速发展，带来了对城市轨道交通专业人才的巨大需求，这一需求为职业教育城市轨道交通专业的发展带来了良好契机。目前国内开设城市轨道交通专业的院校正逐年增多，但是适合于职业教育的教材却很少，特别是专门为职业教育量身设计的、注重实际操作技能及管理技能的教材几乎没有。机械工业出版社根据教育部大力发展职业教育的要求，为促进职业教育城市轨道交通专业教学的交流与推广，推动职业教育城市轨道交通教材建设，培养符合企业实际需求的应用型、综合性人才，特组织国内开设城市轨道交通专业的院校的优秀教师及院校编写了此套教材。

为了做好教材的编写工作，机械工业出版社特别成立了由著名专家组成的教材编写委员会。这些专家对城市轨道交通专业教学作了深入细致的调查研究，对教材编写提出了许多建设性意见，并慎重地对每一本教材一审再审，确保教材本身的高质量高水平，并对教材的教学思想和方法的先进性、科学性严格把关。这套教材出版后，我们将根据各职业院校的教学计划，举办如何高效使用教材的教师培训，及时地将其推荐给各职业院校选用。希望职业院校的师生在使用教材后及时反馈意见和建议，使我们能更好地为教学改革服务。

机械工业出版社

前　言

目前，我国城市轨道交通建设和运营都处于快速发展时期，已建成并开通城市轨道交通的有北京、上海、天津、广州、南京、武汉、长春、大连、重庆、成都、沈阳等十余个城市共三十多条线路，运营里程已经超过1 000公里，为形成城市轨道交通网络，这些城市仍正在继续加紧建设城市轨道交通；在建或准备建设城市轨道交通的城市有杭州、哈尔滨、西安、苏州、无锡、宁波、青岛等。

世界上第一条地铁——伦敦地铁与电并无关系，但随着科学技术的不断进步与发展，电已经成为地铁能够快速、安全、准确、高效运行和提供良好运营服务的必要因素。地铁系统中牵引供电、车辆、通信信号、车站机电设备无一例外地和电工电子联系在一起。随着我国城市轨道交通的快速发展，迫切需要大量的城市轨道交通机电与车辆维修等专业技术人才，其中“城市轨道交通电工电子”是培养合格的城市轨道交通人才的必修课程之一，本书的出版也填补了城市轨道交通类课程的这一空白。

本书以项目形式编写，以和城市轨道交通各子系统中机电设备相关的电学知识和操作技能为主，对城市轨道交通电工电子进行了较详细、全面的描述，其内容包括城市轨道交通电工认知、直流电路认知、交流电路认知、磁路和变压器的应用、牵引电动机、低压电器与控制电路、半导体器件、继电器、整流器及其应用、晶体管放大电路、蓄电池、数字电路认知、安全用电十三个项目。

本书可作为城市轨道交通机电维修作业人员、车辆段（场）列检员和车辆维修作业人员的培训教材，也可作为车站站务员学习一般电工电子知识的普及教材，同时可作为高等职业院校城市轨道交通及相关专业的教材和教学参考书，也可供从事城市轨道交通运营与机电维修的专业技术人员参考。

本书的编写工作分工如下：于涛编写项目一、项目三和项目四；居永梅编写项目二、项目六和项目八；田海燕编写项目五和项目七；张利彪编写项目九和项目十三；杨永奇编写项目十；丁楠编写项目十二；张在龙编写项目十一；于涛担任主编，负责设计全书的框架及编写思路；于涛和居永梅共同完成全书的统稿工作；仇海兵担任主审。

全书在编写和统稿过程中，得到了京港地铁运营有限公司的刘晓庆、成都地铁运营有限公司的张晨明和铁道第五设计研究院的孙青梅等技术骨干和专家的帮助，并对本书的编写思路和内容提出了许多中肯的意见，在此表示深深的谢意！

鉴于编写人员技术水平及实践经验的局限性，对各种问题分析和处理不免有不足之处，敬请读者反馈，以便今后修订和完善。我们真诚地期待广大读者和同行多提宝贵意见！

编　者

目　　录

前言

项目一　城市轨道交通电工认知 ………… 1

【知识要点】 ………… 1

【项目任务】 ………… 1

【项目准备】 ………… 1

【相关理论知识】 ………… 1

一、城市轨道交通电气设备的组成 ………… 2

二、轨道线路与轨道电路 ………… 4

三、城市轨道交通车辆与车辆电气 ………… 6

四、城市轨道交通供电系统 ………… 9

五、城市轨道交通车站动力照明系统 ………… 15

【项目实施】 ………… 18

实训任务　认识轨道交通电气系统 ………… 18

【复习思考题】 ………… 19

项目二　直流电路认知 ………… 20

【知识要点】 ………… 20

【项目任务】 ………… 20

【项目准备】 ………… 20

【相关理论知识】 ………… 20

一、电路及其基本物理量 ………… 20

二、电阻、电容、电感 ………… 23

三、欧姆定律 ………… 32

四、电路中电位的计算 ………… 36

五、基尔霍夫定律 ………… 37

六、叠加定理和戴维南定理 ………… 39

【项目实施】 ………… 41

实训任务一　基本元件的认知与测量 ………… 41

实训任务二　测量基本电参数 ………… 44

【复习思考题】 ………… 46

项目三　交流电路认知 ………… 50

【知识要点】 ………… 50

【项目任务】 ………… 50

【项目准备】 ………… 50

【相关理论知识】 ………… 50

一、交流电的产生和基本概念 ………… 50

二、交流电的表示方法 ………… 52

三、纯电阻、纯电感、纯电容元件的交流电路 ………… 54

四、*RLC* 串联电路及其谐振现象 ………… 58

五、*RLC* 并联电路及其谐振现象 ………… 60

六、功率因数的提高 ………… 61

七、三相交流电路 ………… 61

【项目实施】 ………… 65

实训任务　测量三相交流电压和电流 ………… 65

【拓展与提高】 ………… 67

【复习思考题】 ………… 70

项目四　磁路和变压器的应用 ………… 74

【知识要点】 ………… 74

【项目任务】 ………… 74

【项目准备】 ………… 74

【相关理论知识】 ………… 74

一、磁路 ………… 74

二、变压器的基本原理 ………… 78

【项目实施】 ………… 86

实训任务一　认识变压器 ………… 86

实训任务二　认识变压器铁心与绕组 ………… 86

实训任务三　测试小型单相变压器 ………… 87

【拓展与提高】 ………… 89

【复习思考题】 ………… 91

项目五　牵引电动机 ………… 93

【知识要点】 ………… 93

【项目任务】 ………… 93

【项目准备】 ………… 93

【相关理论知识】 ………… 93

一、三相异步电动机 ………… 93

二、直流电动机 ………… 103

【项目实施】 ………… 104

实训任务　检测电动机 ………… 104

【拓展与提高】 ………… 104

【复习思考题】 ………… 107

项目六　低压电器与控制电路 ………… 109

【知识要点】 ………… 109

【项目任务】 ………… 109

【项目准备】 ………… 109

【相关理论知识】 …………………………… 109
一、几个常用的低压电器 ……………………… 110
二、三相异步电动机的控制电路 ……………… 119
【项目实施】 ……………………………… 128
实训任务一 电动机全压起动 ……………… 128
实训任务二 电动机正反转电路 …………… 129
【拓展与提高】 …………………………… 129
【复习思考题】 …………………………… 130
项目七 半导体器件 ……………………… 133
【知识要点】 ……………………………… 133
【项目任务】 ……………………………… 133
【项目准备】 ……………………………… 133
【相关理论知识】 ………………………… 133
一、半导体与二极管 ……………………… 133
二、晶体管 ………………………………… 138
三、晶闸管 ………………………………… 142
四、门极关断晶闸管 ……………………… 145
【项目实施】 ……………………………… 147
实训任务一 二极管好坏的判别和极性判别 ……………………………… 147
实训任务二 晶体管引脚和类型的判别 …… 148
实训任务三 使用万用表测试法和电珠测试法 ……………………………… 149
【拓展与提高】 …………………………… 149
【复习思考题】 …………………………… 152
项目八 继电器 …………………………… 154
【知识要点】 ……………………………… 154
【项目任务】 ……………………………… 154
【项目准备】 ……………………………… 154
【相关理论知识】 ………………………… 154
一、继电器及其继电特性 ………………… 154
二、继电器的触点形式 …………………… 154
三、继电器的种类及其工作原理 ………… 155
四、继电器的选用 ………………………… 159
【项目实施】 ……………………………… 160
实训任务一 认识继电器 ………………… 160
实训任务二 了解继电器的电气特性 ……… 161
【拓展与提高】 …………………………… 161
【复习思考题】 …………………………… 163
项目九 整流器及其应用 ………………… 164
【知识要点】 ……………………………… 164
【项目任务】 ……………………………… 164
【项目准备】 ……………………………… 164
【相关理论知识】 ………………………… 164
一、整流电路 ……………………………… 164
二、整流变压器 …………………………… 167
三、整流堆 ………………………………… 170
四、晶闸管整流电路 ……………………… 171
五、滤波电路 ……………………………… 176
六、直流稳压电路 ………………………… 177
七、逆变器 ………………………………… 179
【项目实施】 ……………………………… 184
实训任务一 测试整流桥 ………………… 184
实训任务二 测试晶闸管 ………………… 185
【拓展与提高】 …………………………… 187
【复习思考题】 …………………………… 189
项目十 晶体管放大电路 ………………… 191
【知识要点】 ……………………………… 191
【项目任务】 ……………………………… 191
【相关理论知识】 ………………………… 191
一、晶体管放大电路的认知 ……………… 191
二、集成运算放大器的认知 ……………… 197
三、设计简单的晶体管放大电路 ………… 201
【项目实施】 ……………………………… 202
实训任务 测量晶体管低频电压放大电路 …………………………………… 202
【拓展与提高】 …………………………… 204
【复习思考题】 …………………………… 205
项目十一 蓄电池 ………………………… 207
【知识要点】 ……………………………… 207
【项目任务】 ……………………………… 207
【项目准备】 ……………………………… 207
【相关理论知识】 ………………………… 207
一、常用蓄电池的分类及工作原理 ……… 207
二、蓄电池的失效 ………………………… 216
三、蓄电池的活化 ………………………… 217
四、镍镉蓄电池的调试 …………………… 218
五、城市轨道交通列车用蓄电池 ………… 219
【项目实施】 ……………………………… 220
实训任务一 检测镍镉蓄电池 …………… 220
实训任务二 蓄电池加注电解液 ………… 222
【拓展与提高】 …………………………… 223
【复习思考题】 …………………………… 224

项目十二　数字电路认知 ………………… 225
【知识要点】 ………………………………… 225
【项目任务】 ………………………………… 225
【项目准备】 ………………………………… 225
【相关理论知识】 …………………………… 225
一、数字电路概述……………………………… 225
二、门电路……………………………………… 229
三、触发器……………………………………… 236
四、计数器……………………………………… 240
【项目实施】 ………………………………… 243
实训任务一　设计组合逻辑电路………………… 243
实训任务二　测试译码器的逻辑功能…………… 243
【复习思考题】 ……………………………… 245
项目十三　安全用电 ……………………… 246
【知识要点】 ………………………………… 246
【项目任务】 ………………………………… 246
【项目准备】 ………………………………… 246
【相关理论知识】 …………………………… 246
一、电流对人体的作用及安全电压的
认识…………………………………………… 246
二、用电安全…………………………………… 253
【拓展与提高】 ……………………………… 264
【复习思考题】 ……………………………… 265
参考文献 ………………………………… 267

项目一　城市轨道交通电工认知

【知识要点】

1. 城市轨道交通由电力系统代替蒸汽系统的原因；
2. 城市轨道交通电气系统的组成；
3. 轨道电路的分类与作用；
4. 城市轨道交通车辆电气的组成；
5. 城市轨道交通的供电方式及其优缺点；
6. 城市轨道交通的照明与低压配电系统负荷等级的划分。

【项目任务】

1. 了解城市轨道交通的运营特点及其采用电气化的原因；
2. 理解轨道及轨道电路的作用；
3. 掌握城市轨道交通车辆交流牵引系统的主要组成部分；
4. 掌握城市轨道交通集中供电方式的结构。

【项目准备】

本项目开始前，准备相应的轨道交通电气设备的图片、实物或实物模型。

【相关理论知识】

城市轨道交通包含了通常所说的地铁、轻轨、市郊铁路、独轨、有轨电车和磁浮系统等。“地铁”（Metro）一词已经由早期的“地下铁道”（underground railway）演变成城市轨道交通体系的一类。地铁系统是一种大容量的城市轨道交通运输系统，也是世界各个国家城市轨道交通的主要发展模式。按照我国的建设标准，地铁系统采用钢轨与钢制轮对导向，标准轨距为1 435mm，主要在大城市地下空间修筑的隧道中运行，当条件允许时，也可穿出地面，在地上或高架桥上运行，如图1-1所示。

图1-1　香港城市轨道交通地面运行系统

地铁的运量大，车体较宽（2.8～3.0m），一般单方向每小时的运量超过3万人，且地铁采用全封闭式，全线无平交道口，可以实现高密度发车，发车密度达30对/h，所以“地铁”已经脱离了中文的原意。“轻轨”（light rail transit）也不是中文表面上钢轨轻的意思，而是指与地铁相对应的一种交通系统，其运量相对较小，一般单方向客运量为1～3万人/h，车体的宽度相对较小，一般在2.6m以下。显然，从土建工程量来说，地铁的工程量要大些，而轻轨的工程量相对要小些，但这两种系统都可以采用高架线、地面线和地下线的方式。目前的独轨和磁浮交通系统则大都采用高架的方式，这两种交通系统也无平交道口，而有轨电车由于速度与运量较轻轨小，所以就可以采用平交道口的方式，因而造价更低、线路的走向也更加灵活方便。

城市轨道交通系统与其他公共交通工具相比的优点除了运量大之外，就是全天候、快捷、舒适、节能和环保。要实现这些目的，就必然要涉及土建系统的合理性、设备系统的先进性和可靠性。而无论是土建工程还是设备系统，都是随着社会整体工业水平的提高而发展的。最早的伦敦地铁采用的是蒸汽机车，随着电力机车的出现，伦敦地铁也实现了电气化，这也是世界上最早的第三轨供电的地铁系统。

之所以由电力机车来替代蒸汽机车，主要有以下两方面原因：① 蒸汽机车的排烟污染大；② 蒸汽机车产生的噪声大。事实上，人们选择乘坐某种交通工具，除了要求速度快和便捷之外，对舒适性和其对周边环境的影响也提出了较高的要求。因此，从某种意义上来说，人类的需求促进了城市轨道交通电气化技术的发展。

一、城市轨道交通电气设备的组成

在城市轨道交通运输系统中，由各种电子元器件组成的电气设备无处不在，其中城市轨道交通电动列车车辆作为其运营设备的主体，是最重要且复杂的电气设备之一。正是因为电动列车车辆的产生、发展和演变，才形成了多种形式的城市轨道交通类型。

目前，就城市轨道交通中最为普遍的地铁与轻轨而言，除电动列车车辆系统之外，还必须包含以下设备系统：

1. 供电系统 供电系统由变电所、接触轨或接触网（见图1-2）、电力监控设备等组成。

a) b)

图1-2 城市轨道交通供电系统的接触轨和接触网

a）接触轨供电方式 b）接触网供电方式

2. 通信系统　通信系统分为有线通信系统和无线通信系统。有线通信系统包括车站的广播系统、闭路电视监控系统、乘客信息系统、信息查询系统（见图1-3）、调度电话和轨旁电话等；无线通信系统主要包括车载电台、手持电台等。

3. 信号系统　信号系统主要由联锁装置和列车运行控制系统组成。

4. 防灾报警系统　目前，防灾报警系统主要是指火灾自动报警系统，由火灾报警控制器、火灾探测器以及火灾联动控制装置组成。如图1-4所示为火灾报警系统的控制装置。

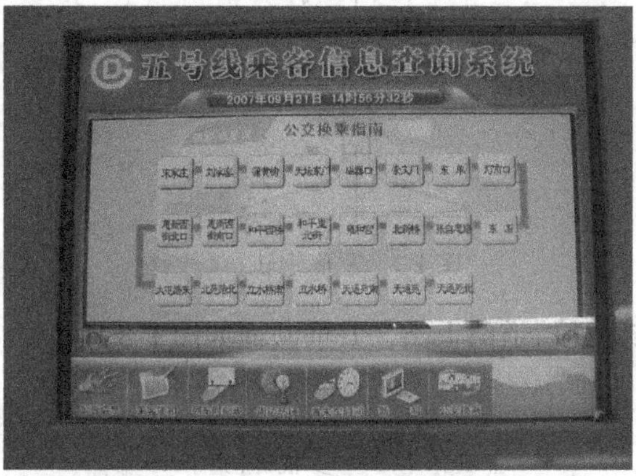

图1-3　北京地铁五号线乘客信息查询系统

图1-4　火灾报警系统的控制装置

5. 自动售检票系统　自动售检票系统是最近30年出现的新的自动化电子技术，可以提高售检票的效率，大幅减少工作人员及其工作量。如图1-5所示为自动检票设备。

图1-5　自动检票设备

6. 环境控制系统　环境控制系统主要由通风系统和空调系统组成，它又与换气方式以及隧道和站台的分割关系有关，目前有三种环境控制系统：开式系统、闭式系统和屏蔽门系统。

7. 给排水及消防系统　给排水及消防系统实际上是完整地解决生活、生产、消防用水和排水问题的系统。

除了这些设备系统之外，为了便于了解轨道交通的运行状态并及时处理各种突发事件，城市轨道交通通常要设置控制中心。控制中心可以一条线设置一个也可以多条线共设一个。与控制中心相类似的还有车辆段和综合列车检修基地，这是保证轨道交通正常运行的后勤基地，可以按线单独设置也可以多线共建。

上述设备有些是为了保证行车所必须设置的，如供电、信号、通信等系统；有的则是面向乘客的，如自动售检票、通风空调、防灾报警等系统；有的是既为车辆服务又为乘客服务的，如给排水及消防系统。显然，电气设备系统的技术水平主要取决于机电科学技术和电子科学技术的发展水平。

二、轨道线路与轨道电路

（一）轨道线路的基础知识

轮轨系统是发明最早、应用最广泛的轨道交通系统，其轨道结构经历了许多变化。早期的轮轨关系是把槽状的车轮与槽状的路轨吻合在一起，如图 1-6 所示。1813 年，威廉·赫德利（William Hedley）设计出如图 1-7 所示平底钢轨的轮轨形状，光滑的车轮和光滑的铁轨无需槽沟就能充分地嵌接起来。

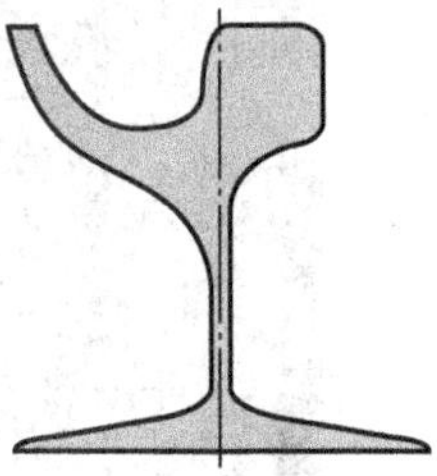

图 1-6 槽形钢轨

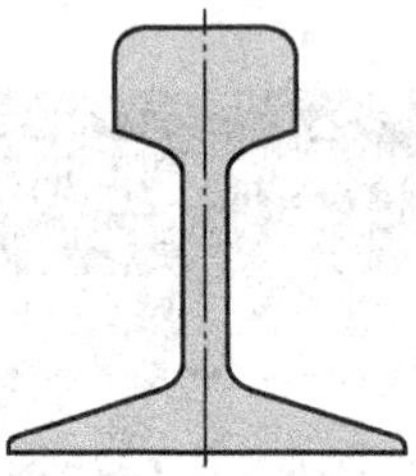

图 1-7 平底钢轨

现代轨道线路的结构可分为有碴轨道与无碴轨道两大类，其横断面如图 1-8 所示。

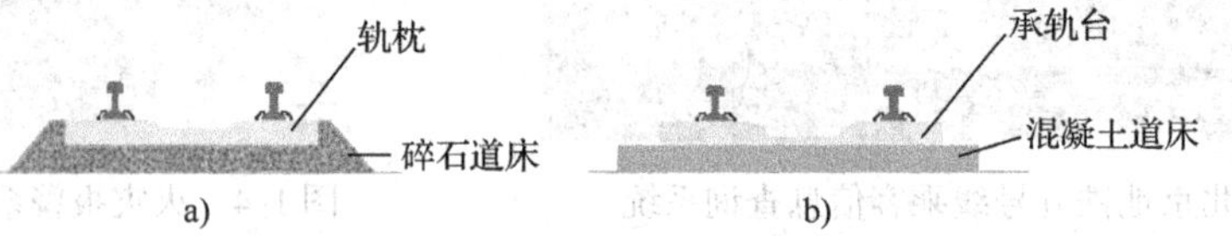

图 1-8 轨道线路的分类
a）有碴轨道线路 b）无碴轨道线路

城市轨道交通线路（见图 1-9）由道床、轨枕、扣件、钢轨和辅助设备（如防爬器、防爬撑、钢轨接头等）组成，如图 1-10 所示。

图 1-9 城市轨道交通线路

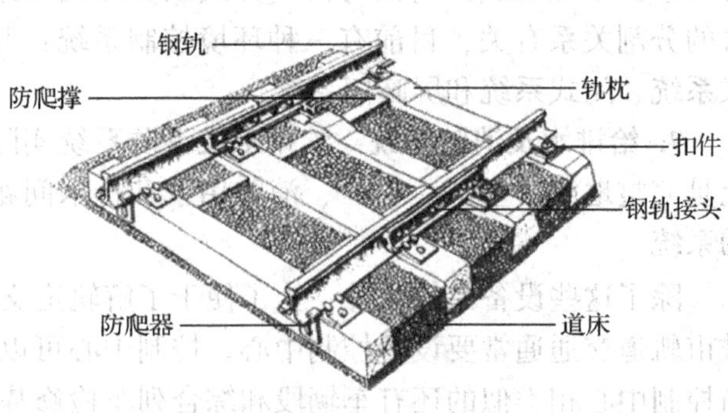

图 1-10 轨道交通线路的组成

轨道线路有以下几点功能：

1. 导向 引导轨道交通列车沿固定的路线行驶，这是各类轨道交通系统轨道结构共有的功能。轨道交通车辆没有类似于汽车的转向盘，其运行依靠轨道来导向。当列车在曲线段运行时，装配在车辆底部转向架上的车轮会冲击钢轨，固定的钢轨会迫使车轮朝钢轨延伸方向转向，引导列车沿钢轨延伸方向行驶；当列车在直线段运行时，钢轨与车轮之间的契合关系在一定程度上限制了车辆的横向移动。

2. 减小荷载作用强度　列车的荷载通过车轮传递到钢轨，然后通过轨枕、道碴等传递到道床。由于传递过程中力的作用面不断扩大，因而传至道床面的压强大大减小，使承载力有限的道床不会产生明显变形。钢轨受到的集中荷载一般会大于60kN，轨面压应力超过40 000kPa，而最后传递到道床面上的均布荷载强度一般不超过100kPa。

3. 减振降噪　轨道结构中介于钢轨与轨枕之间的垫圈、有碴轨道结构的道碴等都具有一定的弹性，这对减轻列车及轨道结构的振动有一定作用；通过改善钢轨的平顺度、轨面平滑度等，还可以降低轮轨摩擦引起的噪声。

（二）轨道电路

轨道电路是利用轨道的两条钢轨作为导体，两端加以机械绝缘或电气绝缘，接上送电和受电设备，使电流在轨道的一定范围内流通而构成的电气回路电路。

1. 轨道电路的组成　如图1-11所示，除钢轨外，轨道电路一般由钢轨绝缘、钢轨接续线、引接线、送电设备、受电设备等组成。各组成部分的作用如下：钢轨——传送电信息；钢轨绝缘——划分各轨道区段；轨端接续线——保持电信息延续；轨道继电器——反映轨道的状况。

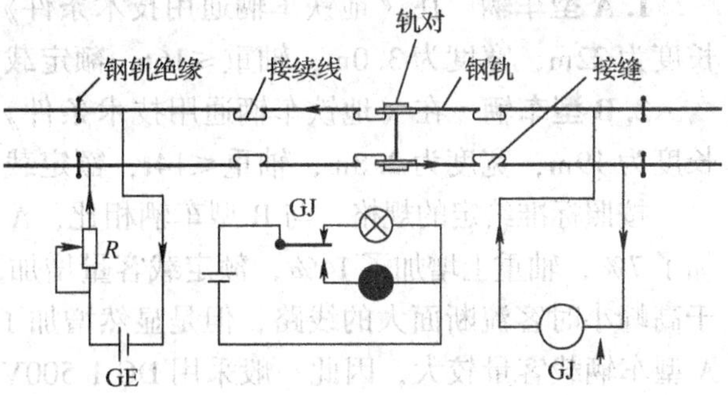

图1-11　轨道电路的组成
GE—轨道电源　GJ—轨道继电器

2. 轨道电路的作用

（1）检查和监督股道是否被占用；

（2）检查和监督道岔区段有无机车车辆通过，锁闭被占用道岔区段的道岔；

（3）检查和监督轨道上的钢轨是否完好；

（4）传输不同的信息，使信号机根据所防护区段及前方邻近区段被占用情况的变化而变换显示。

3. 轨道电路的分类

（1）按动作电源分为直流轨道电路（已经淘汰）和交流轨道电路；

（2）按工作方式分为开路式和闭路式（广泛使用）；

（3）按所传送的电流特性分为连续式、脉冲式、频率电码式和数字编码式；

（4）按分割方式分为有绝缘轨道电路和无绝缘轨道电路（电气隔离式）；

（5）按所处的位置分为站内轨道电路和区间轨道电路；

（6）按轨道电路内有无岔道分为无岔轨道电路和道岔轨道电路；

（7）按适用的区段分为电化区段和非电化区段；

（8）按通道分为双轨条和单轨条。

4. 轨道电路的基本原理

（1）当轨道电路内的钢轨完整，且没有列车占用时，轨道继电器吸起，表示轨道电路空闲；

（2）当轨道电路被列车占用时，电路被轮对分路，由于轮对电阻远小于轨道继电器绕组的电阻，流经轨道继电器的电流大大地减小，轨道继电器落下，表示轨道电路被占用。

三、城市轨道交通车辆与车辆电气

车辆是城市轨道交通系统直接运载旅客的子系统。通过车辆的运行，能充分体现出城市轨道交通特有的快速、正点、安全、舒适和方便。目前，我国应用最广泛的钢轮导轨系统采用标准轨距 1 435mm 的 4 轴车辆。城市轨道交通车辆按照有无动力装置，可以分为带牵引装置的动车（M 车，Motor）和不带牵引装置的拖车（T 车，Trailer）。按照车辆车体尺寸的大小，车辆又可以分为 A 型车辆和 B 型车辆。

（一）A 型车辆和 B 型车辆的主要参数

1. A 型车辆 在《地铁车辆通用技术条件》（GB/T 7928—2003）中规定，A 型车辆的长度为 22m，宽度为 3. 0m，轴重≤16t，额定载客量为 325 人/辆。

2. B 型车辆 在《地铁车辆通用技术条件》（GB/T 7928—2003）中规定，B 型车辆的长度为 19m，宽度为 2. 8m，轴重≤14t，额定载客量为 215 人/辆。

按照标准给定的规格，与 B 型车辆相比，A 型车辆在车辆长度上增加了 16%，宽度上增加了 7%，轴重上增加了 14%，额定载客量增加了约 58%，在相同时间间隔的情况下更适合于高峰小时客流断面大的线路，但是显然增加了土建工程量，增加了车辆的采购成本。由于 A 型车辆载客量较大，因此一般采用 DC 1 500V 的供电电压，受电形式采用受电弓受电。相比之下，B 型车辆在相同时间间隔下的高峰小时客流断面要小于 A 型车辆。因此，B 型车辆可以选择 DC 750V 或 DC 1 500V 的供电电压，其受电方式可以在受电弓和受电靴中选择。由于车辆断面积的减小，其所需要的土建工程量相比 A 型车辆要小一些，车辆的采购成本也相对减少。

（二）国内各城市地铁列车的编组及主要技术参数

在运营中，列车编组可以采用多种形式，如动车与拖车混合编组或者全动车编组。列车编组采用的形式，应根据动力的分配与车下吊装设备重量的均衡性来确定。

无论轻轨列车还是地铁列车，在编组方面都无严格的规定，地铁车辆编组可以在 4 ~ 10 节范围内，轻轨车辆编组为 2 ~ 4 节。我国现有城市轨道交通车辆一般有 4 辆编组、6 辆编组和 8 辆编组。北京、上海、广州、深圳的地铁车辆的编组情况即车辆主要技术参数见表 1-1。

表 1-1 我国几个主要城市地铁车辆的主要技术参数

技术参数		北京早期车辆	北京复八线	上海 1 号线	上海 2 号线	广州 1 号线	深圳 1 号线
列车编组		2 ~ 6 辆	6 辆(3 动 3 拖)	8 辆(4 动 4 拖)	6 辆(4 动 2 拖)	6 辆(4 动 2 拖)	6 辆(4 动 2 拖)
供电及受流方式		DC 750V（接触轨）	DC 750V（接触轨）	DC 1 500V（接触网）	DC 1 500V（接触网）	DC 1 500V（接触网）	DC 1 500V（接触网）
车辆轮廓尺寸/mm	长	19 520	19 520	24 140(拖车) 22 800(动车)	24 140(拖车) 22 800(动车)	24 390(拖车) 22 800(动车)	24 390(拖车) 22 800(动车)
	宽	2 650	2 800	3 000	3 000	3 000	3 100 （最大宽度）
	高	3 509 ~ 3 600	3 510	3 800	3 800	3 800	3 800 （不含排气口）

（续）

技术参数	北京早期车辆	北京复八线	上海1号线	上海2号线	广州1号线	深圳1号线
车辆定距/mm	12 600	12 600	1 860	1 860	1 860	约1 920
每列额定载客量/人	360～1 080	1 440	1 860	1 860	1 860	约1 920
转向架	有摇枕 轴距2 100mm	无摇枕 轴距2 200mm	无摇枕 轴距2 500mm	无摇枕 轴距2 500mm	无摇枕 轴距2 500mm	无摇枕 轴距2 500mm
空气压缩机	活塞式	2级压缩活塞式供风量$0.8m^3/min$	W230/180-2供风量1 450L/min	活塞式、2级、三缸供风量$0.92m^3/min$	活塞式、2级、三缸供风量$0.92m^3/min$	活塞式、2级、三缸供风量$0.92m^3/min$
空调与通风	机械通风	机械通风	空调	空调	空调	空调
牵引电动机	直流电动机	笼型异步电动机180kW	直流电动机207kW	笼型异步电动机190kW	笼型异步电动机190kW	笼型异步电动机220kW
最大运行速度/(km/h)	80	80	80	80	90	80
平均加速度/(m/s^2)	0.9	0.83	0.9	0.9(0～36km/h)	平均值 1.0(0～35km/h)	平均值 0.6(0～80km/h)
常用制动平均减速度/(m/s^2)		0.94	1.0	1.0	1.0	1.0
紧急制动平均减速度/(m/s^2)	1.2	1.2	1.3	≥1.2	1.2	1.2
减速器转化比	5.9	7.69	5.95		6.3	6.68

（三）车辆电气

城市轨道交通车辆电气主要包括电气牵引系统、辅助供电系统和列车控制系统。

1. 车辆电气牵引系统　车辆电气牵引系统包括车辆上的高速断路器、受流器、牵引电动机及其控制电路，它是电传动车辆上高电压、大电流、大功率的动力电路。牵引系统的作用是：在牵引工况下，将变电所传递的电能转变为车辆牵引所需的牵引力；在电制动工况时，将车辆的动能转化为电制动力，实现功率的转化和传递。

车辆电气牵引系统有直流电气牵引系统和交流电气牵引系统两种。直流电气牵引系统采用直流牵引电动机，其牵引控制方式已从凸轮变阻调速发展为斩波变阻调速。这种牵引系统控制简单方便，但由于城市轨道交通车辆频繁起动和制动，这两种控制方式使20%的车辆动能转化为电能消耗在电阻上，存在浪费电能的缺点，特别是在地下隧道会导致隧道升温，易产生不良后果。目前这种传动系统已趋于淘汰。采用直流牵引电动机变速的车辆如图1-12所示。

图1-12　采用直流牵引电动机变速的车辆

交流电气牵引系统采用异步电动机和直线电动机两种形式。异步电动机采用微机控制的交流调频调压（Variable Voltage and Variable Frequency，VVVF）技术，主要由输入滤波器、三相逆变器、制动斩波线路和控制线路组成的牵引逆变器来控制异步电动机的电压及频率，实现牵引和电气制动。这种控制方式的优点是：无接点控制，运行可靠，过载能力强，粘着性能好，结构简单，重量轻，几乎无需保养和维修。这种传动控制方式被公认为是调速系统中性能最优越的，目前城市轨道交通车辆大都采用这种传动控制方式。

交流电气牵引系统主要由 MCM 牵引逆变器、ACM 辅助逆变器、受流器、高压箱和牵引电动机等组成。北京地铁某型号地铁列车交流牵引系统设备的分布如图 1-13 所示，图 1-14 所示为采用接触轨供电方式的车辆受流装置，图 1-15 所示为交流异步牵引电动机。

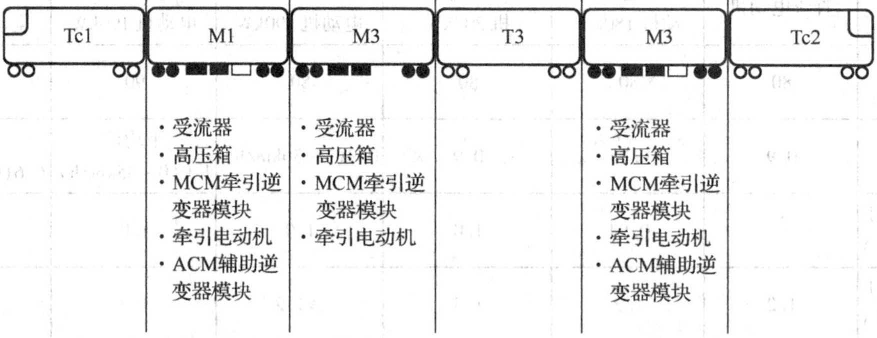

图 1-13 北京地铁某型号地铁列车交流牵引系统设备的分布图

图 1-14 采用接触轨供电方式的车辆受流装置

2. 辅助供电系统 城市轨道交通车辆辅助供电系统为列车辅助设备提供电源。他的工作状态正常与否直接影响整列车的功能，特别是当数辆车发生辅助供电系统故障时，将引起列车运营能力的下降，导致整个运行线路中断。

辅助供电系统主要由辅助逆变器、蓄电池、中压（380V）总线、低压（110V）总线、所有控制器、断路器、继电器、接触器等组成。辅助供电系统的作用是：为车辆蓄电池充

图 1-15 交流异步牵引电动机

图 1-16 低压储能系统

电；为车辆直流低压用电设备（如驾驶室列车控制设备、通信系统、维护诊断系统和监控/控制回路等）供电；为车辆空调设备供电；为车辆应急和正常照明设备供电。

如图 1-16 所示为低压储能系统，它安装在每个拖车和带受电装置的动车上，其中的蓄电池组采用碱性镉-镍蓄电池，其容量能满足六辆编组列车在任何工况下的需要，如紧急通风、照明等。蓄电池都由它们自己的蓄电池充电器充电。当一个蓄电池充电器不工作时，相应的没有充电电流的蓄电池仍旧保持工作。

四、城市轨道交通供电系统

（一）城市轨道交通供电方式

城市轨道交通的供电系统要求安全可靠，通常由城市电网供给。目前，国内各城市对城市轨道交通的供电一般有三种方式，即分散供电方式、集中供电方式、分散与集中相结合的混合供电方式。

分散供电方式是指沿地铁线路的城市电网（通常是 10kV 电压等级）分别向各沿线的地铁牵引变电所和降压变电所供电，其前提条件是城市电网在地铁沿线有足够的变电站和备用容量，并能满足地铁牵引供电的可靠性要求。早期的北京地铁采取的就是这种供电方式，如图 1-17 所示。

集中供电方式是指城市电网（通常是 110kV 或 220kV 电压等级）向地铁的专用主变电所供电，主变电所再向地铁的牵引变电所和降压变电所供电，地铁自身组成完整的供电网络系统。近几年新建的地铁系统多采用集中供电方式（见图 1-18），如上海、广州和深圳的地铁等。

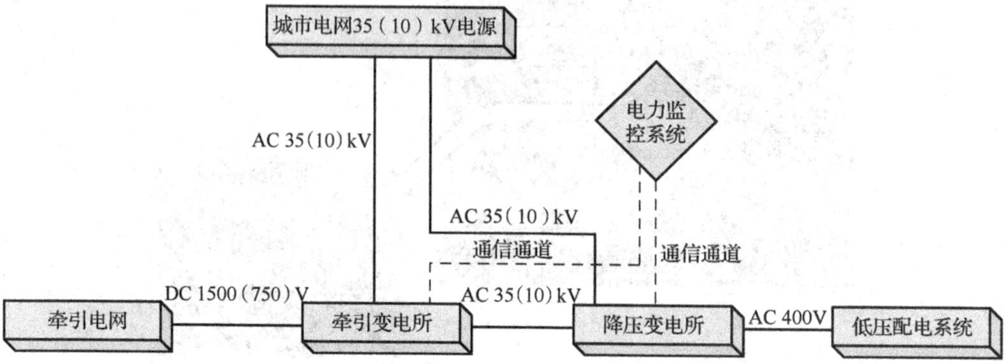

图 1-17　分散供电方式

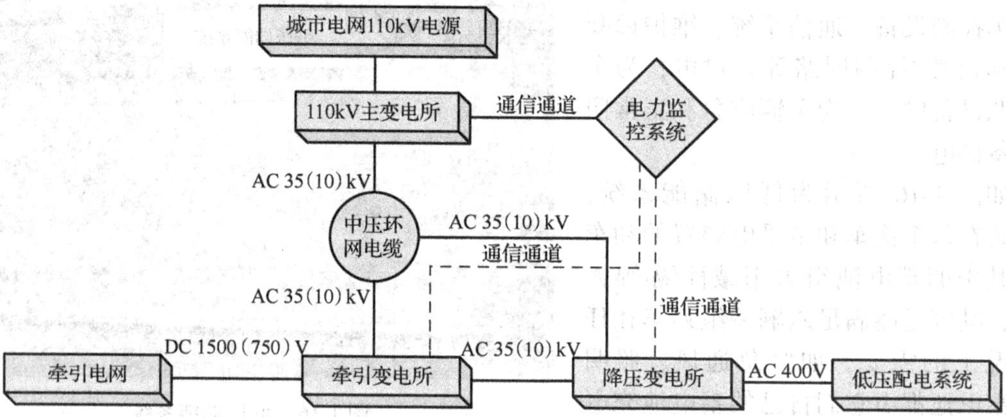

图 1-18　集中供电方式

分散与集中相结合的供电方式是上述两种供电方式的结合，这种供电方式可充分利用城市电网的资源，节约投资，但供电的可靠性不如集中供电方式，管理亦不方便。

集中和分散两种不同供电方式的比较见表 1-2，分散与集中相结合的供电方式的优缺点介于两者之间。

表 1-2　集中和分散两种供电方式的比较

供电方式	优　点	缺　点
集中供电方式	1. 供电可靠性高，受外界因素影响较小 2. 主变电所采用 110kV/35kV 有载自动调压变压器，并有专用供电回路，供电质量好 3. 地铁供电可独立进行调度和运营管理；检修维护工作相对独立方便 4. 可提高地铁供电的可靠性和灵活性 5. 牵引整流负荷对城市电网的影响小 6. 只涉及城市电网几个 220kV 变电站的增容改造，工程量较小，相对易于实现	投资较大

（续）

供电方式	优　点	缺　点
分散供电方式	1. 投资较小 2. 便于城市电网进行统一规划和管理	1. 因同时受 110kV 和 10kV 电网故障影响，故受外界因素影响较多 2. 10kV 电网直接向一般用户供电，引起的故障概率大，可靠性较低 3. 与城市电网的接口多，调度和运营管理环节增多，故障状态下的用电转换不方便 4. 牵引整流机组产生的谐波直接进入 10kV 电网，对其他用户的影响较大 5. 要求城市电网的变电所应具有足够的备用容量，以满足地铁牵引供电的要求；涉及较多 110kV 变电站的增容改造，工程量较大

对于某一城市究竟应采用哪种供电方式，需要根据地铁和城市轨道交通的用电负荷并结合该城市电网的具体情况进行分析。若该城市的电力资源缺乏，变电站较少，采用分散供电方式时，由于需要新建多个地区变电站，会使投资增大，在此情况下采用集中供电方式就比较合适，因该供电方式具有管理方便、供电可靠性相对较高等优点。若城市的电力资源较丰富，沿地铁和城市轨道交通线路的地区变电站较多且容量也足够给地铁和城市轨道交通供电，则采用分散供电方式，可节约建设资金。当城市电网的情况介于上述两种情况之间时，可考虑采用分散与集中相结合的供电方式。目前，我国大多数地铁和城市轨道交通均采用集中供电方式。

（二）中压供电网络的电压等级

国外地铁和城市轨道交通的中压供电网络一般有 33kV、20kV 和 10kV 三个电压等级。我国国内现有的地铁和城市轨道交通的中压供电网络主要有 35kV、33kV 和 10kV 三个电压等级，其中北京和天津的地铁和城市轨道交通的中压供电网络采用了 10kV 的电压等级；上海地铁中压供电网络中的牵引供电网络采用 33kV 的电压等级、动力照明供电网络采用 10kV 的电压等级；广州地铁的中压供电网络采用了 33kV 的电压等级；深圳地铁 1、4 号线和南京地铁南北线的中压供电网络均采用 35kV 的电压等级。我国电力系统并未推荐过使用 33kV 的电压等级，上海、广州地铁采用此电压等级有其特殊的历史原因，其他城市很少采用。

不同电压等级的中压供电网络有不同的特点：

（1）35kV 中压供电网络：输电距离和容量大、电能损失小、设备可实现国产化，但设备相对体积大、产品价格高、国内无环网开关柜产品。目前，国内城市配电网拟取消 35kV 电压等级，但国内地铁和城市轨道交通的中压供电系统仍在使用。

（2）20kV 中压供电网络：输电距离和容量适中、电能损失较小、设备可完全实现国产化、设备体积小、产品价格适中、国内有环网开关柜产品。国外地铁和城市轨道交通大量采用此电压等级，但国内地铁和城市轨道交通尚未使用。

（3）10kV 中压供电网络：输电距离和容量小、电能损失大、设备可完全实现国产化、设备体积小、产品价格低、国内有环网开关柜产品。国内城市配电网大量使用此电压等级，部分国内地铁和城市轨道交通也使用此等级。

三种不同电压等级的中压供电网络的比较见表1-3。

表1-3　35kV、20kV、10kV三个电压等级的中压供电网络的比较

序　号	项　目	35kV	20kV	10kV
1	输电容量	大	中	小
2	输电距离	大	中	小
3	电能损耗	小	较小	大
4	设备价格	高	中	低
5	设备国产化	国产	国产	国产
6	设备体积及占地面积	大	中	小
7	国内生产环网柜	无	有	有
8	国内城市电网应用	拟取消	有，但很少	广泛应用
9	国内地铁及城市轨道交通的应用	有	无	有
10	适用标准	我国国家标准	国际标准	我国国家标准、国际标准

中压供电网络既可采用牵引和动力照明同用一个供电网络的方案，即牵引、动力照明混合网络，也可以采用牵引和动力照明供电网络相对独立的两个供电网络方案，即牵引供电网络、动力照明供电网络。由于电费在地铁和城市轨道交通的运营成本中占很大比例，从长远的角度考虑，中压供电网络宜选择较高的电压等级，即35kV或20kV为优选方案。

（三）地铁供电系统的组成

地铁供电电源通常取自城市电网，通过城市电网的一次电力系统和地铁供电系统实现输送或变换，然后以适当的电压等级提供给地铁各类设备。

根据用电性质的不同，地铁供电系统可分为两部分：以牵引变电所为主组成的牵引供电系统和以降压变电所为主组成的动力照明供电系统。

牵引供电系统主要由主变电所、牵引变电所、接触网、电力监控和供电缆网等组成。它提供地铁车辆的牵引动力电源。

动力照明供电系统主要由降压变电所、低压母线、配电设备、线缆和用电设备等组成。它提供地铁机电设备的动力电源和照明电源。

此外，地铁供电系统还应设置地铁应急电源系统，如小型发电机、EPS电源和UPS电源等。

（四）牵引供电系统的组成

地铁和城市轨道交通牵引供电系统的各组成部分如图1-19所示。

在图1-19中，从发电厂（站）经升压变压器、高压输电网、区域变电站至主变电所，通常被称为“一次（外部）供电系统”。主变电所可以由电力系统部门直接管理（如采用分散式供电的情况），也可归属于地铁或城市轨道交通单位管理（如采用集中式供电的情况）。

主变电所（属于地铁或城市轨道交通单位管理时）、牵引变电所、整流装置、馈电线路、接触网、走行轨道、回流线等统称为“牵引供电系统”。城市电网的三相高压交流电

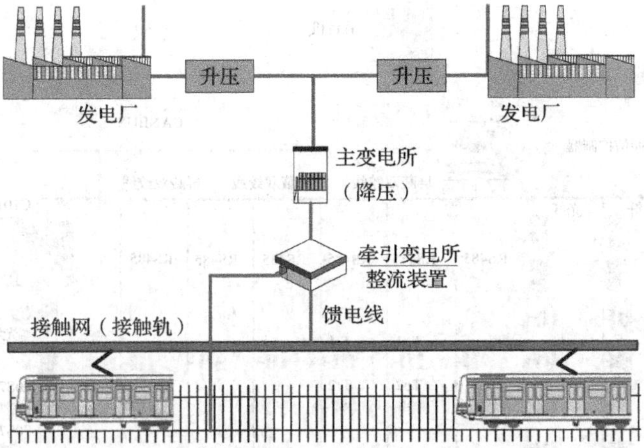

图 1-19 牵引供电系统的组成示意图

110kV（或 220kV）经主变电所降低为 10～35kV，此电压作为牵引变电所的进线电压。牵引变电所再将 10～35kV 电压变成适合电动车辆应用的低压直流电。馈电线将牵引变电所的直流电输送到沿车辆走行轨架设的接触网（或接触轨）上。电动车辆通过其受流器与接触网（或接触轨）的直接接触而获得电能。走行轨道构成牵引供电回路的一个组成部分，回流线将轨道回流返回牵引变电所。

（五）城市轨道交通电力监控系统

电力监控系统（Supervisory Control and Data Acquisition System，SCADA 系统）又称电力数据采集与监控系统。电力监控系统由主站监控系统、子站系统和通信传输系统构成，其中主站监控系统设在运营调度指挥中心（OCC），子站系统设在各个变电站，传输系统将主站和子站联系起来，如图 1-20、图 1-21 所示。

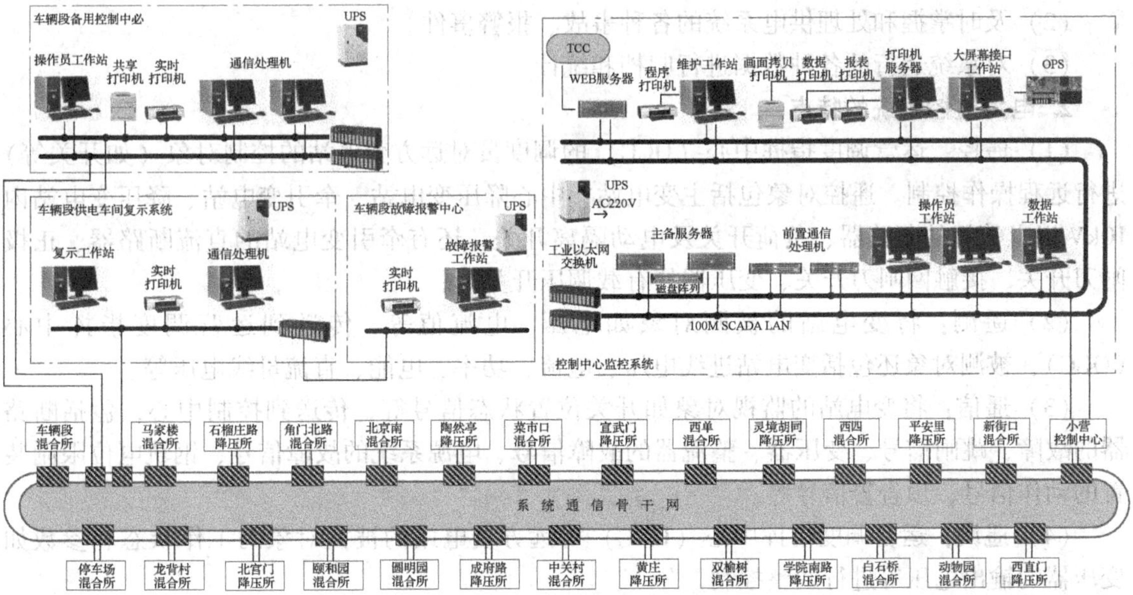

图 1-20 北京地铁某线路电力监控系统结构图

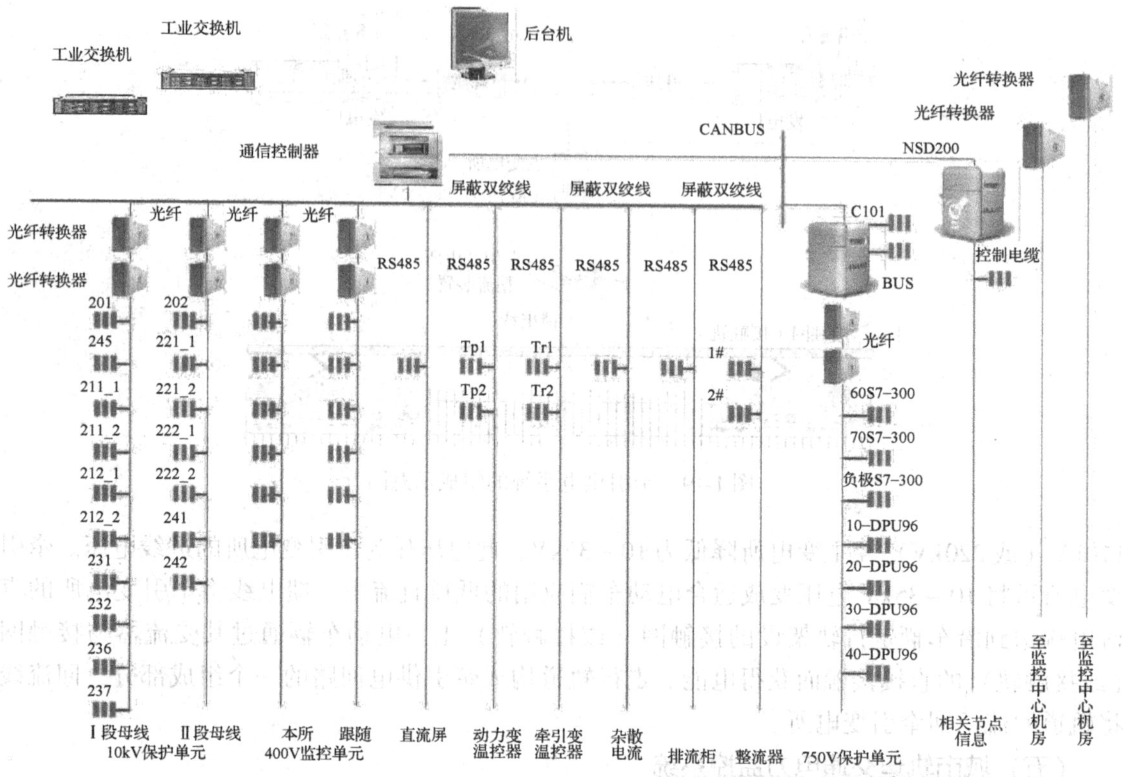

图 1-21 北京地铁某车站电力监控子系统工况图

1. 电力监控系统的基本任务

(1) 通过电力监控系统，实现运营调度指挥中心（OCC）对供电系统的集中管理和调度以及实时控制和数据采集。

(2) 及时掌握和处理供电系统的各种事故、报警事件。

(3) 对系统运行的各种数据进行归档和统计。

2. 电力监控系统的特点

(1) 遥控：运营调度指挥中心（OCC）的调度员对远方变电站的控制对象（如开关等）进行远程操作控制。遥控对象包括主变电站、中心降压变电站、牵引变电站、降压变电站内10kV以上等级的断路器、负荷开关及电动隔离开关，还有牵引变电站的直流断路器、正极闸刀开关、接触网闸刀开关、变压器的有载调压开关等。

(2) 遥测：将变电站的被测对象如电压、电流值等，传送到运营调度指挥中心（OCC），被测对象还包括变电站进线电压、电流、功率、电能、直流母线电压等。

(3) 遥信：将变电站的监视对象如开关位置状态信号等，传送到控制中心，包括断路器的故障、跳闸信号、变压器、整流器的故障信号、电源系统的故障信号、钢轨电位限制装置的动作信号、预告警信号等。

(4) 遥调：运营调度指挥中心（OCC）对远方变电站的被控对象的工作状态和参数如变压器的输出电压等进行调整控制。

(5) 遥视：能对供电设备的关键部位进行视频监视，如油浸式变压器内部、GIS组合电气设备击穿等情况的视频监视。

五、城市轨道交通车站动力照明系统

（一）降压变电所

城市轨道交通车站和站区间有大量的通信设备、信号设备、消防设备、空调设备、AFC终端设备和灯光照明设施需要电力驱动，因此，为了给城市轨道交通系统中的机电设备和照明设施提供动力，常设置降压变电所。

1. 降压变电所的设置 地铁各车站宜根据负荷情况设一座或两座降压变电所，并尽可能使其位于负荷中心。当车站仅设一座降压变电所时，应将该变电所设于车站重负荷（冷水机组）端，并视负荷分布情况在车站另一端设置低压配电室。

地铁的动力照明用电按供电负荷的性质及重要程度，划分为以下等级：

（1）一级负荷：消防系统、防灾报警、信号、通信、设备监控、控制中心、售检票、大型直流风机、排风/排烟机及相关风阀、应急照明、屏蔽门、防淹门、主水泵和变电所自用电等。

一级负荷平时由两路互为备用的独立电源供电，末端切换以实现不间断供电，应急照明还应设置蓄电池作为备用电源。

（2）二级负荷：自动扶梯、电梯、一般照明、节电照明、设备及管理用房照明、出入口及导向标志灯箱、通风机和污水泵等。

二级负荷平时由两路互为备用的独立电源供电，当地铁电网只有一路电源时，允许其从电网中切除。

（3）三级负荷：空调机、冷水机组及其配套设备、电热设备、广告照明和清扫机械等。

三级负荷平时由一路电源供电，若该电源发生故障时，可中断供电；当变电所只有一路电源时，应将其从电网中自动切除。

2. 降压变电所的运行方式与控制方式

（1）降压变电所的运行方式：在正常运行时，10kV（35kV）母联断路器打开，两路电源分列运行，同时供电。当任一回路退出运行时，母联断路器自动闭合，由另一回路电源维持供电。每座变电所内设两台动力变压器，分别供给车站和区间的动力、照明等负荷。正常运行时，两台变压器应分列运行，同时供电。

（2）降压变电所的控制方式：变电所内的控制方式采用远方—当地两级控制方式，通过全所综合自动化系统，实现所内信号的显示、电气的测量、设备间的联动和联锁。

电力监控系统在变电所内设有控制信号盘，在控制信号盘上配置有便携式计算机的接口，以便在调试、维护或通信通道故障时进行监控。0.4kV系统两回路的进线开关、母联开关及三类负荷总开关均采用远方—当地两级控制方式。

3. 降压变电所的继电保护与自动装置

降压变电所设置的继电保护应符合可靠性、安全性、选择性和速动性的要求，继电保护装置采用微机型保护装置。

（1）继电保护的主要保护内容：

1）10kV（35kV）进、出线开关：纵联差动保护、过电流保护、零序电流保护和失压保护；

2）10kV（35kV）母联开关：电流限时速断保护和零序电流保护；

3）动力变压器：电流速断保护、过电流保护、过负荷保护、零序电流保护和温度保护。

（2）所设的自动装置：

1）10kV（35kV）母联开关设自动投入装置；

2）交流自用电的两路电源设自动投入装置。

4. 降压变电所的主要设备

（1）动力变压器。降压变电所选用户内干式变压器，要求损耗小、噪声低、耐潮、防火、体积小，其线圈为环氧树脂浇注。变压器应预留强迫风冷条件。

（2）35kV组合电器柜。35kV组合电器柜（ZX2型）的结构如图1-22所示。

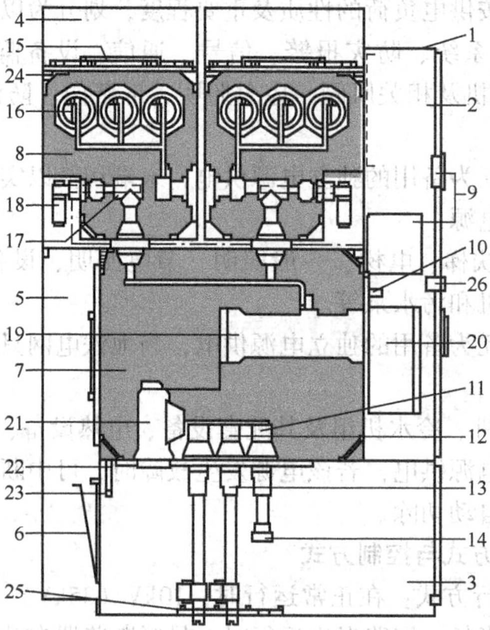

图1-22　35kV组合电器柜（ZX2型）的结构

1—柜体封板　2—控制室　3—电缆室　4—综合压力释放通道　5—电缆室压力释放通道　6—压力释放板　7—断路器室　8—母线室Ⅰ和Ⅱ　9—控制和保护单元REF542＋　10—密度传感器　11—电缆或测试接口　12—电缆插口　13—电缆插头　14—避雷器　15—断路器室和母线室Ⅰ和Ⅱ压力释放盘　16—母线　17—三工位开关　18—三工位开关操作机构　19—真空断路器　20—断路器操作机构　21—带电容分压的电流/电压组合式传感器　22—主接地体　23—柜间连接　24—干燥剂袋　25—电缆底板　26—电容式电压指示器测试插口　气室中的绝缘气体

（3）交流盘。交流盘采用单母线接线形式，由变电所引入两路0.4kV电源。

（4）直流电源装置。直流电源装置由充电机盘和蓄电池盘构成，主要包括充电机、铅酸免维护蓄电池组、电压调整装置、馈线开关（或熔断器）和测量仪表等，还设有与SCADA进行通信的接口。

充电机盘采用单母线接线形式，电源为交流0.4kV。正常情况下，它提供变电所的直流用电，同时对蓄电池接线浮充电。

（5）钢轨电位限制装置　设置钢轨电位限制装置的目的是为了防止钢轨电位上升对人身的伤害。钢轨电位限制装置是在室内安装的专用设备，由短路器（或接触器）、测量和操作回路、SCADA（电力监控）信号接口模块、保护装置、防凝露加热器和状态显示设备等组成。

当钢轨与地之间的电位差大于90V时，钢轨电位限制装置内的短路器发出警报信号，短路器闭合，相关保护装置动作。

5. 降压变电所过电压保护与接地措施

（1）变电所35kV的两段母线各设1台避雷器。

（2）车辆段降压变电所的屋顶周边设避雷带。

（3）在一般情况下，接地电阻选取≤0.5Ω；在特殊情况下，亦可考虑选取≤1Ω。

（4）变电所电缆夹层的内设接地母线与接地网的接地引出线相连接，供所内电气设备的工作接地和安全接地用，动力照明低压系统的接地形式采用TN—S制。

6. 降压变电所设备的布置

每座降压变电所内一般设有开关柜室（或按车站具体情况分为35kV开关柜室和0.4kV开关柜室）、控制室、检修室和贮存室。

开关柜室设有35kV开关柜、35kV/0.4kV动力变压器、0.4kV开关柜和钢轨电位限制装置等。35kV开关柜可依据变电所开关柜室的具体情况采用单列或双列布置；0.4kV开关柜应尽可能采用双列布置形式；动力变压器也应尽可能与0.4kV开关柜并列放置。一般情况下，钢轨电位限制装置设于开关柜室内。

控制室设有控制信号盘、交流盘、直流充电机盘和蓄电池盘，通常均采用单列布置形式。

（二）低压动力照明配电系统

低压动力配电系统和低压照明配电系统简称低压动力照明系统。低压动力照明系统作为供电系统的一个重要部分，起着为各种低压电气设备如动力设备、照明设备、控制设备等提供和分配电能以及为人们操作用电设备提供人身和设备安全保护的作用。

1. 低压动力照明配电系统按主干线的构成分类　我国常用的低压配电系统，按主干线的构成可分为放射式、树干式和链式，如图1-23所示。

（1）采用放射式低压配电系统的优点是配电主线路故障互不影响，供电可靠性较高，配电设备集中检修比较方便，但系统投资较高，一般在下列情况下采用：

1）容量大、负荷集中或重要的用电设备；

2）需要集中联锁起动、停车的设备；

3）有腐蚀性介质或爆炸危险等场所、不宜将配电及保护起动设备放在现场者。

（2）采用树干式低压配电系统的优点是配电设备及主线路材料消耗较少，系统投资较少，系统灵活性好，但主线路故障时影响范围大，一般用于用电设备的布置比较均匀、容量不大、不是很重要又无特殊要求的场合。

（3）链式低压配电系统的特点与树干式相似，适合于距配电设备较远而彼此相距又较近的不重要的小容量用电设备，并且链接的用电设备一般不超过3或4台。

2. 低压动力照明配电系统按供电变压器的台数和负荷等级分类

根据供电变压器的台数以及所带负荷的重要性等级，低压配电系统又可分为单母线制和

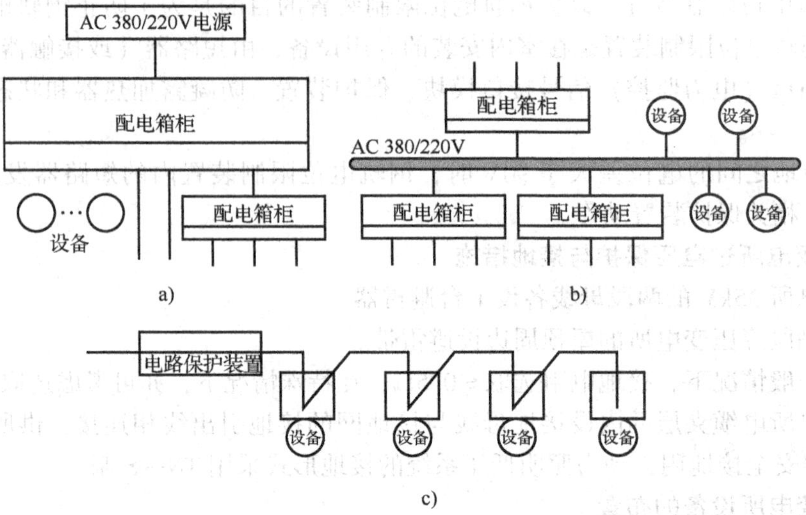

图 1-23 常用低压配电系统接线方式

a）放射式接线方式 b）树干式接线方式 c）链式接线方式

双母线分段中间加母联开关的形式。

在我国轨道交通行业，低压配电系统多采用交流（AC）380V/220V 三相四线制，中性点直接接地，采用引自中性点的带独立接地（PE）保护线的 TN—S 接地保护系统。由于城市轨道交通的供电负荷根据负荷设备的重要性可分为一级负荷、二级负荷、三级负荷，因此，低压配电系统的主接线形式多采用两段母线组成的单母线分段，中间加母联断路器的形式。正常运行时，每段母线各自负责接于其上的一、二、三级用电负荷的用电，母联断路器处于断开状态；当任意一路低压进线电源（故障）失压时，进线断路器跳闸，两段母线上的三级负荷总断路器自动跳闸后，低压母联断路器经检测后自动合闸投入，由另一段母线向供电范围内的一、二级负荷供电，其控制方式可采用现场就地控制和远程控制。低压配电柜是组成低压配电系统的重要设备之一，通过其上安装的低压智能监控模块可以实现对该系统的远程监控，包括对系统进行遥测、遥信、遥控，从而达到低压系统智能化的控制要求。

3. 两种常用照明电源的供电方式

（1）照明负荷与动力负荷共用一台变压器供电，这种方式可减少变压器的数量并节省高压配电设备和建筑面积，减少一次投资，但是照明线路的电压受动力负荷波动的影响较大。

（2）照明负荷由单独的变压器供电，这种方式的线路功率因数较高，照明系统的电压比较稳定，照明质量和照明可靠性均有所提高，但是需要增加照明变压器及相应的开关设备而使投资加大。

【项目实施】

实训任务 认识轨道交通电气系统

1. 实训目标

（1）了解轨道交通电气设备的组成。

（2）理解轨道交通由电气化设备替代蒸汽设备的原因。

2. 实训任务

能够理解和辨析城市轨道交通电气化的必要性以及学习城市轨道交通电工电子的重要性，并为未来课程的学习打下良好的基础。

3. 实训工具

相应的设备实物或设备模型和多媒体教室。

4. 任务实施

（1）通过城市轨道交通沙盘展示，使学生全面认识城市轨道交通电气化。

（2）通过城市轨道交通车辆牵引电气设备模型的认知，使学生了解车辆牵引电气设备的组成。

【复习思考题】

1. 城市轨道交通电气系统由哪些子系统组成？

2. 轨道具有哪些作用？当其作为轨道电路时，又具有哪些作用？

3. 城市轨道交通车辆牵引系统的发展经历了哪些阶段？目前车辆的牵引系统中主要采用何种牵引控制方式？该方式有哪些优点？

4. 城市轨道交通供电系统可分为几种方式？它们各有哪些优缺点？

5. 城市轨道交通动力照明用电按供电负荷的性质及重要程度划分，可分为哪几级负荷？每级负荷主要对应哪些用电设备？

项目二　直流电路认知

【知识要点】

1. 电路的组成及其作用；
2. 电路的三种基本状态；
3. 电流、电压、电功率、电能等基本概念；
4. 电阻定律、欧姆定律和焦耳定律；
5. 基尔霍夫定律、叠加定理和戴维南定理。

【项目任务】

1. 了解电路的基本组成、电路的三种工作状态；
2. 掌握电流、电压、电功率、电能等基本概念；
3. 掌握电阻定律、欧姆定律和焦耳定律；
4. 能够对电阻、电感、电容进行正确的识别和测量；
5. 掌握基尔霍夫定律、叠加定理和戴维南定理及其应用。

【项目准备】

本项目开展过程前，应准备电阻、电容、电感元件等教具和指针万用表、数字万用表等实训工具。

【相关理论知识】

一、电路及其基本物理量

1. 电路　电流经过的路径称为电路。最基本的电路由电源、负载、开关和连接导线组成，如图 2-1 所示。电源是把其他形式的能量转换成为电能的设备，例如发电机、干电池和

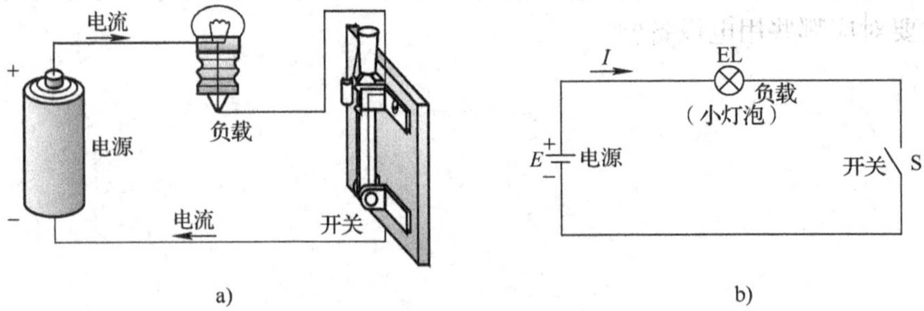

图 2-1　电路

a）实物接线图　b）基本电路模型

蓄电池等。负载是把电能转换成其他形式能量的设备，如电灯、电炉和电动机等。开关属于控制电器，用于控制电路的接通或断开。连接导线将电源和负载连接起来，担负着电能的传输和分配任务，常用铜、铝材料制成。

如图 2-1a 所示的实物接线图是由干电池、小灯泡、开关和连接导线构成的一个简单直流电路。当合上开关时，电路接通，干电池向外输出电流，电路中有电流流过，小灯泡就发光；开关断开时，电路开路，电路中没有电流流过，小灯泡不亮。用规定的图形符号表示电路连接情况的图，称为电路图，图 2-1b 所示为该电路的电路图。如图 2-2 所示为几种常用的标准图形符号。

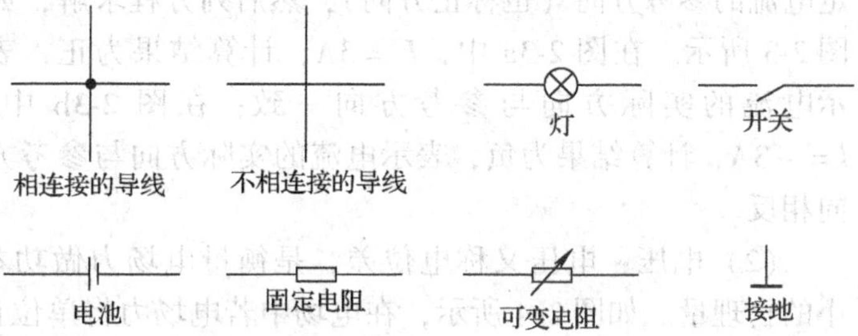

图 2-2　几种常用的标准图形符号

2. 电路的基本物理量

(1) 电流：电流既是一种物理现象，又是一个物理量。电荷的定向移动形成电流。金属导体中的自由电子，电解液中的正、负离子都是电荷，因此，都能形成电流。在导体中形成电流的条件除了要有自由电荷，还必须使导体两端保持一定的电压（电位差）。

电流对负载有各种不同的作用和效应，见表 2-1。

表 2-1　电流对负载的不同的作用和效应

负载种类	电熨斗、电烙铁、熔断器	继电器线圈、开关装置	白炽灯、发光二极管	蓄电池的充电过程	事故、动物麻醉
图例		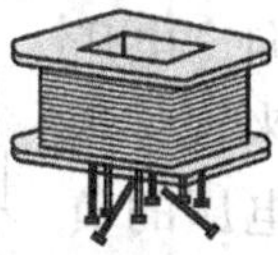	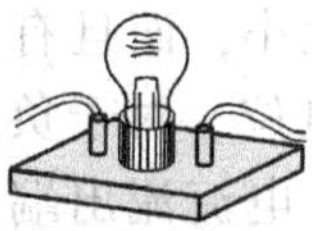	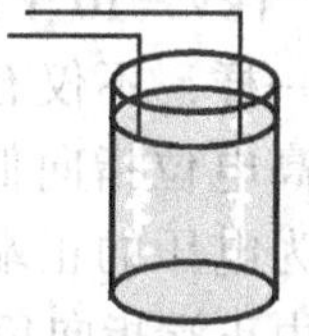	
产生的效应	热效应	磁效应	光效应	化学效应	对人体生命的效应

电流强度是表示电流大小的物理量，简称电流，定义为单位时间内通过导体横截面的电荷量，用字母“I”表示。如果在 t 时间内流经导体横截面的电荷量为 Q，则电流的定义为

$$I = \frac{Q}{t} \tag{2-1}$$

式中　I——电流，单位为 A；

Q——在 t 时间内通过导体横截面的电荷量，单位为 C；

t——时间，单位为 s。

电流的国际单位是安培（A），如果在 1s 内通过导体横截面的电荷量是 1C，则导体中的电流是 1A。常用的电流单位还有千安（kA）、毫安（mA）和微安（μA）等，它们之间的换算关系如下：

$$1\text{kA} = 10^3\text{A};\qquad 1\text{mA} = 10^{-3}\text{A};\qquad 1\mu\text{A} = 10^{-6}\text{A}$$

电流不仅有大小，而且有方向。习惯上规定以正电荷移动的方向为电流的方向。因此，

自由电子和负电荷移动的方向跟电流的方向相反。电流的方向和强弱都不随时间而改变的电流称为恒定电流，简称直流。

在分析电路时，常常要知道电流的方向，但有时对某段电路中电流的方向往往难以判断，此时可先任意假定电流的参考方向（也称正方向），然后列方程求解，如图 2-3 所示。在图 2-3a 中，$I=3\text{A}$，计算结果为正，表示电流的实际方向与参考方向一致；在图 2-3b 中，$I=-3\text{A}$，计算结果为负，表示电流的实际方向与参考方向相反。

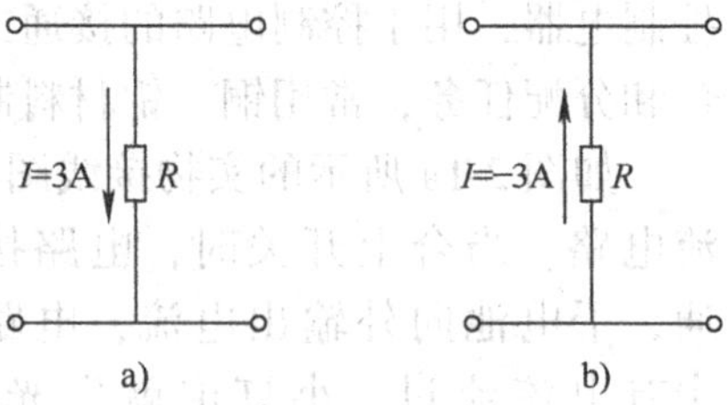

图 2-3 电流的方向
a）$I=3\text{A}$ b）$I=-3\text{A}$

（2）电压：电压又称电位差，是衡量电场力做功本领大小的物理量。如图 2-4 所示，在电场中若电场力将单位正电荷 Q 从 a 点移动到 b 点，所做的功为 W_{ab}，则功 W_{ab} 与电荷量 Q 的比值就称为该两点之间的电压，用带双下标的符号 U_{ab} 表示，其数学表达式为

$$U_{ab}=\frac{W_{ab}}{Q} \tag{2-2}$$

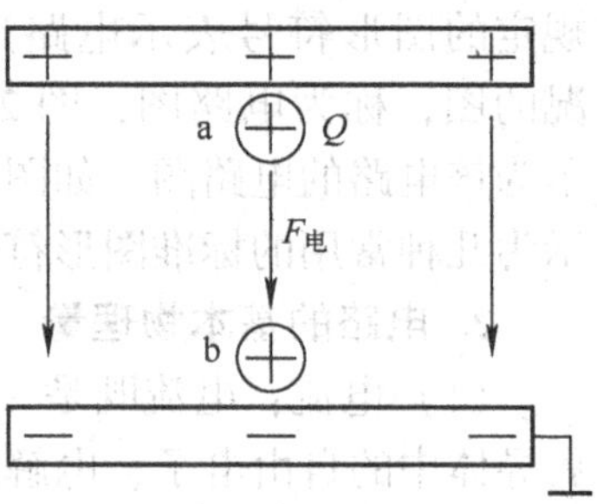

图 2-4 电场力做功

式中 W_{ab}——电场力所做的功，单位为 J；

Q——被移动电荷的电荷量，单位为 C；

U_{ab}——a 点与 b 点间的电压（电位差），单位为 V。

电压的国际单位为伏特（V），常用的单位还有毫伏（mV）、微伏（μV）和千伏（kV）等，它们之间的换算关系为：

$$1\text{kV}=10^3\text{V};\quad 1\text{mV}=10^{-3}\text{V};\quad 1\ \mu\text{V}=10^{-6}\text{V}$$

电压和电流一样，不仅有大小，而且有方向。电压的方向规定为由高电位指向低电位，对于负载来说，规定电流的流进端为电压的正端，电流流出端为电压的负端，电压的方向由正端指向负端。

电压的方向在电路图中有两种表示方法：一种是用箭头表示，如图 2-5a 所示；另一种用极性符号表示，如图 2-5b 所示。

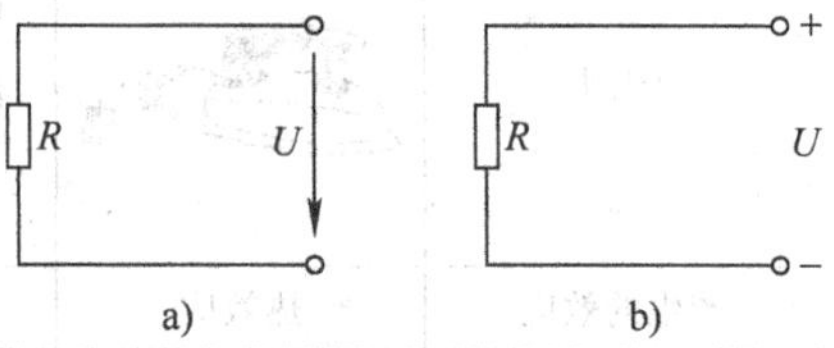

图 2-5 电压的方向
a）用箭头表示 b）用极性符号表示

在分析电路时，往往难以确定电压的实际方向，此时可先任意假设电压的参考方向，再根据计算所得值的正负来确定电压的实际方向。

（3）电动势：电动势是衡量电源将非电能转换成电能本领大小的物理量。电动势的定义为：在电源内部，外力将单位正电荷从电源的负极移到电源的正极所做的功，如图 2-6 所示。电动势用符号“E”表示，其数学表达式为

$$E=\frac{W}{Q} \tag{2-3}$$

式中 W——外力对电荷所做的功，单位为 J；

Q——被移动电荷的电荷量，单位为 C；

E——电源的电动势，单位为 V。

电动势的大小只决定于电源本身的性质，对于给定的电源，W/Q 为一定值，与外电路无关。

电动势的方向规定为由低电位指向高电位，在电源内部由负极指向正极。如图 2-7a 和图 2-7b 所示分别为直流电动势的两种图形符号和方向的表示方法。电动势的单位和电压的单位一样，也是伏（V）。

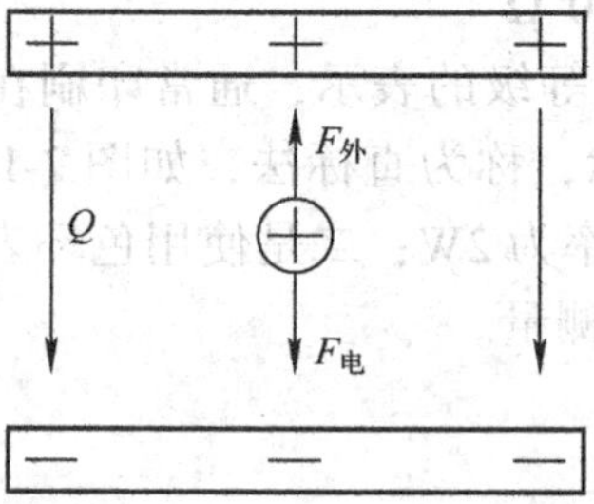

图 2-6　外力克服电场力做功

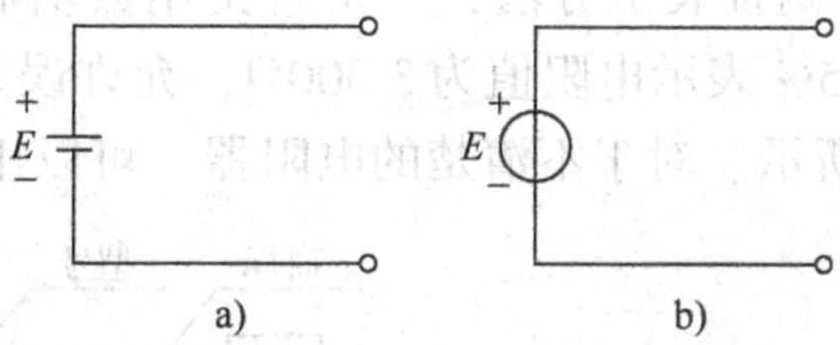

图 2-7　直流电动势的两种图形符号
a）第一种表示方法　b）第二种表示方法

二、电阻、电容、电感

（一）电阻元件

电阻元件的英文名称为 Resistance，用 R 表示，是对电流呈现阻碍作用的耗能元件，例如灯泡、电热炉等电器。电阻元件又称为电阻器，通常是用电阻率较高的材料制作在绝缘骨架上而成。电阻的作用是限流、分流和调压。电阻器的图形符号如图 2-8 所示。

图 2-8　电阻器的图形符号

1. 电阻器的分类　按结构不同，电阻器可分为固定电阻器和可变电阻器；按导电材料不同，电阻器可分为炭膜、金属膜、金属氧化膜、绕线和有机合成电阻器等，如图 2-9 所示。

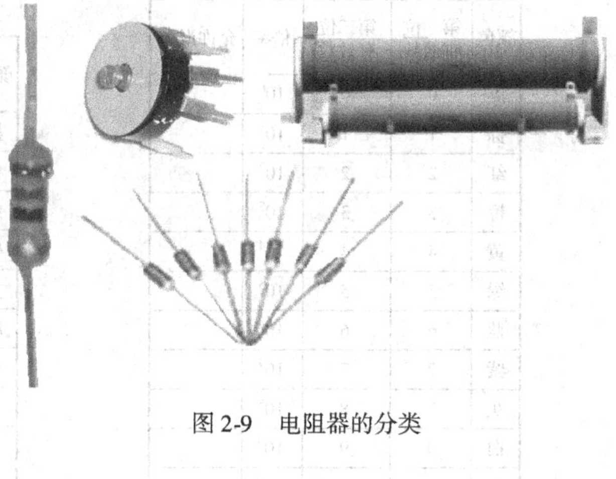

图 2-9　电阻器的分类

2. 电阻器的主要参数

1）标称电阻：工厂生产的系列电阻器的电阻值。

2）额定功率：电阻器允许长期工作的功率。电阻消耗的功率不能超过其标称功率，一般来说，尺寸较大的电阻，标称功率也较大。

3）允许误差：标称阻值允许的正负偏差分为 3 级：Ⅰ级允许误差 5%，Ⅱ级允许误差 10%，Ⅲ级允许误差 20%。

3. 电阻值　电阻值是表示元件对电流呈现阻碍作用大小的物理量。根据电阻定律，在一定温度下，导体的电阻和它的长度成正比，而和它的横截面积成反比，即

$$R=\rho\frac{l}{S} \tag{2-4}$$

式中 ρ——制成电阻的材料的电阻率，单位为 $\Omega \cdot m$；

l——绕制成电阻的导线长度，单位为 m；

S——绕制成电阻的导线的横截面积，单位为 m^2。

电阻值的国际单位制为欧姆（Ω），常用单位还有兆欧（MΩ）和千欧（kΩ），它们之间的换算关系为：

$$1M\Omega = 10^6\Omega; \qquad 1k\Omega = 10^3\Omega$$

4. 电阻器标称值的色环表示法 电阻器的阻值和误差等级的表示，通常印刷在电阻的表面，有两种表示方法，一是直接用数值和相关字符表示，称为直标法，如图 2-10 所示，3.3kΩ ±5% 表示电阻值为 3 300Ω，允许误差为 ±5%，功率为 2W；二是使用色环表示，如图 2-11 所示。对于不清楚的电阻器，可以用万用表来进行测量。

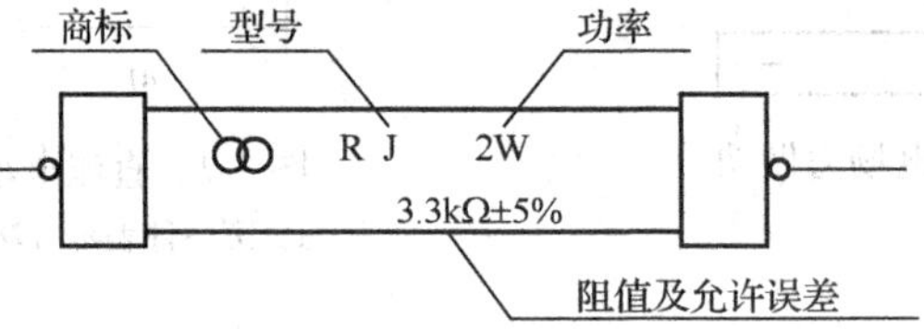

图 2-10 电阻器的直标法

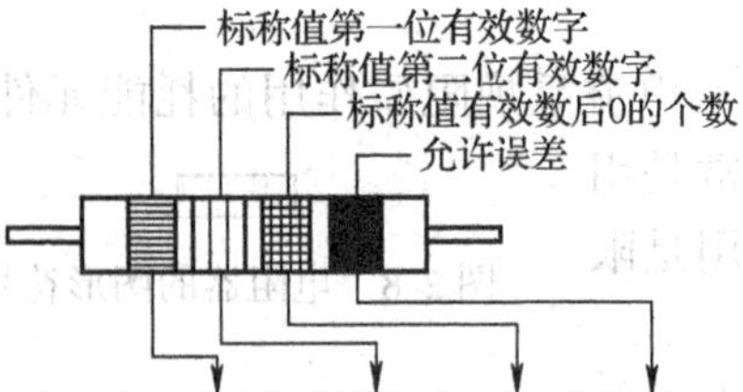

颜色	第一位有效数	第二位有效数	倍率	允许误差
黑	0	0	10^0	
棕	1	1	10^1	
红	2	2	10^2	
橙	3	3	10^3	
黄	4	4	10^4	
绿	5	5	10^5	
蓝	6	6	10^6	
紫	7	7	10^7	
灰	8	8	10^8	
白	9	9	10^9	
金			10^{-1}	±5%
银			10^{-2}	±10%
无色				±20%

a)

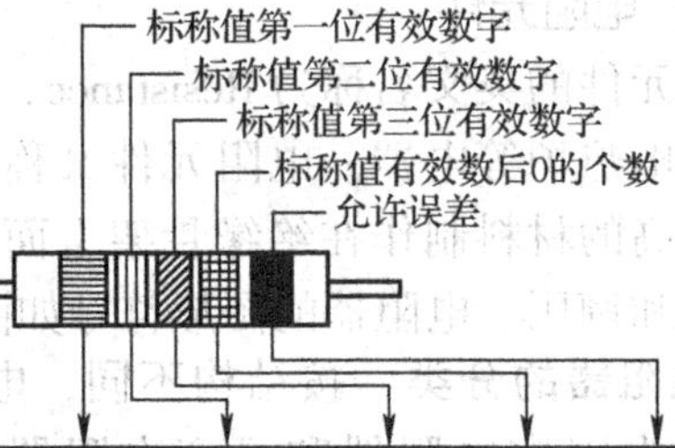

颜色	第一位有效数	第二位有效数	第三位有效数	倍率	允许误差
黑	0	0	0	10^0	
棕	1	1	1	10^1	±1%
红	2	2	2	10^2	±2%
橙	3	3	3	10^3	
黄	4	4	4	10^4	
绿	5	5	5	10^5	±0.5%
蓝	6	6	6	10^6	±0.25%
紫	7	7	7	10^7	±0.1%
灰	8	8	8	10^8	
白	9	9	9	10^9	
金				10^{-1}	
银				10^{-2}	

b)

图 2-11 电阻器标称值的色环表示法

a）四环电阻器标称值的色环表示法 b）五环电阻器标称值的色环表示法

5. 电阻的电流、电压关系特性　将电阻两端的电压与流过电阻的电流的关系用图形表示，称为电阻的电流、电压关系特性。在电阻为恒定值时，其电流、电压关系特性如图2-12所示，电阻越小，这条直线越陡。

理想电阻元件的电阻值是一个常数，不随电压或电流而改变，这样的电阻称为线性元件，其电压、电流特性如图2-13a所示。如果电阻值不是一个常数，随电压或电流而改变，这样的电阻称为非线性元件，其电压、电流特性如图2-13b所示。由非线性元件组成的电路称为非线性电路。

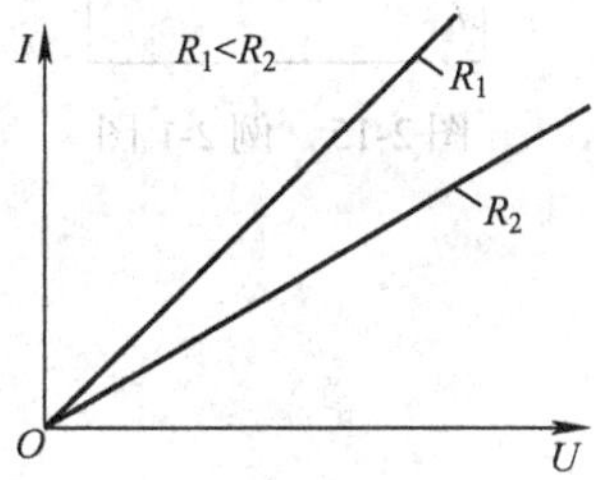

图2-12　电阻的电流、电压特性

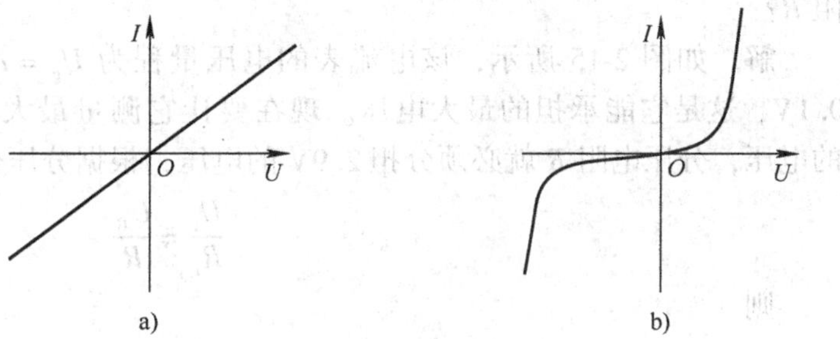

图2-13　电阻的电流、电压特性
a）线性元件　b）非线性元件

6. 电阻的连接

（1）电阻串联。把电阻一个接一个地依次连接起来，就组成了串联电路，如图2-14所示。

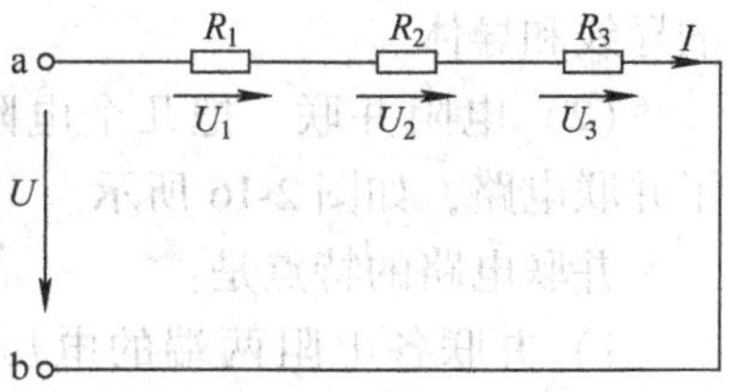

图2-14　电阻的串联

串联电路的基本特点是：

1）电流处处相等。设电阻 R_1 中的电流为 I_1，电阻 R_2 中的电流为 I_2，电阻 R_3 中的电流为 I_3，那么对电阻串联电路总有：$I=I_1=I_2=I_3$。

2）总电压等于各段分电压之和。设电阻 R_1 两端的电压为 U_1，电阻 R_2 两端的电压为 U_2，电阻 R_3 两端的电压为 U_3，则有：$U=U_1+U_2+U_3$。

3）总电阻也就是串联电路两个引出端之间的等效电阻 R，等于串联电路中各个电阻之和，即：$R=R_1+R_2+R_3$。

4）串联电路中任一电阻两端的电压与总电压的关系均符合下述分压公式

$$U_1=\frac{R_1}{R_1+R_2+R_3}U$$

$$U_2=\frac{R_2}{R_1+R_2+R_3}U \qquad (2\text{-}5)$$

$$U_3=\frac{R_3}{R_1+R_2+R_3}U$$

5）串联电路中各个电阻吸收的功率与该电阻的阻值成正比

$$\frac{P_1}{R_1}=\frac{P_2}{R_2}=\cdots=\frac{P_n}{R_n}=\frac{P}{R}=I^2 \qquad (2\text{-}6)$$

在实际工作中，电阻串联有如下应用：

1）用几个电阻串联以获得较大的电阻。

2）采用几个电阻串联构成分压器，使同一电源能供给几种不同数值的电压。

3）当负载的额定电压低于电源电压时，可用串联电阻的方法将负载接入电源。

4）限制和调节电路中电流的大小。

5）扩大电压表量程。

例 2-1 如图 2-15 所示，有一只电流表，内阻 $R_g=1k\Omega$，满偏电流为 $I_g=100\mu A$，要把它改成量程为 $U_n=3V$ 的电压表，应该串联一只多大的分压电阻 R？

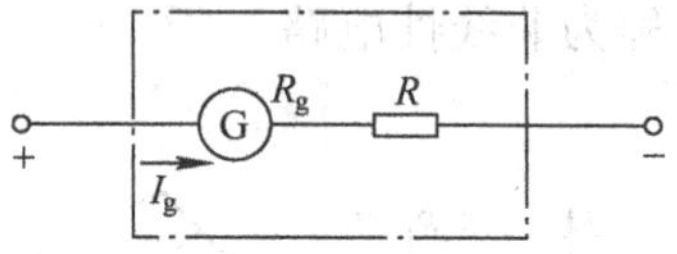

图 2-15 例 2-1 图

解 如图 2-15 所示，该电流表的电压量程为 $U_g=R_gI_g=0.1V$，这是它能承担的最大电压。现在要让它测量最大为 3V 的电压，分压电阻 R 就必须分担 2.9V 的电压，根据分压公式

$$\frac{U_g}{R_g}=\frac{U_R}{R}$$

则

$$R=\frac{U_R}{U_g}R_g=\frac{2.9}{0.1}\times 1\ 000\Omega=29k\Omega$$

串联的元件可以是电阻器、灯泡、扬声器、电动机、线圈、继电器、螺线管、热元件、连接器或接头以及一定长度的导线和导体。

（2）电阻并联。把几个电阻并列地连接起来，就组成了并联电路，如图 2-16 所示。

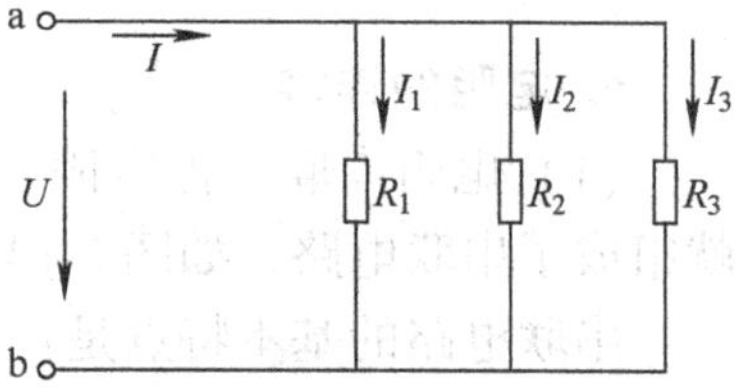

图 2-16 电阻的并联

并联电路的特点是：

1）并联各电阻两端的电压均相等，设 R_1 两端电压为 U_1，R_2 两端电压为 U_2，R_3 两端电压为 U_3，电源电压为 U，则有：$U=U_1=U_2=U_3$。

2）总电流等于流经各电阻的电流之和。设电源处的总电流为 I，流经 R_1 的电流为 I_1，流经 R_2 的电流为 I_2，流经 R_3 的电流为 I_3，则总有：$I=I_1+I_2+I_3$。

3）总电阻也就是并联电路两个引出端之间的等效电阻 R，等于并联电路中各个电阻倒数和的倒数。

$$R=\frac{1}{\frac{1}{R_1}+\frac{1}{R_2}+\frac{1}{R_3}} \tag{2-7}$$

4）分流关系：

$$R_1I_1=R_2I_2=\cdots=R_nI_n=RI=U \tag{2-8}$$

并联电路中通过各个电阻的电流和它的阻值成反比。

当两只电阻 R_1 和 R_2 并联时，等效电阻 $R=\frac{R_1R_2}{R_1+R_2}$，

则有分流公式

$$I_1=\frac{R_2}{R_1+R_2}I,\quad I_2=\frac{R_1}{R_1+R_2}I \tag{2-9}$$

5）并联电路中各个电阻吸收的功率与该电阻阻值的倒数成正比。

$$R_1P_1 = R_2P_2 = \cdots = R_nP_n = RP = U^2 \tag{2-10}$$

在实际工作中，电阻并联有如下应用：

1）凡是额定工作电压相同的负载，都采用并联的工作方式，这样每个负载都是一个可独立控制的回路，任一负载的正常接通或断开都不影响其他负载的使用。

2）获得较小的电阻。

3）扩大电流表的量程。

例 2-2　如图 2-16 所示，已知：$R_1=20\Omega$，$R_2=40\Omega$，$R_3=80\Omega$，$U=10\text{V}$。试求：①总电阻 R 的值；②分电流 I_1、I_2、I_3的值；③总电流 I 的值。

解　①总电阻 R

$$R = \frac{1}{\frac{1}{R_1}+\frac{1}{R_2}+\frac{1}{R_3}} = \frac{1}{\frac{1}{20}+\frac{1}{40}+\frac{1}{80}}\Omega = 11.43\Omega$$

②分电流

$$I_1 = \frac{U}{R_1} = \frac{10}{20}\text{A} = 0.5\text{A}$$

$$I_2 = \frac{U}{R_2} = \frac{10}{40}\text{A} = 0.25\text{A}$$

$$I_3 = \frac{U}{R_3} = \frac{10}{80}\text{A} = 0.125\text{A}$$

③总电流 I

$$I = I_1 + I_2 + I_3 = 0.5\text{A} + 0.25\text{A} + 0.125\text{A} = 0.875\text{A}$$

例 2-3　如图 2-17 所示，有一只微安表，满偏电流为 $I_g=100\mu\text{A}$，内阻 $R_g=1\text{k}\Omega$，要将其改装成量程为 $I_n=0.1\text{ A}$ 的电流表，试求所需的分流电阻 R。

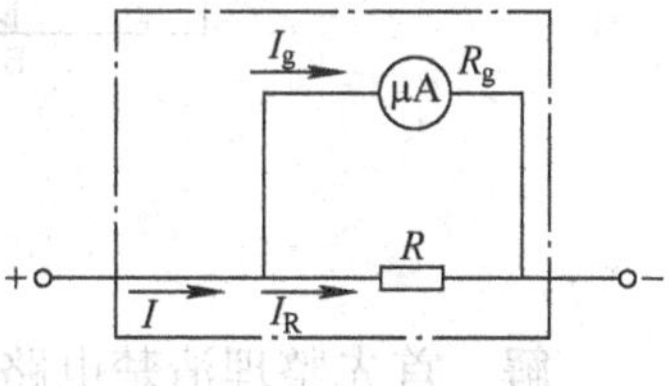

图 2-17　例 2-3 图

解　微安表允许通过的最大电流 $100\mu\text{A}=0.0001\text{A}$，在测量 0.1A 的电流时，分流电阻 R 上通过的电流应该是 $I_R=0.0999\text{A}$，由于并联电路中的电流跟电阻成反比，$R_gI_g=RI_R$，所以

$$R = R_g\frac{I_g}{I_R} = 1000\times\frac{0.0001}{0.0999}\Omega \approx 1\Omega$$

（3）电阻的混联。在电阻电路中，既有电阻的串联又有电阻的并联，称为电阻混联。对混联电路的分析和计算大体上可分为以下几个步骤：

1）首先整理清楚电路中电阻串、并联关系，必要时重新画出串、并联关系明确的电路图；

2）利用串、并联等效电阻公式计算出电路中总的等效电阻；

3）利用已知条件进行计算，确定电路的端电压与总电流；

4）根据电阻分压关系和分流关系，逐步推算出各支路的电流或各部分的电压。

例 2-4　如图 2-18 所示，已知 $R_1=R_2=8\Omega$，$R_3=R_4=6\Omega$，$R_5=R_6=4\Omega$，$R_7=R_8=24\Omega$，$R_9=16\Omega$，电压 $U=224\text{V}$。

试求：①电路总的等效电阻 R_{AB}与总电流 I_Σ；

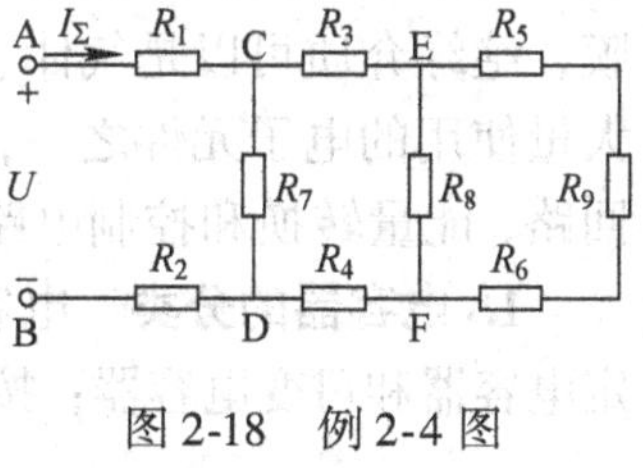

图 2-18　例 2-4 图

② 电阻 R_9 两端的电压 U_9 与通过它的电流 I_9。

解 ① R_5、R_6、R_9 三者串联后，再与 R_8 并联，E、F 两端的等效电阻为

$$R_{EF}=\frac{1}{\frac{1}{(R_5+R_6+R_9)}+\frac{1}{R_8}}=12\Omega$$

R_{EF}、R_3、R_4 三电阻串联后，再与 R_7 并联，C、D 两端的等效电阻为

$$R_{CD}=\frac{1}{\frac{1}{R_3+R_{EF}+R_4}+\frac{1}{R_7}}=12\Omega$$

总的等效电阻 $R_{AB}=R_1+R_{CD}+R_2=28\Omega$

总电流 $I_{\Sigma}=\frac{U}{R_{AB}}=\frac{224}{28}A=8A$

② 根据电阻并联的分流关系，可计算出通过电阻 R_9 中的电流是 $I_9=2A$

电阻 R_9 两端的电压是 $U_9=R_9I_9=16\Omega\times2A=32V$

例 2-5 如图 2-19a 所示，已知 $R=10\Omega$，电源电动势 $E=6V$，内阻 $r=0.5\Omega$，试求电路中的总电流 I。

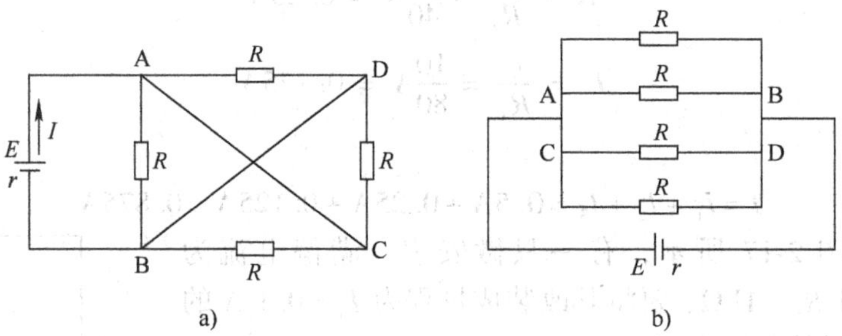

图 2-19 例 2-5 图

解 首先整理清楚电路中电阻串、并联关系，并画出等效电路，如图 2-19b 所示。电路的总电阻为

$$R_{总}=\frac{R}{4}=\frac{10}{4}\Omega=2.5\Omega$$

电路中的总电流为

$$I_{总}=\frac{E}{R_{总}+r}=\frac{6}{2.5+0.5}A=2A$$

（二）电容元件

电容元件的英文名称为 Capacitor，用字母“C”表示。电容器由两块金属薄片中间隔一层绝缘介质所构成。金属薄片也可为金属箔或金属膜，绝缘介质可以是气体、固体、液体或合成物。电容器是电子设备中大量使用的电子元件之一，广泛应用于隔直、耦合、旁路、滤波、调谐回路、能量转换和控制电路等方面，其图形符号如图 2-20 所示 。

图 2-20 电容器的图形符号

1. 电容器的分类 电容器的种类有很多，按电容器的形式可分为固定电容器和可变电容器；按介质材料可分为油浸式电容器、聚乙烯电容器、涤纶电容器、瓷

片电容器、云母电容器、电解电容器和钽电容器等；按有无极性，又可分为无极性电容器和有极性电容器。电解电容器是有极性电容器。如图2-21所示为部分电容器的实物图。

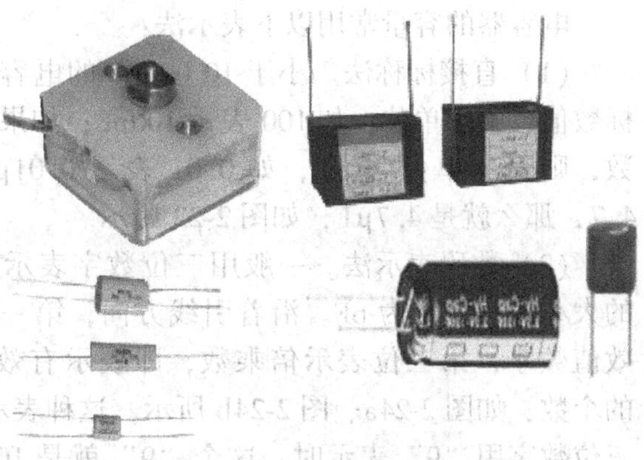

图2-21 电容器实物图

2. 电容器的主要参数

（1）电容器的标称容量：工厂生产的电容器的标称容量。

（2）额定工作电压：又称电容器的耐压，是电容器的重要参数之一，是电容器能够长期承受的最大电压。

（3）允许误差：实际电容量和标称电容量允许的最大偏差范围，一般分为三级：Ⅰ级为±5%，Ⅱ级为±10%，Ⅲ级为±20%。

3. 电容 电容是反映电容器储存电荷能力大小的物理量，计算公式为

$$C=\frac{Q}{U} \tag{2-11}$$

式中 C——电容量，单位为F；

Q——电荷量，单位为C；

U——两极板间的电压，单位为V。

电容只与电容器本身的性质有关，与电容器所带的电量及电容器两极板间的电压无关。电容的国际单位是法拉（F），常用单位还有微法（μF）和皮法（pF），它们之间的关系为：

$$1\mu F=10^{-6}F; \quad 1pF=10^{-12}F$$

4. 电容器的识别 电容器的上面一般标有容量和耐压符号。有极性电容器还标有正负极，也有用引脚的长短来区别正负极的，其中长脚为正，短脚为负，如图2-22所示。

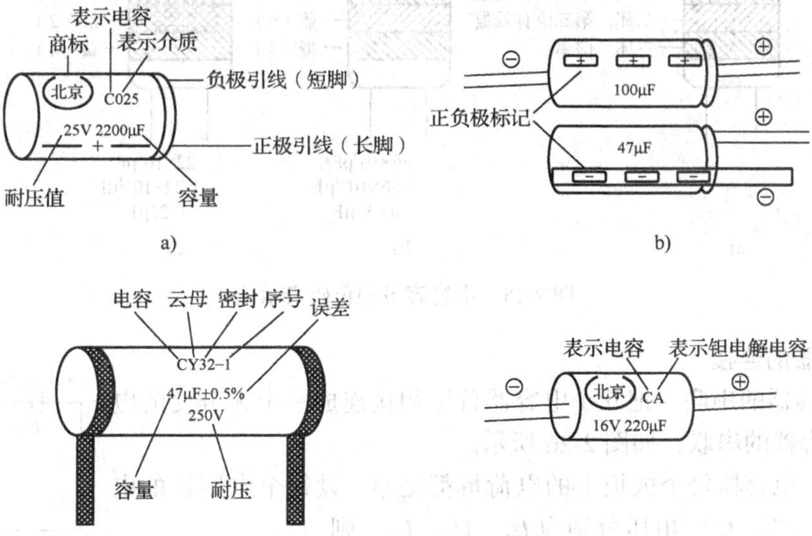

图2-22 电容的标识

电容器的容量常用以下表示法：

（1）直接标称法。小于10 000pF的电容器，一般只标数值，不标单位，如100表示100pF；如果数字中有小数，则表示单位为μF，如0.01表示0.01μF；如果是4.7，那么就是4.7μF，如图2-23所示。

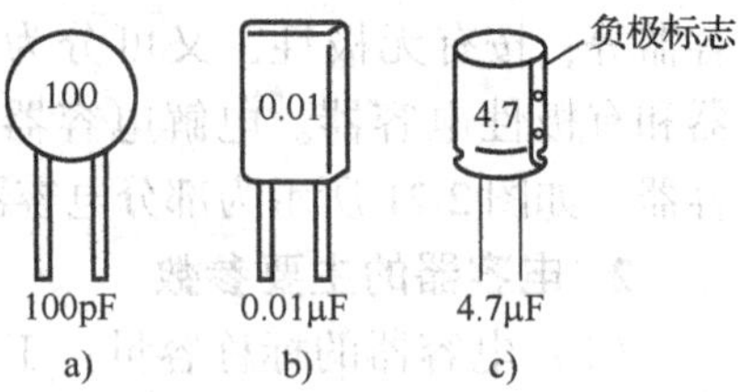

图2-23 电容的直标法

（2）数码表示法。一般用三位数字表示电容器容量的大小，其单位为pF。沿着引线方向，第一、二位为有效值数字，第三位表示倍乘数，即表示有效值后"零"的个数，如图2-24a、图2-24b所示。这种表示法有一个特殊情况（见图2-24c），就是当第三位数字用"9"表示时，这个"9"就是10^{-1}，如229表示标称容量为$22\times(10^{-1})$ pF = 2.2pF。在电容器中，采用数码表示法是最常见的。

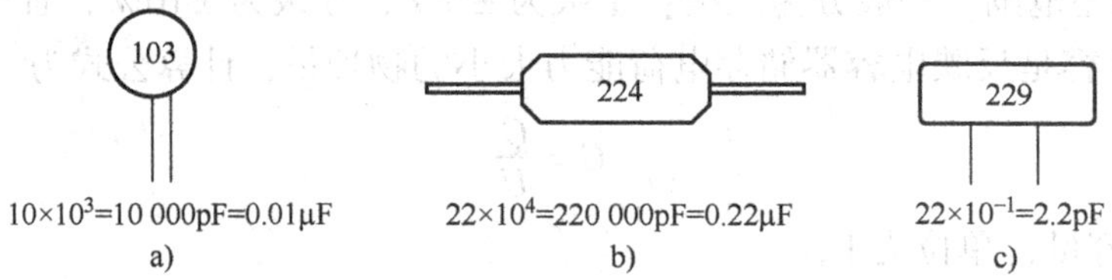

图2-24 电容容量的数码表示方法

（3）色码表示法。色码表示法跟数码表示法相似，不同的是，它标的不是数字，而是用颜色代表数码。颜色黑、棕、红、橙、黄、绿、蓝、紫、灰、白分别代表0、1、2、3、4、5、6、7、8、9。沿着引线方向，第一、二种颜色代表的数码表示容量的有效数字，第三种颜色代表的数码则表示有效数字后面添加的"0"的个数，其单位也是pF，如图2-25所示。

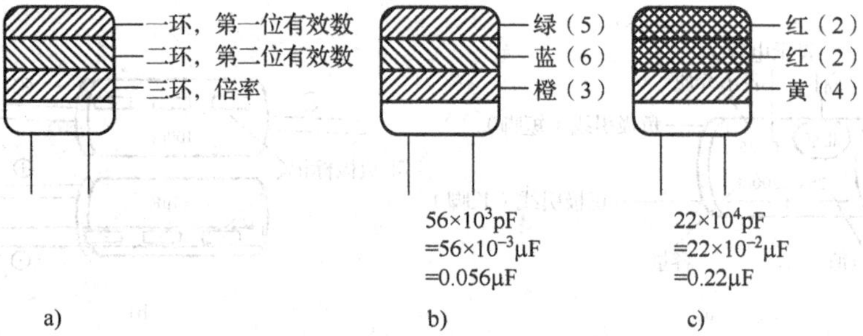

图2-25 电容容量的色码表示法

5. 电容器的连接

（1）电容器的串联。把几个电容器首尾相接连成一个无分支的电路，称为电容器的串联，如图2-26所示。

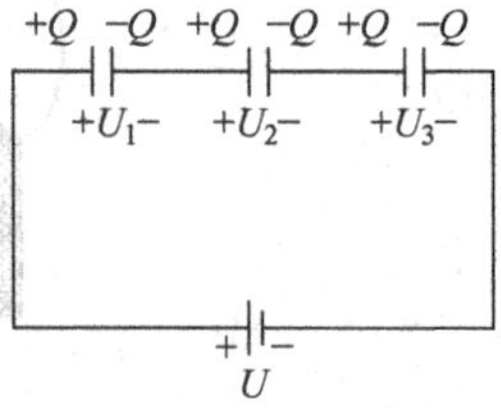

图2-26 电容器的串联

串联时，电容器每个极板上的电荷量都是Q。设每个电容器的电容分别为C_1、C_2、C_3，电压分别为U_1、U_2、U_3，则

$$U_1=\frac{Q}{C_1},\qquad U_2=\frac{Q}{C_2},\qquad U_3=\frac{Q}{C_3} \tag{2-12}$$

总电压 U 等于各个电容器上的电压之和，所以

$$U=U_1+U_2+U_3=Q\left(\frac{1}{C_1}+\frac{1}{C_2}+\frac{1}{C_3}\right) \tag{2-13}$$

等效电容 C 的倒数等于各个电容器的倒数之和，即

$$\frac{1}{C}=\frac{1}{C_1}+\frac{1}{C_2}+\frac{1}{C_3} \tag{2-14}$$

（2）电容器的并联。电容器的并联如图 2-27 所示，把几只电容器的一端连在一起，另一端也连在一起的连接方式称为电容器的并联。

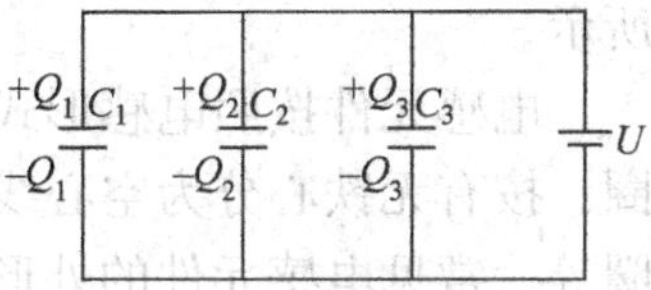

图 2-27　电容器的并联

电容器并联时，加在每个电容器上的电压都相等。设电容器的电容分别为 C_1、C_2、C_3，所带的电荷量分别为 Q_1、Q_2、Q_3，则

$$Q_1=C_1U,\qquad Q_2=C_2U,\qquad Q_3=C_3U \tag{2-15}$$

电容器组储存的总电荷量 Q 等于各个电容器所带电荷量之和，即

$$Q=Q_1+Q_2+Q_3=(C_1+C_2+C_3)U \tag{2-16}$$

设并联电容器的总电容（等效电容）为 C，由 $Q=CU$，得

$$C=\frac{Q}{U}=C_1+C_2+C_3 \tag{2-17}$$

即并联电容器的总电容等于各个电容器的电容之和。

6. 电容器的充放电特性

（1）电容器充电。使电容器带电的过程，叫做电容器充电。如图 2-28 所示，当开关 S 合向 1 时，可以观察到以下现象：白炽灯开始较亮，逐步变暗，Ⓐ1的读数由大变小，Ⓥ的读数由小变大，最后Ⓐ1指向 0，Ⓥ的读数大小等于 E。

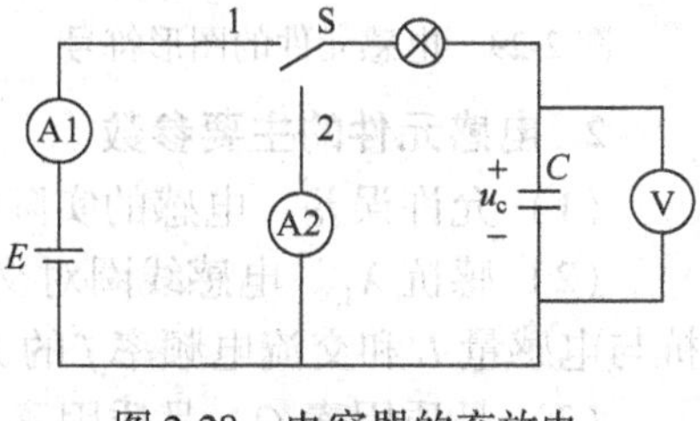

图 2-28　电容器的充放电

刚开始充电时，电容器上没有电荷，其两端的电压 u_c 为零，电源的电动势 E 与电容器上的端电压之差最大，因此充电电流最大；通电后，电容器的极板上开始积累电荷，电容器上的电压随之逐渐升高，使得 u 与 E 之差不断减小，因而充电电流 i_c 随之减小；最后，当 u_c 和 E 趋于相等时，充电电流趋近于 0。

（2）电容器放电。使充电后的电容器失去电荷（释放电荷和电能）的过程，叫做电容器放电。如图 2-28 所示，开关 S 由 1 扳至 2 时，电容器开始放电，可以观察到以下现象：白炽灯开始较亮，逐渐变暗，直至熄灭，Ⓐ2的读数开始较大，逐渐变小，且电流的方向与刚才充电时相反，直至指示 0 位，开始Ⓥ指示的读数等于 E，逐渐下降，直至为 0。

随着放电过程的进行，正电荷不断地往电容器的负极板上迁移，正负电荷不断中和，u_c 和 i_c 越来越小，直至电容器上的电荷放尽，放电电流等于零。

综上分析可知，只要电容器上存储的电荷量发生变化，电路中就有电流产生，但充、放电所形成的电流，并非通过了电容器的电介质。如果把电容器接入交流电路中，因为交流电

压的极性不断改变，电容器被反复充、放电，电路中就始终有电流通过。可见交流电可以“通过”电容器，所以说电容器在电路中的作用是“隔直流、通交流；通高频，阻低频”。

（三）电感元件

1. 电感元件 电感元件（英文名称为 Inductor，用 L 表示）是由绝缘导线绕在绝缘骨架上或铁心上构成的。根据绝缘的要求，绝缘导线可以是漆包线、纱包线和玻璃纤维包线，铁心要用低损耗的软磁材料，如硅钢片、坡莫合金和铁氧体等。电感元件的图形符号如图 2-29 所示。

电感元件按照电感形式分为固定电感和可变电感；按照工作频率分为高频线圈和低频线圈，按有无铁心分为空心线圈和铁心线圈；按自感和互感可分为电感线圈和变压器式电感线圈等。常见电感元件的外形图如图 2-30 所示。

图 2-29 电感元件的图形符号

图 2-30 常见电感元件的外形图

2. 电感元件的主要参数

（1）允许误差。电感的实际电感量相对于标称值的最大允许偏差范围称为允许误差。

（2）感抗 X_L。电感线圈对交流电流阻碍作用的大小称感抗 X_L，单位是欧姆（Ω）。感抗与电感量 L 和交流电频率 f 的关系为：$X_L=2\pi fL$。

（3）品质因素 Q。品质因素是表示线圈质量的一个物理量，Q 为感抗 X_L 与其等效的电阻的比值，即：$Q=X_L/R$，线圈的 Q 值愈高，回路的损耗愈小。线圈的 Q 值与导线的直流电阻、骨架的介质损耗、屏蔽罩或铁心引起的损耗以及高频趋肤效应的影响等因素有关，线圈的 Q 值通常为几十到一百。

3. 电感 电感也称自感系数，是反映电感线圈存储磁场能的能力的物理量，用 L 表示。它是线圈本身的固有特性，主要取决于线圈的圈数、结构及绕制方法等，与电流大小无关，也反映电感器通过变化电流时产生感应电动势的能力。

电感的国际单位是亨利（H），常用的还有毫亨（mH）、微亨（μH），它们之间的关系为：

$$1\,\text{H}=10^3\,\text{mH}=10^6\,\mu\text{H}$$

三、欧姆定律

（一）欧姆定律概述

如图 2-31 所示为一闭合电路，电源本身的电流通路称为内电路，内电路的电阻称为内阻；电源以外的电流通路称为外电路；内电路和外电路总称闭合电路（全电路）。

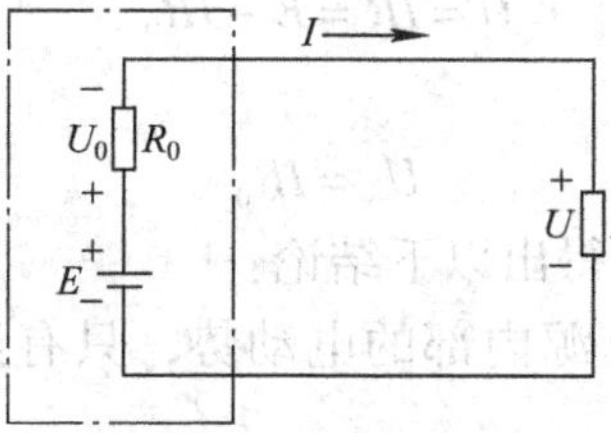

图 2-31 闭合电路

（二）部分电路的欧姆定律

对于外电路，通过实验可以得出下述结论：通过电阻的电流与电阻两端的电压成正比，与电阻成反比，这就是欧姆定律。它是分析与计算电路的基本定律之一。由于定律的上述表达形式仅适用于不含电源的一段电阻电路，故称为部分电路欧姆定律。如图 2-32a 所示，若电路中电压和电流所选的参考方向相同（称为关联方向），则欧姆定律的表达式为

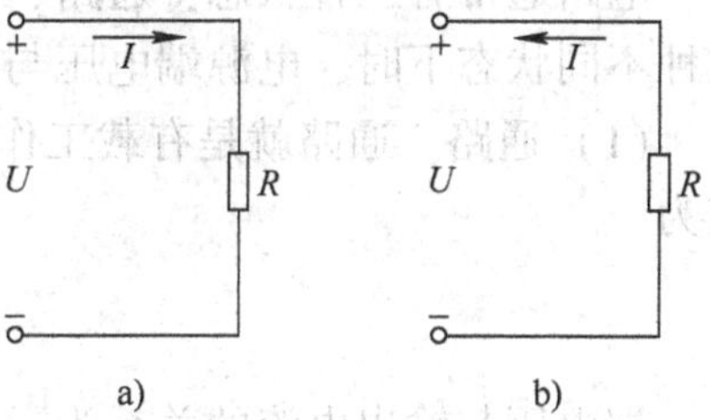

图 2-32 应用欧姆定律时的参考方向

a）电压和电流所选的参考方向相同

b）电压和电流所选的参考方向相反

$$I = \frac{U}{R} \quad 或 \quad U = IR \tag{2-18}$$

式中 U——电阻两端的电压，单位为 V；

I——电阻中的电流，单位为 A；

R——电阻，单位为 Ω。

如果电路中的电压和电流所选的参考方向相反（称为非关联方向），如图 2-32b 所示，则欧姆定律的表达式为

$$I = -\frac{U}{R} \tag{2-19}$$

例 2-6 我国对安全电压是这样规定的：以通过人体的电流不引起心室颤动的最大电流 30mA 为极限，如果人体电阻按 1 000 ~ 1 200Ω 估计，则安全电压是多少？

解 当人体电阻按 1 000Ω 计算时，根据部分电路欧姆定律，有

$$U = IR = 30 \times 10^{-3}\text{A} \times 1\,000\Omega = 30\text{V}$$

当人体电阻按 1 200Ω 计算时，同理有

$$U = IR = 30 \times 10^{-3}\text{A} \times 1\,200\Omega = 36\text{V}$$

所以安全电压应为 36V 以下。

（三）闭合电路的欧姆定律

如图 2-31 所示，在闭合电路中，电流与电源电动势成正比，与整个电路的电阻成反比。闭合电路的欧姆定律表达式为

$$I = \frac{E}{R + R_0} \tag{2-20}$$

或者

$$E = IR + IR_0 \tag{2-21}$$

其中，外电路上的电压降（端电压）为

$$U = IR = E - IR_0 \tag{2-22}$$

内电路上的电压降为

$$U_o = IR_0 \tag{2-23}$$

根据闭合电路欧姆定律，可以得出以下结论：

（1）电源的端电压总是低于电源内部的电动势，只有当电源开路时，电源的端电压才与电源的电动势相等；

（2）电源的电动势与外电路电阻的变化无关，而电源的端电压随负载的变化而变化。

（四）电路的三种状态

电路通常有三种状态：通路、断路和短路。根据闭合电路欧姆定律，我们来分析电路在三种不同状态下时，电源端电压与输出电流之间的关系。

（1）通路。通路就是有载工作状态。如图 2-33a 所示，负载中有电流流过，电路中的电流为

$$I = \frac{E}{R_0 + R} \tag{2-24}$$

端电压与输出电流的关系为

$$U = E - IR_0 \tag{2-25}$$

通常把通过大电流的负载称为大负载，把通过小电流的负载称为小负载。这样，若电源的内阻一定，电路接大负载时，端电压下降较多；电路接小负载时，端电压下降较少。

（2）断路（开路）。断路就是电源或电路某处断开，电路中没有电流流过。如图 2-33b 所示，电路中没有电流流过，电源不向负载输送电能。对于电源来说，这种状态叫空载。断路的主要特点是：电路中的电流为零，电源端电压和电动势相等。

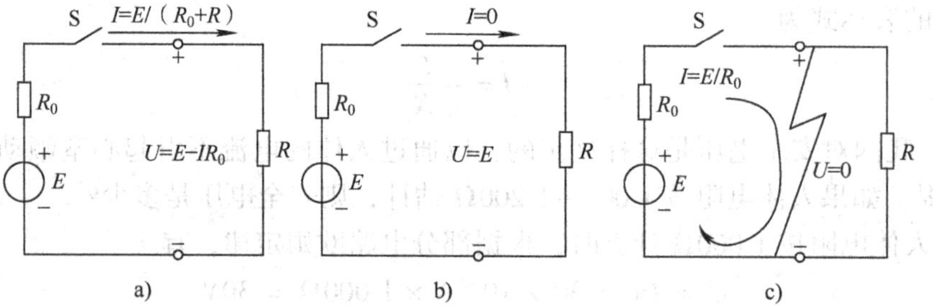

图 2-33　电路的三种状态

a）通路　b）断路　c）短路

断路可分为控制性断路和故障性断路。控制性断路是人们根据需要利用开关将处于通路状态的电路断开；故障性断路是一种突发性的、意想不到的断路状态。例如：在供电线路中，电源与负载之间的连接导线松脱、负载与导体的金属部分接触不良，都会引起断路故障。所以，接线要牢固可靠，尽量避免断路故障的发生。

（3）短路。短路就是电源未经负载而直接由导体构成闭合回路。如图 2-33c 所示，电源被短接，电路中的短路电流 $I = E/R_0$。由于电源内阻一般都很小，所以此时 I 极大，电源对外输出电压 $U = E - IR_0 \approx 0$。

短路电流极大，不仅会损坏导线、电源和其他电气设备，甚至还会引起火灾。因此，短路是电路处于严重的故障状态，必须禁止发生。在电路中常串接保护装置，如熔断器等，一旦电路发生短路故障，能自动切断电路，起到安全保护作用。

（五）电功率、电能及电流的热效应

（1）电功率。电流在单位时间内所做的功，称为电功率，简称功率，用符号“P”表示，其值的计算公式为

$$P = IU \tag{2-26}$$

根据欧姆定律，可以导出

$$P = I^2R = \frac{U^2}{R} \tag{2-27}$$

电功率的国际单位是瓦特（W），常用的单位有千瓦（kW）和毫瓦（mW）等，它们之间的换算关系如下：

$$1\text{kW} = 10^3\text{W};\qquad 1\text{mW} = 10^{-3}\text{ W}。$$

电路最终的目的是将电源以一定的电功率传送给负载，负载将电能转换成工作所需要的一定形式的能量，即电路中存在发出功率的元件（供能元件）和吸收功率的元件（耗能元件）。习惯上，通常把耗能元件吸收的功率写成正数，把供能元件发出的功率写成负数。

（2）电能。电能指在一定的时间内电路元件或设备吸收或发出的电能量，用符号“W”表示，其计算公式为

$$W = Pt = UIt \tag{2-28}$$

电能的国际单位为焦耳（J），通常电能用千瓦时（kW·h）来表示大小，也叫做度（电）：

$$1\text{ 度(电)} = 1\text{kW}\cdot\text{h} = 3.6\times10^6\text{ J}$$

即功率为 1 000W 的供能或耗能元件，在 1h 的时间内所发出或消耗的电能量为 3.6×10^6 J。

例 2-7 有一功率为 60W 的电灯泡，每天使用它照明的时间为 4h，如果平均每月按 30 天计算，那么此灯泡每月消耗的电能为多少？

解 该电灯泡平均每月的工作时间 $t = 4\text{h}\times30 = 120\text{h}$，

$$W = Pt = 60\text{W}\times120\text{h} = 7\ 200\text{ W}\cdot\text{h} = 7.2\text{kW}\cdot\text{h}$$

电流做功的过程实际上是电能转化为其他形式能量的过程。例如，电流通过电炉做功，电能转化为热能；电流通过电动机做功，电能转化为机械能；电流通过电解槽做功，电能转化为化学能。

（3）电流的热效应。电流通过导体时，能使导体温度升高，内能增加，这就是电流的热效应。实验结果表明，电流通过导体产生的热量，跟电流的平方、导体的电阻和通电时间成正比，这就是焦耳定律，其公式表示为

$$Q = I^2Rt \tag{2-29}$$

式中 I——通过导体的直流电流或交流电流的有效值，单位为 A；

R——导体的电阻值，单位为 Ω；

t——通过导体电流的持续时间，单位为 s；

Q——焦耳热，单位为 J。

(4) 电气设备的额定值。为了保证电气设备和电路元件能够长期安全地正常工作，规定了额定电压、额定电流、额定功率等铭牌数据。

额定电压——电气设备或元器件所允许施加的最大电压。

额定电流——电气设备或元器件允许通过的最大电流。

额定功率——电气设备或元器件在额定电压和额定电流下消耗的功率，即允许消耗的最大功率。

额定工作状态——电气设备或元器件在额定功率下的工作状态，也称满载状态。

轻载状态——电气设备或元器件在低于额定功率时的工作状态，轻载时电气设备不能得到充分利用或根本无法正常工作。

过载（超载）状态——电气设备或元器件在高于额定功率时的工作状态，过载时电气设备很容易被烧坏或造成严重事故。

轻载和过载都是不正常的工作状态，一般是不允许出现的。

四、电路中电位的计算

电路中每一点都有一定的电位，如同空间的每一处都有一定的高度一样。为了便于分析和维修电路，通常需要选定某一点作为参考点，这样，电路中某点与参考点之间的电压就称为该点的电位。参考点的电位通常规定为零，所以又叫零电位点。电位的文字符号用带单下标的字母 V 表示，如 V_A，即表示 A 点的电位，电位的单位也是伏特（V）。

零电位点可以任意选定，但为了统一，一般选大地为参考点，即视大地的电位为零电位。在电子仪器和设备中，又常把金属外壳或电路的公共接点的电位作为零电位。如图 2-34 所示，零电位的符号有两种，其中图 2-34a 表示接地，图 2-34b 表示接公共点或接机壳。

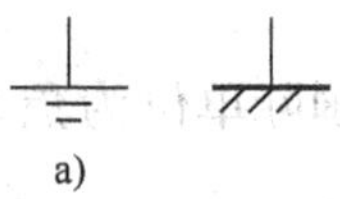

图 2-34 接地与接公共点

a）接地 b）接公共点或接机壳

电位有正电位和负电位之分，当某点的电位大于零时，表示该点的电位大于参考点电位，称为正电位；当某点电位小于零时，表示该点的电位低于参考点电位，称为负电位。

电路中零电位点规定之后，电路中任何一点与零电位点之间的电压，就是该点的电位。当各点电位已知时，就能求出任意两点间的电压。

例 2-8 在图 2-35 所示的电路中，已知 $E=10\text{V}$，$R_1=1\Omega$，$R_2=9\Omega$，$I=1\text{A}$，分别以 C、

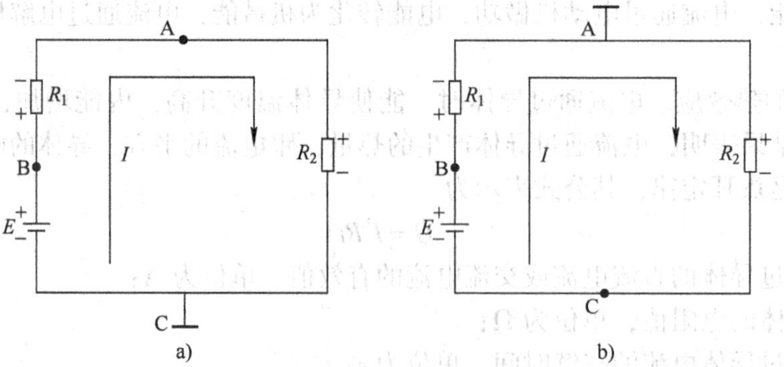

图 2-35 例 2-8 图

A 为参考点，求 A、B、C 各点的电位值及 BA 两点之间的电压。

解　电位的计算是从电路中某点到公共点（路径任意）沿途电压升高和降低的代数和，电动势 E 由低电位指向高电位；对于电阻压降，电流从高电位端流入，低电位端流出。

（1）如图 2-35a 所示，以 C 点为参考点（$V_C=0$），A、B、C 点的电位为

$$V_C=0$$

$$V_A=R_2I=(9\times1)\text{V}=9\text{V}$$

或

$$V_A=E-R_1I=(10-1\times1)\text{V}=9\text{V}$$

A 点与参考点之间有两段电路，沿任一电路计算的结果是一致的，即电路中某点对参考点的电位是唯一的。

$$V_B=E=10\text{V}$$

$$U_{BA}=V_B-V_A=(10-9)\text{V}=1\text{V}$$

（2）如图 2-35b 所示，以 A 点为参考点（$V_A=0$），A、B、C 点的电位值为

$$V_A=0\text{V}$$

$$V_B=R_1I=(1\times1)\text{V}=1\text{V}$$

$$V_C=R_2I=(9\times1)\text{V}=9\text{V}$$

或

$$V_C=E-R_1I=(10-1\times1)\text{V}=9\text{V}$$

$$U_{BA}=V_B-V_A=(1-0)\text{V}=1\text{V}$$

结论：参考点选择的不同，电位值也就不同，但电压值不变，即电位值与参考点的选择有关，而电压值与参考点的选择无关。

五、基尔霍夫定律

（一）常用的电路名词

以图 2-36 所示电路为例，说明常用的电路名词。

（1）支路。支路是电路中通过同一电流的无分支电路。如图 2- 36 所示电路中的 ED、AB、FC 均为支路，该电路的支路数目为 $b=3$。

（2）节点。电路中三条或三条以上支路的连接点，称为节点。如图 2-36 所示电路的节点为 A、B 两点，该电路的节点数目为 $n=2$ 。

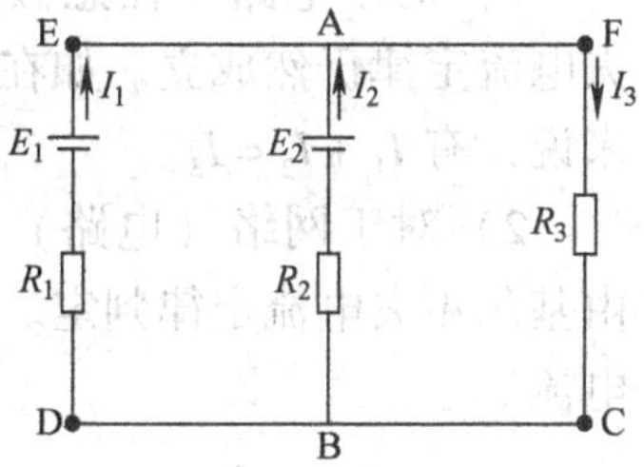

图 2-36　常用电路名词

（3）回路。电路中任一闭合的路径，称为回路。如图 2-36所示电路中的 CDEFC、AFCBA、EABDE 路径均为回路，该电路的回路数目为 $l=3$。

（4）网孔。不含有分支的闭合回路，称为网孔。如图 2-36 所示电路中的 AFCBA、EABDE 回路均为网孔，该电路的网孔数目为 $m=2$。

（二）基尔霍夫电流定律（KCL）

1. 基尔霍夫电流定律的表述　基尔霍夫电流定律的第一种表述：在任何时刻，流入任一节点的电流之和恒等于流出该节点的电流之和，即

$$\sum I_i = \sum I_o \tag{2-30}$$

在图2-36中，对于节点A，有

$$I_1 + I_2 = I_3$$

可将上式改写成

$$I_1 + I_2 - I_3 = 0$$

由此得到基尔霍夫电流定律的第二种表述：在任何时刻，电路中任一节点上的各支路电流的代数和恒等于零，即

$$\sum I = 0 \tag{2-31}$$

一般可在流入节点的电流前面取“+”号，在流出节点的电流前面取“-”号，反之亦可。

2. 使用基尔霍夫电流定律时应注意的问题 在使用基尔霍夫电流定律时，必须注意：

（1）对于含有 n 个节点的电路，只能列出（$n-1$）个独立的电流方程。

（2）列节点电流方程时，只需考虑电流的参考方向，然后再带入电流的数值。在分析未知电流时，可先任意假设支路电流的参考方向，然后列出节点电流方程（通常用“→”表示电流方向），再根据计算值的正负来确定未知电流的实际方向。当 $I>0$ 时，表明电流的实际方向与所标定的参考方向一致；当 $I<0$ 时，则表明电流的实际方向与所标定的参考方向相反。

例2-9 如图2-37所示，已知 $I_1=1\text{A}$，$I_2=5\text{A}$，$I_3=2\text{A}$，$I_4=3\text{A}$。试求电流 I_5 的值。

解 由基尔霍夫电流定律可知：

$$I_1 + I_3 + I_5 = I_2 + I_4$$

$$I_5 = I_2 + I_4 - I_1 - I_3 = 5\text{A} + 3\text{A} - 1\text{A} - 2\text{A} = 5\text{A}$$

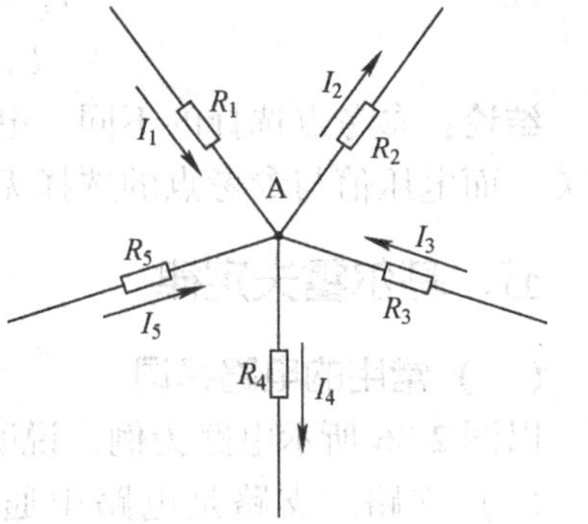

图2-37 例2-9图

（3）KCL的应用举例。

1）对于电路中任意假定的封闭面来说，基尔霍夫电流定律仍然成立。如在图2-38中，对于封闭面S来说，有 $I_1+I_2=I_3$。

2）对于网络（电路）之间的电流关系，仍然可由基尔霍夫电流定律判定。如在图2-39中，流入电路B中的电流必等于从该电路中流出的电流。

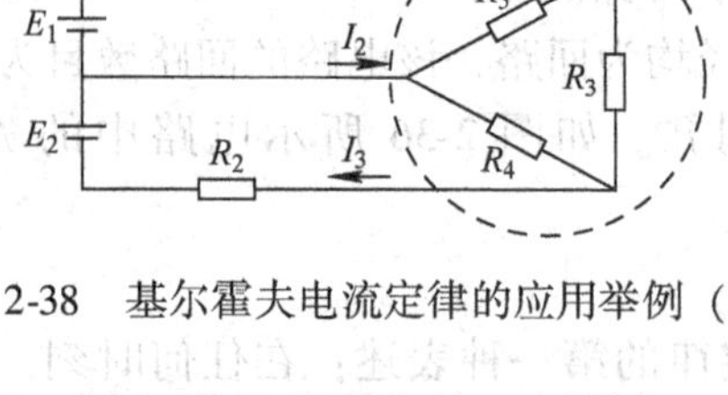

图2-38 基尔霍夫电流定律的应用举例（1）

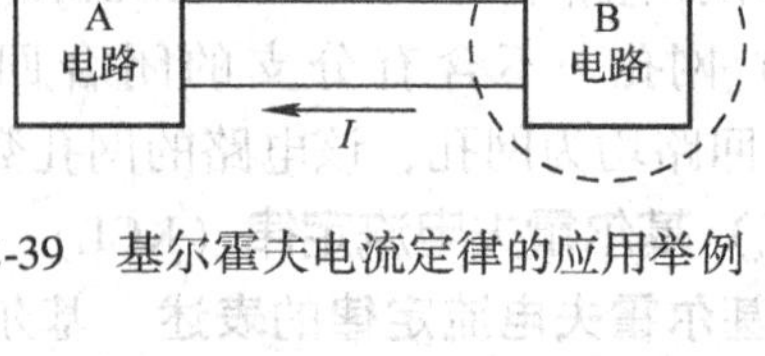

图2-39 基尔霍夫电流定律的应用举例（2）

（三）基尔霍夫电压定律（回路电压定律）

回路电压定律（KVL）的内容为：在任何时刻，沿着电路中的任一回路绕行一周，回

路中各段电压的代数和恒等于零，即

$$\sum U = 0 \tag{2-32}$$

在图2-40中，按虚线方向绕行一周，根据电压与电流的参考方向，由基尔霍夫电压定律，可列出

$$U_{ca} + U_{ad} + U_{db} + U_{bc} = 0 \tag{2-33}$$

即

$$I_1R_1 - I_2R_2 + E_2 - E_1 = 0 \tag{2-34}$$

由上式变换可得

$$E_1 - E_2 = I_1R_1 - I_2R_2 \tag{2-35}$$

由此可得出基尔霍夫电压定律的另一种表示形式

$$\sum IR = \sum E \tag{2-36}$$

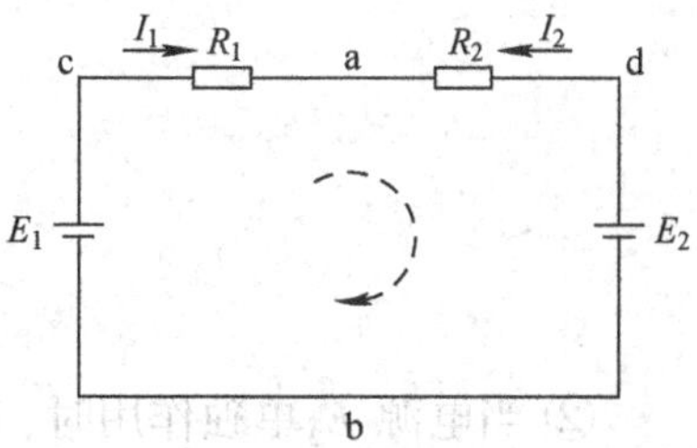

图2-40　任一回路的各段电压代数和为零

上式表明：对于电路中的任一闭合回路，各电阻上的电压降代数和等于各电源电动势的代数和，式中各电压和电动势的正、负符号的确定方法如下：

(1) 首先选定各支路电流的方向；

(2) 选择回路的绕行方向（既可沿着顺时针方向绕行，也可沿着逆时针方向绕行）；

(3) 电阻元件的端电压为 $\pm IR$，当通过电阻的电流方向与绕行方向一致时，该电阻上的电压降取正号，反之取负号。

(4) 电源电动势为$\pm E$，当电源电动势的标定方向与回路的绕行方向一致时，选取正号，反之取负号。

六、叠加定理和戴维南定理

1. 叠加定理

(1) 叠加定理的内容：当线性电路中有几个电源共同作用时，各支路的电流（或电压）等于各个电源分别单独作用时在该支路产生的电流（或电压）的代数和。

(2) 使用叠加定理解题的步骤：

1) 分别作出由一个电源单独作用的分电路图，其余电源只保留其内阻（恒压源视为短路，恒流源视为开路）。

2) 按电阻串、并联的计算方法，分别计算出分电路图中每一支路的电流（或电压）的大小。

3) 正确选取各分量的正、负号，叠加求和。

(3) 使用叠加定理分析计算电路时应注意的问题：

1) 叠加定理只能用于计算线性电路（即电路中的元件均为线性元件）的支路电流或电压。

2) 叠加定理只能用来求电路中的电流或电压，而不能用来计算功率。

例2-10　如图2-41所示电路，已知 $E_1 = 17V$，$E_2 = 17V$，$R_1 = 2\Omega$，$R_2 = 1\Omega$，$R_3 = 5\Omega$，试应用叠加定理求各支路电流 I_1、I_2、I_3。

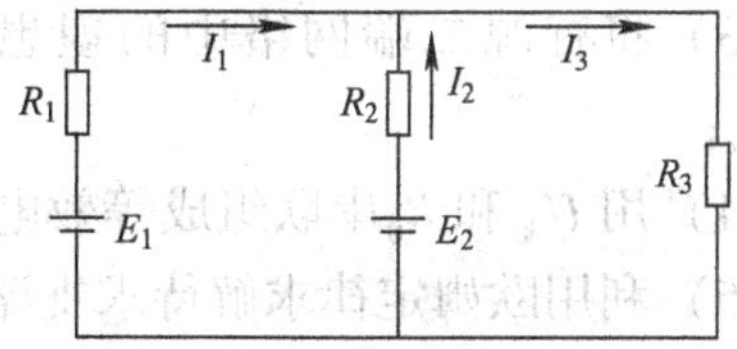

图2-41　例2-10图

解 ① 当电源 E_1 单独作用时，将 E_2 视为短路，求得 $R_{23}=R_2//R_3=0.83\Omega$，则

$$I'_1=\frac{E_1}{R_1+R_{23}}=\frac{17}{2.83}\text{A}=6\text{A}$$

$$I'_2=\frac{R_3}{R_2+R_3}I'_1=5\text{A}$$

$$I'_3=\frac{R_2}{R_2+R_3}I'_1=1\text{A}$$

② 当电源 E_2 单独作用时，将 E_1 视为短路，求得 $R_{13}=R_1//R_3=1.43\Omega$，则

$$I''_2=\frac{E_2}{R_2+R_{13}}=\frac{17}{2.43}\text{A}=7\text{A}$$

$$I''_1=\frac{R_3}{R_1+R_3}I''_2=5\text{A}$$

$$I''_3=\frac{R_1}{R_1+R_3}I''_2=2\text{A}$$

③ 当电源 E_1、E_2 共同作用时（叠加），若各电流分量与原电路电流参考方向相同时，在电流分量前面选取"+"号，反之，则选取"-"号：

$$I_1=I'_1-I''_1=1\text{A};\quad I_2=-I'_2+I''_2=2\text{A};\quad I_3=I'_3+I''_3=3\text{A}。$$

2. 戴维南定理

（1）二端网络的有关概念。

1）二端网络。一般来说，二端网络是具有两个接线端的部分电路，如图 2-42 所示。

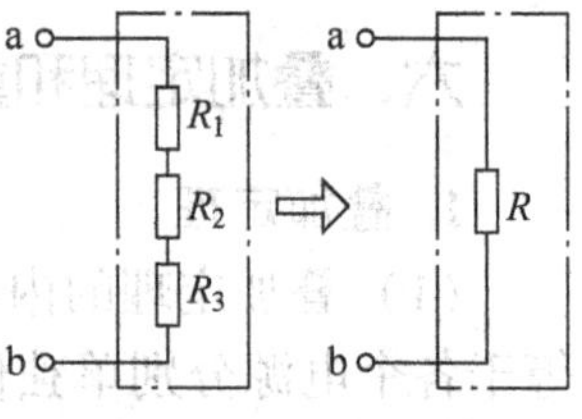

图 2-42 二端网络

2）无源二端网络。内部不含电源的二端网络称为无源二端网络。

3）有源二端网络。内部含有电源的二端网络称为有源二端网络。

（2）戴维南定理：任何一个有源二端网络，只要其中的元件都是线性的，就可以用一个电压源模型来代替，其中理想电压源 U_{S0} 等于该有源二端网络开路时的端电压，电阻 R_0 等于该有源二端网络除去电源后（理想电压源短路，理想电流源开路），在其端口处的等效电阻。

（3）利用戴维南定理解题的步骤：

1）先断开待求支路，使电路形成开路状态；

2）求解形成开路状态电路的开路电压 U_{S0}；

3）将有源二端网络中的理想电压源短路，理想电流源开路，求得该网络的等效电阻 R_0；

4）用 U_{S0} 和 R_0 串联组成等效电路；

5）利用欧姆定律求解待求支路的电流或电压。

【项目实施】

实训任务一　基本元件的认知与测量

1. 实训目标

（1）参观实训室，了解实训室管理的规章制度。

（2）掌握万用表的正确使用方法。

（3）掌握电阻、电容、电感的测量方法。

2. 训练工具

万用表，电阻、电感、电容若干。

3. 任务实施

（1）参观实训室，了解安全用电知识和实训室管理的规章制度。

1）学生进入实训室，必须做好课前准备工作，与实训无关的其他物品不得带入实训室。

2）实训时不得在实训室内随意打闹，不得做与实训无关的事情，不得离开工位，不得请他人或代他人完成实训任务。

3）严格遵守文明操作规程，不得擅自开启电源，在没有老师的同意及指导的情况下，不得带电操作。

4）在电工电子操作过程中，使用电烙铁或电热风枪前，必须对电源线、电源插座、手柄等进行安全检查，发现有松动或损坏应立即进行更换。实训时电烙铁应放在烙铁架上，并置于实训台的右前方。

5）实训时应将所要使用的工具放置在工作台的指定位置，不使用的工具放入工具箱并将工具箱放置在工作台的左前方或工作台下。

6）实训场地及实训台上应保持干净整洁，各种垃圾应随时放入指定的垃圾桶中。

7）在使用机械工具时，应避免因操作不当而引起的机械损伤事故，使用电烙铁时要防止烫伤。

8）制作工件时应仔细认真，工件应轻拿轻放，防止工件因磕碰而损坏。

9）实训结束时，必须切断所有电源，然后清洁工作台面、清除垃圾，所有被移动过的仪器设备必须恢复原状，离开实训室前应关闭门、窗。

（2）学会使用万用表。

万用表是一种能测量多种参数且有多个量程的便携式仪表。常用的万用表有模拟式和数字式两种。万用表一般都能测直流电流、直流电压、交流电压和直流电阻等，目前已有用途更广的智能型万用表问世。这里我们只介绍模拟万用表。

万用表虽然种类繁多，但其面板结构却大同小异。常用的500型模拟式万用表的外形如图2-43所示。它由表头、表盘、两个转换开关、调零电位器和4个表笔插孔及机械调零钮组成，各部分的作用如下：

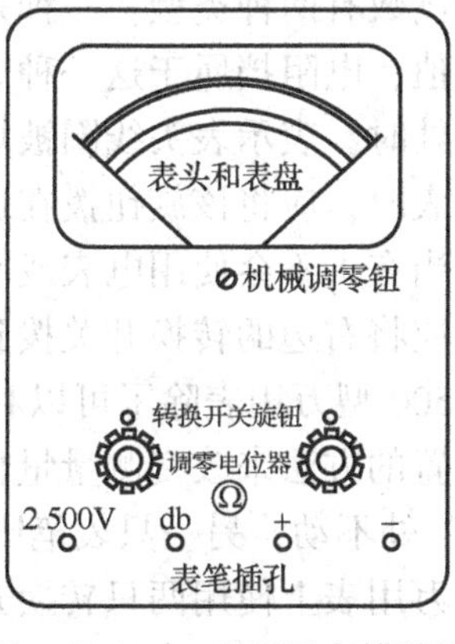

图2-43　500型万用表外形图

1）表头。表头是万用表的重要组成部分。万用表的性能好坏，在很大程度上取决于表头的好坏。表头一般由指针、表盘、磁路系统和偏转系统组成。为了提高测量的灵敏度和便于扩大电流量程，万用表使用的表头一般都是内阻较大、灵敏度较高的磁电式微安直流电流表。500 型万用表使用的是内阻 2 800Ω、满度电流为 40μA 的直流表头。

由于直流表头只允许电流从“+”极流入，从“-”极流出，所以万用表的表笔插孔或接线柱上标有“+”或“-”的记号。在测量直流电压或电流时，若将极性接反，一方面读不出具体数值，更重要的是有可能将指针打弯，使用时，必须切记该点。

2）表盘。由于万用表的测量项目较多，为了便于读数，表盘上印有多条刻度线，并附有各种符号和字母加以说明。正确理解表盘上各种符号和字母的意义及各条刻度线的读法，是正确使用万用表的关键之一。500 型模拟式万用表的表盘刻度线如图 2-44 所示。由此图不难看出，这种 500 型万用表有 4 条刻度线，现在由上向下分别介绍其用途与特点：

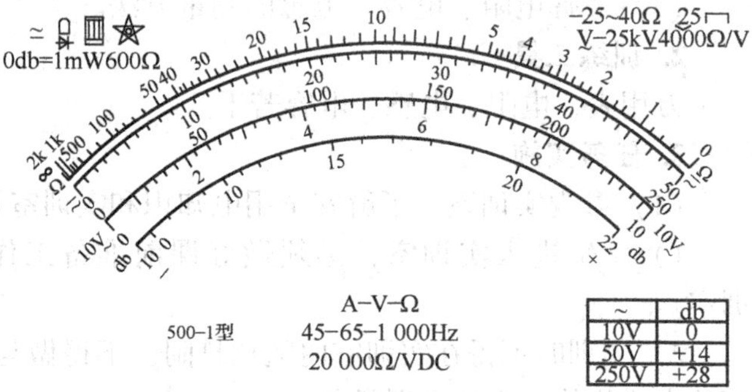

图 2-44 500 型万用表的表盘刻度线

① 供测量电阻用。其刻度是不均匀的，最左端刻度电阻为无穷大（∞），最右端刻度电阻为 0。

② 供测量直流电压和电流、交流电压和电流的共用刻度线。最左端刻度为 0，最右端刻度为最大。该刻度线下方标有两行数字，“0～50V”和“0～250V”（有的还有 0～10V），其目的是避免不同量程读数的换算。

③ 仅供测量 10V 以下的交流电压用。

④ 供测量音频电平用。此条刻线亦为不均匀刻度线，其零点位于刻度线接近左端的地方，最左端刻度为 -10db，最右端刻度为 +22db。

3）转换开关。500 型万用表使用两只转换开关，其中一只用来选择测量项目，另一只用来选择量程。例如，测量直流电压时，右边的转换开关拨在“V”上，左边的转换开关拨在“250V”挡上或其他量程的直流电压挡上，方可进行实际测量。利用转换开关选择量程时的读数有两种类型：一种是指表盘刻度的满度值，电压、电流挡属于这一种；另一种是指倍乘值，电阻挡属于这一种。另外，两只转换开关上各有一个“·”，当左边的转换开关拨在此处时，表示表头线圈被短路，因而指针的阻尼加强，抗振动能力得到提高，所以在携带万用表时，应将该旋钮拨在此处；当右边的转换开关拨在“·”处时，表明表头线圈被断开，当有人不会使用电表或因粗心而量程选择不对时，具有保护作用，因此，一般测量完毕后，应将右边的转换开关拨到“·”处。

500 型万用表除了可以利用上述转换开关的方法来选择量程外，还可以利用改变表笔插头位置的方法来改变测量量程。例如，当测量 2 500V 交、直流电压时，其中一只表笔插在“+”处不动，另一只表笔则应插在标有“2 500V”的插孔内。

万用表上使用两只转换开关的优点是测量量程多，其缺点是使用起来不太方便，稍不注意容易出错而将电表烧毁。因此，有相当一部分型号的万用表只用一只分线式转换开关。万用表对转换开关的要求是接触可靠、导电性能好、旋转时轻松而又有弹性并能听到清脆的响声、旋转定位准确且不左右晃动。

4）机械调零钮与调零电位器旋钮。机械调零旋钮的作用是调整表头指针静止时的位置。万用表不作任何测量时，其指针应停在表盘刻度线左端“0”刻度的位置上。若不在这个位置，调整该旋钮可使其到位。调零电位器旋钮只在测量电阻时使用，当被测元件的电阻为0或直接将两表笔短接时，表头指针应指在“0”处。若指针不在“0”处，可调整该旋钮使其位于“0”处。若调整该旋钮时，指针调不到“0”处，应检查表内电池的电压。

5）万用表的使用注意事项与维护问题。

① 使用万用表时，一般应将表平放在工作台上，但有时为了工作方便，也可以将表直立于桌面，面对使用者。

② 工作台应放置平稳，不应在受振动的工作台上放置和使用万用表。

③ 使用前，应先看万用表的指针是否停在表的最左端零位处，否则可用一字螺钉旋具旋动机械调零旋钮。指针经调整后，无论是直立或平放，都应停在左边零位上。

④ 严禁带电测电阻。

⑤ 仪表保存时，应特别注意环境条件，不能放置在高温或潮湿的环境中。

⑥ 每次测量结束后，都应注意不让量程开关置于电阻测量挡位，以延长万用表电池的使用寿命。

（3）测量电阻、电感和电容。

1）测量电阻。将左边的转换开关拨至“Ω”位置，右边的转换开关拨至适当量程挡，先将测试棒红、黑表笔短接，指针即向满度方向偏转，调节调零电位器旋钮使指针对准“0”，然后将测试棒分开接到被测电阻的两端。待指针偏转后，读出指针在表盘第一条刻度线上的读数，再乘上该挡的倍率，就是被测电阻值。

当测试棒短接、指针不能调至零位时，说明万用表电池电压不足，应更换电池。万用表在每次改挡后，都应将两表笔短接，重新调零，同时严禁在被测电阻带电的状态下进行电阻测量，以免损坏电表。

2）测量电感。

① 外观检查。看线圈引线是否断裂、脱焊，绝缘材料是否烧焦或表面是否破损等。

② 欧姆测量。通过用万用表测量线圈的阻值来判断其好坏，即检测电感器是否有短路、断路或绝缘不良等情况。一般电感线圈的直流电阻值很小（为零点几欧至几欧），由于低频扼流圈的电感量大，其线圈匝数相对较多，因此直流电阻相对较大。当测得线圈电阻无穷大时，表明线圈内部或引出端已断线；如果表针指示为零，则说明电感器内部短路。

③ 绝缘检查。对低频扼流圈，应检查线圈和铁心之间的绝缘电阻，即测量线圈引线与铁心或金属屏蔽罩之间的电阻，阻值应为无穷大，否则说明该电感器绝缘不良。

④ 检查磁心可变电感器。可变磁心应不松动、未断裂，应能用无感螺钉旋具（一般用骨头自制）进行伸缩调整。

3）判别电容器质量。利用电容器的充、放电作用，可用万用表的电阻挡来判别较大容量电容器的质量。将万用表的表棒分别与电容器的两端接触，若指针偏转后又很快回到接近于起始位置的地方，则说明电容器的质量很好，漏电很小；若指针回不到起始位置，而是停在刻度盘某处，说明电容器漏电严重，这时指针所指处的电阻数值即表示该电容的漏电阻值；若指针偏转到0Ω位置后不再回去，说明电容器内部短路；若指针根本不偏转，则说明电容器内部可能断路。

4）将测量的结果填入表2-2中。

表2-2　测量结果

编　号	名　称	符　号	图形符号	测量结果

5）思考：欧姆挡位如果不调零，会对结果有什么影响？

实训任务二　测量基本电参数

1. 实训目标

（1）能根据电路图自行搭接线路。

（2）了解万用表的挡位。

（3）掌握用万用表测量电压、电流的方法。

2. 实训工具

电工实验台、模拟万用表、数字万用表。

3. 实训任务

（1）电流的测量：电路中电流的大小可以用电流表直接测量（见图2-45）。测量时，必须注意如下几点：

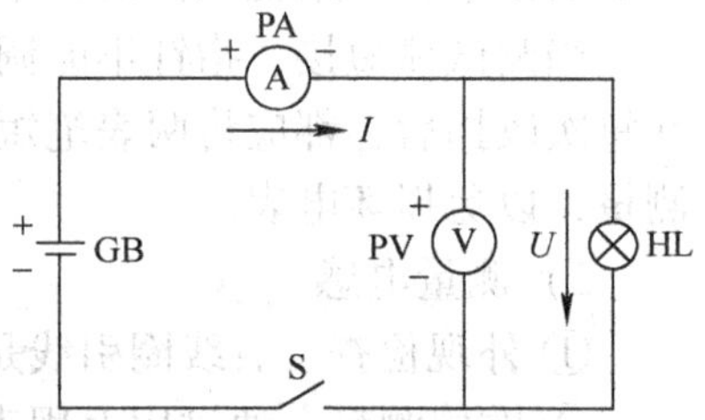

图2-45　电流和电压的测量

1）对交、直流两种不同类型的电流应分别使用交流电流表和直流电流表测量。

2）电流表必须与被测电路串联。

3）直流电流表表壳接线柱上标明的“+”、“-”记号，应和电路的极性相一致，不能接错，否则指针要反转，既影响正常测量，也容易损坏电流表。

4）使用前，应根据被测电流的大小选择适当的量程，在无法估计电流变化范围时，应选用较大的量程进行测量。

（2）电压的测量：电路中任意两点之间的电压大小，可用电压表（伏特表）进行测量（见图2-45）。测量时应注意如下几点：

1）对交、直流电压应分别采用交流电压表和直流电压表测量。

2）电压表必须与被测电路并联。

3）直流电压表表壳接线柱上标明的“+”、“-”记号，应和被测两点的电位相一致，即“+”端接高电位，“-”端接低电位，不能接错，否则指针要反转，并会损坏电压表。

4）使用前，应根据被测电压的大小选择适当的量程，在无法估计电压范围时，应选用较大的量程进行测量。

（3）实训电路的连接：按照图 2-46 所示的电路图搭接实训线路。为保证实训效果，建议负载 R 选用可变电阻。

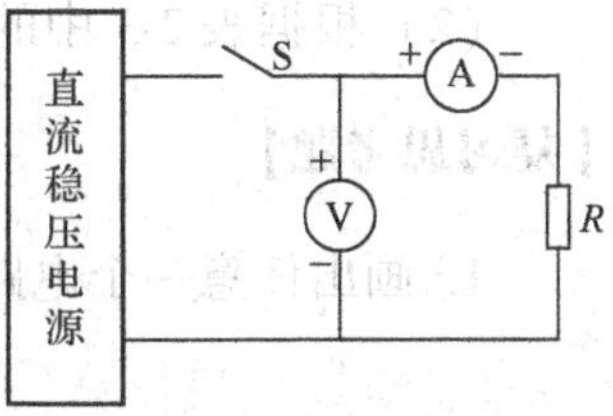

图 2-46　实训电路图

（4）使用万用表测量电流、电压。

1）直流电压的测量：将万用表右边的转换开关拨至“V”挡，将左边的转换开关拨至适当量程，测试棒的红、黑短杆分别插入“+”、“-”输入插口，长杆并接于被测电压的正负端，指针在第二条刻度线上读数。当量程开关拨到“0.25V”、“2.5V”、“250V”三个挡位时，指针读数应看表盘第二条刻度线下边的 0～250V 这组数，然后用指针指示数乘以相应的倍数就等于被测电压；当量程开关拨到“50V”或“500V”挡时，指针读数应看第二条刻度线下边的 0～50 这组数；当量程开关拨到“10V”挡时，指针读数应看第二条刻度线下边的 0～10 这组数，分别乘以不同的倍率，得到被测电压。若第二条刻度线下方没有 0～10 这组数，则应进行换算。

2）交流电压的测量：将万用表右边的转换开关拨至“V”挡，左边的转换开关拨至适当量程，测试棒的红、黑长杆并接于被测电压的两端，指针仍在第二条刻度线读数。读数方法与测量直流电压的读数方法相同。

3）直流电流的测量：将万用表左边的转换开关拨至“A”位置上，右边的转换开关拨至“mA”范围的适当量程挡，测试棒的红、黑长杆串接到被测电流电路中，使电流从红笔流入、黑笔流出，指针也在表盘的第二条刻度线读数。直流电流的量程为 0.1mA、1mA、10mA、100mA 和 1 000mA，因此指针读数只看第二条刻度线下的 0～10 这组数，然后乘以相应的倍率就等于被测电流。若第二条刻度线下方没有 0～10 这组数，也应进行换算。

在测试未知量的电流或电压时，应先将量程开关拨至最高量程挡，然后逐渐减少至适当量程，以免损坏仪表。测量高压或大电流时，应严格遵守操作规程，不准带电转动开关旋钮，注意人身安全。

4）将相应的测量数据填在表 2-3 中。

表 2-3　测量数据

	I_1/mA（RP 最小）	I_2/mA（RP 中间）	I_3/mA（RP 最大）	U_1/V（RP 最小）	U_2/V（RP 中间）	U_3/V（RP 最大）
测量值						

5）电阻的测量：前面已经作过介绍，在此不再赘述。将测量的电阻值填写在表 2-4 中，并比照标称值算出误差。

表 2-4　电阻测量数据

	R_1	R_2	R_3	R_4	R_5
测量值					
标称值					
误差					

4. 思考

（1）测量电阻时，如果没有调零会出现什么结果？

（2）根据表 2-3 中的数据，你能得出哪些结论？

【复习思考题】

1. 画出任意一个电路，并指出组成电路的四个部分是什么。

2. 有人说，“电路中，没有电压的地方就没有电流，没有电流的地方也就没有电压。”这句话对吗？为什么？

3. 电流、电压和电动势的方向是如何规定的？他们的国际单位各是什么？

4. 如图 2-47 所示电路，根据以下各种情况，判断 A、C 两点电位的高低。

（1）用导线连接 B、C；

（2）B、D 两点接地；

（3）两电路无任何电气联系。

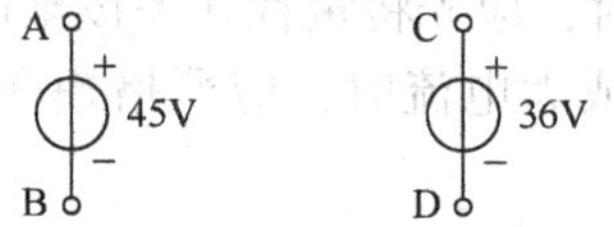

图 2-47　习题 4 图

5. 如图 2-48 所示电路，已知 $U_S=80V$，$R_1=6k\Omega$，$R_2=4k\Omega$，当① S 断开时，② S 闭合且 $R_3=0$ 时，求电路参数 U_2 和 I_2。

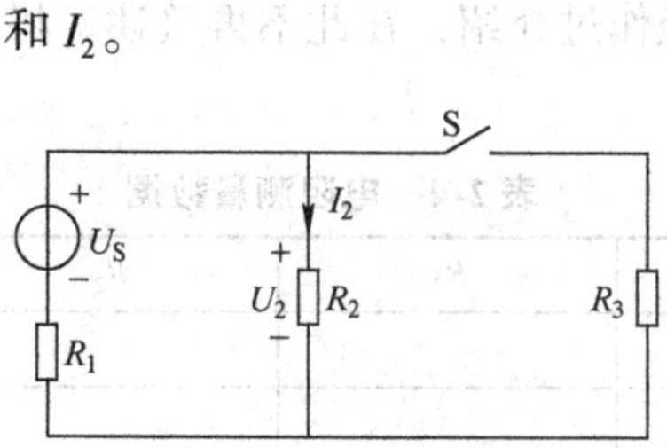

图 2-48　习题 5 电路图

6. 已知如图 2-49 所示，求 A 点的电位值。

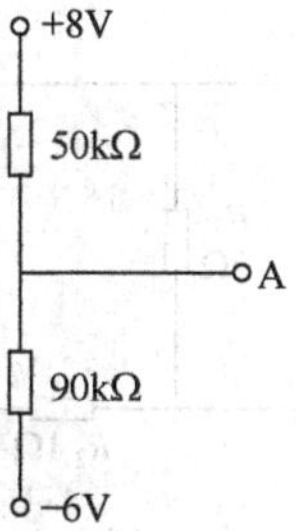

图 2-49　习题 6 电路图

7. 求图 2-50 中的电流 I_1 和 I_2。图中所标示的数字指出了 4 个电流的数值，单位是 A。

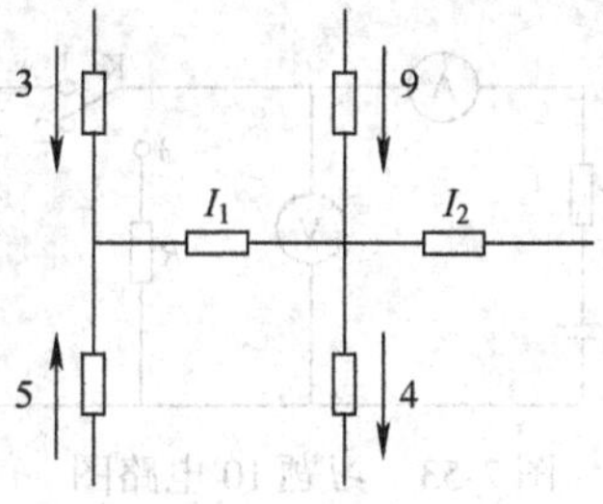

图 2-50　习题 7 电路图

8. 已知电路如图 2-51 所示，其中 $U=12V$，$I=1.5A$，$R_1=6\Omega$，$R_2=3\Omega$，求 R_3。

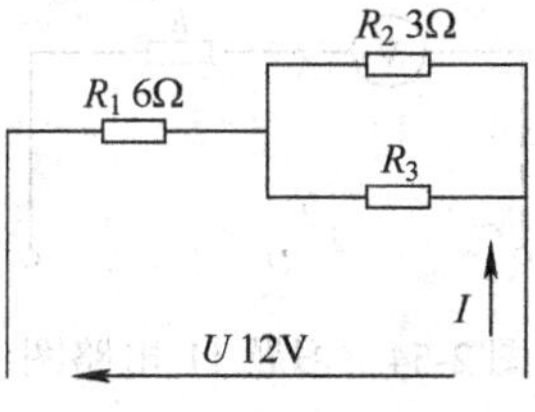

图 2-51　习题 8 电路图

9. 已知电路如图2-52所示，其中 $I_1=4\text{A}$，其他电阻 $R_1=2\Omega$，$R_2=1\Omega$，$R_3=2\Omega$，$R_4=6\Omega$，试求总电流 I。

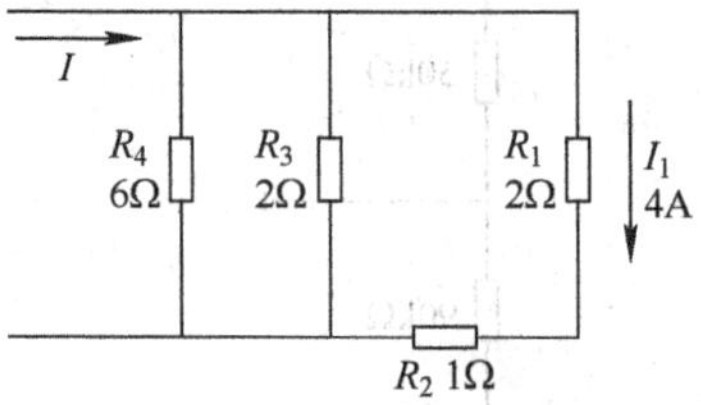

图2-52 习题9电路图

10. 已知：如图2-53所示，$r=0.1\Omega$，$R=9.9\Omega$，$E=10\text{V}$。求：① K在1、2、3位置的工作状态；② 各状态时的电压表及电流表的读数。

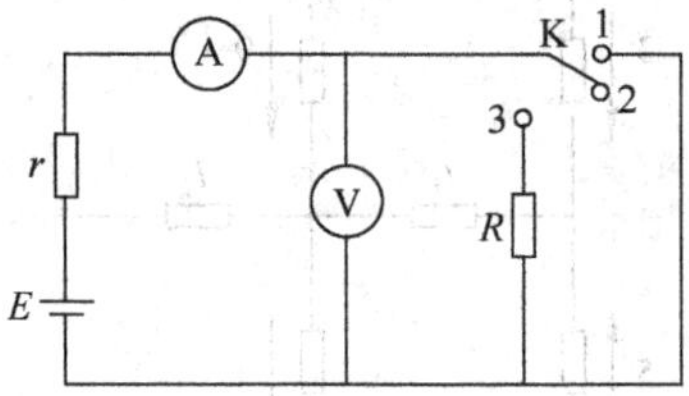

图2-53 习题10电路图

11. 如图2-54所示，一个量程为1.5V的电压表，表头内阻为300Ω，把它的量程扩大为300V，应串一个多大的电阻？

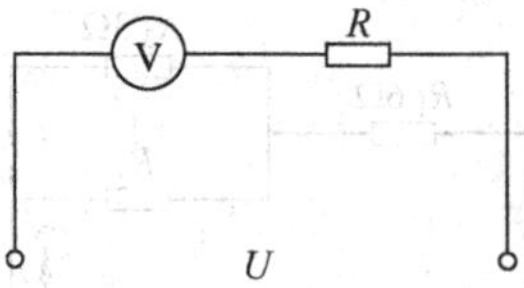

图2-54 习题11电路图

12. 有一盏额定电压为 $U_1=40V$、额定电流为 $I=5A$ 的电灯泡，应该怎样把它接入电压 $U=220V$ 的照明电路中？

13. 如图 2-55 所示，电源的供电电压 $U=220V$，每根输电导线的电阻均为 $R_1=1\Omega$，电路中一共并联 100 盏额定电压 220V、功率 40W 的电灯泡。假设电灯泡正常发光时的电阻值为常数。试求：① 当只有 10 盏电灯泡工作时，每盏电灯泡的 U_L和功率 P_L；② 当 100 盏电灯泡全部工作时，每盏电灯泡的电压 U_L和功率 P_L。

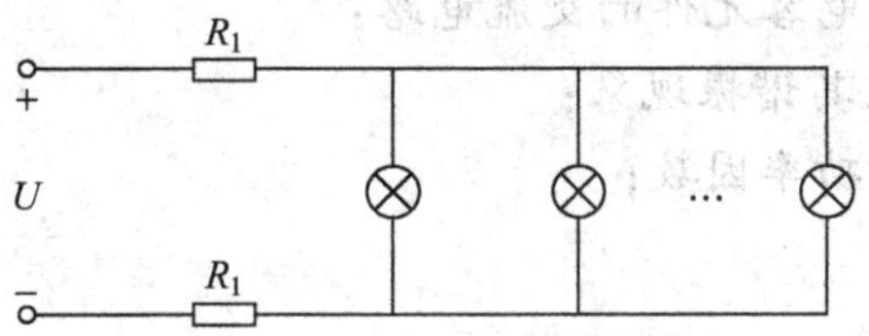

图 2-55　习题 13 电路图

项目三　交流电路认知

【知识要点】

1. 交流电的产生和正弦交流电的三要素；
2. 交流电的表示方法；
3. 纯电阻、纯电感、纯电容元件的交流电路；
4. RLC 串、并联电路及其谐振现象；
5. 并联电容器能够提高功率因数；
6. 三相交流电的连接。

【项目任务】

1. 掌握交流电产生的基本原理及正弦交流电的三要素；
2. 掌握电阻、电感和电容元件组成的交流电路；
3. 掌握 RLC 串、并联电路中电流与电压的关系及其特点。

【项目准备】

本项目开始前，准备相应的轨道交通电气设备的图片、实物或实物模型。

【相关理论知识】

正弦交流电路是指电路的电压和电流的大小和方向随时间按正弦规律变化的电路。现代生产和生活中所使用的交流电一般都是正弦交流电。本项目着重学习和掌握正弦交流电路的基本概念及交流电的几种表示方法以及交流电路中电压和电流的关系和电功率的计算，并对谐振现象及特征要有一定的了解。

一、交流电的产生和基本概念

大小和方向都随时间作正弦规律变化的电压和电流，分别称为交流电压和交流电流，统称为交流电。

交流电广泛应用于工业生产、科学实验和日常生活，它和直流电相比有两个重要的优点：一是交流电压可以用变压器改变电压，二是交流电动机比同功率的直流电动机结构简单、造价低。

（一）交流电的产生

根据电磁感应定律可知，导体在磁场中作切割磁力线运动时，导体中便产生感应电动势。若磁场按正弦规律变化，则感应电动势也按正弦规律变化，交流发电机就是根据这一原理制成的。

如图 3-1 所示是交流发电机的结构原理图。磁极 N、S 固定不动，线框 abcd 可绕轴旋转，线框平面与磁力线垂直的位置称为中性面。线框平面经过中性面时，由于线框的 ab、cd 边不切割磁力线，此时线框内没有交流电产生；当线框平面经过垂直于中性面的位置时，ab、cd 边切割磁力线产生的电动势最大。线框在磁场中旋转产生的感应电动势为

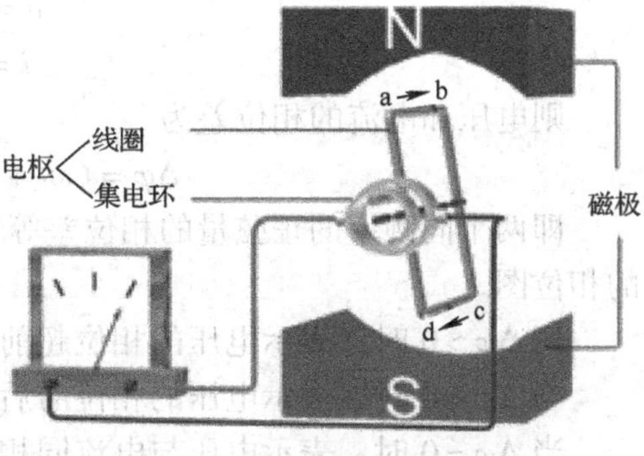

图 3-1　交流发电机的结构原理图

$$e = E_m \sin(\omega t + \varphi_0) \tag{3-1}$$

式中　E_m——幅值或最大值；

ω——角频率；

φ_0——交流电的初相。

因为感应电动势 e 在不同时刻具有不同的数值，且时正时负，所以常把 e 称为电动势的瞬时值，习惯上用小写字母表示随时间变化的量，上式即为交流电的瞬时值表达式。

由式（3-1）可见，电动势随时间按正弦规律变化。这种按正弦规律变化的电动势称为正弦电动势或称正弦交流电。

（二）正弦量的三要素

式（3-1）表示了电动势与时间的正弦函数关系，我们把最大值、角频率和初相称为正弦量的三要素。因此，只要已知了正弦量的三要素，即可写出它的表达式。例如，若已知 U_m、ω、φ_0，即可得电压的瞬时值表达式

$$u = U_m \sin(\omega t + \varphi_0) \tag{3-2}$$

1. 幅值（最大值）　幅值即瞬时值中的最大值，通常用大写字母加小写下标表示（如 U_m、I_m）。瞬时值和最大值都是表示正弦量变化大小的量。

2. 角频率　交流电变化一周所需的时间称为周期，用 T 表示，单位为秒（s）。交流电在 1s 内变化的次数称为频率，用 f 表示，单位为赫兹（Hz）。频率与周期的关系为

$$f = \frac{1}{T} \tag{3-3}$$

我国和大多数国家都采用 50Hz 作为电力系统的供电频率，这种频率习惯上称为工业频率（工频）。在不同技术领域内，交流电使用不同的频率。

角频率在数值上等于单位时间内交流电变化的角度，用字母 ω 表示，单位为弧度/秒（rad/s）。因为正弦交流电变化一周相当于正弦函数变化 2π 弧度，所以

$$\omega = \frac{2\pi}{T} = 2\pi f \tag{3-4}$$

周期、频率和角频率都能表示正弦量变化的快慢。

3. 相位和初相　式（3-1）和式（3-2）中的（$\omega t + \varphi_0$）称为交流电的相位角，简称相位，单位是弧度，也可用度，它反映了正弦量的变化过程。$t = 0$ 时的相位称为初相，其值与计时起点有关，用来确定正弦量的初始值，如图 3-2 所示。

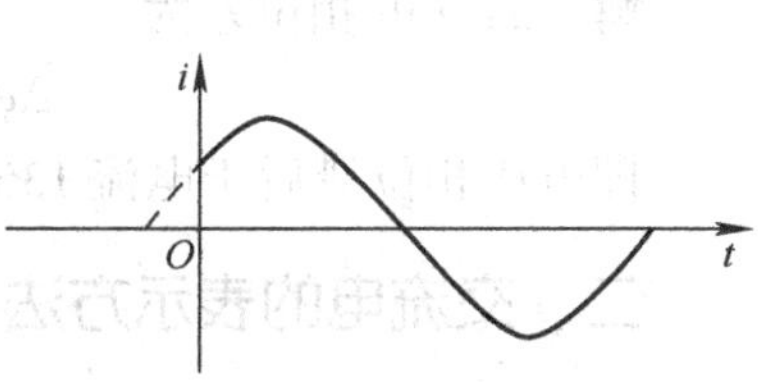

图 3-2　正弦交流电的波形图

（三）相位差

设有交流电的电压和电流表达式为

$$u = U_m \sin(\omega t + \varphi_u)$$
$$i = I_m \sin(\omega t + \varphi_i)$$

则电压和电流的相位差为

$$\Delta\varphi = (\omega t + \varphi_u) - (\omega t + \varphi_i) = \varphi_u - \varphi_i \tag{3-5}$$

即两个同频率的正弦量的相位差等于它们的初相差，常用 $\Delta\varphi$ 表示，图 3-3 所示为 u 与 i 的相位图。

当 $\Delta\varphi > 0$ 时，表示电压的相位超前电流的相位；

当 $\Delta\varphi < 0$ 时，表示电压的相位滞后电流的相位；

当 $\Delta\varphi = 0$ 时，表示电压与电流同相位；

当 $\Delta\varphi = \pi$ 时，表示电压与电流的相位相反；

当 $\Delta\varphi = \dfrac{\pi}{2}$ 时，表示电压与电流的相位正交。

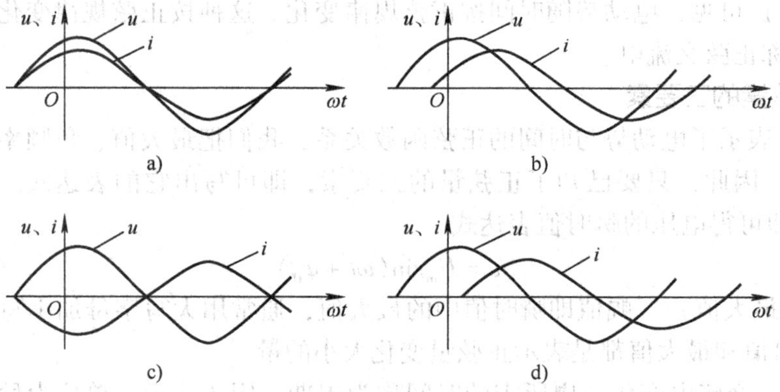

图 3-3 u 与 i 的相位图

a) u 与 i 相同 b) u 超前 i c) u 与 i 反相 d) u 与 i 正交

例 3-1 已知某一交流电的电压最大值 $U_m = 10\text{V}$，$f = 50\text{Hz}$，$\varphi = -60°$，试写出该交流电压的瞬时值表达式。

解 由已知条件得

$$u = U_m \sin(\omega t + \varphi) = 10\sin(314t - 60°)\text{V}$$

例 3-2 在某一交流电路中，电流和电压的瞬时值表达式分别为 $i = 5\sin(\omega t + 45°)$，$u = 100\sin(\omega t - 90°)$，试求 u、i 的相位关系。

解 u、i 的相位差为

$$\Delta\varphi = \varphi_u - \varphi_i = -90° - 45° = -135°$$

即电压相位滞后于电流 135°。

二、交流电的表示方法

在交流电路中，由于电路中的电流、电压是同频率的正弦量，存在着不同的相位关系，所以在分析计算电路中的电流电压问题时，常用不同的表示方法来表示正弦交流电。交流电的表示方法有图像法、解析法和相量法。

（一）图像法

图像法是根据交流电的表达式，在平面直角坐标系中，用纵坐标表示瞬时值，用横坐标表示电角度，用描点法画出的图线即正弦交流电的波形图，如图3-2所示为电流—时间图线。图示法直观，能够直接确定交流电的三要素，但画图较麻烦，误差较大。

（二）解析法

解析法是利用数学三角函数式表示正弦交流电的方法。利用正弦交流电的三要素，带入正弦函数式中，即可得到正弦交流电的各种解析式，如

$$u = U_m\sin(\omega t + \varphi_u)$$

$$i = I_m\sin(\omega t + \varphi_i)$$

例3-3　已知一正弦交流电的电流 $I_m = 10A$，$f = 50Hz$，$\varphi = 30°$，试写出其解析式，并求 $t = 0$ 和 $t = 0.00165s$ 时电流的瞬时值。

解　解析式为

$$i = I_m\sin(\omega t + \varphi_i) = 10\sin(100\pi t + 30°)$$

当 $t = 0$ 时，

$$i = 10\sin 30°A = 5A$$

当 $t = 0.00165s$ 时，

$$i = 10\sin(314 \times 0.00165 + \frac{\pi}{6})A = 8.66A$$

（三）相量法

我们把表示随时间变化的正弦量的有向线段，叫相量，通常用大写字母且在字母上加“·”表示，例如电压相量 $\dot{U}$、电流相量 $\dot{I}$。相量是既有大小又有方向的矢量。

交流电的相量有最大值相量 $\dot{U}_m$ 和有效值相量 $\dot{U}$ 之分。在实数平面直角坐标系上，用有向线段表示交流电的大小，有向线段沿逆时针方向旋转，与实轴正方向间的夹角表示交流电的初相角，例如电压正弦量 $u = U_m\sin(\omega t + \varphi_u)$ 的相量表示如图3-4所示，把这种相量在复平面上的几何表示叫做相量图。

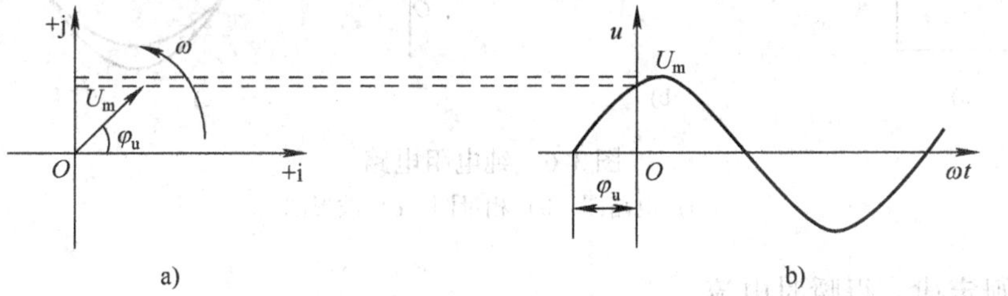

图3-4　正弦量的相量图表示

a）以角速度ω旋转的复数　b）旋转复数在虚轴上的投影

由图3-4可见，用相量图表示交流电只需要两个要素，最大值（或有效值）和初相角。因此，由相量图可以清楚地看出各相量间的相位关系。

相量还可以用代数式表示，如对正弦电流 $i=I_m\sin(\omega t+\varphi_i)$，只需表示出它的大小和初相即可，即

$$\text{最大值相量}\quad \dot{I}_m = I_m \angle \varphi_i \tag{3-6}$$

$$\text{有效值相量}\quad \dot{I} = I \angle \varphi_i \tag{3-7}$$

利用相量图可以清楚地分析各同频率交流电间的相位关系，利用相量的代数表达式可以很方便地进行各量间的运算，这里不做详细介绍，有兴趣可参阅其他参考书。

例 3-4 试写出下列电压的相量式或瞬时值表达式。

（1）$u=220\sqrt{2}\sin(314t-60°)$；

（2）$\dot{I}=5\angle 45°$，$f=50\text{Hz}$；

（3）作出 U、I 的相量图。

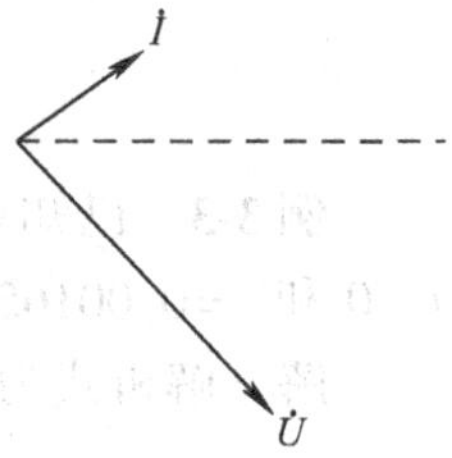

图 3-5 例 3-4 电流和电压的相量图

解 （1）电压的相量为：$\dot{U}=220\angle 60°$ V

（2）电流的瞬时值表达式为：$i=5\sqrt{2}\sin(314t+45°)$ A

（3）电流和电压的相量图如图 3-5 所示。

三、纯电阻、纯电感、纯电容元件的交流电路

由电阻、电感、电容的单个元件组成的交流电路，是最简单的交流电路。由于交流电路中的电压和电流都是随时间变化的，因而电路中的电流和电压的关系及功率的计算要比直流电路复杂。那么，直流电路的规律及计算方法还能否应用？下面分别进行讨论。

（一）纯电阻电路

我们常遇到的白炽灯、电炉等电路都可看做纯电阻电路，其电路如图 3-6a 所示。设电阻两端的电压为

$$u=U_m\sin(\omega t+\varphi_u)$$

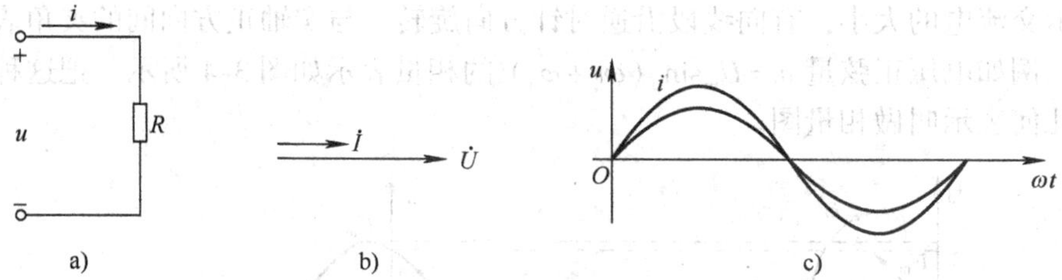

图 3-6 纯电阻电路

a）电路图 b）相量图 c）波形图

根据欧姆定律，得瞬时电流

$$i=\frac{u}{R}=\frac{U_m}{R}\sin(\omega t+\varphi_u)=I_m\sin(\omega t+\varphi_u) \tag{3-8}$$

由上述分析，可见纯电阻电路有以下特点：

（1）电流也按正弦规律变化，频率和电压的频率相同；

（2）电压和电流的瞬时值、最大值和有效值的关系都符合欧姆定律，式（3-8）是瞬时

值关系式；

（3）电压和电流同相位（见图3-6b）；

（4）电阻的功率。将式（3-8）两边同乘以电压u，得功率关系式

$$p = iu = I_m U_m \sin^2(\omega t + \varphi_u) \tag{3-9}$$

式（3-9）表明，电阻的瞬时功率始终为正值，电阻始终消耗电能。瞬时功率不便计算，通常取瞬时功率在一个周期内的平均功率来表示交流电的功率大小，称为平均功率，也称为有功功率，用“P”表示，单位为瓦特（W）。

有功功率等于电流和电压有效值的乘积，即

$$P = IU \tag{3-10}$$

（二）纯电感电路

电感元件是一种能存储磁场能量的理想电路元件。工程技术中使用的电感元件是由导线及铁心绕制而成的线圈，如电动机、电磁铁和镇流器等。

设一电感线圈L的电路如图3-7a所示，在某一瞬时通过的正弦电流为

$$i = I_m \sin\omega t$$

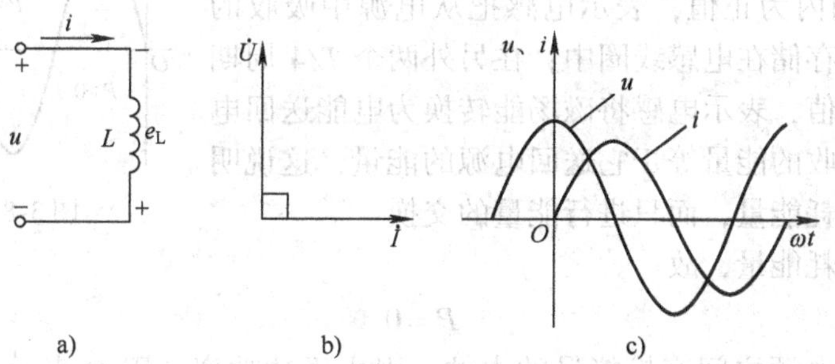

图3-7　纯电感电路

a）电路图　b）相量图　c）波形图

则电感线圈两端的电压为

$$u = L\frac{\mathrm{d}i}{\mathrm{d}t} = LI_m\omega\cos\omega t = U_m\sin(\omega t + \frac{\pi}{2}) \tag{3-11}$$

纯电感交流电路的特点：

（1）电压和电流都按正弦规律变化，且频率相同；

（2）电压和电流的相位不相同，即电压超前电流90°，由此得电压和电流的相量图如图3-7b所示；

（3）电压和电流的瞬时值关系不符合欧姆定律，但最大值和有效值的关系仍符合欧姆定律；

最大值　$U_{Lm} = I_m\omega L$　（3-12）

有效值　$U_L = I\omega L$　（3-13）

有效值相量式　$\dot{U}_L = \dot{I}\omega L\angle 90°$　（3-14）

（4）电感的感抗：由式（3-13）可得

$$X_L = \frac{U_L}{I} = \omega L = 2\pi fL \tag{3-15}$$

当电压一定时，X_L 越大，电路中的电流越小，即 X_L 具有阻碍电流通过的性质，X_L 称为电感的电抗，简称感抗，单位为欧姆（Ω）。由式（3-15）可知，感抗与电流的频率成正比，频率越高，感抗越大。对于直流电来说，由于它的频率 $f=0$，故 $X_L=0$，即电感对直流电没有阻碍作用，在电路中可视为短路。

（5）电感元件的功率：设通过电感元件的电流为

$$i=I_m\sin\omega t$$

则电压为 $$u=U_m\sin(\omega t+90°)$$

则瞬时功率为

$$\begin{aligned}p&=iu=I_mU_m\sin(\omega t+90°)\ \sin\omega t\\&=I_mU_m\cos\omega t\sin\omega t\\&=IU\sin2\omega t\end{aligned}\tag{3-16}$$

可见，电感元件的瞬时功率是随时间变化的正弦量，最大值为 UI，角频率为 2ω，频率是电流频率的两倍，如图 3-8 所示是其功率波形图。

从功率波形图可以看出，瞬时功率在 0 ~ π/2 和 π ~ 3/2π两个 $T/4$ 周期内为正值，表示电感把从电源中吸收的能量转换为磁场能存储在电感线圈中；在另外两个 $T/4$ 周期内，瞬时功率为负值，表示电感将磁场能转换为电能送回电源。电感从电源吸收的能量等于它送回电源的能量，这说明纯电感元件并不消耗能量，而只进行能量的交换。

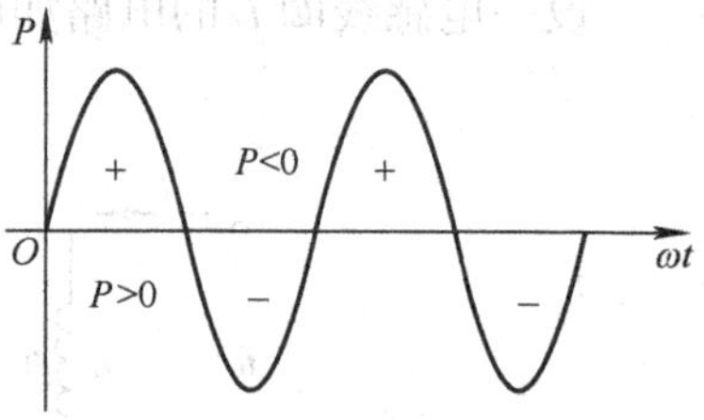

图 3-8　功率波形图

由于电感不消耗能量，故

$$P=0$$

为表示电感与电源之间交换能量的本领，引入无功功率，用 Q 表示，单位为乏（var）或千乏（kvar）。

无功功率 $$Q=IU_L=I^2X_L$$

例 3-5　有一线圈，其电阻忽略不计，把它接在 50Hz、220V 的正弦交流电源上时，测得流过线圈的电流 $I=5$A，求线圈的电感 L。若把该线圈接在 1 000Hz、220V 的正弦交流电源上，求线圈的电流。

解　（1）接在 50Hz 的电源上时，

$$I=\frac{U_L}{X_L}=\frac{U_L}{2\pi fL}$$

则 $$L=\frac{U_L}{2\pi fI}=\frac{220}{2\pi\times50\times5}\text{H}=0.14\text{H}$$

（2）接到 1 000Hz 的电源上时，

$$X_L=2\pi fL=(2\pi\times1000\times0.14)\Omega=880\Omega$$

则 $$I=\frac{U_L}{X_L}=\frac{220}{880}\text{A}=0.25\text{A}$$

计算表明，电源频率越高，感抗越大，电流就越小。

（三）纯电容电路

纯电容电路的电路图如图 3-9a 所示，设电容两端的电压为

$$u = U_m \sin\omega t$$

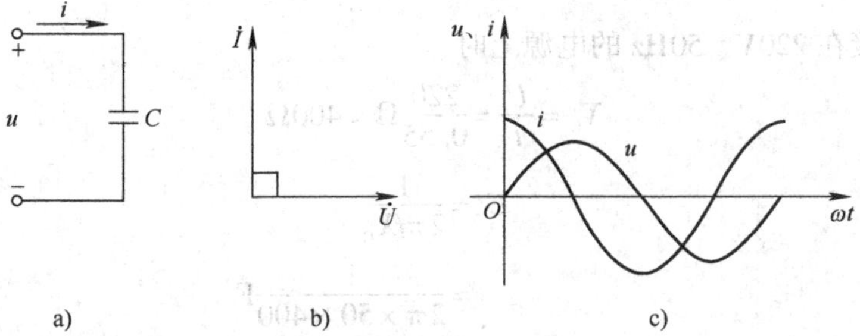

图 3-9　纯电容电路

a) 电路图　b) 相量图　c) 波形图

则流过电容中的电流为

$$i = C\frac{dU}{dt} = \omega CU_m \cos\omega t = \omega CU_m \sin(\omega t + 90°) = I_m \sin(\omega t + 90°) \quad (3\text{-}17)$$

纯电容交流电路的特点：

（1）电流和电压都按正弦规律变化，并且频率相同；

（2）电压和电流的相位不相同，即电流超前电压 90°（见图 3-9c），由此得电压和电流的相量图如图 3-9b 所示；

（3）电压和电流的瞬时值关系不符合欧姆定律，但最大值和有效值的关系仍符合欧姆定律，

最大值关系式为 $$I_m = \omega CU_m \quad (3\text{-}18)$$

电流有效值 $$I = \omega CU \quad (3\text{-}19)$$

电流有效值相量式 $$\dot{I} = \omega C\dot{U}\angle 90° \quad (3\text{-}20)$$

（4）电容的容抗，由式（3-20）可得

$$X_C = \frac{\dot{U}}{\dot{I}} = \frac{1}{\omega C} = \frac{1}{2\pi fC} \quad (3\text{-}21)$$

式（3-21）称为电容的容抗。容抗反映了电容对电流的阻碍性质，单位为欧姆（Ω）。容抗与 f 和 C 成反比，当 C 一定时，电流的频率越高，容抗越小；频率越低，容抗越大。所以，在直流电路中 $f=0$，容抗则为∞，电容可视为断路。

（5）电容元件的功率。电容的瞬时功率为

$$p = iu = I_m \sin(\omega t + 90°) U_m \sin\omega t = I_m U_m \cos\omega t \sin\omega t = IU \sin 2\omega t \quad (3\text{-}22)$$

可见，电容的瞬时功率与电感电路相同，它以两倍于电压的角频率按正弦规律变化，数值时正时负。P 的值为正表示电容器充电，电容器把从电源中吸取的能量储存在电容中；P 的值为负，表示电容器放电，电容器把储存的能量送回电源。电容器从电源中吸收的能量等于它送回电源的能量。所以，同纯电感一样，纯电容也是一个储能元件，它不消耗能量，只进行能量的转换。显然，在一个周期内，纯电容的功率也为零，即

$$P = 0 \quad (3\text{-}23)$$

例 3-6　有一只电容器，接在 220V、50Hz 的正弦交流电源上，测得流过电容器的电流

为0.55A，求电容量。若把它改接在220V、1 000Hz 的正弦交流电源上，求流过电容器的电流。

解　（1）接在220V、50Hz 的电源上时

$$X_C = \frac{U}{I} = \frac{220}{0.55}\Omega = 400\Omega$$

$$C = \frac{1}{2\pi f X_C} = \frac{1}{2\pi \times 50 \times 400}\text{F} = 8 \times 10^{-6}\text{F}$$

（2）接在220V、1 000Hz 的电源上时

$$X_C = \frac{1}{2\pi f C} = \frac{1}{2\pi \times 1000 \times 8 \times 10^{-6}}\Omega = 20\Omega$$

$$I = \frac{U}{X_C} = \frac{220}{20} = 11\text{A}$$

可见，频率越高，通过电容的电流就越大。

四、*RLC* 串联电路及其谐振现象

实际的交流电路中，有时 *RLC* 会同时出现，在分析问题时，是否和直流电路一样呢？下面就讨论这个问题。

（一）电压与电流的关系

如图3-10所示电路，由于各元件通过的电流都相同，所以，在比较它们正弦量的关系时，一般选择电流相量为参考正弦量。设电路中各元件的电压分别为 u_R、u_L、u_C，对应的电压有效值分别为

$$U_R = IR$$
$$U_L = IX_L$$
$$U_C = IX_C$$

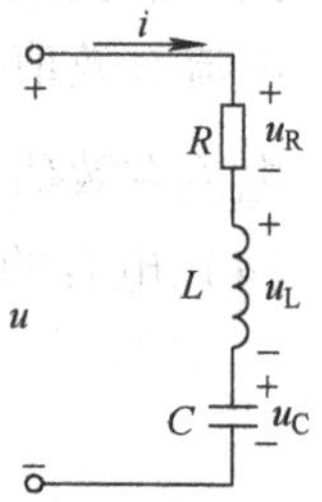

图3-10　*RLC* 电压与电流关系电路图

那么，总电压是否为各电压之和呢？首先画出各电压的相量图如图3-11所示，得电压相量三角形如图3-12所示。

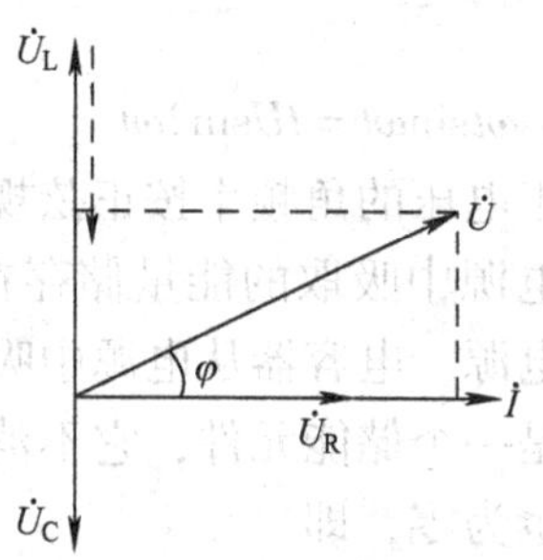

图3-11　相量图

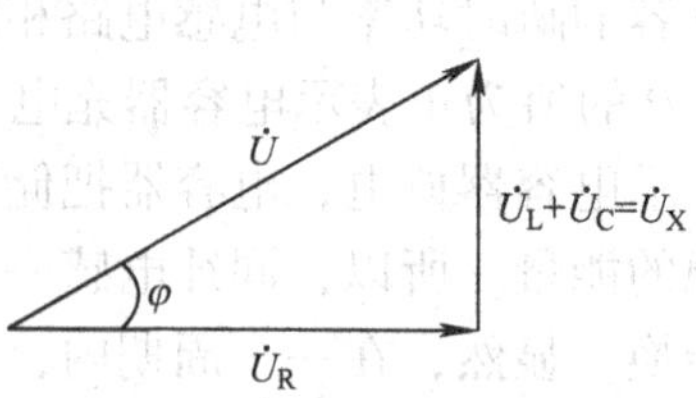

图3-12　电压三角形

由图 3-12 可知，由于各电压不在同一方向上，所以，总电压不等于各电压之和，即

$$U \neq U_R + U_L + U_C \tag{3-24}$$

将图 3-12 的各边分别乘以电流 I，得功率三角形如图 3-13 所示，图中 P 表示电阻元件消耗的电功率；Q 表示电容、电感元件与电源之间进行电能交换的电功率，我们把它称为无功功率，单位为乏（var）；S 表示电路的总功率、电气设备的总容量，叫做视在功率，单位为伏安（V·A），还有千伏安（kV·A）。通常情况下，电气设备的额定电压与额定电流的乘积即为额定视在功率或容量。由图 3-13 可见，视在功率也不等于无功功率和有功功率之和，即

$$S \neq P + Q \tag{3-25}$$

将图 3-12 的各边都除以电流 I 得阻抗三角形如图 3-14 所示，图中 Z 表示交流电路中的总阻抗，单位为欧姆（Ω）。由图 3-14 可见，总阻抗也不等于它们的代数和，即

$$Z \neq R + X \tag{3-26}$$

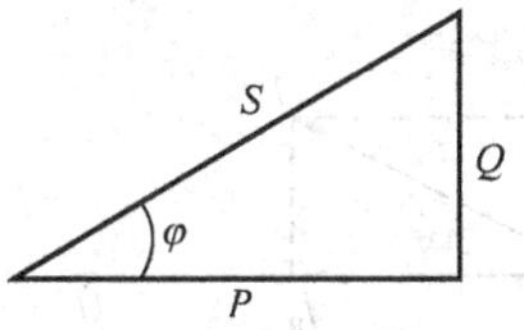

图 3-13　功率三角形

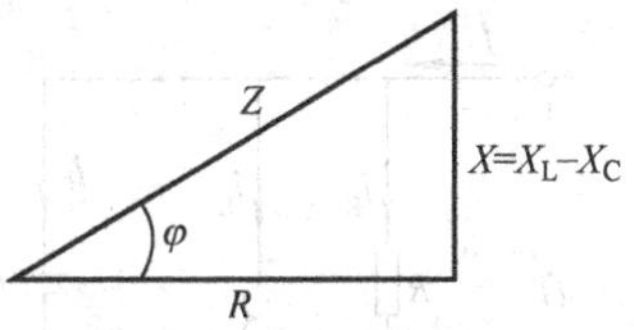

图 3-14　阻抗三角形

例 3-7　如图 3-15 所示的交流电路，若Ⓥ1、Ⓥ2表的读数均为 5V，则图中Ⓥ表的读数是(　　)。

A. 0V　　B. 10V

C. $5\sqrt{2}$V　　D. $2\sqrt{5}$V

解　由于 R 和 C 的电压相量相互垂直，与总电压相量构成一直角三角形，根据勾股定理可得正确答案为 C。

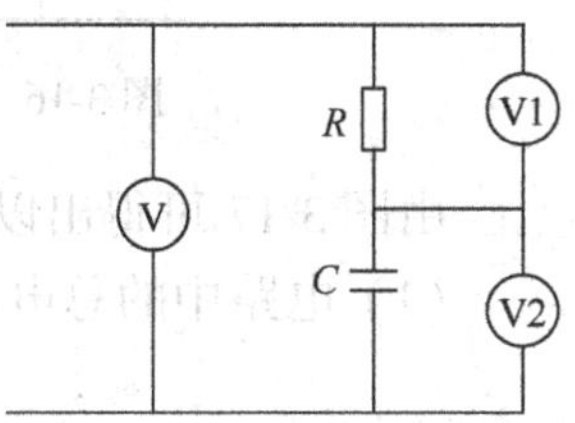

图 3-15　例题 3-7 图

（二）串联谐振现象

在电感（注意：电感同时含有电阻）电容交流电路中，若电路中电流的相位与电路两端电压的相位相同时，整个电路呈电阻性质，电路的这种工作状态称为谐振现象。

串联谐振电路发生谐振的频率或条件为

$$f_0 = \frac{1}{2\pi\sqrt{LC}} \tag{3-27}$$

RLC 串联电路在发生谐振时有如下几个特点：

（1）电感、电容两端的电压大小相等，相位相反，即

$$\dot{U}_L = -\dot{U}_C \tag{3-28}$$

（2）电感、电容的阻抗相等，即

$$X_L = X_C \tag{3-29}$$

（3）电路中的阻抗最小 $Z_{min} = R$，电流最大

$$I_{max} = \frac{U}{Z_{min}} = \frac{U}{R} \tag{3-30}$$

谐振时，由于电路中的电流很大，使得电感、电容两端的电压会上升到很高。因此，在

无线电工程中，常利用这一特点，将微弱的电信号通过串联谐振电路，在电感或电容上获得高于信号电压许多倍的输出信号，即串联谐振电路具有选择性。但在电力工程中，由于电源本身电压较高，串联谐振可能会击穿电容器和线圈的绝缘层，因此应避免发生串联谐振现象。

五、RLC 并联电路及其谐振现象

（一）电压与电流的关系

实际的交流电路一般是由电阻、电感或电容并联组成的，如图 3-16 所示。由于各元件两端的电压相等，设为

$$u = U_m \sin\omega t \tag{3-31}$$

各元件中的电流相量分别为 $\dot I_R$、$\dot I_L$、$\dot I_C$，各电流的相量（设 $\dot I_L > \dot I_C$）关系如图 3-17 所示。

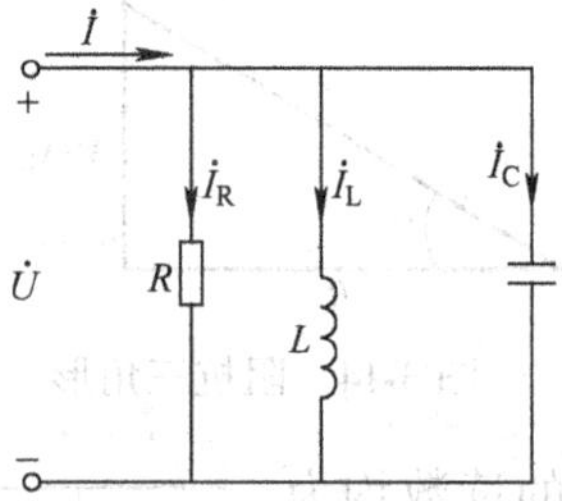

图 3-16　RLC 并联电路

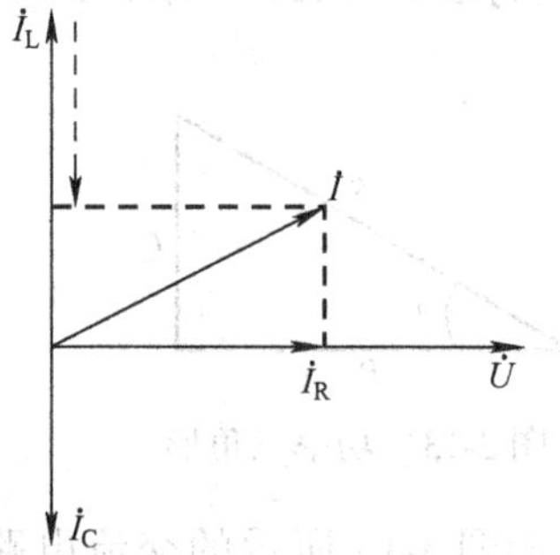

图 3-17　相量图

由图 3-17 可得出以下电路特点：

（1）电路中的总电流不等于各支路电流之和，即

$$I \neq I_R + I_L + I_C \tag{3-32}$$

（2）当 $\dot I_L > \dot I_C$ 时，总电流相位超前电压，电路呈感性负载；

（3）当 $\dot I_L < \dot I_C$ 时，总电流相位滞后于电压，电路呈容性负载；

（4）当 $\dot I_L = \dot I_C$ 时，总电流与电压相位相同，电路呈纯电阻性。

（二）并联谐振现象

在 RLC 并联电路中，当 $\dot I_L = \dot I_C$ 时，电路呈电阻性，这时电路的工作状态称为谐振状态。RLC 并联电路发生谐振的条件是

$$f_0 = \frac{1}{2\pi\sqrt{LC}} \tag{3-33}$$

RLC 并联电路在发生谐振时有如下几个特点：

（1）由图 3-17 可见，电路中的总电流最小 $I_{min} = I_R$；

（2）电路的总阻抗 Z 最大；

（3）电感和电容支路的电流相等并远大于电路中的总电流即 $I_L = I_C \gg I$。

并联谐振电路具有选择性，在工程电子技术中有着广泛的应用。如图 3-18 所示的选频电路，各种频率的信号经过晶体管时，

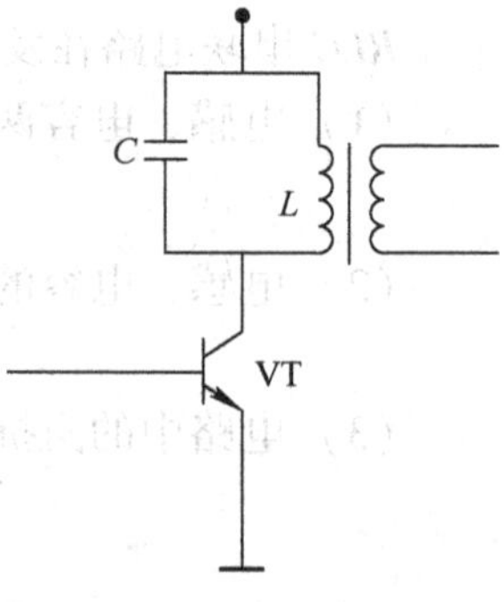

图 3-18　选频电路

只有当 RLC 并联谐振电路达到谐振状态时，与谐振频率相同的信号在变压器的次级才有最大的电压信号输出，从而选择出所需要的信号，提高了电路的选择性。

六、功率因数的提高

在工业生产和人们的生活中，由于大量使用功率因数较低的感性负载，如电动机、电磁炉及感性荧光灯等，它们占用的无功功率 Q 也很大。由功率三角形（见图 3-13）可知，$S=\sqrt{P^2+Q^2}$，在 S 一定时，Q 越大，P 就越小。这部分无功功率的能量，在电源设备和负载间荡来荡去，既占用了发、配电设备的容量，也不能供给其他用户使用，而只能在输电线路上被白白地损耗掉。可见，功率因数是交流电网的一个重要经济指标。提高和改善电网的功率因数，可以提高电源、供配电设备的利用率，减少输电线路的损耗，从而大大节约电能，对国民经济发展具有重大意义。

提高功率因数应遵循两条原则：

（1）不能影响其他用电设备的正常工作，即必须保证接在线路上的其他用电设备的端电压、电流及功率不变；

（2）尽量不增加额外的电能损耗。

怎样才能提高和改善线路的功率因数呢？对于一般用户来说，一是使电动机、变压器接近满负荷运行（因电动机空载运行时 $\cos\varphi=0.2\sim0.3$，满载运行时 $\cos\varphi=0.83\sim0.85$）；二是在感性负载两端并联电容器，如图 3-19a 所示。

为什么并联电容器能够提高功率因数呢？前面讲到，对于并联电路，感性负载两端的电压不变，故取电压 $\dot{U}$ 作为参考相量，如图 3-19b 所示。未并联电容前，感性负载的电流 $\dot{I}_L$ 滞后于电压 $\dot{U}$ 一个 φ 角，并联电容后，电路中却多了个电容电流 $\dot{I}_C$，使得合电流 $\dot{I}$ 滞后于电压 $\dot{U}$ 一个 φ' 角。因为 $\varphi'<\varphi$，于是 $\cos\varphi'>\cos\varphi$，功率因数提高了。

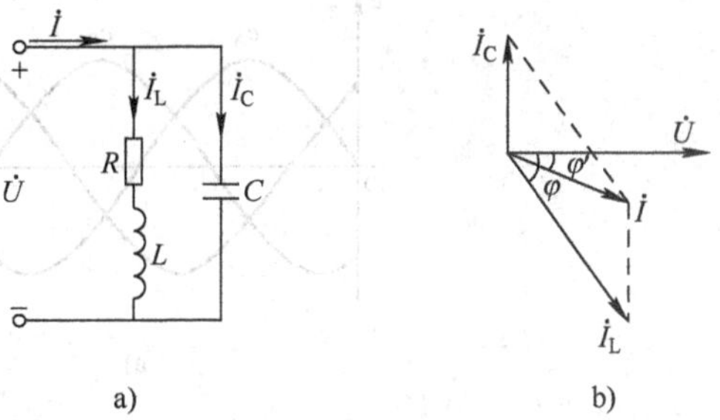

图 3-19　功率因数的提高

a）感性负载两端并联电容器　b）相量图

七、三相交流电路

（一）三相交流电的产生

三相交流电是由三相交流发电机产生的。如图 3-20 所示是一台具有两个磁极的三相交流发电机的结构示意图。它是由固定不动的定子和转子组成的，定子槽中有三个完全相同的线圈 AX、BY、CZ，在空间平面互成 120°角分布，它们分别称为 A 相绕组、B 相绕组和 C 相绕组。三个绕组的首端分别用 A、B、C 表示，尾端分别用 X、Y、Z 表示。转子上绕有一组线圈，当通以直流电时，便产生一对磁极，该线圈称为励磁绕组。

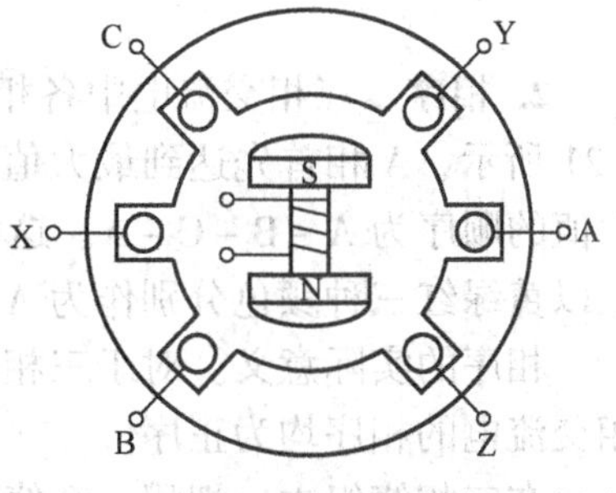

图 3-20　三相交流发电机结构示意图

当转子由原动机（如水轮机、汽轮机等）带动，以角速度 ω 匀速转动时，三个定子绕组依次切割磁力线，便在线圈中产生感应电动势或感应电流，其特征是，振幅相同、频率相同、相位依次相差120°，故称为对称三相电动势。产生对称三相电动势的电源称为三相电源，简称三相交流电。

（二）三相交流电动势的表示方法

1. 瞬时值和相量式 以A相电压作参考正弦量，则三相交流电动势的瞬时值表达式为

$$\begin{aligned} e_A &= E_m \sin\omega t \\ e_B &= E_m \sin(\omega t - 120°) \\ e_C &= E_m \sin(\omega t + 120°) \end{aligned} \tag{3-34}$$

有效值相量式为

$$\begin{aligned} \dot{E}_A &= E \angle 0° \\ \dot{E}_B &= E \angle -120° \\ \dot{E}_C &= E \angle 120° \end{aligned} \tag{3-35}$$

2. 波形图和相量图 对称三相电源电动势的波形图和相量图分别如图3-21a和图3-21b所示。

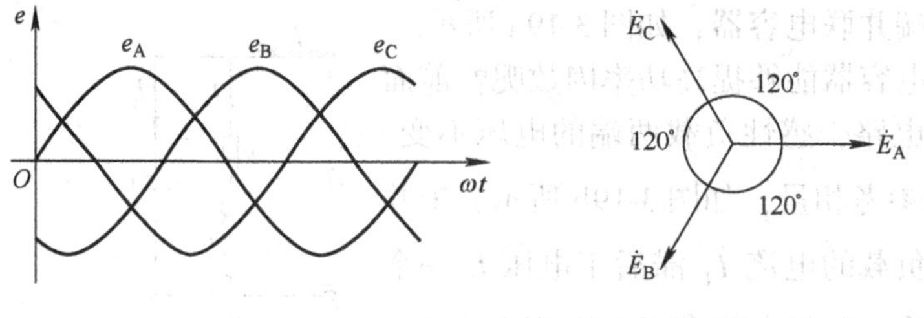

图3-21 三相交流电的波形图和相量图

a）波形图 b）相量图

（三）三相交流电的特征

1. 三相交流电电动势 由图3-21b所示的相量图可知，对称三相交流电动势在任一瞬时的代数和或相量和为零，即

$$\begin{aligned} e_A + e_B + e_C &= 0 \\ \dot{E}_A + \dot{E}_B + \dot{E}_C &= 0 \end{aligned} \tag{3-36}$$

2. 相序 三相交流电中各相电源经过同一值（如最大值）的先后顺序称为相序。如图3-21所示，A相首先达到最大值，B相落后A相120°，C相落后B相120°，即它们达到最大值的顺序为A－B－C－A，这称为正相序，简称正序。一般的三相交流电都是正序。工程上以黄绿红三种颜色分别作为A、B、C三相的标志。

相序的实际意义：对于三相电动机，如果相序反了，就会反转。通常若无特殊说明，三相交流电的相序均为正序。

在三相绕组中，把哪一个绕组当做A相是无关紧要的，但A相绕组确定后，电动势比

e_A 滞后 120°的绕组就是 B 相，滞后 240°（超前 120°）的那个绕组则为 C 相。

3. 三相交流电的优点

(1) 发电方面：在尺寸相同的条件下，三相发电机比单相发电机输出的功率大，三相发电机比单相发电机可提高功率约 50%。

(2) 用电方面：单相电路的瞬时功率随时间交变，而对称三相电路的瞬时功率是恒定的，这使得三相电动机具有恒定转矩，比单相电动机运行稳定、结构简单、便于维护。

(3) 配电方面：三相变压器比单相变压器更经济，在不增加任何设备的情况下，可供单相和三相负载共同使用。

(4) 经济方面：在相同条件（输电距离、功率、电压和损失）下，三相供电比单相供电省铜约 25%。

因此，学习三相交流电具有重要的实际意义。

(四) 对称三相交流电的连接

对称三相交流电的连接方式有两种，即星形联结和三角形联结。

1. 三相交流电源的星形联结　由三相绕组的始端引出的三根输出线，称为端线。把三相绕组的末端连接在一点，称为电源的中性点或零点，用 N 表示。由中性点引出的线称为中性线，或称零线。这种联结方式的电源称为星形（也称Y形）联结，如图 3-22 所示。

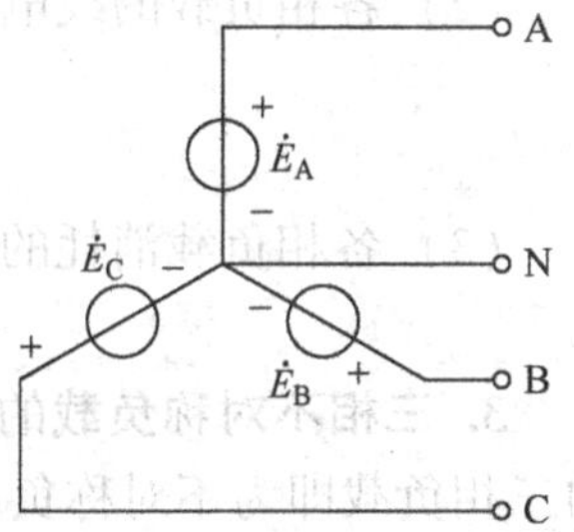

图 3-22　三相电源的Y形联结

在图 3-22 中，我们把端线与中性线之间的电压称为相电压，通常用 U_P 表示；端线与端线之间的电压，称为线电压，用 U_L 表示。以上这种联结方式供电，称为三相四线制。若无中性线，称为三相三线制。在星形联结时，供电线路可提供相电压和线电压两种电压。相电压和线电压的关系是

$$U_L = \sqrt{3}U_P \tag{3-37}$$

2. 三相交流电源的三角形联结　若将三相绕组中 A 相绕组的末端 X 与 B 相绕组的首端 B、B 相绕组的末端 Y 与 C 相绕组的首端 C、C 相绕组的末端 Z 与 A 相绕组的首端 A 依次相连接成如图 3-23 所示，由三个连接点引出三条端线，这种联结方式称为三角形（也称△）联结。

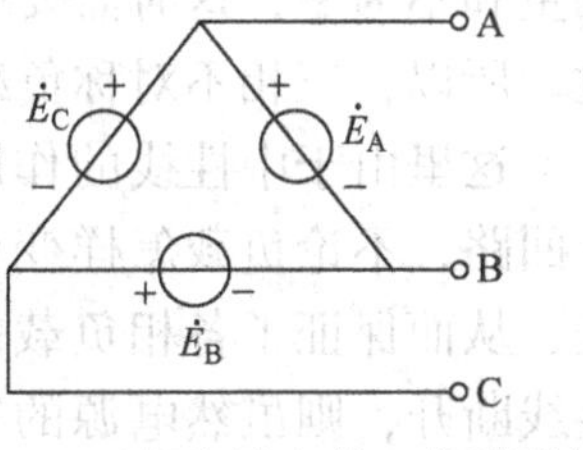

图 3-23　三相交流电的三角形联结

由图 3-23 所示的联结方式可见，三相绕组的电动势相互串联。由对称性分析，根据基尔霍夫定律和对称三相电源的特征，三相电动势瞬时值的代数和或相量和等于零。虽然三相绕组组成一个闭合回路，但由于合成电动势为零，其中没有电流。在实际发电机中，三相电动势难免会有些不对称，因而合成电动势并不严格为零，三相绕组中就有一定的环形电流。如果绕组连接的顺序首尾搞错，则会引起很大的合成电动势，产生很大的环形电流，致使发电机烧坏。因此，在大容量的三相发电机的绕组中，很少采用三角形联结方式。

由图 3-23 中可以看出，三角形联结时，相电压与线电压是相等的，即

$$U_P = U_L \tag{3-38}$$

(五) 三相负载的连接方法

负载和电源一样，也有单相和三相之分。白炽灯、电风扇、洗衣机、电磁炉及单相电动

机等都是单相负载，而三相用电器（如三相电动机、三相电炉等）及分别接在各相电路上的三组单相用电器统称为三相负载。如三相负载的阻抗相同（即数值相等、性质相同）则称为三相对称负载；反之称为不对称负载。三相负载的连接方式也有Y形和△形两种。

1. 对称负载的Y形联结 如图3-24a所示，将三相负载 Z_a、Z_b、Z_c 的一端连接在一起，并与电源的中性线相连接，而各负载的另一端分别接在三相电源的端线上，这种接法即称为Y形联结，图3-24b是常用的一种画法。

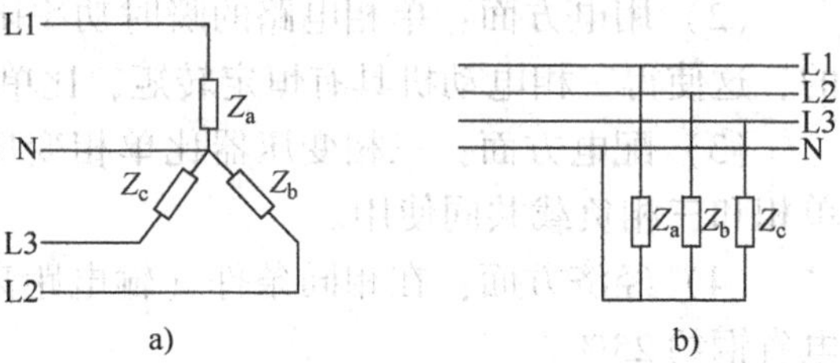

图3-24 负载的Y形联结

a）Y形联结 b）负载的Y形联结电路

2. Y形联结电路的特点 由于三相负载对称，在三相对称电压的作用下，三相负载中的电流也是对称的，而三相对称电流的和为零。所以，此时不需要接中性线。三相电流依靠端线和负载互成回路。由于电路是对称的，故电路的计算可以简化为单相电路的计算。

（1）各相负载承受的电压为电源的相电压 U_P。

（2）各相负载的线电流 I_L 等于相电流 I_P，即

$$I_L = I_P = \frac{U_P}{Z_P} \tag{3-39}$$

（3）各相负载消耗的功率 P_P 相等，电路的总功率 P 为

$$P = 3P_P = 3U_P I_P \cos\varphi \tag{3-40}$$

3. 三相不对称负载的Y形联结 在实际线路中，由于各相负载难以绝对相等，这样构成的三相负载即为不对称负载。

三相不对称负载的Y形联结线路如图3-25所示。由于三相负载不对称，三相电流也不对称，因此三相负载中的电流相量和不为零，这时需要引出中性线供电流不对称的部分流过。所以，三相不对称负载需要以三相四线制的方式供电。

这里由于中性线的作用，线路构成了三个互不影响的独立回路，不论负载怎样变化，都能使每相负载承受的电压不变，从而保证了各相负载的正常工作。如果没有中性线或中性线断开，则虽然电源的线电压仍对称，但各相负载承受的电压不再对称。有的负载电压升高了，有的则降低了。这样不但使负载不能正常工作，有时还会造成事故。

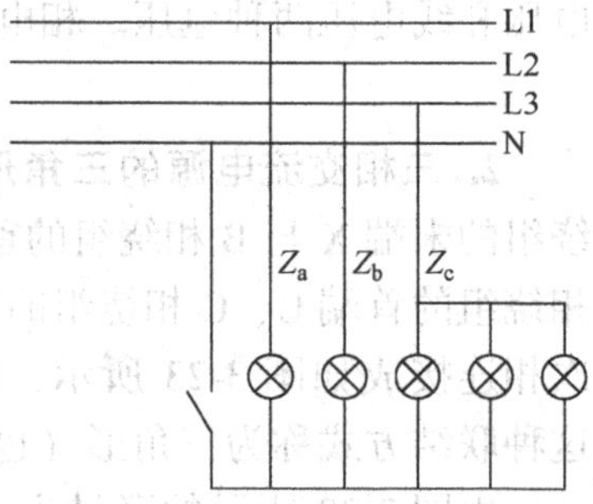

图3-25 三相负载不对称线路

4. 三相负载的三角形联结 三相负载也可以连接成三角形联结，如图3-26所示。在实际工作中，采用三角形联结的三相负载都是对称的，如三相电动机、三相电炉等。

这种连接线路有如下特点：

（1）△形联结没有中性线。

（2）各相负载承受的电压均为线电压。

（3）各相负载的电流计算为

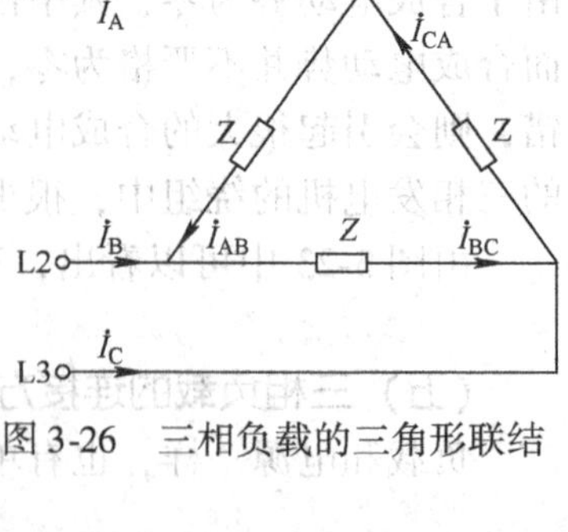

图3-26 三相负载的三角形联结

$$I_P = \frac{U_P}{Z_P} = \frac{U_L}{Z_P} \tag{3-41}$$

（4）在△形联结的各端点上均有三条支路，所以线电流 I_L 不等于相电流之和。根据相量图计算得

$$I_L = \sqrt{3} I_P \tag{3-42}$$

（5）电路消耗的总有功功率 P 为

$$P = 3U_P I_P \cos\varphi = \sqrt{3} U_L I_L \cos\varphi \tag{3-43}$$

三相负载的连接方式取决于三相负载的额定电压和电源线电压之间的关系。当各相负载的额定电压等于电源线电压的 $\frac{1}{\sqrt{3}}$（即 220V）时，三相负载应作Y形联结；当各相负载的额定电压等于电源线电压时，三相负载应作△形联结。

三相负载的连接方式与电源的连接方式无关。Y形和△形联结不能搞错。若把Y形联结误接成△形联结，则负载承受的电压为额定电压的 $\sqrt{3}$ 倍，会造成设备烧毁；反之，则负载承受的电压为额定电压的 $\frac{1}{\sqrt{3}}$，会造成电动机的转矩不足等现象，也会造成事故。

【项目实施】

实训任务　测量三相交流电压和电流

1. 实训目标

（1）掌握三相负载作星形联结、三角形联结的方法，验证这两种接法下线、相电压及线、相电流之间的关系。

（2）充分理解三相四线供电系统中中性线的作用。

2. 实训工具

电工教仪（DGJ-1 实验台），可调三相交流电源，交流数字电压表，交流数字电流表，三相灯组负载。

3. 实训内容与步骤

（1）按图 3-27 所示线路组接实训电路，即三相灯组负载经三相自耦调压器接通三相对称电源。

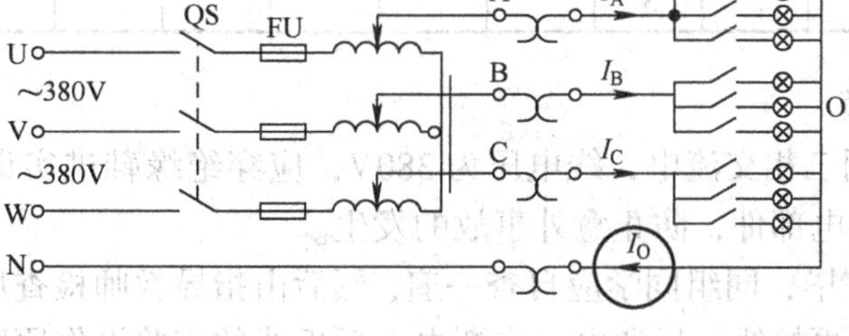

图 3-27　实训电路图

（2）将三相调压器的旋钮置于输出为“0V”的位置（即逆时针旋到底）。

（3）经指导教师检查后，方可开启实训台的三相电源开关，然后调节调压器的输出，使输出的三相线电压为220V，并按数据表格要求的内容完成各项实验。

（4）将所测得的数据记入表3-1中，并观察各相灯组明暗的变化程度，特别要注意观察中性线的作用。

表3-1　实训数据记录表

负载情况＼测量数据	开灯盏数			线电流/A			线电压/V			相电压/V			中线电流 I_O/A
	A相	B相	C相	I_A	I_B	I_C	U_{AB}	U_{BC}	U_{CA}	U_{AO}	U_{BO}	U_{CO}	
Y_0 接对称负载	3	3	3										
Y接对称负载	3	3	3										
Y_0 接不对称负载	1	2	3										
Y接不对称负载	1	2	3										
Y_0 接B相断开	1	断	3										
Y接B相断开	1	断	3										
Y接B相短路	1	短	3										

（5）按图3-28所示改接线路。

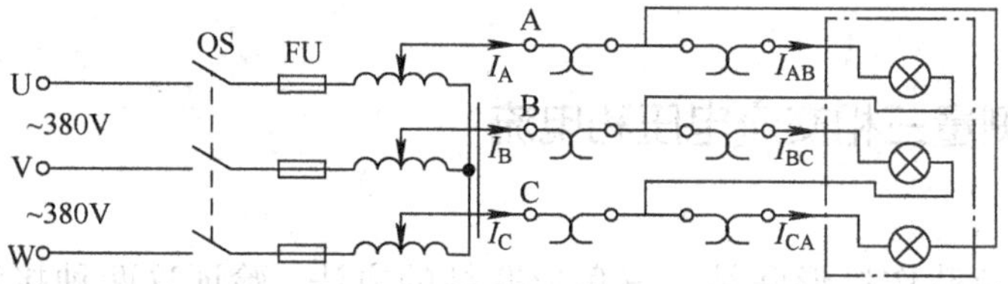

图3-28　改接线后的电路图

（6）经指导教师检查合格后，接通三相电源，并调节调压器，使其输出的线电压为220V。

（7）按表3-2的要求进行数据测试。

表3-2　改接线后的数据表

负载情况＼测量数据	开灯盏数			线电压=相电压/V			线电流/A			相电流/A		
	A-B相	B-C相	C-A相	U_{AB}	U_{BC}	U_{CA}	I_A	I_B	I_C	I_{AB}	I_{BC}	I_{CA}
三相对称	3	3	3									
三相不对称	1	2	3									

4. 实训注意事项

（1）本实训采用三相交流电，线电压为380V，应穿绝缘鞋进实训室。实训时要注意人身安全，不可触及导电部件，防止意外事故的发生。

（2）每次接线完毕，同组同学应自查一遍，然后由指导教师检查后，方可接通电源，必须严格遵守先断电、再接线、后通电；先断电、后拆线的实验操作原则。

（3）星形负载作短路实训时，必须首先断开中性线，以免发生短路事故。

（4）为避免烧坏灯泡，实训挂箱内设有过电压保护装置。当任一相电压＞245～250V

时，即声光报警并跳闸。

5. 实训小结

(1) 用实训测得的数据验证对称三相电路中的三种关系。

(2) 用实训数据和观察到的现象，总结三相四线供电系统中中性线的作用。

(3) 根据不对称负载三角形联结时的相电流值作相量图，并求出线电流值，然后与实验测得的线电流作比较。

【拓展与提高】

地铁低压供电和照明

供电的任务就是接收从发电厂输送来的电能，并把电能分配给各个用电单位和用电器。供电涉及变压器、高压电器、低压电器、供电线路等。其中变压器将在后面章节中介绍，本章只介绍电力系统的原理及低压供电线路。

(一) 电力系统

电力系统由发电、输电和配电三部分组成，如图3-29所示。发电部分由发电机及相关设备组成，输电部分由发电厂变压所、区域变电所和高压输电线路组成。配电部分由用户变压器和输电线路组成。

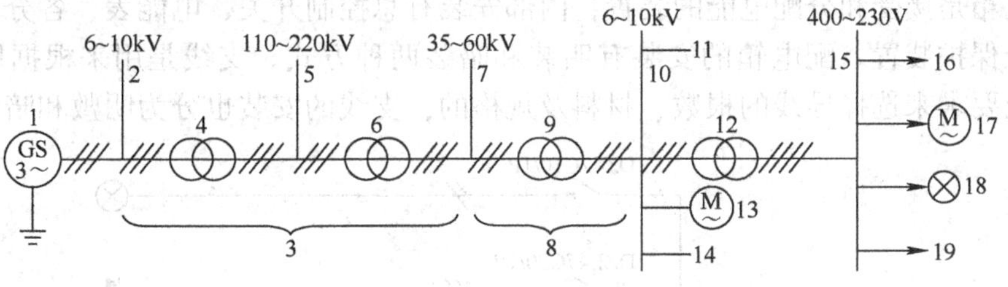

图3-29　电力系统

1—发电机　2、5、7、10、15—母线　3—电厂附近变电所　4—升压变压器　6——次降压变压器　8—大、中型工厂变电所　9—二次降压变压器　11—中、小型工厂配电所　12—配电变压器　13—高压电动机　14—高压用电设备　16—小型工厂配电所　17—电动机　18—照明　19—其他负载

为了减少线路损耗，需要采用高压输电方式。而发电机由于受绝缘处理水平的限制，发出的电压不可能太高（目前通常为6.3kV、10.5kV、15.75kV），故需要用升压变压器升压后才能进行远距离输电。输送的电压等级有6kV、10kV、35kV、110kV、220kV、330kV和500kV。我国目前多采用交流输电，电能被输送到用电地区后，经区域变电所一次降压（如降到11kV）后配给用户变电所，用户变电所再进行二次降压（如3kV、380V/220V）后配给用电设备。

以上的电力系统是一个小系统，目前的电力系统多是由几个小系统联合而成的大系统（称联网），这样做可以使电力系统经济、可靠地运行，各电厂可以互相调剂余缺，充分发挥设备的作用，也可以防止因个别发电机检修或发生故障而造成大面积停电等。

(二) 低压供电线路

低压供电线路由配电方式、输电线路、用电线路及供电安全四部分组成。

1. 配电方式　低压配电方式主要分为放射式和树干式两种，如图3-30所示，图中的Z、

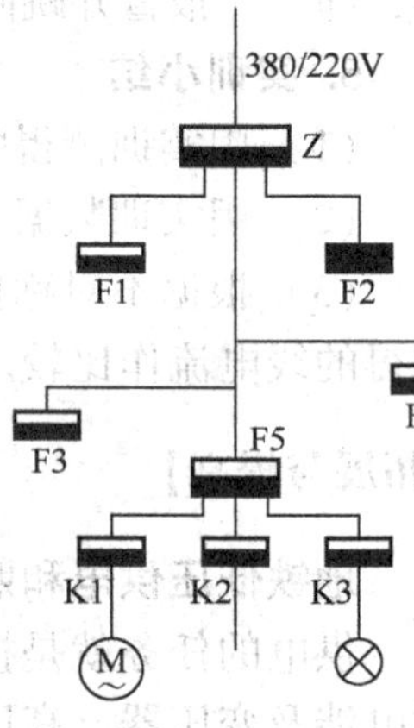

图 3-30 低压配电系统

F、K 分别表示总配电箱、分配电箱和开关箱，从总配电箱 Z 中引出 3 条支路，构成了放射式配电方式，中间支路的 F3、F4、F5 构成了树干式配电方式，F5 和 K1、K2、K3 又构成了放射式配电方式。

放射式配电方式适用于有集中负荷的地方，供电的可靠性较大，但使用的导线和低压电器较多。树干式配电方式适用于负荷分布比较均匀的场合，其优点是使用的导线和低压电器较少，但供电可靠性较差。

2. 输电线路 输电线路是电力系统中实施电能远距离传输的环节。它一般有架空线路和电缆线路两种。架空线路主要由导线、避雷线、绝缘子、杆塔和拉线、杆塔基础及接地装置组成。架空线路具有施工容易、经济的优点，但运行可靠性差，受风雨、冰雪、雷电等自然现象的影响较大。电缆线路（多数埋在地下）一般采用直埋方式或采用沟道敷设方式。电缆线路运行可靠，不影响环境美观，但投资大、检修困难。

3. 用电线路 用电线路由入户供电线路、配电箱、支线和用电器（如灯具、插座和电动机等）组成。入户供电线路是根据用电情况来确定的，如用电器有电动机类，则入户供电线路需选择三相四线制；如只有照明用电器，则只需使用单相电供电线路即可，如图 3-31 所示。配电箱是接受和分配电能的装置，内部安装有总控制开关、电能表、各分支线路控制开关和安全保护装置。配电箱的安装有明装和暗装两种方式。支线是用来根据用电器的种类、规格及要求来选择导线的根数、材料及规格的，支线的安装也分为明敷和暗敷两种。

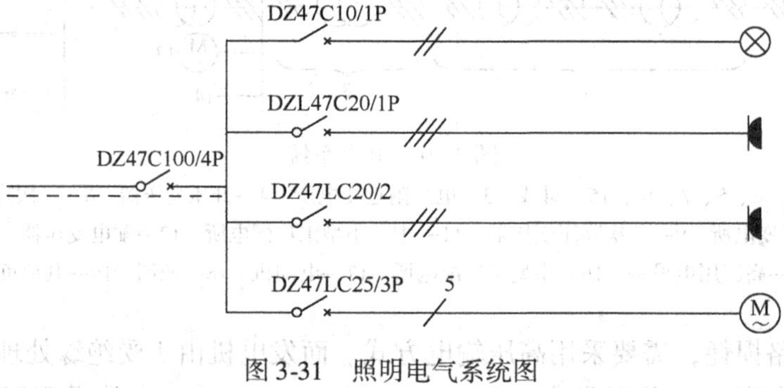

图 3-31 照明电气系统图

4. 供电安全 为避免在供电过程中出现一些人身事故和电网事故，必须严格遵守供电安全准则。供电安全可分为高压电安全和低压电安全两部分。

（1）高压电安全准则。

1）合理选择变电所的位置。变电所应远离易燃、易爆场所，避开地势低洼、有腐蚀气体及有导电尘埃的场所。

2）三点共同接地。将变压器的中性点、变压器外壳、避雷器的接地引下线共同接在一个接地装置上，称为三点共同接地或等电位接地。三点共同接地能有效地防止雷电流在接地装置上产生的电压降，即能反击电压对电网和变压器的损害。

3）安全操作制度。实行“工作票”制度，设有专人作为安全监护责任人，应悬挂警告牌：如“不准合闸、有人工作”，“高压危险”等。

（2）低压电安全准则。

1）配电箱和开关箱应安装在无振动、干燥通风的场所。

2）箱体的金属底座及外壳必须作保护接零或保护接地。

3）配电箱的安装高度必须大于1.3m。

4）低压配电的操作顺序必须严格按照下面的要求进行，即送电顺序是：总配电箱→分配电箱→开关箱；停电顺序相反。

5）配电线路的架空导线必须采用绝缘线，架空导线的相序排列是：面向负荷从左起为L1、N、L2、PE。

（三）低压供电系统的接地方式

为了保证用电安全，防止触电事故的发生，必须采取有效的防护措施，而采用何种防护措施则要根据低压供电系统的接地情况来确定。

根据国际电工委员会（IEC）的规定，低压供电系统的接地方式分为三类，即TT系统、IT系统和TN系统。

1. TT系统　电力系统的中性点直接接地，电气设备的外露可导电部分也接地，但两个接地相互独立，这种接地方式称为TT系统，如图3-32所示。

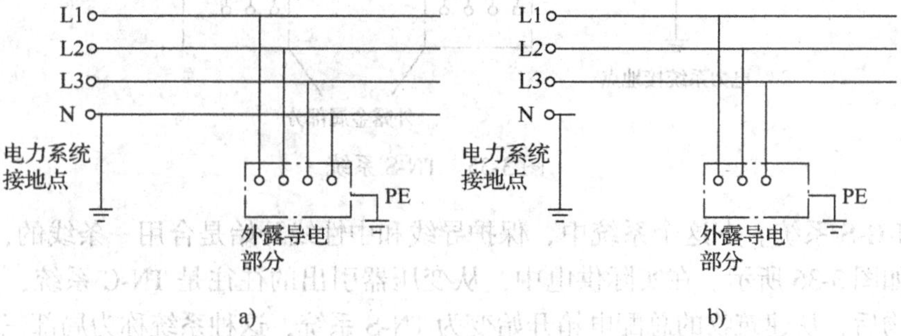

图3-32　TT系统

a）带有中性线的四线制系统　b）没有中性线的三线制系统

2. IT系统　电力系统的带电部分与大地间无直接连接（或有一点经高阻抗接地），电气设备的外露可导电部分接地，这种接地方式称为IT接地系统，如图3-33所示。IT系统一般不引出中性线，供电采用三相三线制。

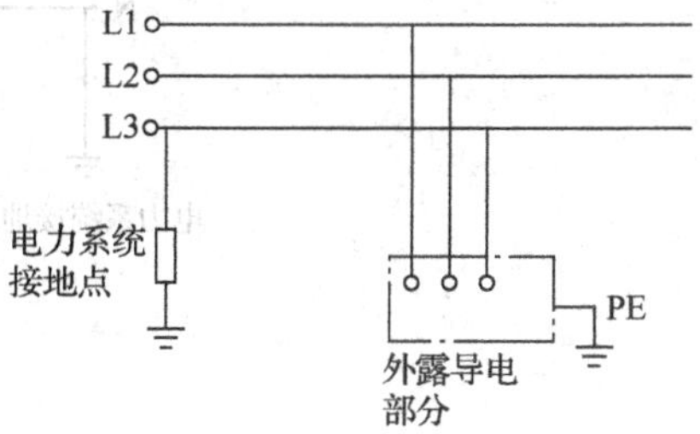

图3-33　IT系统

3. TN系统　TN系统的电源中性点直接接地，设备的外露金属部分与电源的中性线相连接。

TN系统是用得最广泛的一种供电接地方式，根据中性线（即N线）和保护线（即PE线）的布置情况，TN系统又分为TN-C系统、TN-S系统及TN-C-S系统。

（1）TN-C系统。在TN-C系统中，保护导线（PE线）和中性线（N线）共用一根导线，称为PEN线。这种供电系统就是常用的三相四线制，如图3-34所示。由于PEN线中有中性线电流流过，PEN线就有可能因过电流发热而烧坏，一旦PEN线损坏，就失去了保护作用。

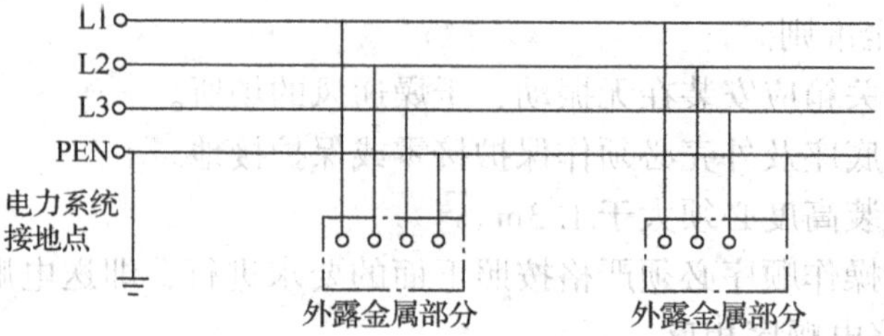

图 3-34　TN-C 系统

（2）TN-S 系统。在这个系统中，保护导线与中性线分开，保护导线称为保护零线（PE 线），中性线称为工作零线（N 线），如图 3-35 所示。所有外露金属部分与保护零线（PE 线）相接，工作时保护零线中没有电流，中性线电流从工作零线中通过，这样就保证了保护零线的可靠性。这种系统的安全可靠性高，通常称这种系统为三相五线制。

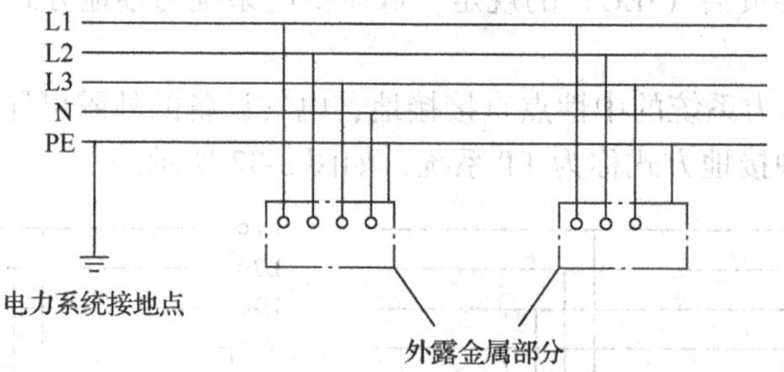

图 3-35　TN-S 系统

（3）TN-C-S 系统。在这个系统中，保护导线和中性线开始是合用一条线的，从某一位置开始分开，如图 3-36 所示。在实际供电中，从变压器引出的往往是 TN-C 系统，三相四线制，当进入建筑物后，从建筑物的总配电箱开始变为 TN-S 系统，这种系统称为局部三相五线制。

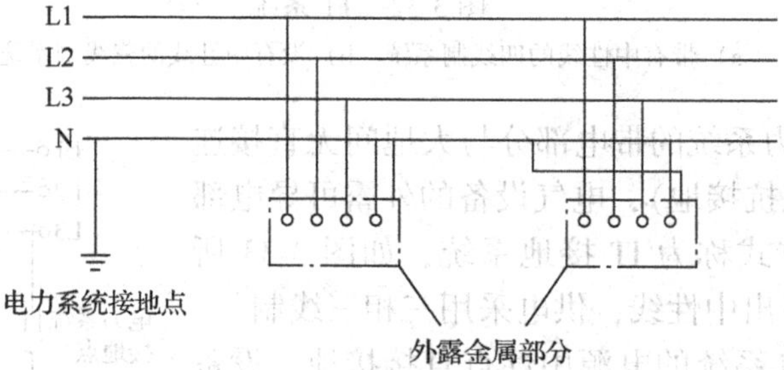

图 3-36　TN-C-S 系统

【复习思考题】

1. 正弦电流 i_1 的最大值为 20A，初相为 −45°；i_2 的振幅为 10A，且滞后于 $i_1$60°。试写出 i_1 与 i_2 的瞬时值表达式。

2. 已知下列相量式，试分别写出其瞬时值表达式。

（1）$\dot{U}=100\angle 120^{\circ}$　（2）$\dot{I}=10\angle\frac{\pi}{6}$　（3）$\dot{U}_{m}=\sqrt{2}\angle 45^{\circ}$

3. 已知两个正弦电压 $u_1=380\sqrt{2}\sin(\omega t+120^{\circ})\text{V}$，$u_2=380\sqrt{2}\sin(\omega t-120^{\circ})\text{V}$，试求出两电压的相位差，并作出相量图。

4. 一个 $R=200\Omega$ 的白炽灯接在最大值为 311V 的交流电源上，求流过该灯泡的电流及灯泡两端的电压。

5. 某线圈的电感为 0.2H（电阻忽略不计），接在 220V 的交流电源上，① 写出电流的瞬时值表达式（以电压为参考量）；② 画出电流与电压的相量图。

6. 在一个 *RLC* 串联电路中，试画相量图，说明下列式子哪个是对的？哪个是错的？

（1）$Z=R+X$　（2）$U^2=U_R^2+U_L^2$　（3）$S=P+Q$

7. 试定性地画出图 3-37 所示电路的电压相量图。

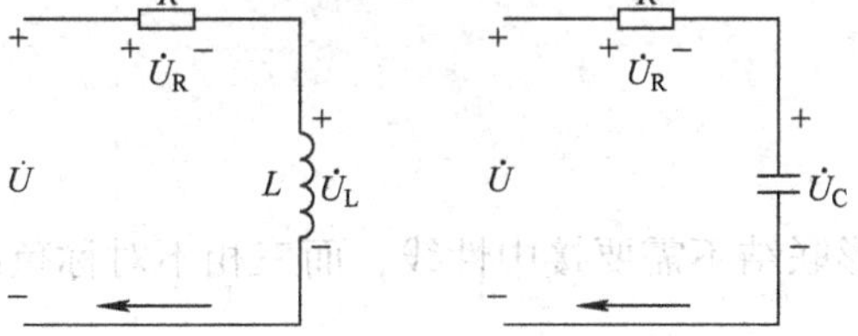

图 3-37　7 题图

8. 试定性地画出图3-38所示电路的电流相量图。

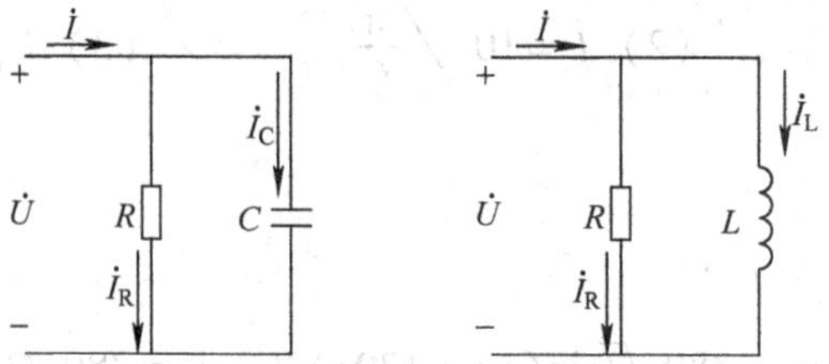

图3-38 8题图

9. 在直流电路中，电阻串联的结果，总电阻必大于分电阻，总电压必大于分电压；但在交流电路发生串联谐振时，总阻抗会小于分阻抗，总电压也会小于分电压，如何解释这种现象？

10. 若某发电机 $S=50\text{kV}\cdot\text{A}$，负载为 $P=10\text{kW}$、$\cos\varphi=0.8$ 的电动机，问最多可接几台这样的电动机？如接5台会有什么问题？

11. 提高功率因数有什么实际意义？一般单位怎样提高功率因数？

12. 下述结论是否正确？如不正确，试说明为什么。

（1）三相四线制电源的相电压和线电压相等。

（2）三相对称负载Y形联结不需要接中性线，而三相不对称负载必须接中性线。

（3）三相负载不论Y形还是△形联结，它承受的电压是一样的。

13. 不对称负载作Y形联结时，为什么不能去掉中性线？若中性线不慎断开，会引起什么后果？

14. 什么情况下采用三相四线制供电系统？什么情况下采用三相三线制供电系统？

15. 在对称三相电路中，设电源为Y形联结，负载为△形联结，试画出电路图。

16. 在三相四线制供电线路中，已知三相负载均为电阻性，其值分别为5Ω、10Ω、20Ω，电源相电压对称，其有效值为220V，求三相负载的相电压、负载电流，定性简述中性线电流的情况。

17. 输电线路的作用是什么？它包括哪几种形式？

项目四　磁路和变压器的应用

【知识要点】

1. 磁场、电流的磁效应和磁场的主要物理量；
2. 磁路的基本电磁关系；
3. 变压器的组成、主要技术参数和基本工作原理；
4. 城市轨道交通使用的干式变压器。

【项目任务】

1. 掌握磁路欧姆定律和交流铁心线圈的等效电路；
2. 掌握变压器的基本工作原理；
3. 能认知变压器的基本组成；
4. 能测试变压器的绝缘电阻，进行一次、二次绕组的判断以及空载参数及负载参数的测试。

【项目准备】

本项目开始前，应准备小型单相电源变压器（或控制变压器）、万用表、钳形电流表、绝缘电阻表、小型无线圈铁心体、各种形态的硅钢片、铁氧体铁心和游标卡尺等教具和实训工具。

【相关理论知识】

一、磁路

在城市轨道交通系统中，其车辆、车站的机电设备以及信号系统中广泛应用变压器、电动机、继电器和接触器等控制电器。这些控制电器的内部结构都是铁心和线圈，其目的都是为了当线圈通以电流时，能在铁心内部产生较强的磁场，使线圈上产生电磁力（或感应出电动势）。线圈通电属于电路问题，而产生的磁场大部分局限于铁心内部，这种人为地使磁通集中通过的路径称为磁路。因此，铁心线圈的磁场就属于磁路问题。如图 4-1 所示为电动

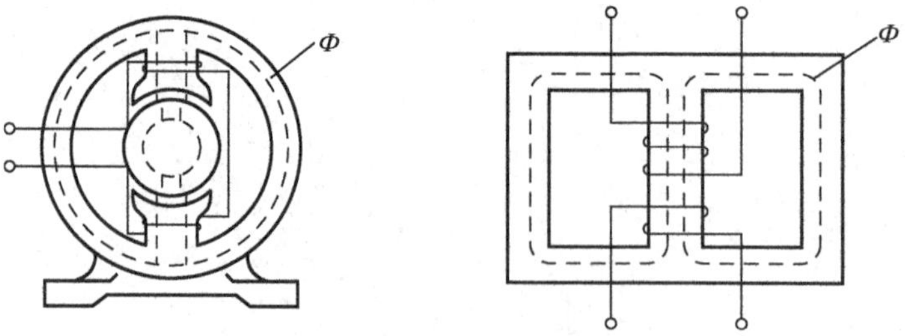

a)　　b)

图 4-1　电动机与变压器的磁路示意图

a）电动机　b）变压器

机与变压器的磁路示意图。

（一）磁场的基础知识

1. 磁性与磁体　具有吸引铁、镍、钴等物质的性质称为磁性，具有磁性的物质称为磁体。磁体有天然磁体和人造磁体两种。天然磁体是一种磁铁矿石，磁性并不很强。在城市轨道交通系统中实际应用的大多数是人造磁体。常见的人造磁体有条形磁体、马蹄形磁体和针形磁体，如图 4-2 所示为马蹄形磁体。

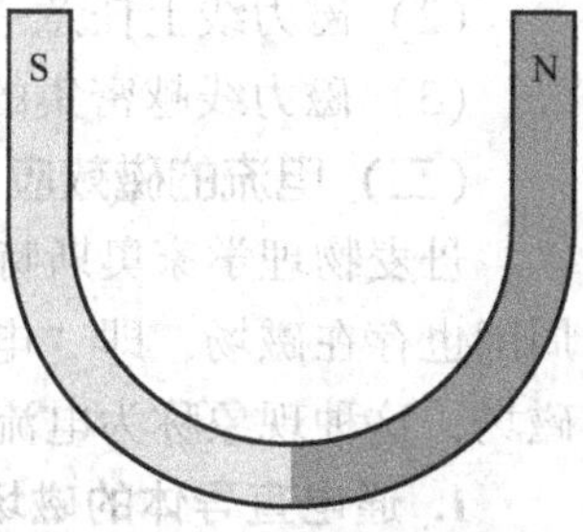

图 4-2　马蹄形磁体

磁体上磁性最强的部位称为磁极。如果把条形磁体或针形磁体的中心支撑或悬挂起来，使它在水平面上能自由转动，当它静止时，总是一端向南，另一端向北。指向南的一端称为磁体的南极（或称为 S 极），与之相对的一端称为磁体的北极（或称为 N 极）。磁体具有同名磁极相互排斥、异名磁极相互吸引的特性。磁极间的相互作用力称为磁力。

2. 磁力线　磁体周围磁力作用的空间称为磁场。磁场是一种看不见摸不着的特殊物质，在磁场中，小磁针静止时，N 极所指向的方向，就是磁场的方向。为了直观地把磁场描绘出来，通常引用一些曲线，这些表示磁场状态的曲线称为磁力线，如图 4-3 所示。

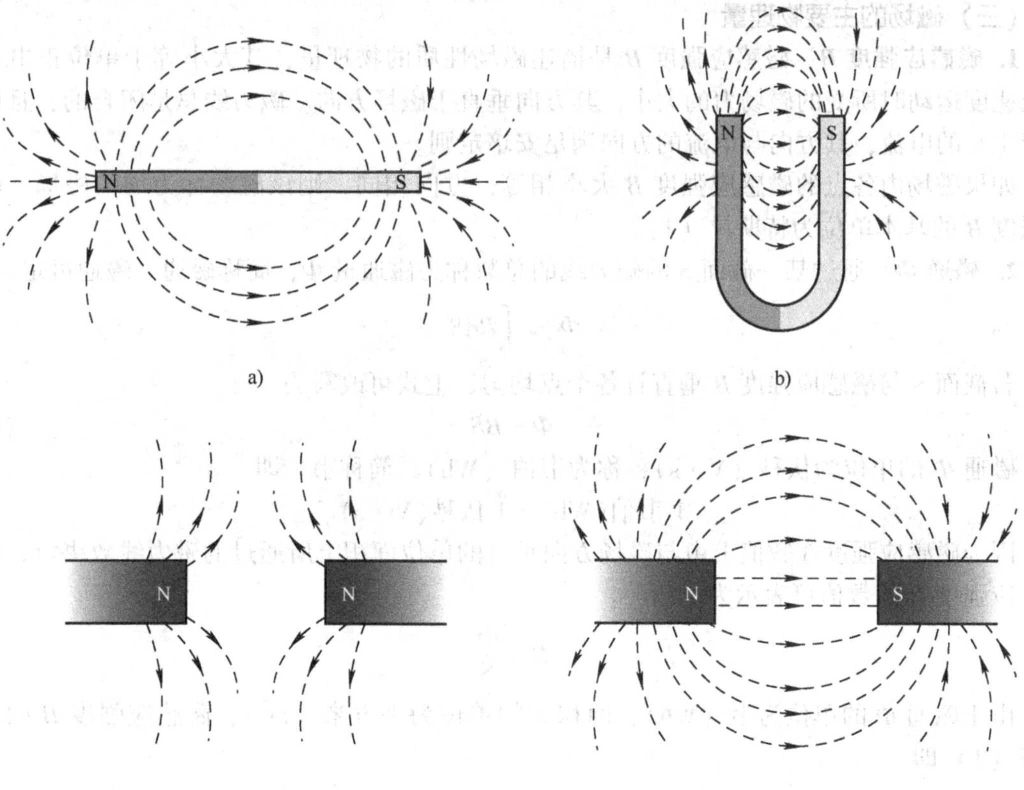

图 4-3　几种磁场的磁力线示意图

a）条形磁体磁力线　b）马蹄形磁体磁力线　c）同名磁极磁力线　d）异名磁极磁力线

磁力线具有以下特征：

（1）磁力线是互不相交的闭合曲线，在磁体外部由N极指向S极，在磁体内部由S极指向N极。

（2）磁力线上任意一点的切线方向，就是该点的磁场方向。

（3）磁力线越密集的地方磁场越强，磁力线越稀疏的地方磁场越弱。

（二）电流的磁效应

丹麦物理学家奥斯特的电流实验证明，不仅永久磁铁的周围存在着磁场，在通电导体的周围也存在磁场，即“电能生磁”。由通电直导线周围所放磁针受力偏转，表明电流能产生磁场，这种现象称为电流的磁效应。

1. 通电直导体的磁场 通电导体中的电流方向决定了该导线周围磁场的方向。通电直导体的磁力线方向与电流方向之间的关系可以用安培定则（也称右手螺旋定则）来判定，即：用右手握住直导体，让伸直的大拇指所指的方向与电流方向一致，那么弯曲的四指所指的方向就是磁力线的环绕方向。

2. 通电螺旋管的磁场 通电螺旋管的磁力线方向与电流方向之间的关系，也可以用安培定则来判定，即：用右手握住螺旋管，让弯曲的四指所指的方向与电流方向一致，大拇指所指的方向就是螺旋管内部磁力线的方向，也就是通电螺旋管的N极。

（三）磁场的主要物理量

1. 磁感应强度 B 磁感应强度 B 是描述磁场性质的物理量，其大小等于单位正电荷以单位速度运动时所受的磁场力的大小，其方向垂直于磁场方向。磁力线总是闭合的，且围绕着产生它的电流，其方向与电流的方向满足安培定则。

如果磁场内各点的磁感应强度 B 大小相等，方向相同，则该磁场称为均匀磁场。磁感应强度 B 的基本单位为特斯拉（T）。

2. 磁通 Φ 通过某一截面 S 的磁力线的总数称为磁通量 Φ，简称磁通。磁通可定义为

$$\Phi = \int_S B\mathrm{d}S$$

若截面 S 与磁感应强度 B 垂直且各个点均匀，上式可改写为

$$\Phi = BS \tag{4-1}$$

磁通 Φ 的单位为伏秒（V·s），称为韦伯（Wb），简称韦。即

$$1\ 韦伯(\mathrm{Wb}) = 1\ 伏秒(\mathrm{V \cdot s})$$

因为磁感应强度在数值上由与磁场方向垂直的单位面积上所通过的磁力线数决定，所以磁感应强度 B 的数值可表示为

$$B = \frac{\Phi}{S} \tag{4-2}$$

由于磁通 Φ 的单位为韦（Wb），面积 S 的单位为平方米（m^2），磁感应强度 B 的单位为特（T）即

$$1\mathrm{T} = \frac{1\ \mathrm{Wb}}{1\mathrm{m}^2}$$

3. 磁导率 μ 磁导率 μ 是一个用来表示磁场中介质导磁能力的物理量，其单位为亨利/米（H/m）。真空中的磁导率为常数，通常用 μ_0 表示，$\mu_0 = 4\pi \times 10^{-7}\mathrm{H/m}$。

一般材料的磁导率 μ 和真空磁导率 μ_0 的比值，称为该物质的相对磁导率 μ_r，即

$$\mu_r = \frac{\mu}{\mu_0} \text{或} \mu = \mu_r \mu_0$$

μ_r 越大，介质的导磁性能就越好，表 4-1 是几种常用磁性材料的磁导率。

表 4-1　几种常用磁性材料的磁导率

材料名称	镍锌铁氧体	铸铁	锰锌铁氧体	硅钢片	坡莫合金（78.5% Ni）
相对磁导率 μ_r	10～1 000	200～400	300～5 000	7 000～10 000	20 000～200 000

4. 磁场强度 *H*　磁场强度 H 是计算磁场所引用的物理量，反映的是电流的磁场，其强弱和方向均取决于电流，与介质无关。磁场强度的大小为磁感应强度和磁导率之比，即

$$H = \frac{B}{\mu} \tag{4-3}$$

在国际单位制中，磁场强度的单位是安/米（A/m）。

（四）基本电磁关系

1. 磁路欧姆定律　如图 4-4 所示，设磁路由单一的铁磁材料构成，其横截面面积为 S，磁路的平均长度为 l，将磁路与电路相比较，可以知道，磁路中的磁通 Φ 相当于电路中的电流 I。电路中激发电流的因素是电压源的电动势 U_S，那么磁路中激发磁通的因素是什么呢？通过实验发现，励磁电流 I 越大，产生的磁通就越多；线圈的匝数越多，产生的磁通也越多。把励磁电流 I 和线圈匝数 N 的乘积 NI 看做是磁路中产生磁通的源泉，称作磁通势 F。因此，磁路欧姆定律可表述为

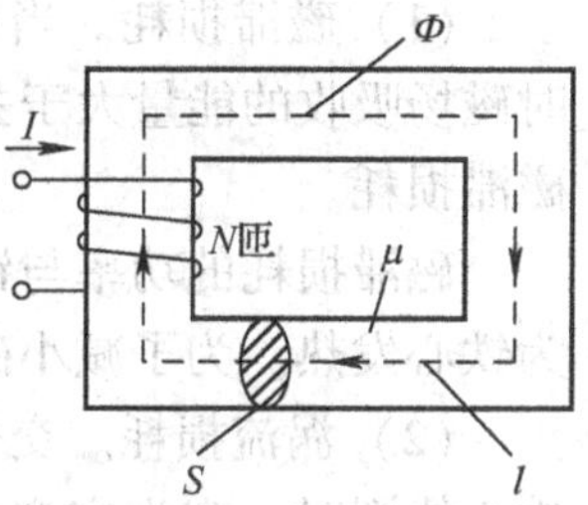

图 4-4　磁路中的各个参数

$$\Phi = \frac{F}{R_m} = \frac{IN}{R_m} \tag{4-4}$$

式中　R_m——磁阻，反映了磁路阻碍磁通的作用。

磁阻的计算公式为

$$R_m = \frac{l}{\mu S} \tag{4-5}$$

式（4-5）显然与电路的电阻 $R = l\rho/S$ 的形式相同，其中 l 表示磁路的平均长度，单位为 m；S 是磁路的截面积，单位是 m^2；μ 是铁心材料的磁导率，单位是 H/m；磁阻的单位是 H^{-1}。

空气（非磁性物质）的磁导率为常量，故其磁阻为常量；而磁性物质的磁导率不为常量（μ 随磁路的饱和而减小），故其磁阻随磁路的饱和而增大。因此，在非线性磁路中，一般不能用磁路的欧姆定律进行定量计算，它常用作定性分析。

2. 交流铁心线圈的等效电路　含有铁心的线圈称为铁心线圈。由于铁心的磁导率 μ 不是常数，所以铁心线圈是一个非线性电路元件。

如图 4-5a 所示，已知线圈的匝数为 N，损耗电阻为 R，主磁通 Φ 产生的电动势为 e。在一般情况下，漏磁通 Φ_S 产生的电动势 e_S 很小，可忽略不计。因此，铁心线圈中的电压满足方程

$$u = N\frac{d\Phi}{dt}$$

故铁心线圈的等效电路如图 4-5b 所示。

设主磁通 $\Phi = \Phi_m \sin\omega t$，则

$$u = N\frac{d(\Phi_m \sin\omega t)}{dt} = N\omega\Phi_m \cos\omega t = 2\pi f N\Phi_m \sin(\omega t + 90°) = U_m \sin(\omega t + 90°)$$

由此得出电压的有效值 U 为

$$U = \frac{U_m}{\sqrt{2}} = \frac{2\pi f N\Phi_m}{\sqrt{2}} = 4.44 f N\Phi_m \qquad (4\text{-}6)$$

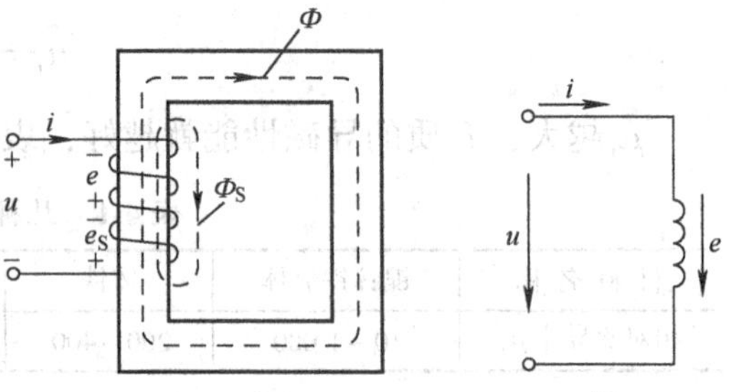

图 4-5 交流铁心线圈示意图
a）示意图 b）等效电路图

式（4-6）表明，当电源电压 U、频率 f 和线圈匝数 N 一定时，磁通的最大值 Φ_m 保持不变，与磁路的性质无关，这是分析变压器、交流电动机等电气设备的重要概念。

3. 铁心线圈中的功率损耗 铁心线圈的功率损耗包括：线圈电阻的功率损耗（又称铜损）以及铁心中的损耗（又称铁损）。铁损包括磁滞损耗和涡流损耗两部分。

（1）磁滞损耗。当铁心线圈加上交变电压时，铁磁材料沿磁滞曲线交变磁化，且磁化时磁场吸收的能量大于去磁时返回电源的能量，其差额就是磁滞现象引起的能量损耗，称为磁滞损耗。

磁滞损耗的功率与铁磁材料的磁滞回线所包围的面积成正比。磁滞损耗的主要现象表现为铁心发热。为了减小磁滞损耗，交流铁心应选用磁滞损耗较小的软磁材料制成。

（2）涡流损耗。交变的电流通过铁心线圈时，产生交变的磁场，而交变的磁场在铁心中产生闭合的旋涡状感应电流，该电流称为涡流，如图 4-6a 所示。由涡流引起的功率损耗称为涡流损耗。

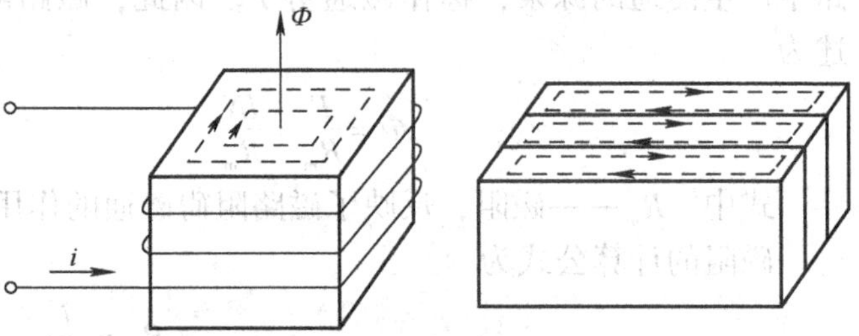

图 4-6 涡流损耗示意图
a）涡流现象 b）涡流的减小

涡流对电动机、变压器等设备的工作会产生不良影响，它不仅消耗了电能，使电气设备的效率降低，而且使电气设备中的铁心发热、温度升高，影响电气设备的正常运行。

为了减少涡流损耗，常选择表面绝缘的硅钢片拼叠成铁心，如图 4-6b 所示。由于硅钢片具有较大的电阻率和较高的磁导率，可以使铁心的电阻增大、涡流减小，从而使涡流损耗大大减少。

二、变压器的基本原理

（一）变压器的用途与结构

变压器是利用电磁感应的基本原理，实现电压、电流和阻抗变换的重要设备。在城市轨道交通的电力系统、车辆、自动控制系统等诸多领域中广泛应用变压器。变压器是一种静止

的电动机，它利用电磁感应原理将一种电压、电流的交流电能转换成同频率的另一种电压、电流的电能。换句话说，变压器就是实现电能在不同等级之间进行转换的设备。

变压器由铁心和绕组两个基本部分组成，如图4-7所示。

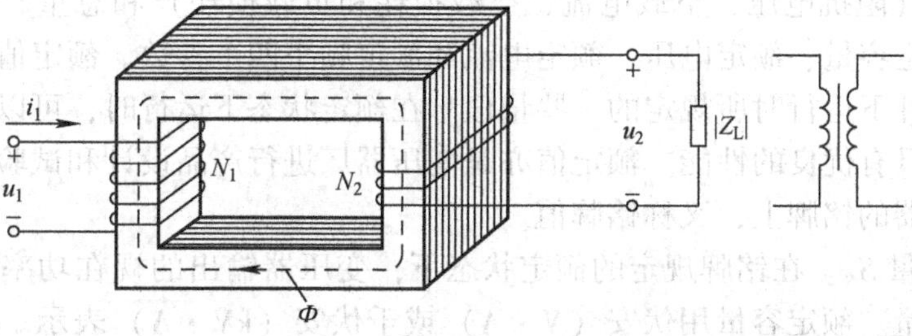

图4-7　变压器的基本部分组成

1. 铁心　铁心构成了变压器的磁路，同时又是套装绕组的骨架。铁心由铁心柱和铁轭两部分构成。铁心柱上套绕组，铁轭将铁心柱连接起来形成闭合磁路。采用铁心的目的是增加磁密和磁通，增加一次绕组和二次绕组之间的互感。一般的变压器采用硅钢或其他高磁导率的合金材料制作铁心。在频率较高的时候，为了减少涡流损耗，也经常采用铁氧体制作铁心，如脉冲变压器采用磁性铁氧体铁心。

为了减少交变磁通在铁心中引起的涡流损耗，变压器铁心一般用厚0.35mm或0.5mm的硅钢片或其他高磁导率的合金钢片叠成或者卷成，钢片间要有一定程度的绝缘。为此，硅钢片表面要经过适当处理。铁心的形状有口形铁心、EI形铁心、F形铁心和C形铁心，如图4-8所示。

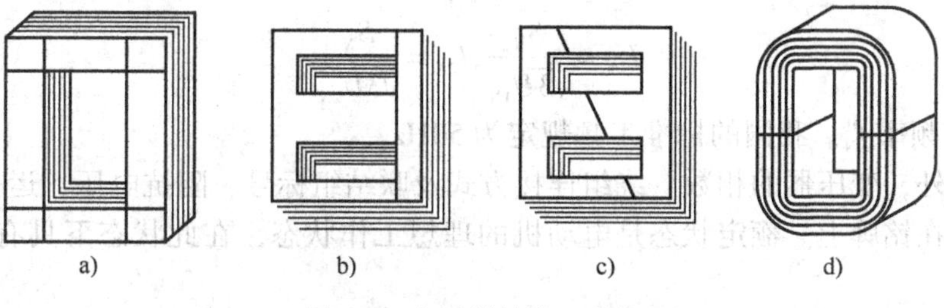

图4-8　变压器的铁心形状
a）口形铁心　b）EI形铁心　c）F形铁心　d）C形铁心

2. 绕组　绕组是变压器的电路部分，由铜或铝绝缘导线绕制而成。绕组包括一次绕组（或称初级绕组）和二次绕组（或称次级绕组）。一次绕组和电源或输入电压相连，它的两端就是变压器的输入端；二次绕组与负载相连，它的两端就是变压器的输出端。一次绕组只有一个，二次绕组为一个或多个。

绕组通常套装在同一个心柱上，一次和二次绕组具有不同的匝数。通过电磁感应作用，一次绕组的电能就可传递到二次绕组，且使一、二次绕组具有不同的电压和电流。两个绕组中，电压较高的称为高压绕组，相应的电压较低的称为低压绕组。从高、低压绕组的相对位置来看，变压器的绕组又可分为同心式和交叠式。由于同心式绕组结构简单，制造方便，所以国产的变压器均采用这种结构。交叠式绕组主要用于特种变压器。

（二）变压器的技术参数和基本工作原理

1. 变压器的主要技术参数 在规定的使用环境和运行条件下，变压器的主要技术参数一般都标注在变压器的铭牌上，主要包括：额定容量、额定电压、额定频率、绕组联结组以及额定性能数据（阻抗电压、空载电流、空载损耗和负载损耗）和总重。其中，变压器的基本参数包括额定容量、额定电压、额定电流和额定频率四个参数。额定值是制造厂对变压器在指定工作条件下运行时所规定的一些量值。在额定状态下运行时，可以保证变压器长期可靠地工作，并具有优良的性能。额定值亦是变压器厂进行产品设计和试验的依据。因额定值通常标在变压器的铭牌上，又称铭牌值。

（1）额定容量 S_N。在铭牌规定的额定状态下，变压器输出的视在功率的保证值，称为变压器的额定容量。额定容量用伏安（V·A）或千伏安（kV·A）表示。由于变压器的效率很高，通常一、二次侧的额定容量设计成相等。对三相变压器，额定容量是指三相容量之和。

（2）额定电压 U_N。正常运行时，规定加在一次侧的端电压称为变压器一次侧的额定电压 U_{1N}，二次侧的额定电压 U_{2N}是指变压器一次侧加额定电压时二次侧的空载电压。额定电压以 V 或 kV 为单位表示。对三相变压器，额定电压则是指线电压。

（3）额定电流 I_N。根据额定容量和额定电压算出的电流称为额定电流，以 A 为单位表示。对三相变压器，额定电流指线电流。

对于单相变压器，一次侧和二次侧额定电流分别为

$$I_{1N}=\frac{S_N}{U_{1N}},I_{2N}=\frac{S_N}{U_{2N}}$$

对三相变压器，一次侧和二次侧额定电流分别为

$$I_{1N}=\frac{S_N}{\sqrt{3}U_{1N}},I_{2N}=\frac{S_N}{\sqrt{3}U_{2N}}$$

（4）额定频率 f_N。我国的标准工频规定为 50Hz。

除额定值外，变压器的相数、绕组连接方式及联结组标号、阻抗电压、运行方式和冷却方式等均标注在铭牌上。额定状态是电动机的理想工作状态，在此状态下具有优良的性能，可长期工作。

（5）空载损耗。当以额定频率的额定电压施加在一个绕组的端子上时，其余绕组开路时所吸收的有效功率称为空载损耗。空载损耗与铁心硅钢片的性能及制造工艺和施加的电压有关。

（6）空载电流。当变压器在额定电压下二次侧空载时，一次绕组中通过的电流，称空载电流，一般以额定电流的百分数表示。

（7）负载损耗。把变压器的二次绕组短路，在一次绕组的额定分接位置上通入额定电流，此时变压器所消耗的功率称为负载损耗。

（8）阻抗电压。把变压器的二次绕组短路，在一次绕组上慢慢升高电压，当二次绕组的短路电流等于额定值时，此时一次侧所施加的电压称为阻抗电压，一般以额定电压的百分数表示。

（9）相数和频率。

1）相数。三相开头以“S”表示，单相开头以“D”表示。

2）频率。我国标准频率 f 为 50Hz，国外也有用 60Hz 的。

（10）温升与冷却。变压器绕组或上层油温与变压器周围环境的温度之差，称为绕组或上层油面的温升。油浸式变压器绕组温升的限值为 65K，油面温升为 55K。变压器的冷却方式也有多种，如油浸自冷、强迫风冷和水冷等。

（11）绝缘水平。绝缘水平的表示方法举例如下：高压额定电压为 35kV 级、低压额定电压为 10kV 级的变压器绝缘水平表示为 LI200 AC 85/LI75 AC 35，表示含义为该变压器高压雷电冲击耐受电压为 200kV，工频耐受电压为 85kV，低压雷电冲击耐受电压为 75kV，工频耐受电压为 35kV。

（12）联结组标号。根据变压器一、二次绕组的相位关系，把变压器绕组连接成各种不同的组合，称为绕组的联结组。为了区别不同的联结组，常采用时钟表示法，即把高压侧线电压的相量作为时钟的长针，固定在 12 上，低压侧线电压的相量作为时钟的短针，看短针指在哪一个数字上，就作为该联结组的标号。如 D，yn11 表示一次绕组是三角形联结，二次绕组是带有中心点的星形联结，组号为 11 点。

2. 变压器的基本工作原理　变压器的主要部件是铁心和套在铁心上的两个绕组。两绕组只有磁耦合没有电的联系。在一次绕组中加上交变电压，在一、二次绕组中产生交变磁通，在两绕组中分别感应电动势。只要一、二次绕组的匝数不同，就能达到改变电压的目的。如图 4-9 所示为变压器的结构示意图及其表示符号。

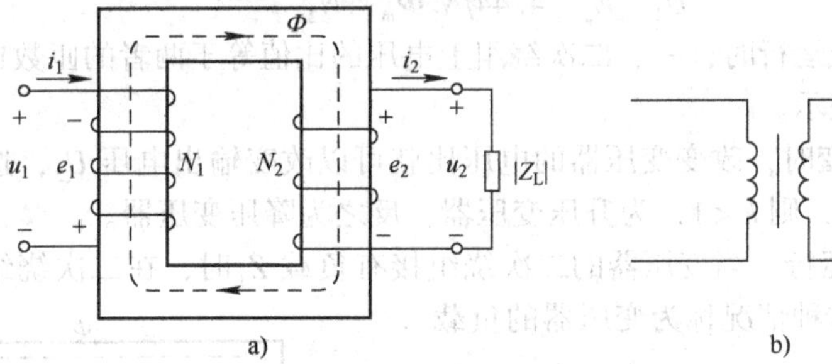

图 4-9　变压器的结构示意图及其表示符号

a）变压器结构示意图　b）变压器的符号

（三）变压器的运行特性分析

1. 正方向的规定　为了正确地表示变压器中电压、电流、磁通和电动势之间的数量和相位关系，在列方程式时，必须首先规定它们的正方向。正方向原则上可以任意规定，但是正方向规定的不同，同一电磁过程所列出的方程式中，有关物理式的正负号可能会不同。在研究变压器时，正方向通常按如下方法规定。

（1）对一次侧：

1）一次绕组内电流的正方向与电源电压的正方向一致；

2）按右手螺旋关系，正方向的电流产生正方向的磁通；

3）感应电动势的正方向与产生该电动势的磁通的正方向之间符合右手螺旋关系，所以感应电动势的正方向与电流的正方向一致。

（2）对二次侧：

1）二次绕组感应电动势的正方向与产生该电动势的磁通的正方向符合右手螺旋关系；

2）二次绕组内电流的正方向与二次绕组电动势的正方向一致；

3）二次绕组端电压的正方向与电流的正方向一致。

2. 变压器的空载运行 变压器的一次绕组接交流电源，二次绕组开路、负载电流为零时的运行，称为空载运行。下面先分析空载运行时，一次和二次绕组内的感应电动势和电压比，然后进一步分析主磁通和励磁电流。

变压器一次绕组接上交流电压 u_1，二次绕组开路，这种状态称为空载运行，此时二次绕组的电流为 $I_2=0$，电压为开路电压 U_{20}，一次绕组通过的电流为 I_{10}（空载电流），如图 4-10 所示。

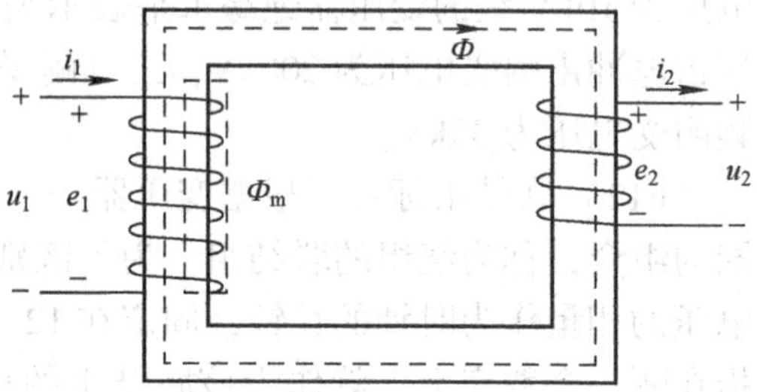

图 4-10 变压器的空载运行

变压器空载时，一次绕组的外加电压可表示为

$$U_1=E_1=4.44fN_1\Phi_m$$

二次绕组由于 $I_2=0$，即 $I_2r_2=0$，故二次绕组的电压 u_2 等于开路电压 u_{20}，则有

$$U_2=U_{20}=E_2=4.44fN_2\Phi_m$$

由上面两式可得

$$\frac{U_1}{U_2}=\frac{E_1}{E_2}=\frac{4.44fN_1\Phi_m}{4.44fN_2\Phi_m}=\frac{N_1}{N_2}=k \tag{4-7}$$

可见，变压器空载运行时，一、二次绕组上电压的比值等于两者的匝数比，此比值为变压器的电压比，用 k 表示。

当输入电压 U_1 不变时，改变变压器的电压比就可以改变输出电压 U_2，这就是变压器的变压作用。若 $N_1<N_2$，则 $k<1$，为升压变压器，反之为降压变压器。

3. 变压器的负载运行 当变压器的二次绕组接有负载 Z_1 时，在二次绕组中会产生电流 I_2，如图 4-11 所示，这种情况称为变压器的负载运行。

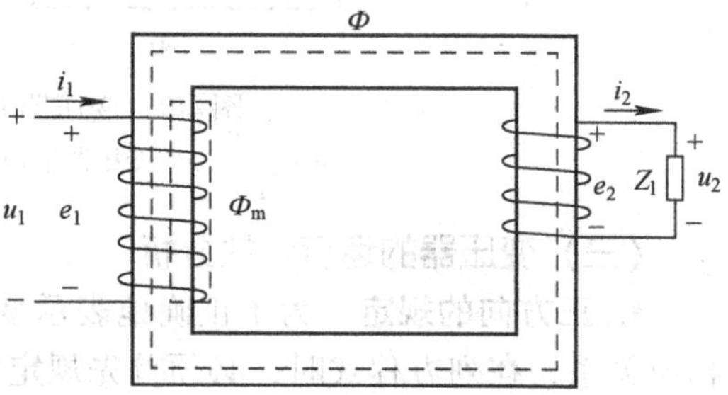

图 4-11 变压器的负载运行

变压器接上负载后，一次绕组和二次绕组的电流分别为 I_1 和 I_2，它们分别产生磁通势 I_1N_1 和 I_2N_2。根据楞次定律，I_2N_2 产生的磁通势是与主磁通 Φ_m 反向的。所以，I_1 所建立的磁通势 I_1N_1 除了要维持主磁通 Φ_m 基本不变外，还要抵消磁通势 I_2N_2 对主磁通的影响。因此，作用在铁心中的总磁通势为 $I_1N_1+I_2N_2$ 两个分量。由于磁路具有恒磁通特性，因此无论有无负载，只要电源电压有效值 U_1 不变，主磁通 Φ_m 就基本不变，也就是说产生主磁通的磁通势总和不变。因此，有负载时产生主磁通的合成磁通势 $I_1N_1+I_2N_2$ 等于空载时产生主磁通的磁通势 $I_{10}N_1$，用相量可表示为

$$\dot{I}_1N_1+\dot{I}_2N_2=\dot{I}_{10}N_1$$

变压器负载运行时，一、二次绕组的磁通势方向相反，即二次绕组电流 I_2 对一次绕组电流 I_1 产生的磁通有去磁作用，当 I_2 增加时，铁心中的磁通将减小，于是一次绕组的电流 I_1 必然增加以保持主磁通基本不变。无论 I_2 如何变化，I_1 总能按比例自动调节，以适应负载电流

的变化。由于空载电流很小，因此它产生的磁通势 $I_{10}N_1$ 可忽略不计。

$$\dot{I}_1N_1+\dot{I}_2N_2\approx 0$$

因此，变压器一、二次绕组电流有效值的关系可表示为

$$\frac{I_1}{I_2}=\frac{N_2}{N_1}=\frac{1}{k} \tag{4-8}$$

由上式可知，当变压器负载运行时，一、二次绕组电流之比近似等于其匝数之比的倒数。改变一、二次绕组的匝数就可以改变一、二次绕组电流的比值，这就是变压器的变流作用。

4. 变压器的变换阻抗作用　在电子技术中，总是希望负载能获得最大的功率。负载能获得最大功率的条件是负载电阻等于信号源内阻。而在实际电路中，负载的阻抗与信号源的内阻往往是不相等的，若将负载直接接在信号源上就难于获得最大的功率。因此，可由变压器进行阻抗变换，从而实现阻抗的匹配。

如图 4-12 所示，变压器一次侧接电源 U_1，二次侧接负载 $|Z_L|$，对于电源来说，图中点画线内的电路可用另一个等效阻抗 $|Z'_L|$ 来等效代替。所谓等效，就是它们从电源吸收的电流和功率相等，两者的关系由下式计算得

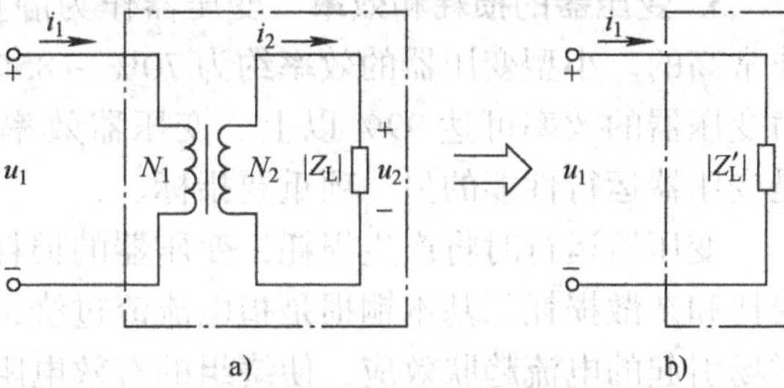

图 4-12　变压器的阻抗变换作用
a）变压器电路　b）等效电路

$$|Z'_L|=\frac{U_1}{I_1}=\frac{(N_1/N_2)U_2}{(N_2/N_1)I_2}=\left(\frac{N_1}{N_2}\right)|Z_L|=k^2|Z_L|$$

匝数不同，实际的负载阻抗 $|Z_L|$ 折算到一次侧的等效阻抗 $|Z'_L|$ 也不同。人们可以用不同的匝数比，把实际负载变换为所需要的比较合适的数值，这种做法通常称为阻抗匹配。

(四) 变压器的运行特性

1. 标幺值　在工程计算中，各物理量（如电压、电流、功率等）除采用实际值来表示和计算外，也用标幺值来计算。所谓标幺值就是某一物理量的实际值与选定的基值之比，即：

$$标幺值=\frac{实际值}{基值}$$

由于标幺值是两个具有相同单位的物理量之比，所以它没有量纲。标幺值乘以 100，便是百分值。应用标幺值的优点为：

(1) 不论变压器或电动机容量的大小，用标幺值表示时，各个参数和典型的性能数据通常都在一定的范围内，因此便于比较和分析；

(2) 用标幺值表示时，归算到高压侧或低压侧时变压器的参数恒相等，故用标幺值计算时不必再进行归算；

(3) 方程式和算式中的某些系数可以忽略，简化了方程和计算，另外，某些物理量的标幺值将具有相同的数值。

2. 变压器的外特性和电压调整率　变压器的外特性是指变压器带有负载时，在电源电压

U_1及负载功率因数不变的条件下，二次电压与二次电流的伏安特性，即 $U_2=f(I_2)$的关系曲线。

在对变压器工作原理的分析中，均忽略了一、二次侧的漏磁电动势及一、二次侧电阻的影响，得到了变压器变换原理。这种分析方法对于原理性的阐述以及工程的应用是非常必要的。但是，任何一种方法都是具有其适用范围的。当变压器实际运行时，随着二次电流 I_2的增大，变压器内阻抗压降（由变压器绕组本身的电阻压降以及漏磁电动势组成）都将增大，从而使变压器的输出电压 U_2降低。所以在讨论变压器的外特性时，不能忽略其内阻抗 Z 的作用，即必须考虑变压器绕组的电阻压降和漏磁电动势的影响。

电压调整率定义为：当变压器的外加电源电压一定，变压器从空载到负载运行时，二次电压 U_2的变化程度。电压调整率反映了变压器供电电压的稳定程度，是变压器负载运行性能的主要性能指标之一，希望越小越好。一般电压调整率不超过5%。

3. 变压器的损耗和效率 变压器作为静止的交流电能转换装置，其能量转换的效率是非常高的。小型变压器的效率约为70% ~85%，一般变压器的效率都在85%左右，大型电力变压器的效率可达99%以上。变压器效率的高低，标志着变压器运行的经济性的好坏，是变压器运行性能的另一项重要指标。

变压器运行时将产生损耗，变压器的损耗分为铜损和铁损两类。每一类损耗又包括基本损耗和杂散损耗。基本铜损是指电流流过绕组时所产生的直流电阻损耗；杂散铜损主要指漏磁场引起的电流趋肤效应，使绕组的有效电阻增大而增加的铜损以及漏磁场在结构部件中引起的涡流损耗等。铜损与负载电流的平方成正比，因而也称为可变损耗。铜损与绕组的温度有关，一般都用75℃时的电阻值来计算。基本铁损是变压器铁心中的磁滞和涡流损耗。杂散铁损包括叠片之间的局部涡流损耗和主磁通在结构部件中引起的涡流损耗等。

（五）城市轨道交通牵引供电系统干式变压器

1. 城市轨道交通牵引供电系统概述 在城市轨道交通牵引供电系统中，电能从牵引变电所经馈电线、接触网输送给电动列车，再从电动列车经钢轨回流线（或称轨道回路）流回牵引变电所。由馈电线、接触网、轨道回路及回流线组成的供电网络称为牵引网。牵引供电系统即由牵引变电所和牵引网组成，其中牵引变电所和接触网是牵引供电系统的主要组成部分。接触网按其结构可分为架空式和接触轨式；按其悬挂方式又可分为柔性（弹性）接触网和刚性接触网。习惯上，由于接触轨式是沿线路敷设的与轨道平行的附加轨，故又称第三轨；而采用架空方式时，才称为“接触网”。

城市轨道交通牵引供电系统各部分的功能简述如下：

（1）牵引变电所：供给城市轨道交通一定区域内牵引电能的变电所。

（2）接触网：经过电动列车的受电设备向电动列车供给电能的导电网，有接触轨和架空接触网两种方式。

（3）馈电线：从牵引变电所向接触网输送牵引电能的导线。

（4）回流线：用以供牵引电流返回牵引变电所的导线。

（5）电分段：为便于检修和缩小事故范围，将接触网分成若干段，称为电分段。

（6）轨道：列车行走时，利用走行轨作为牵引电流回流的电路。在采用跨座式单轨电动车组时，需沿线路专门敷设单独的回流线。

在城市轨道交通牵引供电系统中采用直流供电制。我国早期建成的北京城市轨道交通供电电压采用 DC 750V，上海、广州、南京、深圳的城市轨道交通采用 DC 1 500V。

牵引变电所的数量、容量和设置距离是根据牵引计算的结果，并对经济技术条件进行比较后确定的，它们一般设置在城市轨道交通沿线若干车站及车辆段附近。每个牵引变电所按其所需容量设置两组牵引整流机组并列运行，沿线任一牵引变电所故障，由两侧相邻的牵引变电所共同承担该区段的全部牵引负荷。

2. 牵引变电所干式变压器　《电力变压器　第 11 部分：干式变压器》（GB 1094.11—2007）对干式变压器的定义为：铁心和线圈不浸在绝缘液体中的变压器。干式变压器的铁心和绕组一般为外露结构，不采用液体绝缘，不存在液体泄漏和污染环境的问题。干式变压器结构简单，维护和检修较油浸变压器要方便很多，同时干式变压器都采用阻燃性绝缘材料。基于这些优点，干式变压器被广泛应用在对安全运行要求较高的场合。许多国家和地区都规定，在城市轨道交通牵引供电系统中应选用干式变压器供电。

（1）干式变压器的型号。干式变压器的型号如图 4-13 所示，该型号 SG(C) Z(B) 10 10/0.4 对应的含义表示为：三相树脂绝缘、有载调压、低压为箔式线圈、设计序号为 10 的额定容量为 10kV · A，额定电压为 0.4kV 的干式变压器。

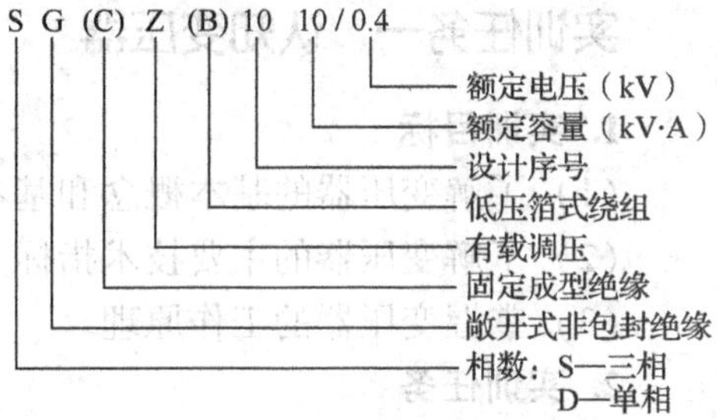

图 4-13　干式变压器的型号

（2）干式变压器的分类。

1）按技术参数分类。

① 电压等级。干式电力变压器主要集中于中压配电网 10kV 的电压等级，发电厂站应用的干式变压器多为 6kV 的电压等级，15 ~ 35kV 电压等级的产品也有一定的应用需求。

② 额定容量。配电变压器：10/0.4kV 以及 20/0.4kV、35/0.4kV 的容量一般为 30 ~ 2 500kV · A；电力变压器：10kV、20kV、35kV 的干式变压器可产生的最大容量达 20 000kV · A 以上。

③ 有载调压和无载调压。目前，我国 10kV 有载调压干式配电变压器的最大容量达 2 500kV · A，35kV 有载调压干式电力变压器的容量达 25 000kV · A。

2）按型号分类。国内干式变压器的种类按型号可分为 SC 和 SG，即包封线圈和非包封线圈两大类。包封线圈的干式变压器分为纯树脂浇注式、带填料树脂浇注式和缠绕式；非包封线圈的干式变压器又分为普通浸渍式和包封浸渍式。

3）按绝缘介质和制造工艺分类。目前，我国生产的干式变压器主要有 4 类，包括浸渍式、Nomex 纸型、环氧树脂型（分为浇注型和绕包型两类）和 SF_6 气体绝缘型。

（3）干式变压器的性能特点。

1）环氧浇注干式电力变压器的特点：

① 整体机械强度好，耐受短路能力强；

② 耐受冲击过电压的性能好，基准冲击水平（BIL）值高；

③ 防潮耐腐性能好，适合恶劣环境下工作；

④ 可制造大容量的干式变压器；

⑤ 局部放电小，运行寿命长；

⑥ 可从备用状态立即投入运行，无需预热去潮处理；

⑦ 损耗低，过负荷能力强；

⑧ 制造经验丰富，运行管理规范。

2）真空浇注工艺类干式电力变压器的特点：

① 绝缘薄；

② 质量稳定；

③ 绝缘性能好。

3）SF_6气体绝缘干式变压器的特点：SF_6气体的特性是无色、无毒、无味，在600℃温度下属于稳定的惰性气体，同时它不易燃烧，不爆炸，绝缘性能好，热容量比变压器油稍差，但在0.14 MPa以上散热性能好，能完全满足变压器的散热要求。

【项目实施】

实训任务一　认知变压器

1. 实训目标

（1）了解变压器的基本概念和基本结构。

（2）了解变压器的主要技术指标。

（3）掌握变压器的工作原理。

2. 实训任务

主要任务是观察变压器，了解变压器的基本结构，测试变压器的基本参数，通过测试验证变压器的工作原理。

3. 实训工具

小型单相电源变压器（或控制变压器）、万用表、钳形电流表和绝缘电阻表。

4. 实训内容与步骤

（1）观察小型单相变压器的整体构成，了解绕组、绕组引线端及铁心。

（2）测量二次绕组和一次绕组的电阻并记录数据。

（3）测量一次绕组和二次绕组的电压值；分别测量空载和负载时的一次电流和二次电流，并记录数据。

（4）测量一次侧与铁心、二次侧与铁心，一次侧与二次侧之间的绝缘电阻。

（5）观察小型单相变压器的结构，通过测量的数据验证变压器的工作原理，画出变压器的原理图。

（6）按要求完成实训报告。

5. 实训小结

本实训通过对小型单相变压器的实物观察、测量变压器的参数以及对变压器的原理的分析，让同学们对变压器有了直观的认识，作为学习变压器的知识准备，为今后学习专业知识打下了基础。

实训任务二　认识变压器铁心与绕组

1. 实训目标

（1）了解变压器铁心的结构形式。

（2）了解变压器铁心的材料。

（3）了解变压器绕组的结构形式和所使用的材料。

（4）掌握不同变压器铁心和绕组适用的不同场合。

2. 实训任务

主要任务是观察变压器铁心的材料、结构，了解绕组的基本结构及其绝缘结构，理解引出线接线端子。

3. 实训工具

小型无线圈铁心体、各种形态硅钢片、铁氧体铁心、万用表和游标卡尺、线圈、高强度聚酯漆包圆铜、双玻璃丝包扁铜线、线圈框架、青壳纸、黄蜡布、涤纶纸薄膜、玻璃丝管、单相交流调压器、变压器铁心。

4. 实训内容与步骤

（1）变压器铁心的实训内容与步骤。

1）观察小型单相变压器的铁心形式，比较不同材料的变压器铁心。

2）测量变压器铁心的截面尺寸，并记录数据。

3）测量硅钢片的厚度，并记录数据。

4）测量硅钢片的表面漆膜电阻。

5）按要求完成变压器铁心的实训报告。

（2）变压器绕组的实训内容与步骤。

1）观察小型单相变压器的绕组形式，认知绝缘材料。

2）测量绕组的截面尺寸，并记录数据。

3）测量绕组的匝数，并记录数据。

① 将绕组套入变压器铁心，在待测绕组的外层另外再绕 10 ~ 20 匝绝缘导线，封好铁心。

② 将单相交流调压器的输出电压调至 10V，接入补绕的线圈的两个线端。

③ 用万用表测量变压器的各绕组的电压，并记录数据。

4）根据公式$\frac{U_1}{U_2}=\frac{N_1}{N_2}$计算各绕组的匝数。

5）测量各绕组的电阻。

6）按要求完成实训报告。

5. 实训小结

本实训通过对小型单相变压器铁心的实物观察，通过比对和测量参数，让同学们对变压器铁心和绕组有直观的认识，为学习制作变压器打下基础。

实训任务三　测试小型单相变压器

1. 实训目标

（1）熟悉单相变压器的测试方法。

（2）掌握变压器绝缘电阻的测试，初级、次级绕组的判断以及空载参数、负载参数的测试方法。

2. 实训工具

绝缘电阻表、万用表、功率表、电流表、小型单相变压器、调压器和电源等。

3. 实训任务

（1）绝缘电阻的测量。新装配好的和维修后的变压器，必须进行绝缘电阻的测试，若作为产品，还必须进行介电强度试验（耐压试验）。现就绝缘电阻测试项目进行说明。

1）一次绕组与铁心外壳之间的绝缘电阻。

2）二次绕组与铁心外壳之间的绝缘电阻。

3）一次绕组与二次绕组之间的绝缘电阻。

绝缘电阻值合格与否的判断：运行中的变压器，一般按每伏工作电压不低于 1 000Ω 绝缘电阻的标准进行判断；若使用 220V 的电源系统，绝缘电阻要求≥0.22MΩ。但对于新安装的和维修后的变压器，要求绝缘电阻≥0.5 MΩ。

（2）测量一次、二次绕组的电压，计算变压器的电压比。将变压器一次绕组接上电源，在空载状况下，测量变压器一次、二次绕组的电压，并记录，然后计算出变压器的电压比 $\frac{U_1}{U_2}=\frac{N_1}{N_2}=k$。

测量时，在一次、二次绕组上同时接入电压表，并由两个人同时读数，所得参数较准确。

变压器高低压绕组的判别：若变压器制作得较对称，而一次、二次绕组出线端子的标记不确定时，可用万用表测量电阻，电阻值大的为高压端。因为常用变压器多为降压变压器，所以电阻大的为一次绕组。

（3）空载试验。空载试验是为了获得变压器的空载特性曲线以及空载损耗等参数，变压器空载特性曲线如图 4-14 所示。

为了获得变压器的空载特性曲线，用调压器调节输入电压 U_1，把 U_1 从零调到 1.15 倍额定电压值，逐点测量空载电流和空载功率 P_0，就得到空载特性曲线 $I_0=f(U_1)$ 和 $P_0=f(U_1)$。

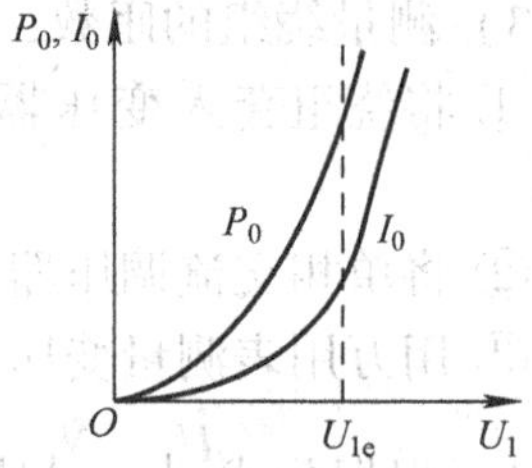

图 4-14 变压器空载特性曲线图

若变压器电压较高时，可在低压侧加入试验电压进行测试。

变压器空载时，从电源吸收的功率 P_0 为变压器的铁损 P_{Fe} 及空载铜损 P_{Cu0} 之和。由于铜损很小，可忽略不计，故 $P_0\approx P_{Fe}$。

空载试验时，变压器的功率因数很低，约 0.2 以下，为减少误差，空载试验应使用低功率因数表测量。

（4）短路试验。短路试验的接线如图 4-15 所示。短路试验时，电流较大（达到额定电流），而所加电压却很低，因此一般在高压边加电压，低压边短路。

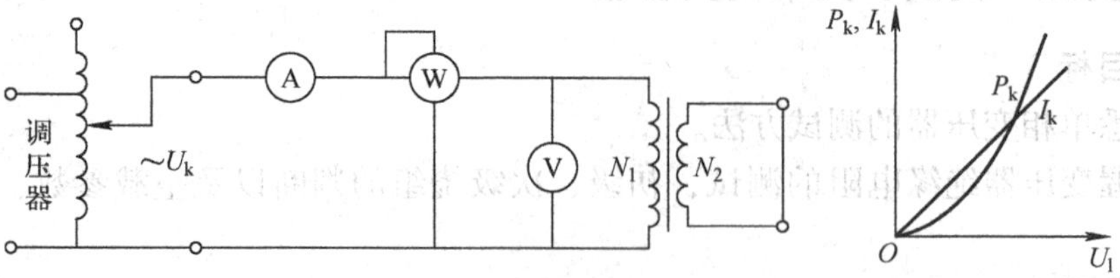

图 4-15 变压器短路试验接线图和短路特性曲线图

短路试验要在低压下进行。当短路电流为额定值时，外加电压一般只有额定电压的5%～10%。

短路试验时，外加的电压必须由零逐步增大，使电流逐步达到1.2倍额定电流值，逐点测出短路电流I_k和输入功率P_k的值，即可得到短路特性曲线$I_k=f(U_k)$和$P_k=f(U_k)$。

短路时，变压器从电源吸收的功率P_k全部消耗于一次、二次绕组的铜损和铁心中的损耗。因短路试验电压很低，故铁损很小，可忽略不计，于是$P_k \approx P_{Cu}$。

4. 实训内容与步骤

(1) 测试变压器的绝缘电阻。

(2) 测试变压器的输入输出电压，验证变压器的设定值。

(3) 测试空载特性曲线。

(4) 测试短路特性曲线。

(5) 按要求完成实训报告。

5. 实训小结

本实训通过对小型单相变压器的试验，掌握变压器的基本试验步骤以及测试方法，掌握变压器特性曲线的获得的方法。

【拓展与提高】

几种常用的变压器

变压器的种类很多，下面我们介绍几种常用的变压器。

1. 自耦变压器　如图4-16所示是自耦变压器的示意图。这种交压器的特点是铁心上只绕有一个线圈。如果把整个线圈作一次绕组，二次绕组只取线圈的一部分，就可以降低电压，如图4-16a所示；如果把线圈的一部分作一次绕组，整个线圈作二次绕组，就可以升高电压，如图4-16b所示。

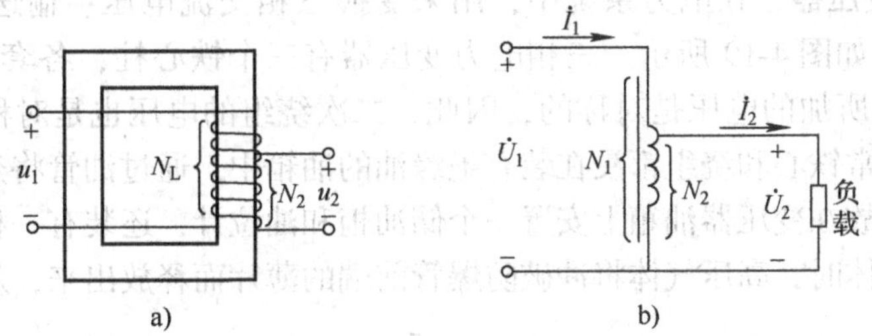

图4-16　自耦变压器的示意图

a）降压示意图　b）升压示意图

2. 自耦调压器　在实用中为了得到连续可调的交流电压，常将自耦变压器的铁心做成圆形，二次侧抽头做成滑动的触点，可自由滑动。如图4-17所示，当用手柄转动触点时，就改变了二次侧匝数，调节了输出电压的大小，这种变压器称为自耦调压器。

使用自耦调压器的注意事项：

(1) 一、二次侧不能对调使用，否则可能会烧坏绕组，甚至造成电源短路。

(2) 接通电源前，应先将滑动触点调到零位，接通电源后再慢慢转动手柄，将输出电压调至所需值。

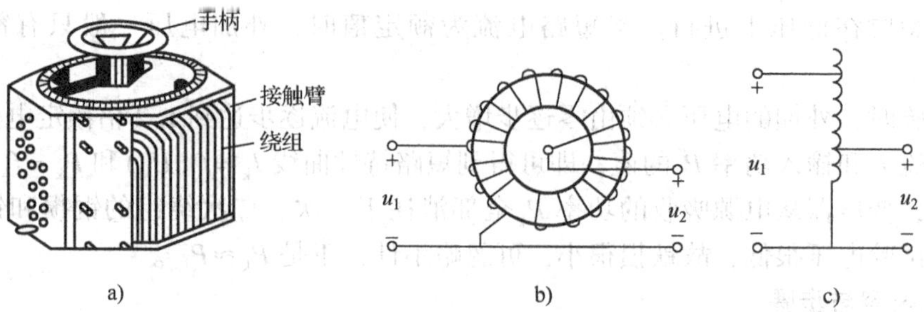

图 4-17　自耦调压器

a) 外形　b) 示意图　c) 图形符号

3. 小功率电源变压器　在各种仪器设备中提供所需电源电压的变压器，一般容量和体积都较小，称为小功率电源变压器。为了满足各部分的需要，这种变压器带有多个二次绕组，以获得不同等级的输出电压，如图 4-18 所示。

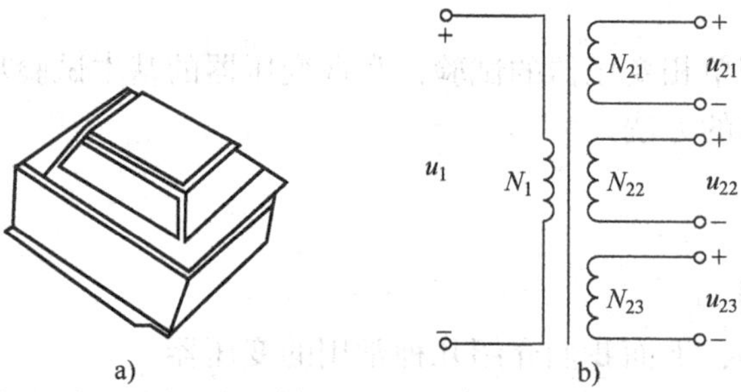

图 4-18　小功率电源变压器

a) 外形　b) 电路示意图

由于这种变压器各绕组的主磁通相同，因此其电压电流的计算与普通变压器相同。

4. 三相电力变压器　在电力系统中，用来变换三相交流电压、输送电能的变压器称为三相电力变压器，如图 4-19 所示。三相电力变压器有三个铁心柱，各套一相一、二次绕组。由于三相一次绕组所加的电压是对称的，因此，二次绕组的电压也是对称的。为了散去工作时产生的热量，通常铁心和绕组都浸在装有绝缘油的油箱中，通过油管将热量散发出去。考虑到油的热胀冷缩，故在变压器油箱上安置一个储油柜和油位计，还装有一根防爆管。一旦发生故障，产生大量气体时，高压气体将冲破防爆管前端的薄片而释放出来，从而避免发生爆炸。

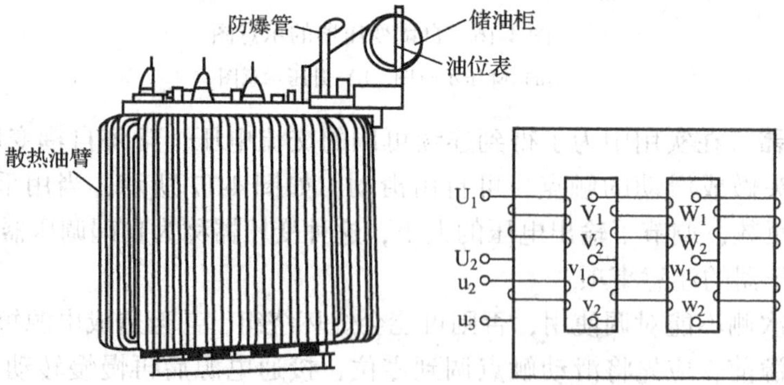

图 4-19　三相电力变压器

三相变压器的一、二次绕组可以根据需要分别接成星形或三角形。三相电力变压器的常见连接方式有Y_{yn}（Y/Y_0星形联结有中性线）和Y_d（Y/△星形三角形联结），如图4-20所示。其中Y_{yn}联结常用于车间配电变压器，这种接法不仅给用户提供了三相电源，同时还提供了单相电源，通常在动力和照明混合供电的三相四线制系统中，就是采用这种连接方式的变压器供电的。Y_d联结的变压器主要在变电站（所）作降压或升压用。

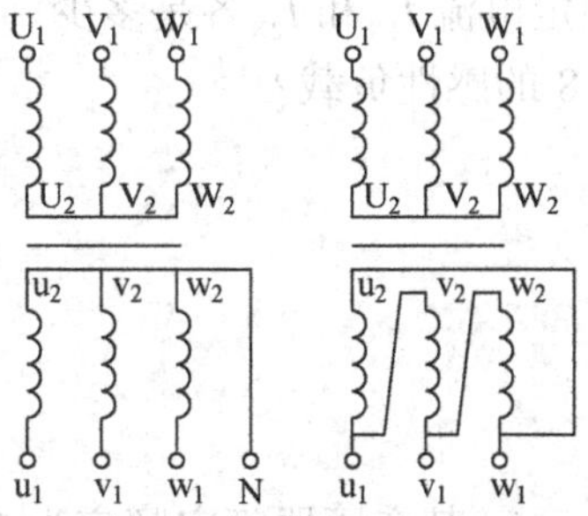

图 4-20　三相变压器的连接方式

【复习思考题】

1. 变压器是根据什么原理制造的？变压器由哪些部件组成？各部件的作用是什么？

2. 变压器不用铁心行不行？为什么铁心要用硅钢片拼叠而成？硅钢片表面为什么要涂绝缘材料？

3. 变压器的容量为1kV·A，电压为220V/36V，每匝线圈的感应电动势为0.2V，变压器工作在额定状态。求：① 一、二次绕组的匝数各为多少？② 变压比为多少？③ 一、二次绕组的电流各为多少？

4. 电源变压器一次侧额定电压为220V，二次侧有两个绕组，额定电压和额定电流分别为450V、0.5A和110V、2A。求一次侧的额定电流和容量。

5. 已知某单相变压器的额定容量为$S_N=180kV\cdot A$，额定电压$U_{1N}/U_{2N}=6\ 000/220$，求

额定电流 I_{1N} 和 I_{2N} 各是多少。在该变压器的二次绕组端可否接入功率为 180kW、功率因数为 0.8 的感性负载？

6. 某变压器额定频率为 50Hz，若将它接在 60Hz 的交流电源上，其主磁通、空载电流、励磁电抗及二次绕组端电压如何变化？

7. 简述城市轨道交通牵引供电系统各部分的主要功能。

项目五　牵引电动机

【知识要点】

1. 三相异步电动机的结构及工作原理；
2. 三相异步电动机的特性和参数；
3. 直流电动机的结构和原理；
4. 三相异步电动机的使用、接线、选择和保护方法；
5. 电动机控制的知识。

【项目任务】

1. 学会三相异步电动机的基本连接方式；
2. 学会车辆牵引电动机的简单检测及维修方法。

【项目准备】

本项目开始前，需准备三相笼型异步电动机、万用表、电式钳和螺钉旋具（一字和十字）等工具。

【相关理论知识】

电动机是将电能转换成机械能的一种动力装置，在工农业生产中的应用最为广泛。按耗用电能种类的不同，电动机可分为直流电动机和交流电动机两大类，而交流电动机又分为同步电动机和异步电动机。

异步电动机具有结构简单、运行可靠、维护方便及价格便宜等优点。它可分为三相异步电动机和单相异步电动机。单相异步电动机因容量小，在实训室和家用电器设备中用得比较多。在国民经济高速发展的今天，随着城市规模的扩大，城镇人口的增加，城市公共交通处于优先发展的地位，而三相异步电动机是我们城市轨道交通电力机车中的主要牵引电动机。

本章主要介绍三相交流异步电动机、直流电动机、直线电动机的工作原理及应用，并简单介绍其他电动机。学生可在动手的过程中理解和学习电动机控制的基本环节，初步掌握电气线路分析的常识，最终具备看懂三相异步电动机的电气控制原理图的能力。

一、三相异步电动机

（一）三相异步电动机的结构

三相异步电动机也称为三相感应电动机，主要由定子（包括机座）和转子两部分组成，转子又分为笼型和绕线转子两种，如图 5-1 所示为三相笼型异步电动机的结构和外形。

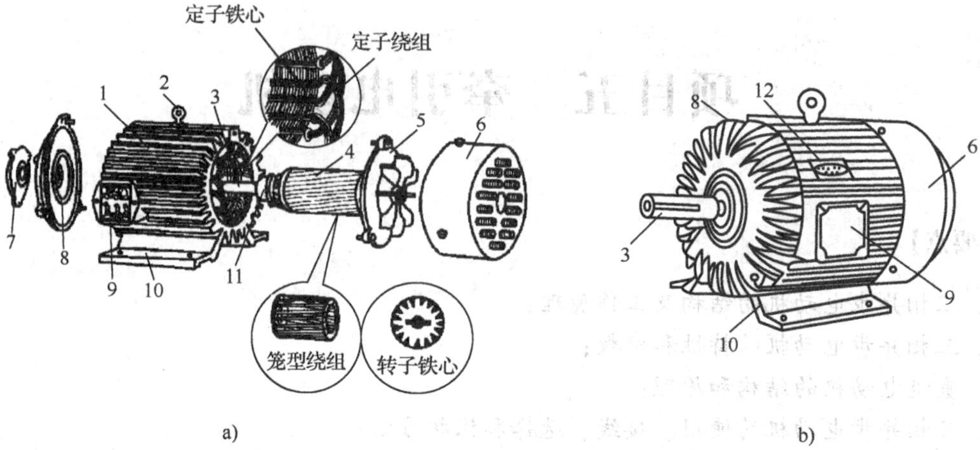

图 5-1 三相笼型异步电动机的结构和外形

a）电动机结构 b）电动机外形

1—散热筋 2—吊环 3—转轴 4—转子 5—风扇 6—罩壳

7—轴承盖 8—端盖 9—接线盒 10—机座 11—轴承 12—铭牌

1. 定子 定子是电动机的固定部分，是用来产生旋转磁场的，一般由定子铁心、定子绕组和机座等组成。

（1）定子铁心。定子铁心是电动机磁路的组成部分，是由相互绝缘的硅钢片叠制而成的圆筒，如图 5-2a 所示，圆筒的内表面均匀分布一些槽，这些槽用于嵌放定子绕组，定子硅钢片如图 5-2b 所示。

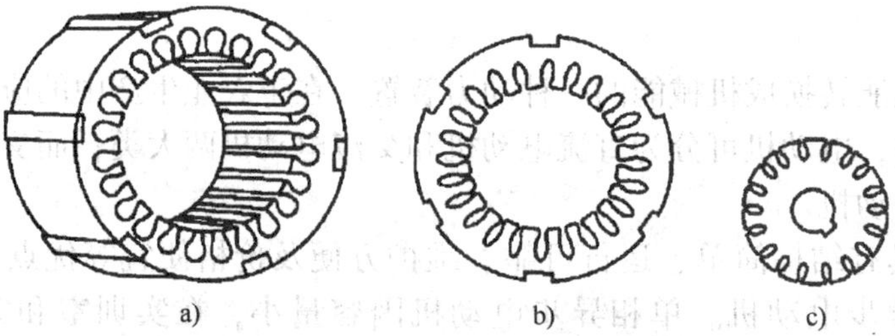

图 5-2 定子铁心及硅钢片和转子硅钢片

a）定子铁心 b）定子硅钢片 c）转子硅钢片

（2）定子绕组。三相异步电动机具有三相对称的定子绕组。三相绕组的六个出线端（首端 U_1、V_1、W_1，末端 U_2、V_2、W_2）通过机座的接线盒连接到三相电源上。电动机定子绕组可接成星形或三角形，如图 5-3 所示。

2. 转子 转子是电动机的旋转部分，由转子铁心、转子绕组和转轴等组成。转轴固定在转子铁心的中央，转子铁心是由硅钢片叠成的圆柱体，如图 5-2c 所示。铁心外表面均匀分布着一些槽，用于放置转子绕组。根据转子绕组构造的不同，异步电动机的转子分为笼型转子和绕线转子两种。

（1）笼型转子。笼型转子绕组是在转子铁心的每个槽中放置一根铜条（也称为导条），铜条两端分别焊在两个端环上，用两个导电的铜环分别把所有槽内的铜条短接成一个回路。

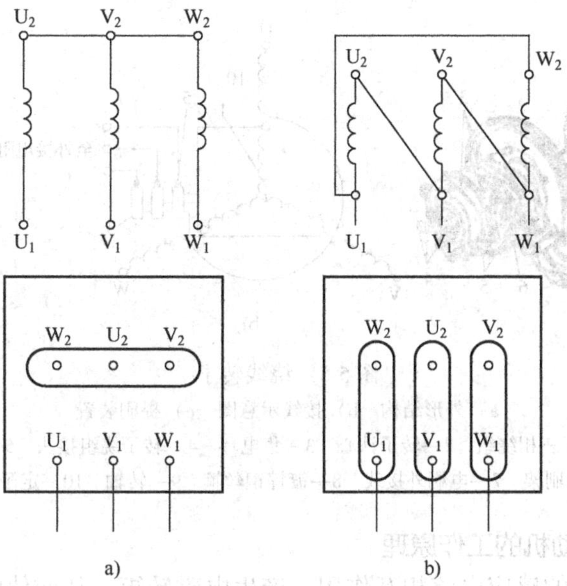

图 5-3　定子绕组的星形和三角形联结
a）星形联结　b）三角形联结

如图 5-4a 所示是去掉铁心后的转子绕组，形状像一个笼子，故称为笼型电动机。

为了节省铜材料，目前的中小型电动机一般都采用铸铝转子，即在转子铁心外表面的槽中浇入铝液，连同短路端环以及风扇叶片一次浇铸成形，如图 5-4b 所示，这样的转子不仅制造简单而且坚固耐用。

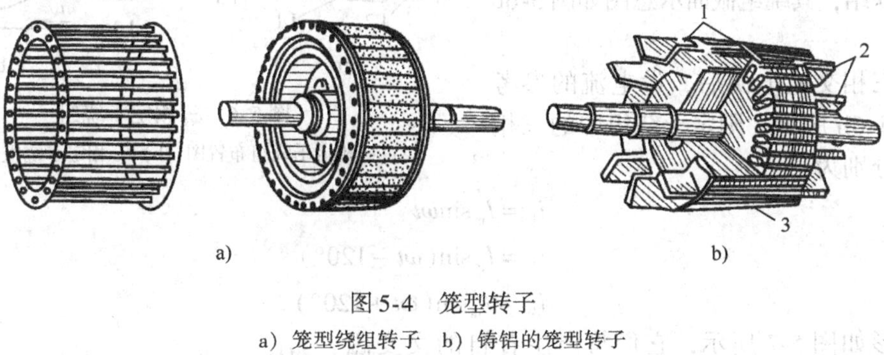

图 5-4　笼型转子
a）笼型绕组转子　b）铸铝的笼型转子
1—铸铝条　2—风叶　3—转子铁心

（2）绕线转子。绕线转子异步电动机转子的外形结构如图 5-5a 所示，其铁心与笼型相同，不同的是在转子的铁心槽内嵌置有对称的三相绕组并作星形联结。

星形绕组的三根端线，接到固定在转轴上的三个互相绝缘的集电环上，并通过一组电刷引出与外电阻相连，其接线示意图如图 5-5b 所示。使用时，可以在转子回路中串联电阻器或其他装置，以改善电动机的起动和调速特性。集电环上还安装有提刷装置，如图 5-5c 所示。当电动机起动完毕而又不需要调速时，可操作手柄将电刷提起切除全部电阻，同时使三个集电环短路，其目的是减少电动机运行过程中电刷的磨损。

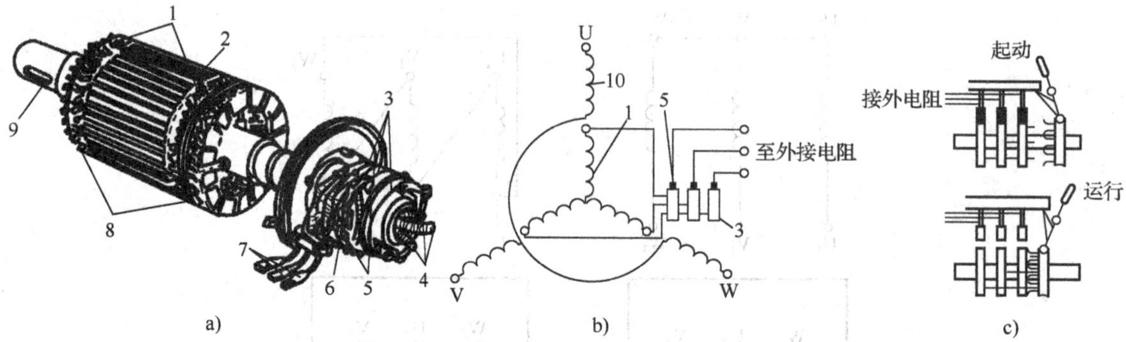

图 5-5 绕线转子

a）外形结构 b）接线示意图 c）提刷装置

1—转子三相绕组 2—转子铁心 3—集电环 4—转子绕组接头 5—电刷 6—电刷架 7—电刷外接线 8—镀锌钢丝箍 9—转轴 10—定子绕组

（二）三相异步电动机的工作原理

电动机定子和转子的感应电流相互作用，产生电磁转矩，从而使电动机工作。当三相异步电动机的定子绕组通入对称的三相交流电后，转子便会旋转起来，转子转动的先决条件是定子中要产生旋转的磁场。

1. 旋转磁场产生的原理 为了便于分析，把实际的定子绕组简化为在空间彼此相隔 120°的三个相同绕组，如图 5-6a 所示。将这三个绕组 U_1、U_2、V_1、V_2、W_1、W_2作星形联结，其绕组截面示意图如图 5-6b 所示。

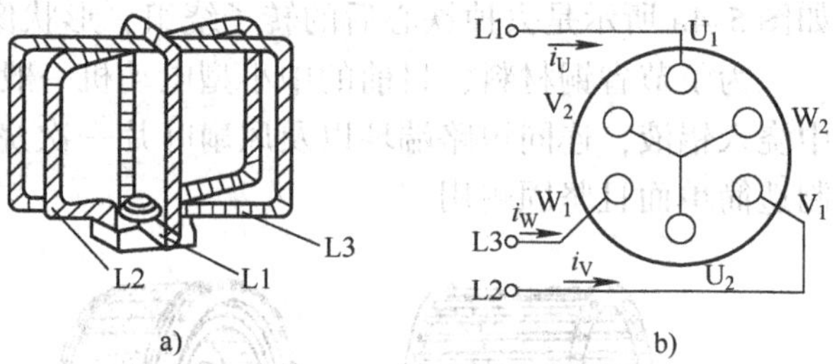

图 5-6 三相定子绕组

a）三相定子绕组布置图 b）三相定子绕组示意图

接入三相交流电源后，设电流的参考方向如图 5-6b 所示，则定子绕组中的三相对称电流分别为

$$\begin{aligned} i_U &= I_m \sin\omega t \\ i_V &= I_m \sin(\omega t - 120°) \\ i_W &= I_m \sin(\omega t + 120°) \end{aligned} \qquad (5\text{-}1)$$

它们的波形如图 5-7 所示，它们将产生各自的交变磁场，三个交变磁场将合成为一个两极旋转磁场。

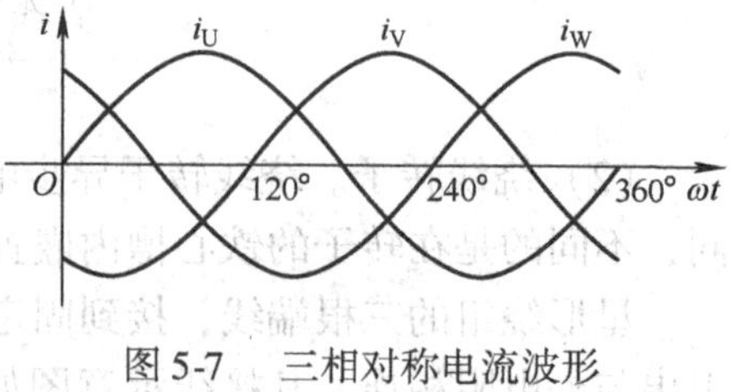

图 5-7 三相对称电流波形

下面取不同时刻来分析三相电流共同作用产生的合成磁场的情况，如图 5-8 所示，图中用“×”表示电流流入纸面，“·”表示电流流出纸面。

当 $\omega t = 0$ 时，电流的瞬时值分别为 $i_U = 0$，i_V为负，表明电流的实际方向与参考方向相反，即从末端 V_2 流入，从首端 V_1流出；i_W为正，表明电流的实际方向与参考方向一致，即从首端 W_1流入，从末端 W_2流出。根据右手螺旋定则，三相电流在该瞬间所产生的磁场的叠加结果，形成一个两极合成磁场（磁极对数 $p = 1$），上为 N 极，下为 S 极，如图 5-8a 所示。

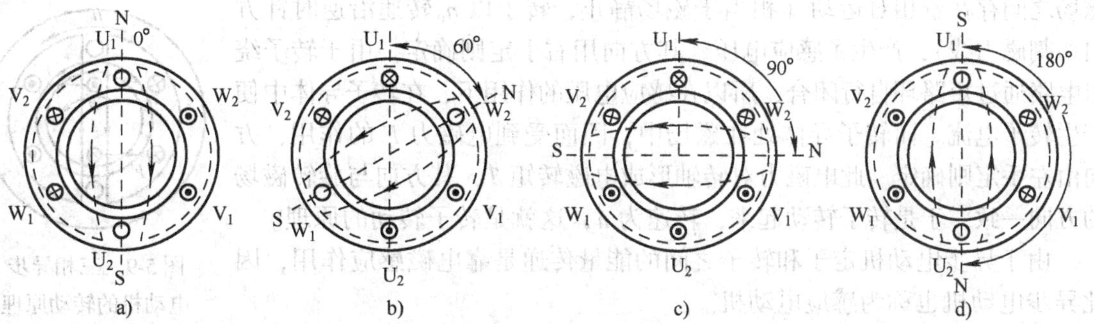

图 5-8　三相电流产生的旋转磁场

a）$\omega t=0$　b）$\omega t=60°$　c）$\omega t=90°$　d）$\omega t=180°$

当 $\omega t=60°$时，i_U为正，电流从首端 U_1流入，从末端 U_2流出；i_V为负，电流从末端 V_2流入，从首端 V_1流出；$i_W=0$，其合成的两极磁场的方向与 $\omega t=0$ 时相比，已按顺时针方向在空间旋转了 60°，如图 5-8b 所示。

当 $\omega t=90°$时，i_U为正，电流从首端 U_1流入，从末端 U_2流出；i_V为负，电流从末端 V_2流入，从首端 V_1流出；i_W为负，电流从末端 W_2流入，从首端 W_1流出，合成的两极合成磁场的方向与 $\omega t=0$ 时相比，按顺时针方向在空间旋转了 90°，如图 5-8c 所示。

同理，当 $\omega t=180°$时，合成磁场的方向按顺时针方向在空间旋转了 180°，如图 5-8d 所示。可见，在空间相差 120°的三相绕组中通入对称的三相交流电流，产生的是一对磁极（即磁极对数 $p=1$）的合成磁场，且是一个随时间变化的旋转磁场。当电流经过一个周期的变化（即 $\omega t=0°\sim360°$）时，合成磁场也顺时针方向旋转 360°的空间角度。

由上述分析可知，电流变化一周期，两极旋转磁场（$p=1$）在空间旋转一周。若电流频率为 f_1，则旋转磁场的转速 $n_0=60f_1$。同理，若使定子旋转磁场为四极（$p=2$），可以证明电流变化一周期，旋转磁场旋转半周，则 $n_0=60f_1/2$。以此类推，当旋转磁场具有 p 对磁极时，可推导出旋转磁场的转速为

$$n_0=60\,\frac{f_1}{p} \tag{5-2}$$

式中　n_0——电动机同步转速（即旋转磁场的转速），单位为 r/min；

f_1——定子电流的频率，单位为 Hz；

p——磁极对数（由三相定子绕组的布置和连接情况确定），$p=1$ 为二极，$p=2$ 为四极，$p=3$ 为六极，以此类推。

在我国，电网频率（工频）为 50Hz，根据式（5-1）可得对应于不同磁极对数时的同步转速，见表 5-1。

表 5-1　磁极对数与同步转速的关系

磁极对数 p	1	2	3	4	5	6
同步转速 n_0/（r/min）	3 000	1 500	1 000	750	600	500

2. 三相异步电动机的转动原理　如果在对称的三相定子绕组中通入对称的三相电流，则定子产生同步转速为 n 的顺时针方向旋转的磁场，如图 5-9 所示。此时，静止的转子与旋转的

磁场之间存在着相对运动（相当于磁场静止，转子以 n_0 转速沿逆时针方向切割磁力线），产生了感应电压，其方向用右手定则确定。由于转子绕组电路通过短路环自行闭合，所以在感应电压的作用下，在转子导体中便产生转子电流。而转子导体处在磁场中，因而受到电磁力 F 的作用，方向由左手定则确定。此电磁力对转轴形成电磁转矩 T，其方向与旋转磁场的方向一致，于是转子转动起来，转速为 n，这就是转子转动的原理。

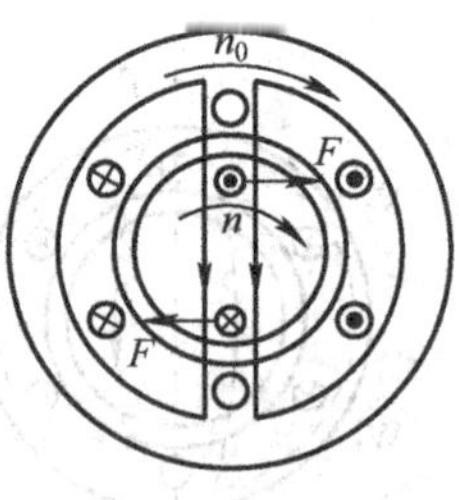

图 5-9 三相异步电动机的转动原理

由于异步电动机定子和转子之间的能量传递是靠电磁感应作用，因此异步电动机也称为感应电动机。

电动机的同步转速 n_0 与转子的转速 n 之差称为转差，转差与同步转速 n_0 的比值称为转差率，用 s 表示，即

$$s=\frac{n_0-n}{n_0}\times 100\% \tag{5-3}$$

电动机的转速 n 可表示为

$$n=(1-s)60\frac{f_1}{p} \tag{5-4}$$

转差率是分析异步电动机运动情况的一个重要参数。在电动机起动时 $n=0$，$s=1$；当 $n=n_0$ 时（理想空载运行），$s=0$；稳定运行时，n 接近 n_0，s 很小，一般为 2% ~7%。可见转差率 s 是描述转子转速与旋转磁场转速差异程度的，即电动机的异步程度。例如：某四极三相异步电动机的额定转速（即转子转速）n =1 440 r/min，其同步转速 n_0 =1 500r/min，则额定转差率 $s=(n_0-n)/n_0=0.04$。一般情况下，异步电动机的额定转差率 $s=0.02\sim0.06$。

（三）三相异步电动机的电磁转矩和机械特性

电磁转矩是三相异步电动机的重要物理量，机械特性则反映了一台电动机的运行性能。

1. 电磁转矩 由三相异步电动机的转动原理可知，驱动电动机旋转的电磁转矩 T 是由转子导条中的电流 I_2 与旋转磁场每极磁通相互作用而产生的，根据数学分析，即

$$T=K_T\Phi I_2\cos\varphi_2 \tag{5-5}$$

式中 K_T——与电动机结构有关的常数。

异步电动机中的电磁关系与变压器相似，定子绕组相当于变压器的一次绕组接电源，转子绕组相当于变压器的二次绕组，其电动势 E 和电流 I 都是靠电磁感应产生的。经数学分析，电磁转矩 T 也可表示为

$$T=K_TU_1^2\frac{sR_2}{\sqrt{R_2^2+(sX_{20})^2}} \tag{5-6}$$

式（5-6）表明，在某一个转差率 s 值下，转矩 T 与定子每相电压 U_1 的平方成正比。

当电源电压一定时，电磁转矩 T 是转差率 s 的函数，其关系曲线如图 5-10 所示，通常称其为异步电动机的转矩特性曲线。

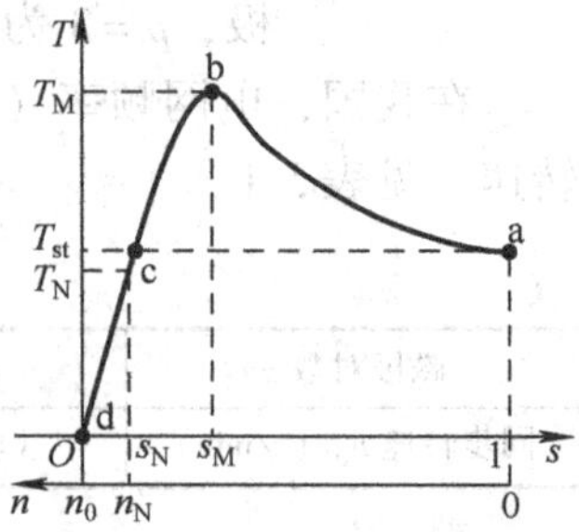

图 5-10 异步电动机的转矩特性曲线

由图 5-10 可知，当 $n=n_0$，即 $s=0$ 时，$T=0$（对应图中 d 点），这种运行情况称为电动机的理想空载。当电动机的负载转矩从理想空载增加到额定转矩 T_N 时（对应图中 c 点），其转速相应地从 n_0 下降到额定转速 n_N。电动机转速 n 随着转矩的增加略微

下降的特性，称为硬特性（d－b 段），为稳定区；而在 b－a 段，电动机不能稳定工作。

2. 机械特性　电动机产生的电磁转矩 T 与转子转速 n 的关系曲线称为电动机的机械特性曲线，如图 5-11 所示，图中，起动转矩 T_{st} 为起动时对应的电磁转矩，额定转矩 T_N 为电动机带额定负载时对应的电磁转矩，最大转矩 T_M 为电动机在运行中具有的最大转矩。

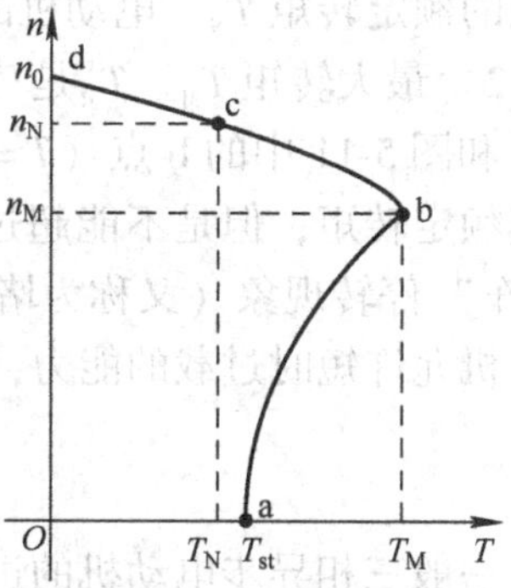

图 5-11　电动机的机械特性曲线

（1）当电动机的起动转矩大于负载的阻力矩时，电动机旋转起来并在电磁转矩的作用下逐渐加速，此时电磁转矩随转子转速 n 的增加而逐渐增大（沿曲线 ab 段上升），一直增大到最大转矩；而后随着转速的继续增大，电磁转矩反而逐渐减小（沿曲线 bd 段下降），最终当电磁转矩等于负载的阻力矩时，电动机就以某一转速匀速稳定旋转。

（2）异步电动机一经起动很快就进入机械特性曲线的 ac 段，并在某一点上与负载平衡而稳定运行。电动机在 ac 段工作时若负载加大，负载阻力矩大于电磁转矩，会使电动机转速有所下降，但与此同时电磁转矩随转速的下降而增大，从而与负载阻力矩达到新的平衡，使电动机以比原来稍低的转速稳定运转。

（3）机械特性曲线中电动机从空载（对应曲线上 d 点转速 n_0）到满载（对应曲线上 b 点转速 n_M）转速下降很少，仅为额定转速的 2%～3%。只要负载的阻力矩介于 cd 区间内，均可以找到平衡点，使电动机稳定运行。

如图 5-12 所示是对应不同定子电压时的机械特性曲线。在图中，$U_2 < U_1$，由于 U 的改变不影响同步转速 n_0，所以两条曲线具有相同的 n_0。由于用电负荷的变化，电网电压往往会发生波动，而电动机的电磁转矩对电压很敏感，当电网电压降低时，将引起电磁转矩大幅降低。可以证明，电磁转矩 T 与电动机定子绕组上所加电压 U 的平方成正比。

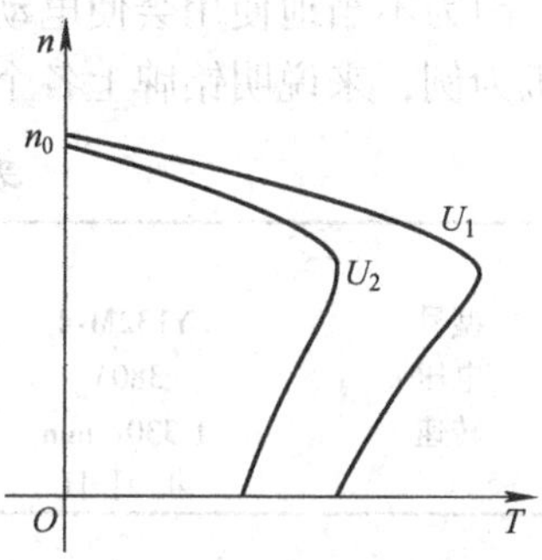

图 5-12　不同电压下的机械特性曲线

在等速运行时，电动机的电磁转矩 T 必须与其轴上的阻力转矩 T_C 相平衡，即 $T = T_C$。当 $T > T_C$ 时，电动机加速；当 $T < T_C$ 时，电动机减速。

阻力转矩主要是电动机轴上的机械负载转矩 T_2 和机械损耗转矩 T_0，若忽略很小的 T_0，则阻力转矩为

$$T_C = T_2 + T_0 \approx T_2 \tag{5-7}$$

为正确使用电动机，应注意机械特性曲线中的三个重要转矩。

1）额定转矩 T_N。电动机的额定转矩是电动机带额定负载时输出的电磁转矩。由于电磁转矩必须与轴上的负载转矩相等才能稳定运行，由机械原理可得

$$T_N \approx T_2 = \frac{P_2}{\omega} = \frac{P_2 \times 10^3}{2\pi n/60} = 9550\,\frac{P_2}{n}(\mathrm{N \cdot m}) \tag{5-8}$$

式中　P_2——电动机轴上输出的机械功率，单位为 kW；

n——电动机的输出转速，单位为r/min。

当P_2为电动机输出的额定功率、n为额定转速n_0时，由式（5-7）计算出的转矩就是电动机的额定转矩T_N。电动机的额定功率和额定转速可从其铭牌上查出。

2）最大转矩T_M。T_M是三相异步电动机所能产生的最大转矩，又称临界转矩，对应于图5-10和图5-11中的b点（$T=T_M$，$n=n_M$）。一般允许电动机的负载转矩在较短的时间内超过其额定转矩，但是不能超过最大转矩。超过最大转矩时，电动机将带不动负载，会发生“闷车”停转现象（又称为堵转），这时应立即切断电源并卸除过重负载。最大转矩也表示电动机允许短时过载的能力，用过载系数λ表示，即

$$\lambda=\frac{T_M}{T_N} \tag{5-9}$$

一般三相异步电动机的过载系数为1.8~2.2。

3）起动转矩T_{st}。电动机接通电源瞬间（$n=0$）的电磁转矩称为起动转矩。起动转矩与转子电阻R_2和电源电压U_1等参数有关。当U_1降低时，T_{st}减小；适当增加R_2会提高T_{st}。

电动机的起动转矩必须大于静止时其轴上的负载转矩才能起动。通常用T_{st}与T_N之比表示异步电动机的起动能力，用起动系数λ_{st}表示，即

$$\lambda_{st}=\frac{T_{st}}{T_N} \tag{5-10}$$

一般三相异步电动机的起动系数为0.8~2。

3. 三相异步电动机的铭牌及其选择

（1）三相异步电动机的铭牌。要想正确地使用电动机，必须首先了解电动机的铭牌数据。因为不当地使用会使电动机的能力得不到充分的发挥，甚至损坏。现以Y132M-4型电动机为例，来说明铭牌上各个数据的含义，见表5-2。

表5-2 Y132M-4三相异步电动机的铭牌

		三相异步电动机			
型号	Y132M-4	功率	7.5kW	频率	50Hz
电压	380V	电流	15.3A	接法	△
转速	1 330r/min	绝缘等级	B	工作方式	连续
	年 月 日			×××电机厂	

1）型号。电动机的型号是表示电动机的类型、用途和技术特征的代号，由大写拼音字母和阿拉伯数字组成，如Y132M-4中：

Y——三相笼型异步电动机，常用三相异步电动机的产品名称代号及其意义见表5-3；

132——机座中心高132mm；

M——机座长度代号（L为长机座，M为中机座，S为短机座）；

4——磁极数（磁极对数$p=2$）。

表5-3 常用三相异步电动机的产品名称代号及其意义

产品名称	新代号（旧代号）	汉字意义	适用场合
笼型异步电动机	Y，Y-L（J，JO）	异步	一般用途
绕线型异步电动机	YR（JR，JRO）	异步，绕线	小容量电源场合
防爆型异步电动机	YB（JB，JBS）	异步，防爆	石油、化工、煤矿井下
高起动转矩异步电动机	YQ（JQ，JQO）	异步，起动	静负荷、惯性较大的机械

2）电压及接法。铭牌上的电压是指电动机额定运行时，定子绕组上应加的额定电源线电压值，即额定电压，用U表示。三相异步电动机的额定电压有380V、3 000V和6 000V等多种。

Y系列三相异步电动机的额定电压统一为380V。电动机上如标有两种电压值，如220V/380V，则表示当电源电压为220V时，电动机应作三角形联结；当电源电压为380V时，电动机应作星形联结。

铭牌上的接法是指电动机在额定运行时定子绕组的连接方式。通常，Y系列4kW以上的三相异步电动机运行时均采用三角形联结，以便于采用星—三角换接起动。

3）电流。铭牌上的电流是指电动机在额定状态运行时，定子绕组的额定线电流值，即额定电流，用I_N表示。

4）功率、功率因数和效率。铭牌上的功率指电动机在额定运行状态下，其轴上输出的机械功率，即额定功率，用P_N表示。

对电源来说，电动机为三相对称负载，则电源输入的功率为

$$P_{1N}=\sqrt{3}U_N I_N\cos\varphi \tag{5-11}$$

式中　$\cos\varphi$——定子的功率因数，即定子相电压与相电流相位差的余弦。

笼型异步电动机在空载或轻载时的$\cos\varphi$很低，为0.2～0.3。随着负载的增加，$\cos\varphi$迅速升高，额定运行时的功率因数为0.7～0.9。为了提高电路的功率因数，要尽量避免电动机轻载或空载运行。因此，必须正确地选择电动机的容量，防止“大马拉小车”，并力求缩短空载运行时间。

电动机的效率可表示为

$$\eta=\frac{P_N}{P_{1N}}\times 100\% \tag{5-12}$$

通常情况下，电动机额定运行时的效率为72%～93%。

5）频率。铭牌上的频率是指定子绕组外加的电源频率，即额定频率，用f表示。

6）转速。铭牌上的转速是指电动机在额定电压、额定频率及输出额定功率时的转速，称额定转速。

7）绝缘等级。绝缘等级是根据电动机绕组所用的绝缘材料按使用时的最高允许温度而划分的不同等级。常用绝缘材料的等级及其最高允许温度见表5-4。

表5-4　电动机绕组常用绝缘材料的等级及其最高允许温度

绝缘等级	A	E	B	F	H	C
最高允许温度/℃	105	120	130	155	180	>180

8）工作方式及防护等级。工作方式是对电动机在铭牌规定的技术条件下持续运行时间的限制，以保证电动机的温升不超过允许值。电动机的工作方式可分为以下三种：

① 连续工作方式。在额定状态下可长期连续工作，用“S1”表示，如机床、水泵、通风机等设备所用的异步电动机。

② 短时工作。在额定情况下，持续运行时间不允许超过规定的时限，否则会使电动机过热，用“S2”表示。短时工作分为10、30、60、90（min）四种。

③ 断续工作。可按工作周期，以间歇方式运行，用“S3”表示，如吊车、起重机等。

防护等级是指外壳防护型电动机的分级，用“IP××”表示。如，IP33 表示此电动机可防护大于 1mm 的颗粒进入机内，且防溅水。

（2）三相异步电动机的选择。三相异步电动机的选择是否合理，对电气设备运行的安全和发挥良好的经济、技术指标有很大影响。在选择电动机时，应根据实际需要并从经济、安全性出发，合理选择其功率、种类和型号等。

1）功率（即容量）的选择。电动机功率的选择，由生产机械所需的功率决定。

对连续运行的电动机，要先计算出生产机械的功率，使所选电动机的额定功率等于或稍大于生产机械的功率。

对短时运行的电动机，可根据过载系数 A 来选择功率。电动机的额定功率可以是生产机械所要求功率的 $1A$。

2）种类和类型的选择。选择电动机的种类和类型时，可根据电源类型、机械特性、调速与起动特性、维护及价格等方面来考虑。

① 三相电源是最普通的动力电源，若无特殊要求，交流电动机优于直流电动机。

② 选择交流电动机时，笼型电动机的结构、价格、可靠性、维护等方面优于绕线型转子电动机。

③ 起动、制动频繁且有较大起动转矩、制动转矩和小范围调速要求的，可选用绕线型转子电动机，如起重机、锻压机、卷扬机等设备。

④ 要求转速恒定或功率因数较高时，宜选用同步电动机。

此外，还要考虑电动机的结构形式和安装形式。电动机结构形式的特点及应用场合见表 5-5。

表 5-5 电动机结构形式的特点及应用场合

结构形式	特点	适用场合
开启式	结构上无防护装置，通风良好	干燥、无尘的场合
防护式	机壳或端盖下有通风罩，可防杂物掉入	一般场合
封闭式	外壳严密封闭，电动机靠自身风扇或外部风扇冷却，并带散热片	潮湿、多灰尘或酸性气体场合
防爆式	整个电动机严密封闭	有爆炸性气体的场合

3）电压的选择。电压的选择要根据电动机的类型、功率及使用地点的电源电压来确定。大容量的电动机（大于 100kW）在允许的条件下一般选用 3 000V 或 6 000V 的高压；小容量的 Y 系列笼型电动机电压只有 380V 一个等级。

4. 电动机的安装和接地

（1）有大量尘埃、爆炸性或腐蚀性气体，环境温度 40℃ 以上以及水中作业等场所，应该选择具有合适的防护形式的电动机。

（2）一般场所安装电动机，要注意防止潮气，不得已的情况下要抬高基础，安装换气扇排潮。

（3）通风条件要良好。环境温度过高会降低电动机的效率，甚至使电动机过热烧毁。

（4）安装地点要便于对电动机进行维护和检查。

（5）电动机绝缘如果损坏，运行中机壳就会带电，当操作人员接触到机壳时就会出触电事故。因此，安装电动机一定要有接地保护装置。

二、直流电动机

（一）直流电动机的结构及原理

直流电动机主要由定子和转子两部分组成。如图5-13所示为直流电动机的结构示意图，其中N、S为直流电动机定子主磁极，主磁极上绕有励磁绕组，线圈abcd装在可转动的圆柱形铁心上，合称电枢，线圈称为电枢绕组。与电枢绕组两端相连的是两个彼此绝缘的圆弧形铜片，即换向片。电刷AB紧压在换向片上并与外加直流电源相通。电刷是固定不动的，而换向片随电枢一起转动，以此保证在电源极性不变的前提下，电枢绕组所受的电磁力始终维持电枢沿某一方向转动。

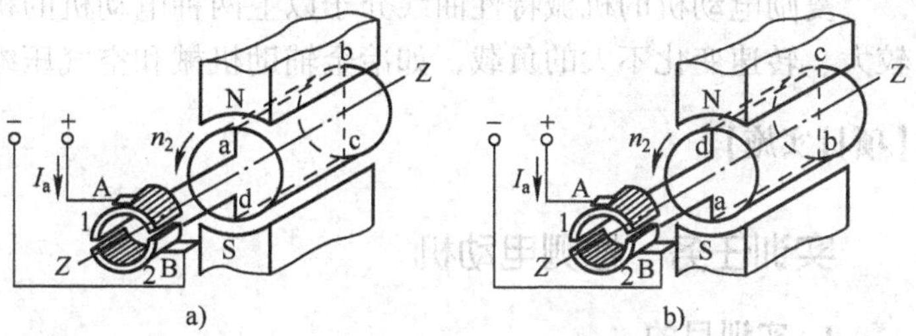

图5-13　直流电动机的结构示意图

a）电流方向：A－a－b－c－d－B　b）电流方向：A－d－c－b－a－B

（二）直流电动机的励磁方式

直流电动机的定子磁极N、S的产生一般有两种方法，一种是用永久磁铁，另一种方法是广泛使用的给定子铁心上的励磁绕组通入直流电。按励磁绕组与电枢绕组连接方式的不同，直流电动机可分为他励、并励、串励和复励四种，其电路如图5-14所示，图中I_f为励磁绕组中的电流，I_a为电枢绕组上的电流。

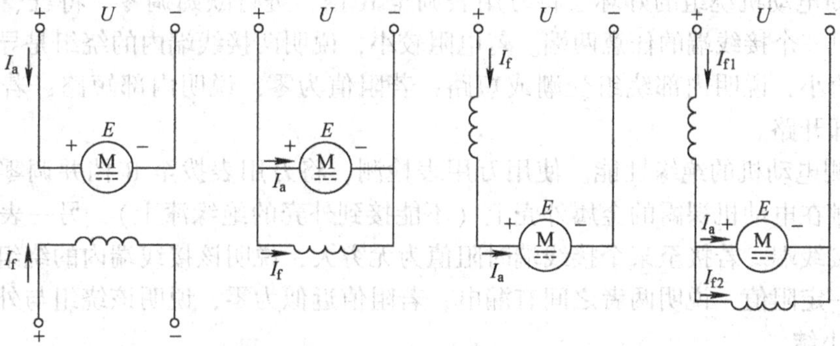

图5-14　直流电动机的励磁方式

a）他励　b）并励　c）串励　d）复励

由于直流电动机的励磁方式不同，使得上述四种直流励磁电动机的机械特性曲线有所不同，分别如图5-15所示。

图5-15　直流电动机的机械特性曲线

他励和并励直流电动机具有硬机械特性。当负载增大时，其转速略有下降，但变化不大。所以，这类电动机调速范围广，适用于需要调速的轧机、金属切削机床、纺织印染、造纸和印刷机械。

串励电动机具有软机械特性。当负载增大时，其转速大幅下降；但当负载很轻或接近空载时，转速将很高，而电动机转速过高，将造成人身安全及设备事故。因此，串励电动机绝对不允许在额定电压下空载运行。为防止因负载滑脱造成事故，串励电动机与负载之间必须用联轴器或齿轮连接，不准用带传动。串励电动机主要用于起重及交通运输机械上，如起重吊车、蓄电池车、城市电车和电传动机车等。地铁列车上的屏蔽安全门就是采用直流串励电动机控制的。

复励电动机的机械特性曲线介于以上两种电动机的机械特性曲线之间，适用于起动转矩较大、转速变化不大的负载，如冶金辅助机械和空气压缩机等。

【项目实施】

实训任务　检测电动机

1. 实训目的

（1）在学习电动机理论知识的基础上进一步熟悉电动机的结构。

（2）在实践中熟悉万用表的使用方法。

（3）熟练掌握电动机的简单检测方法。

2. 实训工具

电动机、万用表。

3. 检测内容与步骤

电动机的检测主要包括绕组好坏的判别和绝缘性能的检测。

（1）判断电动机绕组的好坏。将万用表调至 R 挡，进行欧姆调零。将红、黑表笔分别搭接在电动机三个接线端的任意两端。若电阻较小，说明两接线端内的绕组是导通的；若阻值比正常阻值小，说明内部绕组受潮或短路；若阻值为零，说明内部短路；若阻值为无穷大，说明内部开路。

（2）检测电动机的绝缘性能。使用万用表检测，将万用表拨至 R 挡并调零。将万用表任一表笔接触在电动机裸露的金属外壳上（不能接到外壳的绝缘漆上），另一表笔分别接触电动机的各接线端。若接至某个接线端时阻值为无穷大，说明该接线端内的绕组与外壳绝缘良好；若有一定阻值，说明两者之间有漏电；若阻值近似为零，说明该绕组与外壳间短路。

4. 实训小结

按照检测要求的步骤进行现场记录，并写出实验报告。

【拓展与提高】

城市轨道交通直线电动机

在众多的新型城市轨道交通类型中，采用直线电动机驱动的轨道交通系统具有爬坡能力强、曲线半径小等突出优点。直线电动机车辆与旋转电动机车辆有很多相同之处，其主要差别是牵引电动机的转向架及电力传动的控制不同。直线电动机有两个显著的特点：

（1）列车牵引电动机采用短定子直线感应电动机悬挂于转向架底部。

（2）两个钢轨之间铺设有金属平板以便于转向架底部的电动机定子构成一对电动机传动关系。

如图 5-16 所示为直线电动机（LIM）的实物外形图。

图 5-16　直线电动机的实物外形图

（一）直线电动机的结构

直线电动机与旋转电动机没有本质的区别，旋转电动机的转子和定子沿半径方向剖开展平（见图 5-17）就变成了直线电动机。直线电动机的定子部分由硅钢片叠压成扁平状的铁心放入二层叠绕的三相线圈构成，沿纵向固定安装在转向架下部或车体下部。如图 5-18 所示为安装在列车车辆上的牵引直线感应电动机。

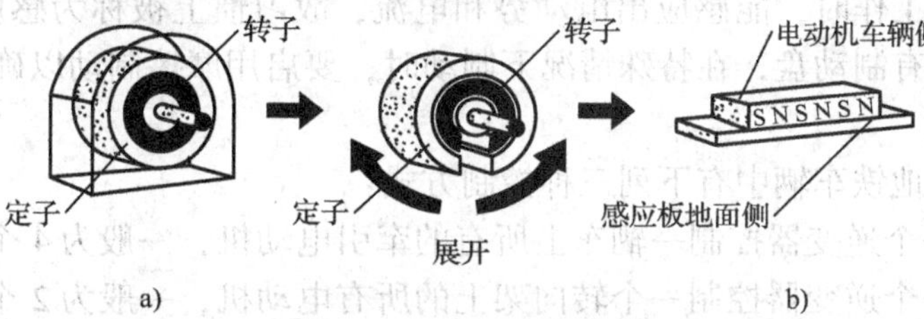

图 5-17　直线感应电动机的结构原理

a）旋转电动机　b）直线电动机

图 5-18　安装在车辆上的牵引直线感应电动机

为了安装方便，降低工程造价，通常采用单边形短定子形式，转子部分也展平变为一条反应板或反应轨（也称感应轨）平铺于走形轨之间，一般由铝合金板制成的外壳和铁心组成。对于城市中低速轨道交通来说，一般采用交流异步直线电动机，其结构简单，坚固耐用，维修工作量小。

（二）直线电动机的工作原理

根据感应电动机原理，当电流通过直线感应电动机的初级绕组时，会产生向前的行波磁场，并在次级感应板上产生涡流电流（二次电流），该涡流电流切割行波磁场产生的力就是直线感应电动机的电磁推力。列车靠车轮支撑在轨道上，由于次级感应板是固定在轨道枕木上的，反作用就推动直线感应电动机，从而带动转向架和列车在轨道上运行。因此，直线感应电动机的牵引和制动原理，与传统旋转电动机的牵引和制动原理基本一致。

直线感应电动机虽然与旋转感应电动机的工作原理相同，但因为其定转子结构的变化，使它与旋转感应电动机相比还有很多不同的地方。最主要的不同是，直线感应电动机的铁心在磁场移动的方向上是断开的，长度也有限，它不像旋转电动机那样是闭合的圆环状态。直线感应电动机的结构导致其存在纵向边端效应和横向边端效应，使电动机气隙中移动的磁场发生畸变，造成电动机出力减小、损耗增加且电动机各相绕组的阻抗不对称，这就使得直线电动机轮轨交通对电动机设计和牵引制动控制有着独特的要求。

（三）直线电动机的控制原理

直线电动机牵引的地铁车辆是将直线感应电动机的定子（含电磁铁和线圈）安装在车辆的转向架上，将转子沿线路铺设在轨道中间，电动机的定子称为初级转子，属于金属平板结构。直线电动机工作时，能感应出电动势和电流，故习惯上被称为感应极（RP）。另外，车辆的钢轮上安装有制动盘，在特殊情况下制动时，要启用摩擦制动以确保能够按照制动要求安全制动。

直线电动机在地铁车辆中有下列三种控制方式：

（1）车控：一个逆变器控制一辆车上所有的牵引电动机，一般为4个；

（2）架控：一个逆变器控制一个转向架上的所有电动机，一般为2个；

（3）轴控：一个逆变器只控制一个轴上的电动机，一般为1个。

广州地铁4号线和北京机场快轨都采用架控，每辆车由两个逆变器电路组成，每个逆变器电路包括一个直流滤波电容器和一个牵引逆变器单元，分别向两台直流感应电动机供电。

（四）直线电动机的车辆技术参数

广州地铁4号线牵引供电网的电压标称为直流750V，允许波动500V。900V牵引逆变器将牵引网的直流电压转换成驱动三相直线感应电动机（LIM）所需的三相交流电压的主要技术数据如下：

持续功率：120kW；

小时功率：150kW；

铁心长度：2 476mm；

铁心高度：124mm；

铁心厚度：300mm；

极　　数：8；

极　　距：280.8mm；

质　　量：1 480kg。

以广州4号线、5号线为例，车辆为全动车，分为A车（带驾驶室的动车，也称头车）、B车（为中间动车）和C车（不带受电弓的机车）。车辆有4辆编组：A—B—B—A；6辆编组：A—B—C—C—B—A或A—B—C—B—C—A和8辆编组：A—B—C—B—C—B—C—A或A—B—C—C—B—B—C—A。

（五）直线感应电动机的绕组形式

直线感应电动机的绕组形式和旋转感应电动机相似，也分为单层绕组和双层绕组两种。单层绕组从结构上可分为单层同心式绕组和单层链式绕组，其截面如图5-19所示。双层绕组从结构上可分为叠绕组和波绕组。双层绕组与旋转电动机的绕组有一个显著的区别，就是镶嵌同样数目的线圈需要的槽数更多，在铁心两端有一些槽只潜入了一个线圈边，如图5-19所示，图中，只嵌入一个线圈边的槽称为半填充槽。双层叠绕组是直线感应电动机中最常用的一种形式。与单层同心式绕组相比，双层绕组具有线圈端部排列整齐的优点，且可以选择适当的节距以削弱磁势的高层谐波。由于三相绕组空间分布位置的不对称，三相间的互感也不同，即使在三相对称电压供电的情况下，三相电流也是不对称的，这一点对直线感应电动机的电磁场分布有一定的影响。

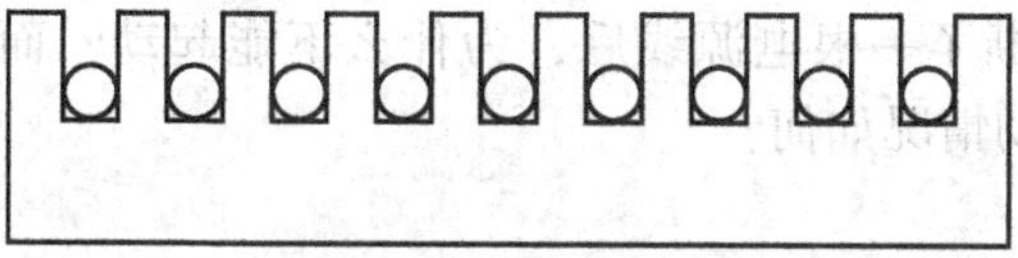

单层绕组分布图

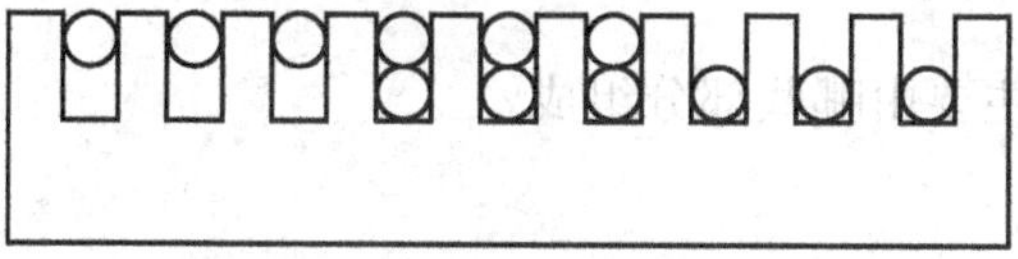

双层绕组分布图

图5-19　直线感应电动机的绕组形式

对于采用双层绕组的直线感应电动机，由于存在半填充槽，其铁心的有效长度比实际的长度短。另外，铁心断开的边端效应会产生脉振磁场。为了减少以上两个因素的影响，可以在铁心两端的半填充槽内加置补偿绕组。对于极数大于6的直线感应电动机，以上两个因素所产生的影响不大，一般不采用补偿绕组，广州地铁4号线的直线感应电动机采用8级绕组、短初级、复合次级感应板的单边型直线感应电动机，也是直线感应电动机轮轨交通常用的结构形式。

（六）直线感应电动机的特性

直线感应电动机不同于旋转感应电动机的最大特点就是由于铁心和线圈断开产生的边端效应。采用等效电路对直线感应电动机进行分析，不仅可以使问题得到简化，而且完全可以满足工程计算的要求。另外，根据等效电路可以容易地编写出计算机程序，大大节约计算时间。

【复习思考题】

1. 根据耗用的能量种类的不同，电动机可分哪两大类？

2. 简述三相笼型异步电动机的结构。

3. 旋转磁场是如何产生的？

4. 说明电动机型号 Y160L-4 的意义。

5. 三相异步电动机断了一根电源线后，为什么不能起动？而在运行中断了一根线，为什么仍能继续转动？转动情况如何？

6. 小型直流电动机主要由哪些部分组成？

7. 简述如何检测电动机的绝缘性能。

8. 简述如何判别电动机绕组的好坏。

项目六　低压电器与控制电路

【知识要点】

1. 各种低压电器的结构、工作原理及用途；
2. 三相异步电动机的起动和调速方法；
3. 三相异步电动机的正反转控制原理；
4. 三相异步电动机的制动原理；
5. 各种电动机控制电路的工作原理；
6. 行程开关和限位控制电路的特点；
7. 轨道交通控制系统中几种继电器的应用。

【项目任务】

1. 能识别常见低压电器的符号；
2. 学会选择和使用各种低压电器符号；
3. 能根据电气原理图正确连接控制电路；
4. 学会简单电动机控制电路的设计。

【项目准备】

本项目开始前，需准备三相笼型异步电动机、交流接触器、熔断器按钮、刀开关、低压断路器、热继电器、行程开关、绝缘导线和万用表等设备。需准备的工具包括：测电笔、电式钳、剥线钳、电工刀和螺钉旋具（一字和十字）。

【相关理论知识】

在城市轨道交通中，列车的牵引主要是由三相异步电动机来完成的，还有运用直流电动机来拖动的部分，如地铁屏蔽门等。因此，认识并掌握电力拖动装置是我们学习本课程的一个重要部分，它由电动机、传动机构和控制电动机的电气设备等组成。为了使电动机能按地铁运营的要求工作，通常采用继电器、接触器、按钮及可编程序控制器等控制电器来实现生产过程的自动控制。

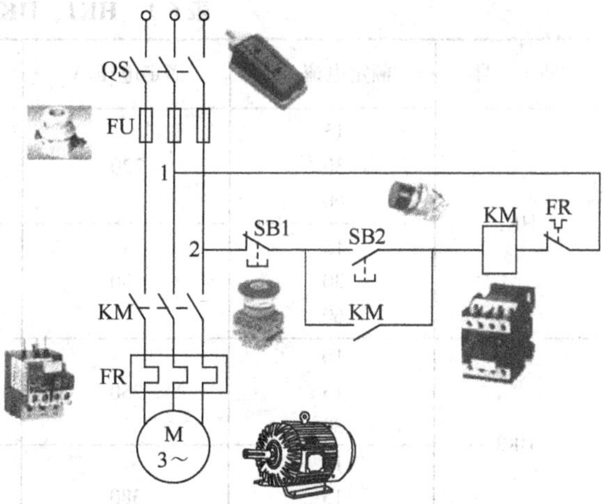

图 6-1　电动机直接起动电路及电器元器件

我们已经学了如何选用三相异步电动机，那么，电动机的控制该如何实现呢？如图 6-1 所示，为三相异步电动机直接起动的电路图及所用的电器元器件。

对于不同类型、不同功率和不同负载的电动机，其起动方式是否相同？需要哪些电器元器件，你了解这些元器件吗？

一、几个常用的低压电器

（一）刀开关

刀开关是一种手动开关，主要用来接通和断开长期工作设备的电源。如图 6-2 所示为胶盖刀开关的结构，主要由操作手柄、动刀片触点、静刀片触点、熔丝和底板等组成。刀开关可分为单刀、双刀和三刀三种。

刀开关主要根据电源种类、电压等级、电动机容量、所需极数及使用场合来选用，也可以在手动控制电路中作为电源开关使用。可直接用刀开关来控制电动机的起、停操作，但电动机容量不能过大，一般限定在 7.5kW 以下。如果用它来控制不经常启停的小容量异步电动机，其额定电流不要小于电动机额定电流的 3 倍。刀开关的图形符号及文字符号如图 6-3 所示。

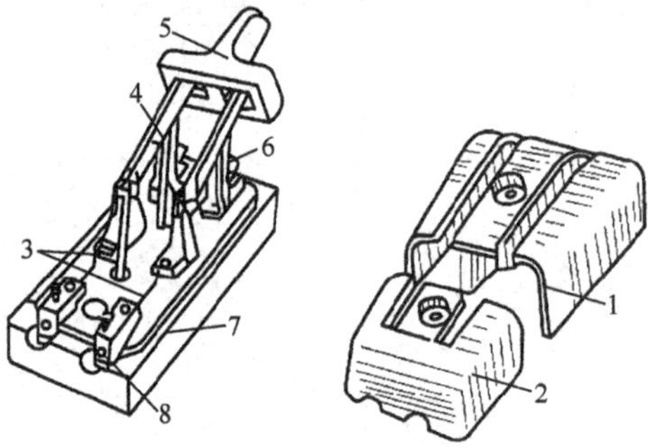

图 6-2　刀开关结构

1—上盖　2—下盖　3—熔丝　4—静夹刀
5—瓷手柄　6—进线座　7—瓷底板　8—出线座

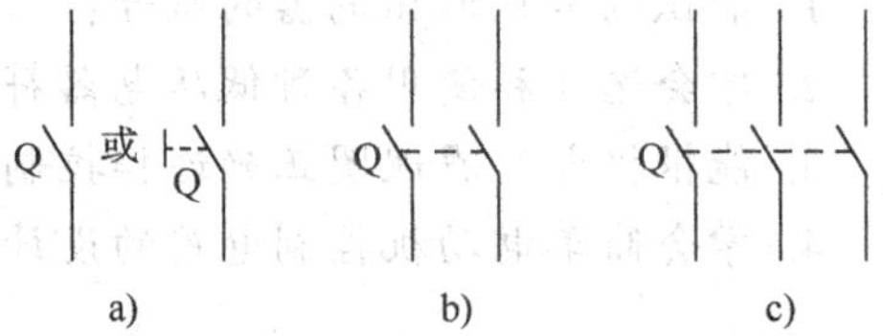

图 6-3　刀开关的图形及文字符号

a）单极　b）双极　c）三极

注意：接线时较为安全的做法，是将电源线接在刀开关的上端，负载线接在其下端。

表 6-1 为刀开关的技术数据。

表 6-1　HK1、HK2 刀开关的技术数据

型　号	额定电流/A	额定电压/V	可控制电动机容量/kW	配用熔丝规格 熔丝直径/mm	极　数
HK1	15	220	1.5	1.45～1.59	2
	30		3.0	2.30～2.52	
	60		4.5	3.36～4.00	
	15	380	2.2	1.45～1.59	3
	30		4.0	2.30～2.52	
	60		5.5	3.36～4.00	
HK2	10	250	1.1	0.25	2
	15		1.5	0.41	
	30		3.0	0.56	
	10	380	2.2	0.45	3
	15		4.0	0.71	
	30		5.5	1.12	

（二）封闭式开关熔断器组

封闭式开关熔断器组的结构特点。

（1）操作机构中装有机械联锁，使盖子打开时手柄不能合闸、手柄合闸时盖子不能打开，这样能保证操作安全。

（2）操作机构中，在手柄转轴和底座之间装有速动弹簧，使刀开关的接通和断开的速度与手柄的操作速度无关，这样有利于迅速灭弧，如图6-4所示

（3）封闭式开关熔断器组的应用范围：供手动不频繁地接通和分断负载电路，可控制交流异步电动机的不频繁直接起动及停止，具有断路保护功能。

（4）封闭式开关熔断器组的使用注意事项：使用时外壳应保证可靠接地，防止意外漏电造成触电事故。

（5）封闭式开关熔断器组的图形符号、文字符号和刀开关相同。

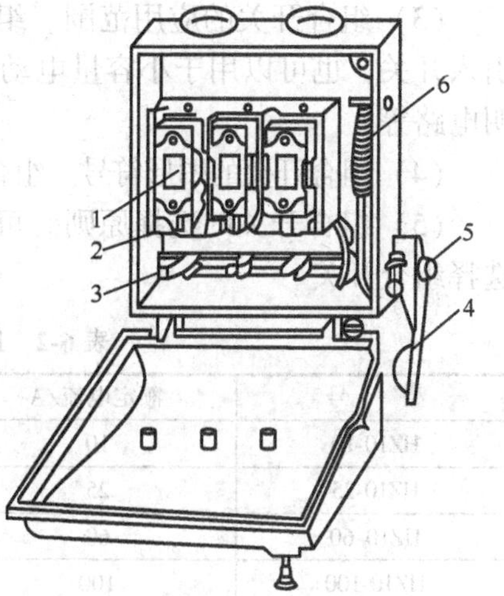

图6-4　封闭式开关熔断器组

1—熔断器　2—夹座（静触点）　3—闸刀（动触点）　4—手柄　5—转轴　6—速动弹簧

（三）组合开关

组合开关又叫转换开关，其外形和结构如图6-5所示。

（1）组合开关的结构。如图6-5b所示，组合开关有3对静触片，每个静触片的一端固定在绝缘底板上，另一端伸出盒外，连在接线柱上。3个动触片套在装有手柄的绝缘轴上，转动手柄就可以使3个动触片同时接通或断开。组合开关的型号表示如图6-6所示。

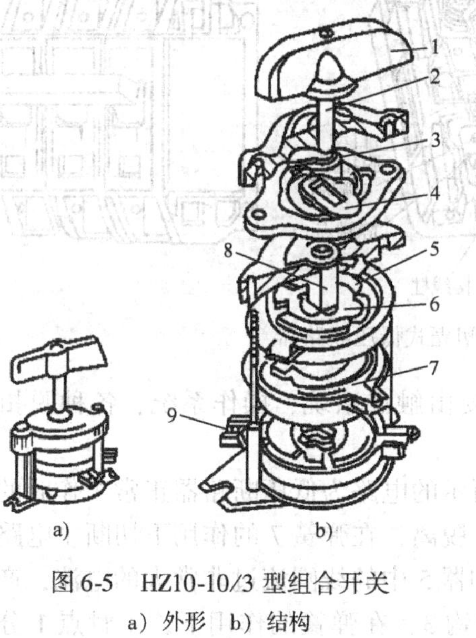

图6-5　HZ10-10/3型组合开关

a）外形　b）结构

1—手柄　2—转轴　3—扭簧　4—凸轮　5—绝缘垫板

6—动触片　7—静触片　8—绝缘杆　9—接线柱

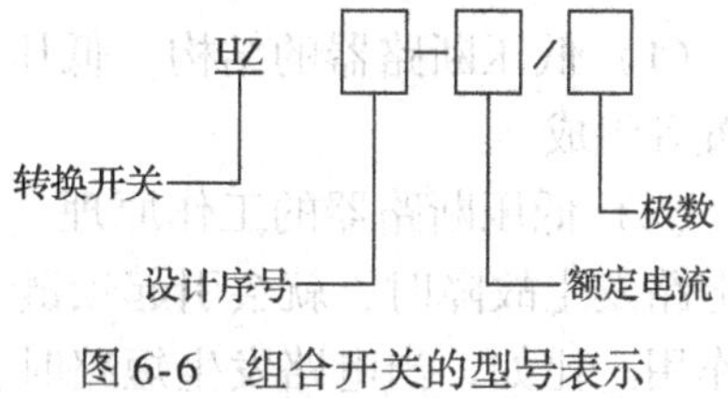

图6-6　组合开关的型号表示

（2）组合开关的结构特点。在组合开关的转轴上装有扭簧储能机构，使开关能迅速闭合或分断，以便于更好地控制电路。

（3）组合开关的应用范围。组合开关常作为生产机械电源的引入开关，也可以用于小容量电动机的不频繁起动及控制局部照明电路等。

（4）组合开关的图形符号。组合开关的图形符号如图6-7所示。

（5）组合开关的选择原则。可以根据表6-2中的技术数据来选择组合开关。

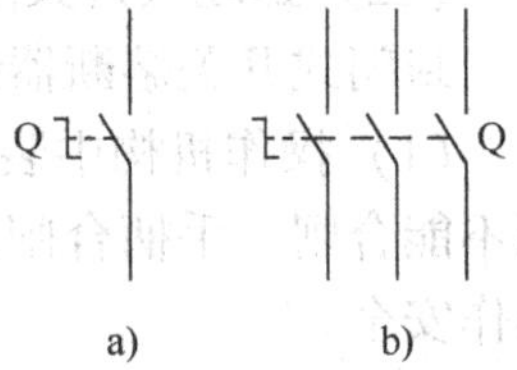

图6-7 组合开关的图形符号

a）单级 b）三级

表6-2 HZ10系列组合开关的主要技术数据

型 号	额定电流/A	极 数	额定交流电压/V	额定直流电压/V
HZ10-10	10	2、3	380	220
HZ10-25	25	2、3	380	220
HZ10-60	60	2、3	380	220
HZ10-100	100	2、3	380	220

（四）低压断路器

低压断路器是具有一种或多种保护功能的自动保护电器（可作短路、过载或失压保护），同时又具有开关的功能。因此，凡在输配电系统的重要环节，多选用这种装置。如图6-8所示是常用的DZ系列的塑壳式低压断路器。

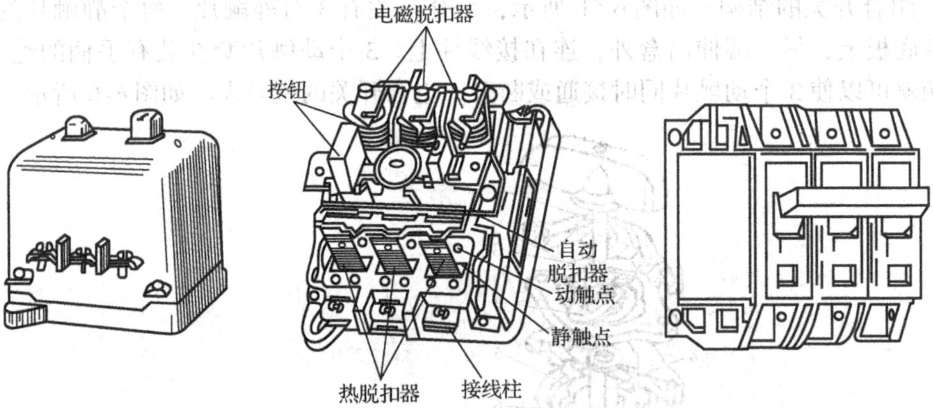

图6-8 DZ系列塑壳式低压断路器

（1）低压断路器的结构。低压断路器主要由触点系统、操作系统、各种脱扣器和灭弧装置等组成。

（2）低压断路器的工作原理。如图6-9所示的电路为低压断路器正常工作时的状态，当主电路发生故障时，就会引起锁链2和搭钩3脱离，在弹簧7的作用下切断主电路，起到保护作用。比如，当电路发生短路时，电磁脱扣器5中的线圈流过非常大的电流，产生的吸力增加，于是衔铁被吸合，撞击滑杆4，顶开搭钩3，在弹簧的作用下，主触点1分断，切断电源。

（3）低压断路器的特点。低压断路器具有操作方便和工作可靠的优点，它能自动地同时切断三相主电路，可靠地避免电动机的断相运行。

（4）低压断路器的图形符号。低压断路器的图形符号如图6-10所示。

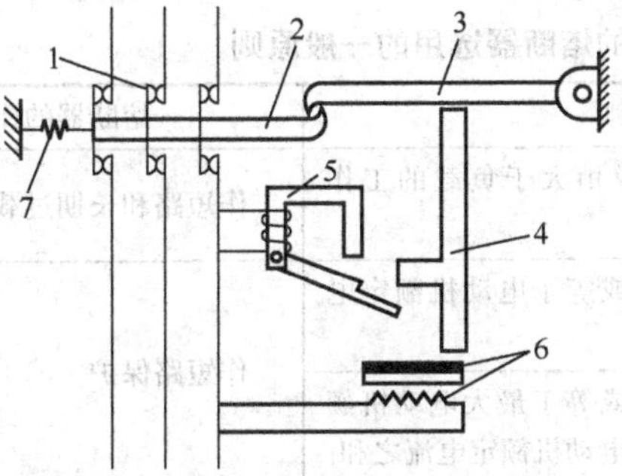

图6-9　低压断路器的工作原理图

1—主触点　2—锁链　3—搭钩　4—滑杆

5—电磁脱扣器　6—热脱扣器　7—弹簧

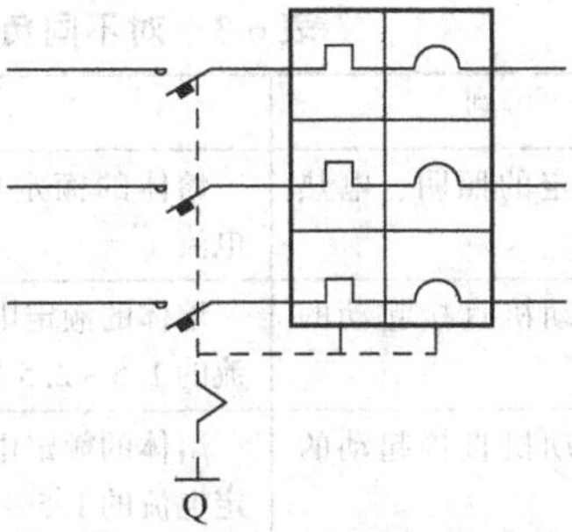

图6-10　低压断路器的图形符号

（五）熔断器

熔断器主要由熔体（俗称熔丝）和安装熔体的熔管（或熔座）两部分组成。熔体一般由熔点低、易于熔断、导电性能良好的合金材料制成。在正常负载的情况下，熔体温度低于熔断所必需的温度，熔体不会熔断。当电路发生短路时，电流变大，熔体温度达到熔断温度而自动熔断，切断被保护的电路。如图6-11所示为几种常见熔断器的结构。

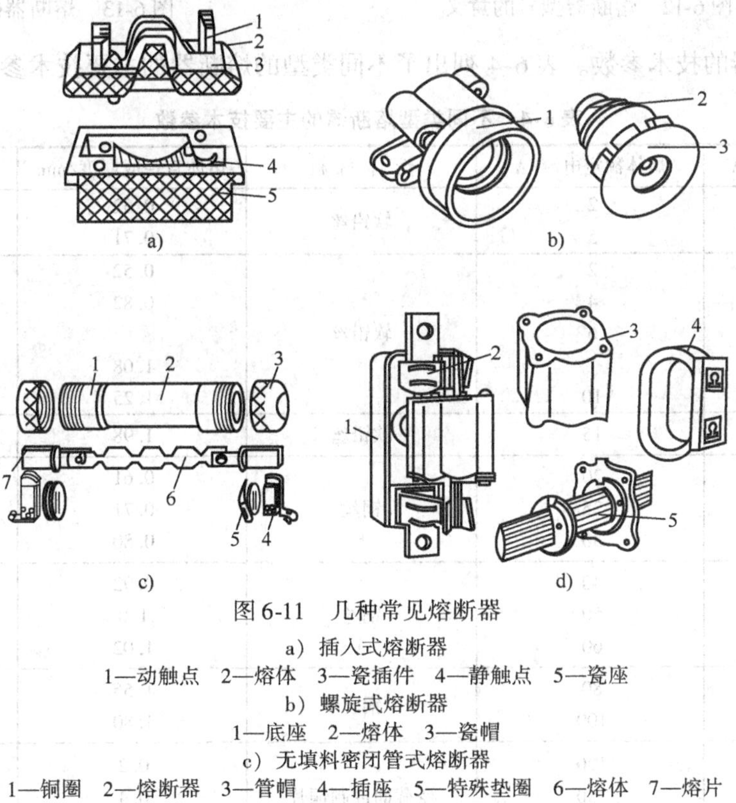

图6-11　几种常见熔断器

a）插入式熔断器

1—动触点　2—熔体　3—瓷插件　4—静触点　5—瓷座

b）螺旋式熔断器

1—底座　2—熔体　3—瓷帽

c）无填料密闭管式熔断器

1—铜圈　2—熔断器　3—管帽　4—插座　5—特殊垫圈　6—熔体　7—熔片

d）有填料封闭管式熔断器

1—瓷底座　2—弹簧片　3—管体　4—绝缘手柄　5—熔体

（1）熔断器的选用原则。选用熔断器主要是确定熔体的额定电流，其额定电流的选择见表6-3。

表6-3 对不同负载作保护用的熔断器选用的一般原则

负　载	选用原则	熔断器的作用
在工作稳定的照明、电热电路中	熔体的额定电流应等于或稍大于负载的工作电流	作短路和长期过载保护
在单边电动机直接起动的电路中	熔体的额定电流应取大于或等于电动机额定电流的1.5～2.5倍	作短路保护
在多台电动机直接起动的电路中	熔体的额定电流应取大于或等于最大电动机额定电流的1.5～2.5倍与其他电动机额定电流之和	

（2）熔断器型号的意义。熔断器型号的意义如图6-12所示。

（3）熔断器的图形符号。熔断器的图形符号如图6-13所示。

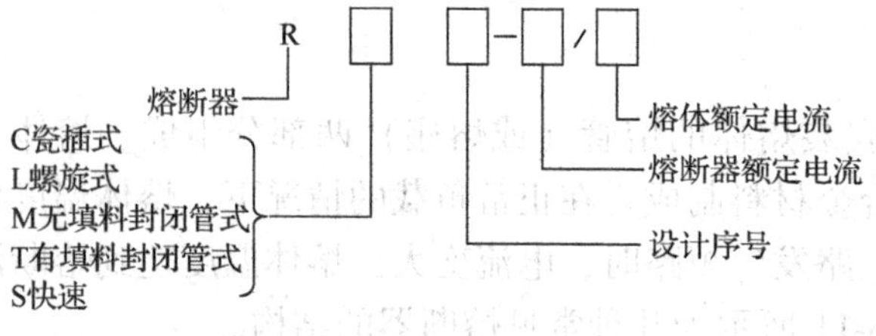

图6-12 熔断器型号的意义

图6-13 熔断器的图形符号

（4）熔断器的技术参数。表6-4列出了不同类型的熔断器的主要技术参数。

表6-4 不同类型熔断器的主要技术参数

熔断器额定电流/A	熔体额定电流/A	熔体材料	熔体直径或厚度/mm	极限分断能力/A
5	2 5	软铅丝	0.52 0.71	250
10	2 4 6 10	软铅丝	0.52 0.82 1.08 1.25	500
15	15	软铅丝	1.98	500
30	20 25 30	铜丝	0.61 0.71 0.80	1 500
60	40 50 60	铜丝	0.92 1.0 1.02	3 000
100	80 100	铜丝	1.55 1.80	3 000
200	120 150 200	变截面冲制铜片	0.2 0.4 0.6	3 000

（5）熔断器的选择。选择熔断器主要是选择熔断器的类型、额定电压、额定电流及熔体的额定电流。熔断器的类型应根据线路要求和安装条件来选择；熔断器的额定电压应大于或等于线路的工作电压，熔断器的额定电流应大于或等于熔体的额定电流。因此，熔体额定电流的选择是熔断器选择的核心。

1）对于照明、电炉等没有冲击电流的电阻性负载，熔体的额定电流等于或稍大于电路的工作电流，即

$$I_{RN} \geqslant I \tag{6-1}$$

式中　I_{RN}——熔体的额定电流；

I——电路的工作电流。

2）对于电动机类负载，应考虑起动冲击电流的影响。保护单台电动机时，熔断器的额定电流按下式计算

$$I_{RN} \geqslant (1.5 \sim 2.5) I_N \tag{6-2}$$

式中　I_N——电动机的额定电流，轻载起动或起动时间较短时，系数可取 1.5；重载起动或起动时间较长时，系数可取 2.5。

3）对于多台电动机由一个熔断器保护时，熔体的额定电流按下式计算

$$I_{RN} \geqslant (1.5 \sim 2.5) I_{NMAX} + \sum I_N \tag{6-3}$$

式中　I_{NMAX}——容量最大的一台电动机的额定电流；

$\sum I_N$——其余电动机的额定电流之和。

在配电系统中，通常有多级熔断器保护。发生短路故障时，远离电源端的前级熔断器应先熔断，因此接近电源端的后一级熔体的额定电流通常比前一级熔体的额定电流至少应大一个等级，以防止熔断器越级熔断而扩大停电范围。

（六）热继电器

热继电器是利用电流的热效应原理来对三相异步电动机的长期过载进行保护的。电动机在实际运行中，常会遇到过载的情况，但只要过载不严重、时间短、绕组不超过允许的温升是允许的；但如果过载情况严重、时间长，则会加速电动机绝缘材料的老化，甚至烧毁电动机。因此，必须对电动机进行长期过载保护。

热继电器主要由热元件、双金属片和触点组成，其发热元件绕制在双金属片上，导板等传动机构设置在双金属片和触点之间。热继电器有动合、动断触点各一对。热继电器的原理、外形及图形文字符号如图 6-14 所示。

工作时，把热继电器的发热元件串接在电动机的主电路中。当电路正常工作时，对应的负载电流流过发热元件产生的热量不足以使双金属片产生明显变形；当电动机过载时，流过热元件的电流增大，热元件产生的热量使双金属片（由两种不同热膨胀系数的金属辗压而成）向上弯曲，造成脱扣，扣板在弹簧的拉力作用下，将常闭触点断开（此触点串接在电动机的控制电路中），控制电路断开，使接触器线圈断电，从而断开电动机的主电路。热继电器触点动作后有两种复位方式：调节螺钉旋入时，可使双金属片冷却后动触点自动复位；调节螺钉旋出时，双金属片冷却后动触点不能自动复位，必须按下复位按钮，才能使动触点实现手动复位。热继电器的整定电流（发热元件长期允许通过而不至引起触点动作的电流值）可以通过调节偏心凸轮在小范围内进行调整。

在三相异步电动机电路中，一般采用两相结构的热继电器，即在两相主电路中串接发热

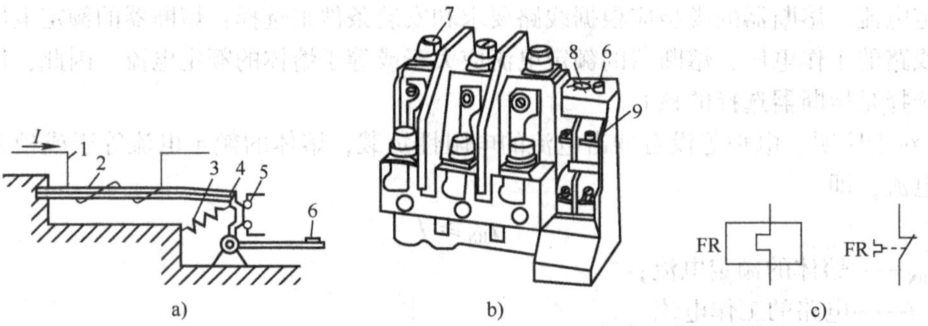

图 6-14 热继电器的原理、外形及图形文字符号

a）原理 b）外形 c）图形文字符号

1—热元件 2—双金属片 3—弹簧 4—扣板 5—常闭触点

6—复位按钮 7—热元件 8—整定值调节钮 9—常闭触点接线柱

元件即可。如果发生三相电源严重不平衡、电动机绕组内部短路或绝缘不良等故障，会使电动机某一相的线电流比其他两相高，这一相若没有串接发热元件，则热继电器不能起到保护作用，这时就需采用三相结构的热继电器。

注意：热继电器由于热惯性，当电路短路时不能立即动作而使电路瞬间断开，因此不能用作短路保护。同理，在电动机起动或短时过载时，热继电器也不会动作，这样可避免电动机不必要的停车。

（七）按钮

按钮是一种简单的手动电器，通常是在低压控制电路中，用于手动短时接通或断开小电流控制电路的开关。

按钮由按钮帽、复位弹簧、桥式触点和外壳等组成，通常制成具有常开触点和常闭触点的复合式结构。如图 6-15 所示为按钮的结构及图形文字符号。

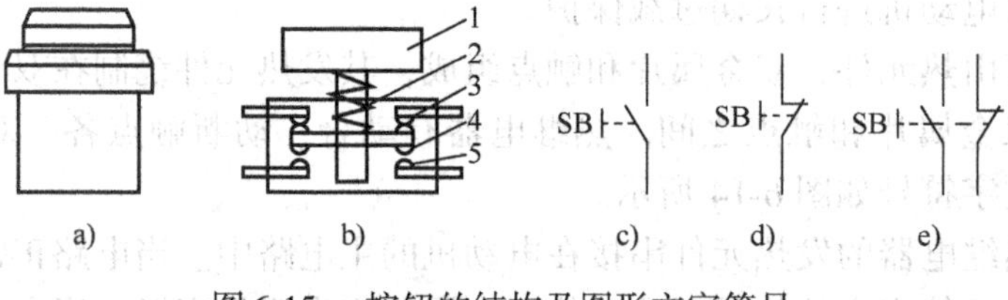

图 6-15 按钮的结构及图形文字符号

a）外观 b）结构 c）常开触点 d）常闭触点 e）复合式触电

1—按钮帽 2—复位弹簧 3—常闭静触点 4—动触点 5—常开静触点

按钮的种类很多，按其用途和结构可分为起动按钮、停止按钮和复合按钮等；按按钮帽的类型可分为一般式按钮、钥匙式按钮、旋钮式按钮和蘑菇头式按钮等；按按钮的工作形式可分为自锁式按钮和复位式按钮。

按钮的额定电压、额定电流有多种，主要根据所需要的触点数和使用场合来选择，见表 6-5。

表 6-5　常用按钮的技术数据

型号	额定电压/V	额定电流/A	结构形式	常开触点数	常闭触点数	按　钮　数	颜　色
LA2	AC 500	5	元件	1	1	1	黑、绿或红
LA10-1	直流 400		元件	1	1	1	黑、绿或红
LA10-1K			开启式	1	1	1	黑、绿或红
LA10-2K			开启式	2	2	2	黑、红或绿、红
LA10-3K			开启式	3	3	3	黑、绿、红
LA10-1H			保护式	1	1	1	黑、绿或红
LA10-2H			保护式	2	2	2	黑、红或绿、红

（八）交流接触器

接触器是电力拖动自动控制系统中使用量很大的一种低压控制电器。按线圈工作电源的种类，接触器分为直流接触器和交流接触器。交流接触器是一种自动控制电器，用来频繁地接通或分断带有负载的主电路，主要控制对象是电动机，能实现远距离控制，具有欠（零）电压保护功能。机床上应用最多的是交流接触器。

（1）交流接触器的结构和原理。交流接触器是由电磁机构、触点系统、灭弧装置及其他部件等组成的，如图 6-16 所示。

当线圈通电后，线圈电流产生磁场，静铁心产生电磁吸力将衔铁吸合，衔铁带动触点系统动作，使常闭触点断开、常开触点闭合，主触点接通电动机电源，电动机运转；当线圈断电时，电磁吸力消失，衔铁在复位弹簧的作用下释放，触点系统随之复位。

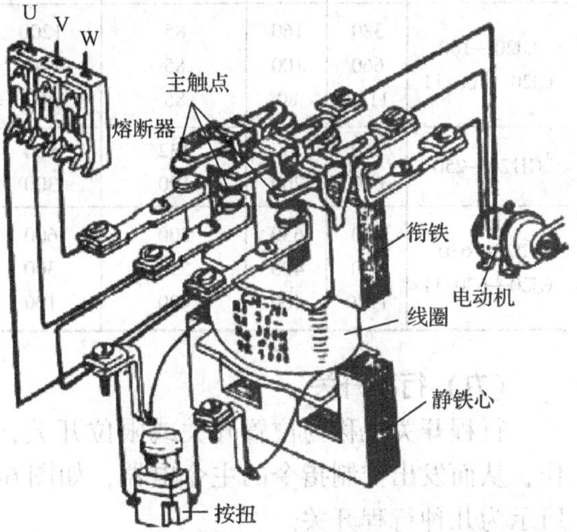

图 6-16　交流接触器的结构

（2）交流接触器的选择。交流接触器的选择主要考虑主触点的额定电压、额定电流、辅助触点的数量与种类、吸引线圈的电压等级和操作频率等。

1）接触器的触点。交流接触器的触点分为主触点和辅助触点。主触点通常为 3 对动合触点，接触面积较大，带有灭弧装置，可以通过较大电流；辅助触点既有动合触点，也有动断触点，接触面积小，所以允许通过的电流也小。接触器的额定电压是指主触点的额定电压。交流接触器的额定电压一般为 500V 或 380V 两种，应大于或等于负载回路的电压。

接触器的额定电流是指主触点的额定电流，有 5A、10A、20A、30A、60A、100A 和 150A 等几种，其值应大于或等于被控回路的额定电流。

2）接触器的线圈。交流接触器吸引线圈的额定电压等于控制回路的电源电压，从安全角度考虑，应选择低一些。交流接触器的吸引线圈的额定电压有 36V、110（127）V、220V 和 380V 等几种；直流接触器的吸引线圈的额定电压有 23V、38V、110V 和 220V 等。

接触器的图形及文字符号如图 6-17 所示，CJ20 系列交流接触器的主要技术参数见表 6-6。

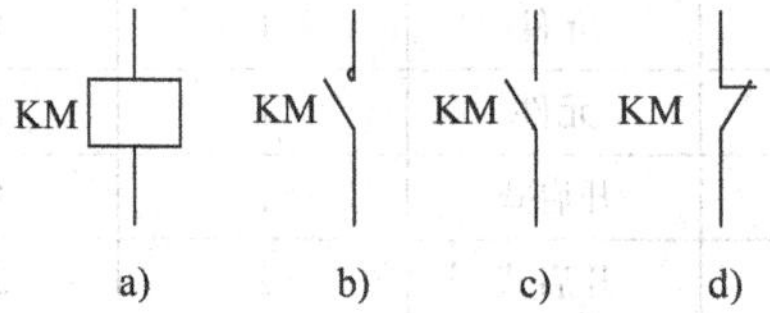

图 6-17 接触器的图形及文字符号

a）线圈 b）常开触点 c）辅助常开触点 d）辅助常闭触点

表 6-6 CJ20 系列交流接触器的主要技术参数

型号	额定电压/V	额定电流/A	可控制电动机最大功率/kW	操作频率，AC—3 制/（次/h）	电寿命，AC—3 制/万次	机械寿命，AC—3 制/万次	吸引线圈额定电压/V	吸持功率/（V·A/W）	起动功率/（V·A/W）
CJ20—40	380 660	40 25	22 22	1200 600	100	1000	36，127，220，380	19/5.7	17/82.3
CJ20—63	380 660	63 40	30 35	1200 600	200	1000	36，127，220，380	57/16.5	480/153
CJ20—160 CJ20—160/11	380 660 1140	160 100 80	85 85 85	1200 600 300	200	1000	36，127 220，380	85.5/34	855/325
CJ120—250	380 660	250 200	132 190	600 300	120	600	127，220 380	152/65	1 710/565
CJ20—630 CJ20—630/11	380 660 1140	630 400 400	300 350 400	600 300 100	120	600	127，220 380	250/118	3^2 578/790

（九）行程开关

行程开关也称为位置开关或限位开关，是利用生产机械某些运动部件的碰撞使触点动作，从而发出控制指令的主令电器，如图 6-18 所示为几种行程开关。

（1）行程开关的结构。行程开关主要由操作机构、触点系统和外壳构成。

（2）行程开关的分类。行程开关按结构形式分有直动式、转动式和微动式；按复位方式分有自动复位式和非自动复位式；按触点性质分为触点式和无触点式。

（3）行程开关的应用。行程开关主要用于控制机械的运动方向、行程大小及位置保护。

（4）行程开关的型号意义。行程开关的型号意义如图 6-19 所示。

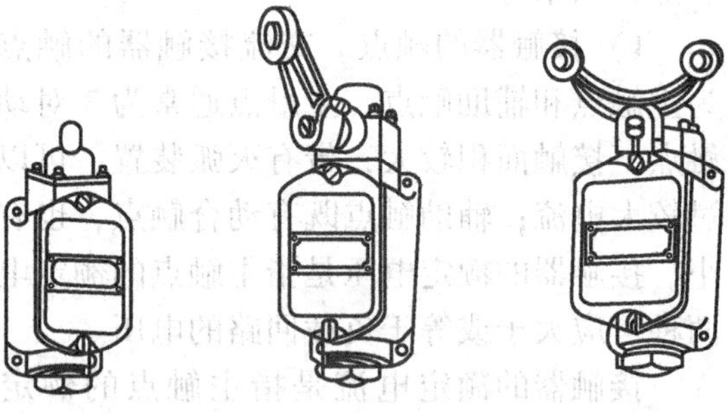

a) b) c)

图 6-18 几种行程开关

a）直动式行程开关 b）单轮旋转式行程开关 c）双轮旋转式行程开关

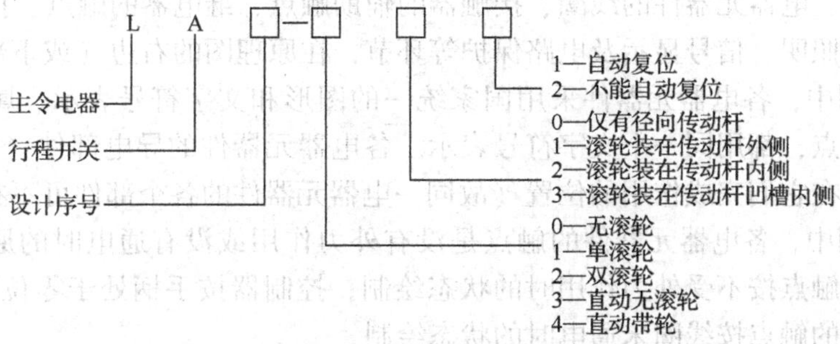

图 6-19　行程开关的型号意义

（5）行程开关的文字和图形符号，如图 6-20 所示。

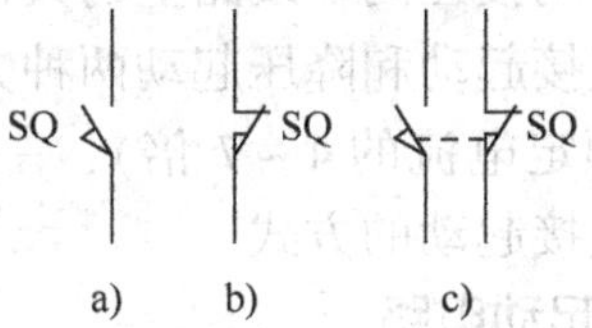

图 6-20　行程开关的文字和图形符号

a）动合触点　b）动断触点　c）复式触点

（6）行程开关的选择原则。可以根据表 6-7 中的技术数据来选择行程开关。

表 6-7　常用行程开关的技术数据

型　号	额定电压/V	额定电流/A	结 构 形 式	常开触点数	常闭触点数
LX19K	380	5	直动式	1	1
LX19-001	380	5	直动式，自动复位	1	1
LX19-001	380	5	传动杆内侧装有单滚轮，自动复位	1	1
LX19-001	380	5	传动杆内侧装有单滚轮，自动复位	1	1
LX19-001	380	5	传动杆凹槽内装有单滚轮，自动复位	1	1
LX19-001	380	5	传动杆为 U 形，内侧装有双滚轮，非自动复位	1	1
LX19-001	380	5	传动杆为 U 形，外侧装有双滚轮，非自动复位	1	1
LX19-001	380	5	传动杆为 U 形，内侧装有双滚轮，非自动复位	1	1

二、三相异步电动机的控制电路

（一）三相异步电动机起动的电气原理图

可用一种工程技术的通用语言——电气控制线路图来表达各电器元器件的连接形式。电气控制线路图有三类，即电气原理图、电器元器件布置图和电气安装接线图。

电气原理图是根据系统的工作原理，采用电器元器件展开的形式绘制的，图中只包括所有电器元器件的导电部件和接线端点之间的相互关系，并不按照各电器元器件的实际布置位置和实际接线情况来绘制，也不反映电器元器件的大小。

（1）电气原理图分为主电路和控制电路，主电路是从电源到电动机绕组的大电流通过的路径，是强电流通过的部分，在原理图的左边（或上部）；控制电路是通过弱电流的电路，一般由按钮、电器元器件的线圈、接触器的辅助触点、继电器的触点、控制变压器等组成，包括控制、照明、信号显示及电路保护等环节，在原理图的右边（或下部）。

（2）原理图中，各电器元器件采用国家统一的图形和文字符号表示。属于同一电器元器件的线圈和触点，都用同一个文字符号表示。各电器元器件的导电部件（如线圈和触点）的位置，都绘制在它们完成作用的位置（故同一电器元器件的各个部件可不在一起）。

（3）原理图中，各电器元器件的触点是没有外力作用或没有通电时的原始状态，如按钮和行程开关的触点按不受外力作用时的状态绘制；控制器按手柄处于零位时的状态绘制；继电器、接触器的触点按线圈未通电时的状态绘制。

（二）三相异步电动机的起动分析

电动机接通电源、转速由零上升到稳定值的过程为起动过程。电动机的起动电流过大，会产生较大的线路压降，会直接影响接在同一线路上的其他负载的正常工作。

三相异步电动机一般有全压直接起动和降压起动两种方式。较大容量（大于 10kW）的电动机，因起动电流较大（可达额定电流的 4 ~7 倍），一般采用降压起动方式来降低起动电流；而功率较小的电动机采用直接起动的方式。

（三）三相异步电动机的全压起动电路

起动时直接给电动机加额定电压即为直接起动，或称为全电压起动。

（1）直接用开关全压起动的电路。按如图 6-21a 所示的电路接线，将开关合上，即为直接起动电路。此电路适用于小容量电动机，此时，电动机的启停由开关直接控制。

（2）接触器自锁全压起动电路。先按图 6-21b 所示接好主电路，再按图 6-21c 所示接好控制电路，即是采用接触器直接起动的电动机全电压起动电路，其主电路由低压断路器 QF（具有短路、过载等保护）、接触器 KM 的主触点与电动机 M 组成；控制电路由起动按钮 SB2、停止按钮 SB1、接触器 KM 的线圈及其辅助常开触点组成。在图 6-21c 所示的电路中，1、2 线为此控制电路的电源，通常由变压器供给。

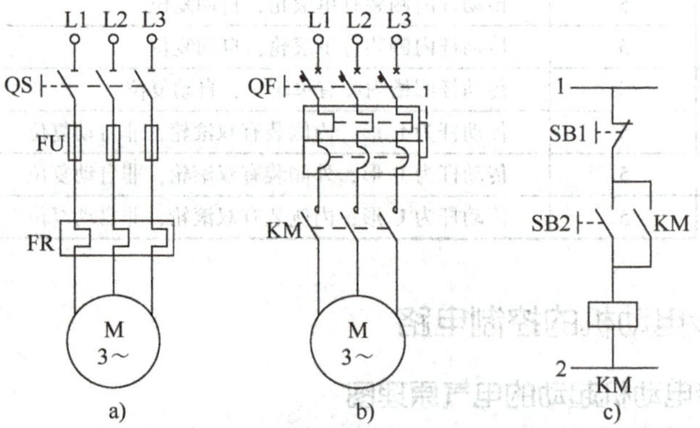

图 6-21 单相全电压起动控制电路

a）直接起动 b）接触器起动主电路 c）接触器自锁控制电路

电路的工作过程分析如下：

1）按下起动按钮 SB2，接触器 KM 的线圈通电，其主触点闭合，电动机起动运行。同时，与 SB2 并联的 KM 辅助常开触点闭合，将 SB2 短接。KM 辅助常开触点的作用是在松开起动按钮 SB2 后，仍可使 KM 线圈通电，使电动机继续运行，简述如下：

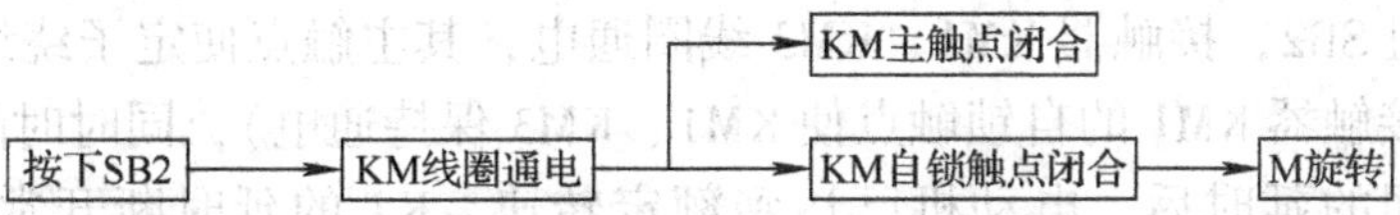

这种依靠接触器自身的辅助触点来使其线圈保持通电的电路称为自锁或自保电路。带有自锁功能的控制电路具有欠电压保护作用，起自锁作用的辅助触点称为自锁触点。

2）按停止按钮 SB1，接触器 KM 线圈断电，电动机 M 停止转动。此时 KM 的自锁触点断开，松手后 SB1 虽又闭合，但 KM 的线圈不能自行通电，简述如下：

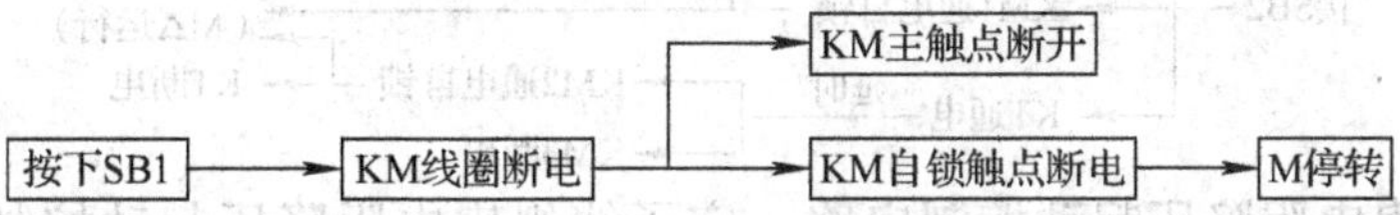

（3）点动控制电路。如图 6-22 所示，是一种最简单的点动控制电路，其主电路同图 6-21b 所示。

三相异步电动机的点动控制原理：

1）按下起动按钮 SB，接触器 KM 线圈通电，KM 主触点闭合，电动机 M 通电起动。

2）松开按钮 SB，KM 线圈断电，KM 主触点断开，电动机 M 断电停转。由线路分析可知，按下按钮，电动机转动；松开按钮，电动机停转，这种控制即为点动控制。

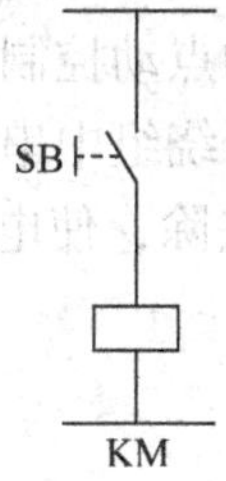

图 6-22　三相异步电动机的点动控制电路

（四）三相异步电动机的降压起动

为了减小起动电流，电动机常采用的措施是降压起动。降压起动时，要先降低加在定子绕组上的电压，当电动机接近额定转速时，再使电动机的电压恢复到额定值。降压起动可采用定子绕组串联电阻、电抗或利用自耦变压器降压，Y-△形降压起动等方法。

1. Y-△形降压起动控制电路　如图 6-23 所示电路，为常用的Y-△形降压起动控制电路。按图 6-23a 所示电路连接电动机；按图 6-23b 所示电路连接控制电路。

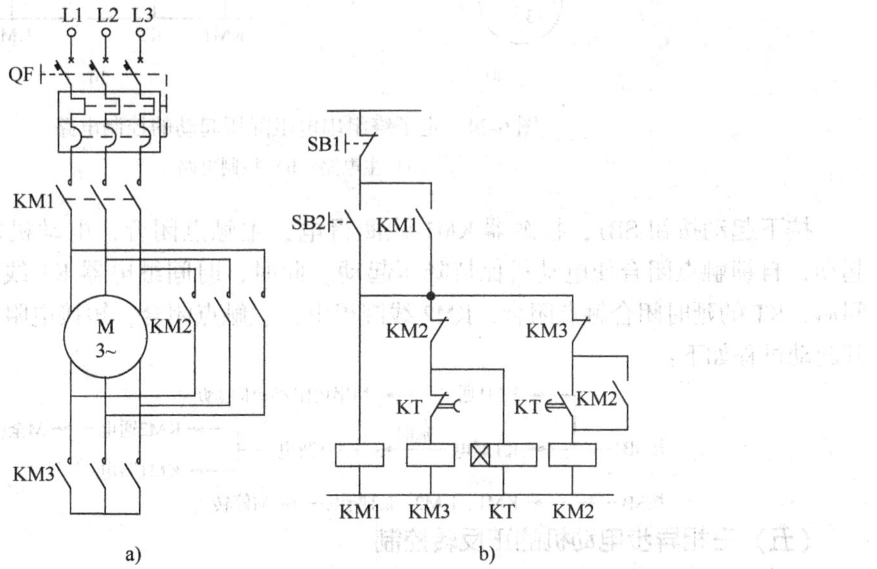

图 6-23　Y-△形降压起动控制电路

a）主电路　b）控制电路

按下起动按钮 SB2，接触器 KM1、KM3 线圈通电，其主触点使定子绕组接成Y形电动机降压起动电路（接触器 KM1 的自锁触点使 KM1、KM3 保持通电），同时时间继电器 KT 线圈通电。经一段时间的延时后，电动机已达到额定转速，KT 的延时断开常闭触点断开，使 KM3 断电，而 KT 的延时闭合常开触点闭合，接触器 KM2 线圈通电，使电动机的定子绕组由Y形转换到△形联结，实现全电压运行，其起动过程如下：

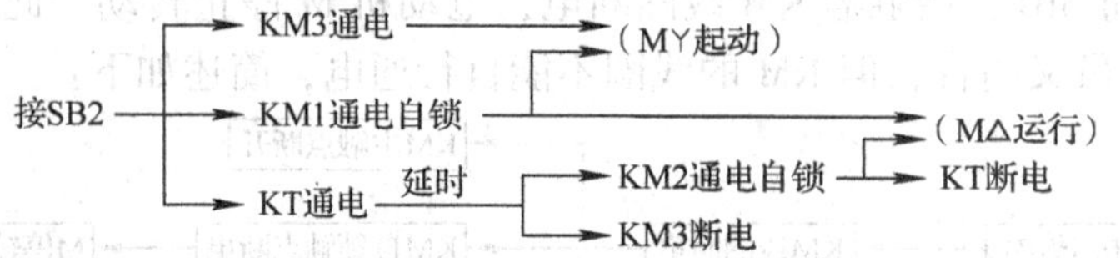

2. 定子绕组串电阻降压起动控制电路　定子绕组串电阻降压起动控制简单、可靠，电动机的点动控制也常采用这种方法，其起动控制线路如图 6-24 所示。电动机起动时，在三相定子绕组中串入电阻 *R*，从而降低了定子绕组上的电压，经过一段时间的延时后，再将电阻 *R* 去除，使电动机在额定电压下正常运行。

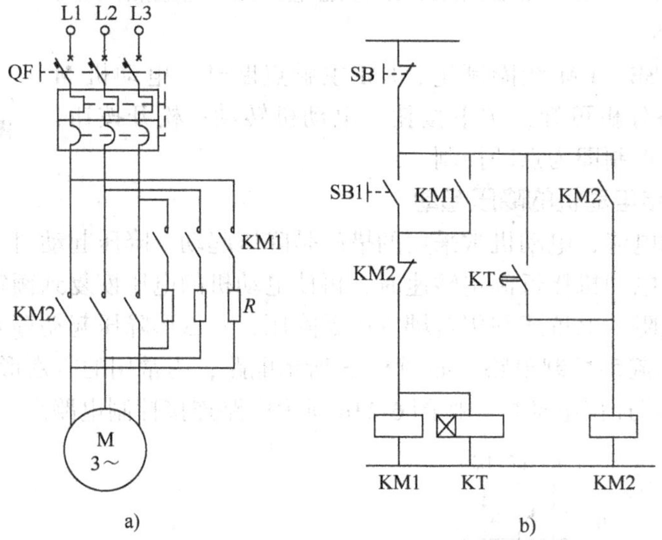

a)　　b)

图 6-24　定子绕组串电阻降压起动的控制电路

a）主电路　b）控制电路

按下起动按钮 SB1，接触器 KM1 线圈得电，主触点闭合，电动机定子绕组串电阻降压起动，自锁触点闭合使电动机保持降压起动。此时，时间继电器 KT 线圈通电，延时一段时间后，KT 的延时闭合触点闭合，KM2 线圈得电，主触点闭合，短接电阻 *R*，电动机全压运行，其起动过程如下：

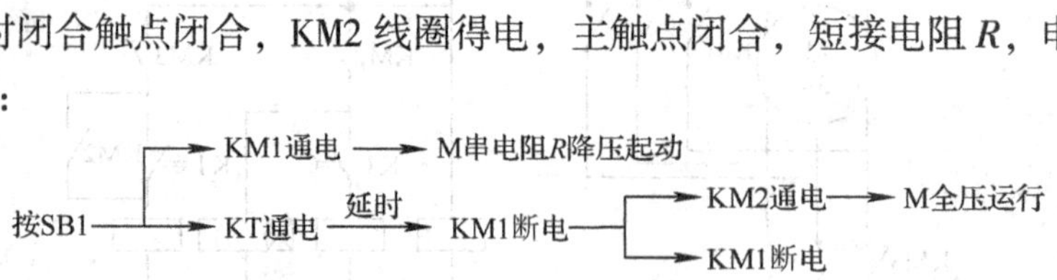

（五）三相异步电动机的正反转控制

在实际应用中，我们常常会遇到这样的控制情况，如机床的刀架台可以自动地前后移动、起重机的吊钩可以上升和下降等，这就要求电动机能实现正转、反转两个方向的运转。

电动机的正反转控制电路分正—停—反，正—反—停两种形式。

由三相异步电动机的工作原理可知，改变接入电动机的三相电源的相序，就可以改变电动机的转向。电动机的正反转电路正是基于这个原理来实现的。

如图6-25a所示的主电路中，电动机的正反转是通过两个接触器KM1、KM2的主触点改变电动机定子绕组的电源相序而实现的。图中接触器KM1为正向接触器，控制电动机正转；接触器KM2为反向接触器，控制电动机反转。

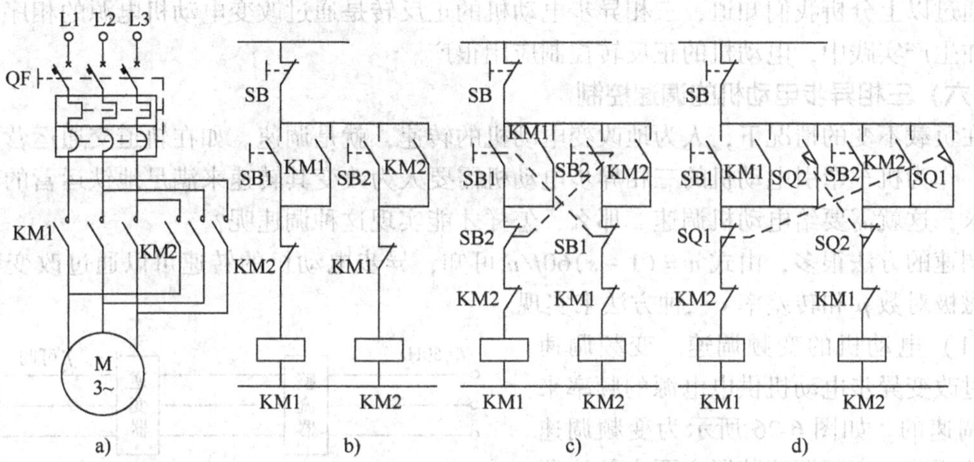

图6-25 三相异步电动机的正反转控制电路

a）主电路 b）正—停—反控制 c）正—反—停控制 d）自动循环控制

电动机正反转控制电路如下：

（1）电动机的“正—停—反”控制如图6-25b所示。按下起动按钮SB1（或SB2），接触器KM1（或KM2）线圈通电，KM1（或KM2）的主触点使电动机正转（或反转）起动，其自锁触点使电动机正转（或反转）运行。由于KM1、KM2两个接触器的常闭触点起互锁作用，即当一个接触器通电时，其常闭触点断开，使另一个接触器线圈不能通电。电动机换向时，必须先按停止按钮SB，使接触器线圈断开，即断开互锁点，才能反方向起动，这样的电路常称为“正—停—反”控制电路，其工作过程分析如下：

按SB1 → KM1通电自锁 → M正转运行

按SB → KM1断电 → M停转

按SB2 → KM2通电自锁 → M反转运行

（2）电动机的“正—反—停”控制电路。按照图6-25c所示电路将起动按钮SB、SB2换成复合按钮，再将主电路电源接通。

当按下SB1（或SB2）时，首先是按钮的常闭触点断开，使KM2（或KM1）线圈断电，同时按钮的常开触点闭合，使KM1（或KM2）线圈通电吸合，电动机反方向运转。由于复合按钮的互锁作用，再加上接触器辅助触点的互锁，此电路又叫双重联锁电路。在电动机运转时可按反转起动按钮直接换向，常称为“正—反—停”控制电路，其工作过程分析如下：

按SB1 → KM1通电自锁 → M正转运行
　　　└→ 断开KM2

　　　┌→ 断开KM1
按SB2 → KM2通电自锁 → M反转运行

按SB → KM1、KM2断电 → M停转

（3）电动机的正反转自动循环控制电路是用行程开关来实现电动机正反转的自动循环控制电路，常用于机床工作台的往返循环控制。如图6-25d所示控制电路，按正转起动按钮SB1，接触器KM1通电并自锁，电动机正转，工作台右移。当工作台运动到右端时，挡块压下右行限位开关SQ1，其常闭触点使KM1断电，同时其常开触点使KM2通电并自锁，电动机反转，使工作台左移。当运动到挡块压下左行限位开关SQ2时，使KM2断电，KM1又通电，电动机又正转，使工作台右移，如此一直循环下去。SB1为自动循环停止按钮。

通过以上分析我们知道，三相异步电动机的正反转是通过改变电动机电源的相序来实观的。在生产实践中，电动机的正反转控制应用很广。

（六）三相异步电动机的调速控制

在负载不变的情况下，人为地改变电动机的转速，就是调速。如在轨道交通运营车辆行进中，作为机车牵引电动机的三相异步电动机需要人为改变其转速来满足地铁运营的各种速度要求，这就需要给电动机调速。那么，怎样才能实现这种调速呢？

调速的方法很多，由式 $n=(1-s)60f/p$ 可知，异步电动机的转速可以通过改变频率 f、改变磁极对数 p 和转差率 s 三种方法来实现。

（1）电动机的变频调速。变频调速是通过改变异步电动机供电电源的频率来实现调速的。如图6-26所示为变频调速装置的框图。变频调速装置主要由整流器和逆变器组成，通过整流器先将50Hz的交流电变换成电压可调的直流电，直流电再通过逆变器变成频率连续可调的三相交流电。在变频装置的支持下，实现了三相异步电动机的无级调速。

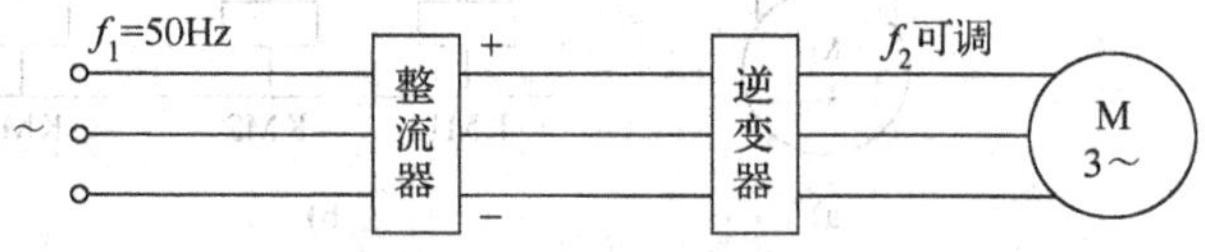

图6-26　变频调速装置的框图

（2）电动机的变极调速。改变电动机每相绕组的连接方法可以改变定子磁极的对数 p，根据公式 $n=60f/p$ 可知，磁极对数的改变可使电动机的同步转速发生改变，从而达到改变电动机转速的目的。但是这种调速方法只适合于笼型异步电动机，因为笼型转子的磁极对数能自动地保持与定子的磁极对数相等。

所谓改变定子绕组端部的连接方式，实质就是把每相绕组中的半相绕组改变电流方向（半相绕组反接）来实现变极的。如图6-27所示，把U相绕组分成两半，即线圈 U_1、U_2 和 U_1'、U_2'，图6-27a所示为两线圈正向串联，得 $p=2$，为四极电动机；图6-27b所示为两线圈反向并联，得 $p=1$，为二极电动机。

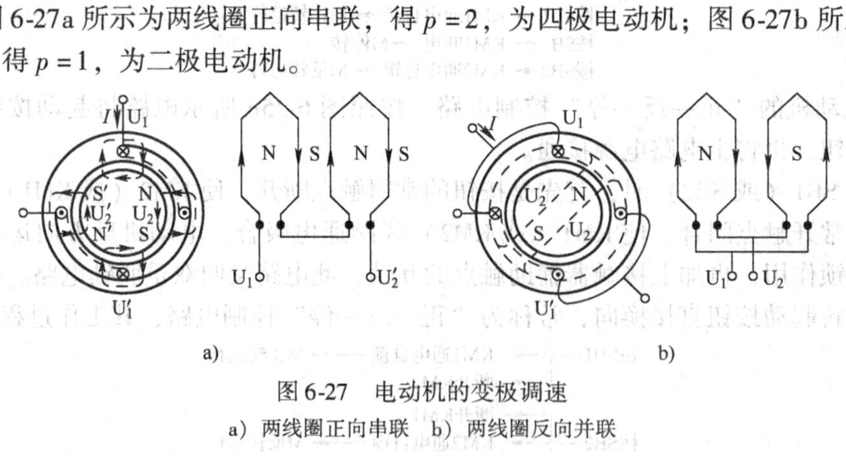

图6-27　电动机的变极调速

a）两线圈正向串联　b）两线圈反向并联

由于磁极对数 p 只能成倍变化，所以这种方法不能实现无级调速。目前已生产的变极调速电动机有双速、三速和四速等多速电动机。

（3）电动机的变转差率调速。这种方案只适用于绕线转子电动机。在电动机转子绕组的电路中接入一个调速电阻，通过改变电阻即可实现调速。

通过学习可知，依据 $n=(1-s)60f/p$ 公式，电动机的调速有变频调速、变极调速及变转差率调速等，不同的调速方法适合不同的场合。在地铁车辆中，目前普遍使用的方法是变频调速。在机车运行时，机车通过车载电脑控制 MCM（牵引逆变模块）输出变频电压给电动机，达到调速的效果。

（七）三相异步电动机的制动控制

城市轨道交通车辆在运营过程中，除了正常的停车外，经常会遇到突发紧急情况需要车辆紧急制动。电动机的制动方法一般分为机械制动和电气制动两种。

机械制动是利用机械装置使电动机迅速停转，常用机械抱闸、液压制动器等机械装置。机械抱闸装置一般由制动电磁铁和闸瓦制动器组成，其轴和电动机的轴是连在一起的，它又可分为通电制动和断电制动。制动时，将制动电磁铁的线圈通电或断电，闸瓦抱住轴使机械抱闸的轴快速停止，所以电动机也快速得到制动。

电气制动实质上是在电动机停车时产生一个与转子原来的转动方向相反的制动转矩，迫使电动机迅速停车。常用的电气制动有反接制动和能耗制动。地铁车辆上使用的制动方法是先用电气制动减速，最后停车采用空气制动。如果遇到紧急情况，就要采用紧急制动。紧急制动要采用空气制动，因为空气制动的制动速度快、效果好。

（1）反接制动。如图 6-28 所示是反接制动的原理图。当电动机需停转时，将三根电源线中的任意两根对调位置而使旋转磁场反向（方向为图中的 n_0'），此时产生一个与转子惯性旋转方向相反的电磁转矩（受力方向为 F'），从而使电动机迅速减速。当转速接近零时，必须立即切断电源，否则电动机将会反转。

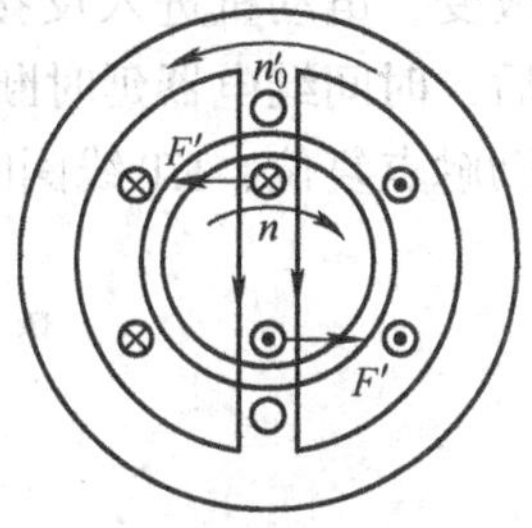

图 6-28　反接制动的原理

反接制动时，由于旋转磁场的相对速度很大，定子电流也很大，因此制动迅速。反接制动时冲击较大，对传动部件有害，能量消耗也较大，通常仅适用于不经常起动、制动的 10kW 以下的小容量电动机。为了减小冲击电流，可在主回路中串入电阻 R 来限制反接制动的电流。反接制动有时间原则方式和速度原则方式两种。

如图 6-29a 所示为电动机单向反接制动的主电路。速度继电器 SR 安装在电动机的轴端上，与电动机同步。电动机正常运转时，转速较高，速度继电器 SR 的动合触点闭合，为接触器 KM2 线圈通电做准备，即为反接制动做准备。在图 6-29a 中，三相绕组都串接了制动电阻（在实际应用中常采用只在其中任意两相绕组中串接电阻的办法进行制动）。

如图 6-29b 所示为电动机速度原则方式下的反接制动控制电路。停车时，按下复合按钮 SB，KM1 线圈断电，电动机脱离三相电源做惯性转动。同时，接触器 KM2 线圈通电并自锁，使电动机定子绕组中三相电源的相序改变，电动机进入反接制动状态，转速迅速下降。当电动机转速接近零时，速度继电器 SR 的常开触点复位，KM2 线圈断电，切断了电动机的反相序电源，反接制动结束，其工作过程分析如下：

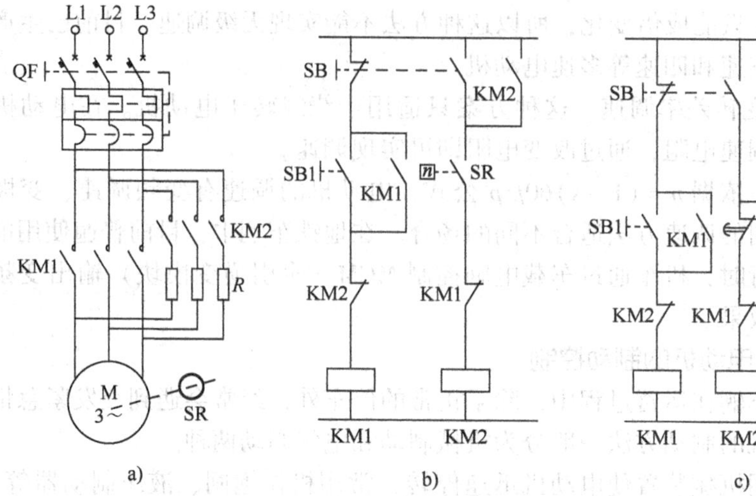

图 6-29 反接制动的控制电路

a）主电路 b）速度原则的控制电路 c）时间原则的控制电路

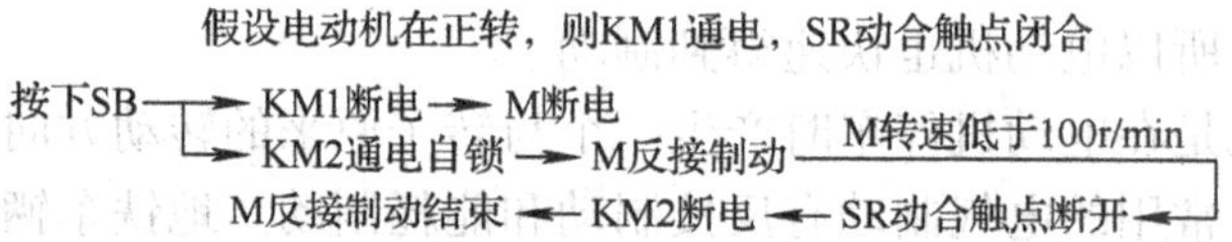

如图 6-29c 所示为时间原则方式下的反接制动控制电路（用时间继电器进行控制）。停车时，按下复合停止按钮 SB，接触器 KM1 断电释放，电动机脱离三相电源，接触器 KM2 和时间继电器 KT 同时通电并自锁，KM2 主触点闭合，使电动机定子绕组中三相电源的相序改变，电动机进入反接制动状态，转速迅速下降。延时一段时间（转子转速接近于零时）后，时间继电器延时断开常闭触点断开，KM2 线圈断电，断开反接制动电源，KM2 常开辅助触点复位，KT 线圈断电，电动机反接制动结束，其工作过程分析如下：

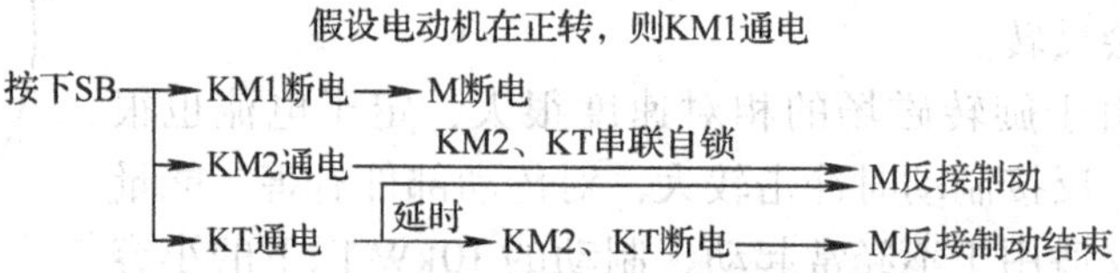

（2）能耗制动。如图 6-30 所示是能耗制动的原理图。当电动机断电后，立即向定子绕组中通入直流电而产生一个固定的不旋转的磁场 B。由于转子仍以惯性转速运转，转子导条与固定磁场间有相对运动并产生感应电流。这时，转子电流与固定磁场相互作用产生的转矩方向与电动机惯性转动的方向相反（受力方向为 F'），起到制动作用。

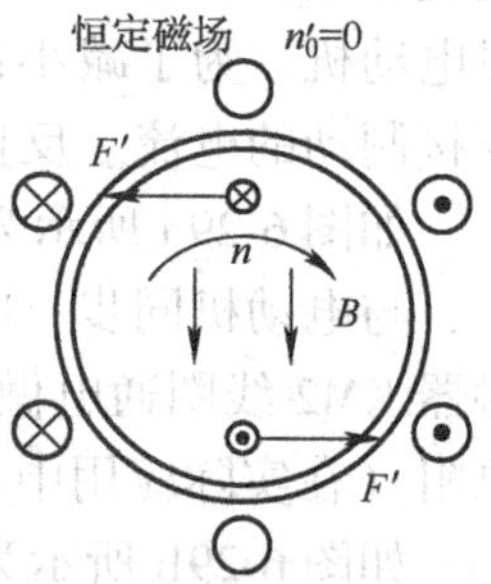

图 6-30 能耗制动的原理图

如图 6-31 所示为速度原则方式下的能耗制动控制电路（用速度继电器进行控制）。速度继电器 SR 安装在电动机轴端上，与电动机同步。电动机正常运转时，转速较高，速度继电器 SR 的常开触点闭合，为接触器 KM2 线圈通电做准备，即为能耗制动做准备。停车时，按下复合停止按钮 SB1，接触器 KM1 断电，电动机脱离三相电源。此时，接触器 KM2 线圈通电并自锁，直流电源被接入定子绕组，电动机进入能耗制动状态。当电动机转子的惯性转速接近零时

（低于 100r/min），假设电动机在正转，则 KM1 通电，SR 动合触点闭合，SR 常开触点复位，KM2 线圈断电，能耗制动结束，其工作过程分析如下：

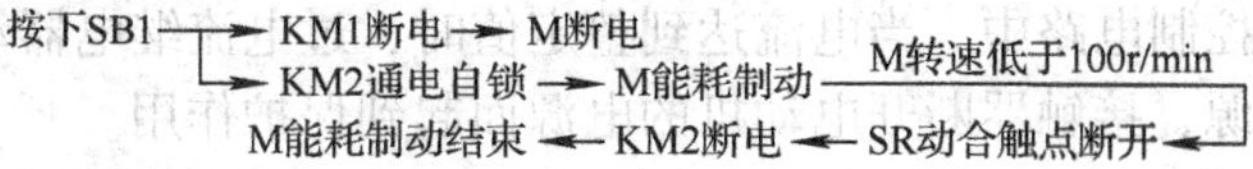

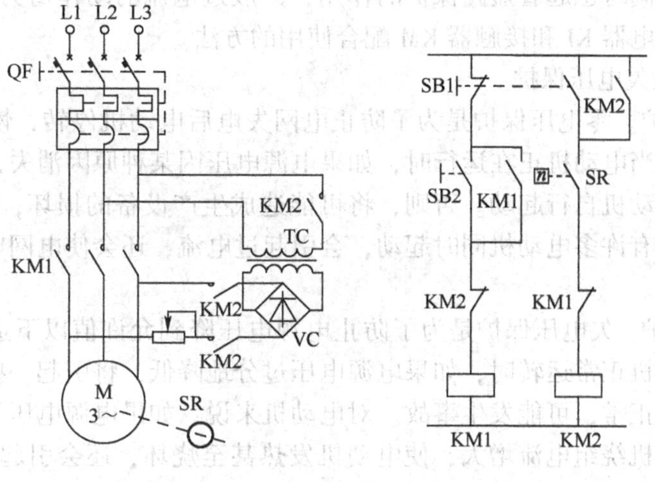

a)　　　　b)

图 6-31　速度原则的能耗制动控制电路

a）主电路　b）控制电路

能耗制动的特点是制动平稳准确、耗能小，但需配备直流电源。

（八）三相异步电动机的保护

为了确保电动机长期、安全、可靠无故障地运行，机床电气控制系统都必须有保护环节，用以保护电动机、电源、电气控制设备及人身的安全。电气控制系统中常用的保护环节有短路保护、过载保护、零电压和欠电压保护以及弱磁保护等。

（1）短路保护。电动机绕组导线的绝缘损坏或者电路发生故障时，都可能造成短路事故。短路时，若不迅速切断电源，会产生很大的短路电流，使电气设备损坏。常用的短路保护元件有熔断器 FU 和断路器 QF。

短路时，熔断器由于熔体熔断而切断电路起保护作用；断路器在电路出现短路故障时可自动跳闸，起保护作用。

（2）过载保护。三相异步电动机的负载突然增加、断相运行或电网电压降低都会引起过载。电动机长期过载运行，其绕组温升将超过允许值，会造成绝缘材料变脆、变硬、减少寿命，甚至造成电动机损坏，因此要进行过载保护。常用的过载保护元件是热继电器 FR 和断路器 QF。

由于热继电器的热惯性较大，不会受电动机短时过载冲击电流或短路电流的影响而瞬时动作，因此热继电器具有过载保护作用而不具有短路保护作用。选择时应注意，作为短路保护，熔断器熔体的额定电流一般不应超过热继电器发热元件额定电流的 4 倍。

（3）过电流保护。过大的负载转矩或不正确的起动方法会引起电动机的过电流故障。过电流一般比短路电流要小，产生过电流比发生短路的可能性更大，尤其是在频繁正反转起动、制动的短时重复工作中更是如此。过电流保护主要应用于直流电动机或绕线型异步电动机。

对于三相笼型异步电动机，由于其短时过电流不会产生严重后果，故可不设置过电流保护。

过电流保护元件是过电流继电器。将过电流继电器线圈串接于被保护的主电路中，其常闭触点串接在接触器控制电路中。当电流达到整定值时，过电流继电器动作，其常闭触点断开，切断控制电路电源，接触器断开电动机的电源而起到保护作用。

过电流继电器同时也起着短路保护的作用，一般过电流的动作值为起动电流的1.2倍。通常采用过电流继电器KI和接触器KM配合使用的方法。

（4）零电压及欠电压保护。

1）零电压保护。零电压保护是为了防止电网失电后电动机停转，恢复供电时又自行起动而实行的保护。当电动机正在运行时，如果电源电压因某种原因消失，那么在电源电压恢复时，必须防止电动机自行起动。否则，将可能造成生产设备的损坏，甚至发生人身事故。而对电网来说，若有许多电动机同时起动，会引起过电流，还会使电网电压瞬间下降，因此要进行零电压保护。

2）欠电压保护。欠电压保护是为了防止电源电压降到允许值以下造成电动机损坏而实施的保护。在电动机正常运转时，如果电源电压过分地降低，将引起一些电器触点释放，造成控制线路工作不正常，可能发生事故。对电动机来说，如果电源电压下降过低，而负载不变时，会造成电动机绕组电流增大，使电动机发热甚至烧坏，还会引起转速下降甚至停转，因此要进行欠电压保护。

一般通过接触器KM的自锁环节来实现电动机的零电压、欠电压保护，也可用断路器QF来进行保护。

【项目实施】

实训任务一　电动机全压起动

1. 实训目标

（1）认识常用的低压电器，并会使用。

（2）熟悉三相异步电动机的点动、长动原理，能根据电气原理图接线。

（3）区别点动和自锁的原理。

2. 实训工具

本实训任务需要的设备包括三相笼型异步电动机交流接触器、熔断器、按钮、刀开关、断路器、热继电器、行程开关、绝缘导线和万用表；所需的工具包括测电笔、电式钳、剥线钳、电工刀和螺钉旋具（一字和十字）。

3. 内容与步骤

起动时直接给电动机加额定电压即直接起动。一般来讲，电动机的容量不大于直接供电变压器容量的20%～30%时，可直接起动。

（1）按图6-21a所示的电路接线，检查无误后，将电源开关合上。此电路为直接起动电路，适用于小容量电动机。电动机的起停由开关直接控制。

（2）按图6-21b、6-21c所示电路接线，检查无误后，将电源开关合上。此电路为接触器控制电路。

（3）如图6-22所示，这是一种最简单的点动控制电路。按图接线操作起动。由线路分析可知，按下按钮，电动机转动；松开按钮，电动机停转，这种控制为点动控制。

想一想：1）电气原理图中，按钮是按受外力作用还是不受外力作用时的状态绘制的？

2）接触器的触点，是按线圈通电还是未通电时的状态绘制的？

3）直接起动的优点和缺点各有哪些？

4. 实训小结

根据实训步骤进行过程记录，写出实训报告。

实训任务二　电动机正反转电路

1. 实训目的

（1）熟悉三相异步电动机正反转运行的原理，能根据电气原理图接线。

（2）加深对双重联锁电路的理解。

2. 实训工具

本实训任务需要的设备和工具包括三相笼型异步电动机、交流接触器、熔断器、按钮、刀开关、断路器、热继电器、行程开关、绝缘导线和万用表。

3. 内容与步骤

（1）按电动机“正—停—反”所示电路接线，检查无误后，先调试控制电路，再将主电路的电源接通进行操作。

（2）按照正—停—反的操作顺序按下按钮，观察电动机的转动方向。

想一想：1）为什么电动机要实现联锁？

2）电动机的正反转是通过什么实现的？

4. 实训小结

根据实训步骤进行过程记录，写出实训报告。

【拓展与提高】

城市轨道交通列车的制动系统

（1）列车制动系统：为了能实现对列车的制动和缓解制动，需要在列车上安装由一整套零部件组成的完整的制动装置。制动装置一般安装在两侧车头上，至少包括两个部分，即制动控制部分和制动执行部分。制动控制部分由制动信号发生与传输装置以及自动控制装置组成。制动执行部分通常称为基础制动装置，包括闸瓦制动与盘式制动等不同方式。

（2）常用制动和紧急制动。列车运行过程中制动的操作按用途可分为两种，即常用制动和紧急制动。常用制动是指在正常情况下为调节或控制列车速度，包括进站停车所实施的制动。它的特点是作用比较缓和，制动力可以调节，通常只用列车制动能力的20%～80%，多数情况只用50%。紧急制动是一种非常制动，其特点是作用比较迅猛，要把列车的全部制动能力都用上。目前在城市轨道交通车辆上还采用一种快速制动的方法，它基本与紧急制动相当，但是紧急制动是不可自动恢复的，必须停车后人工恢复，而快速制动是可恢复的控制过程。

（3）常用制动和快速制动的实施。制动控制电子装置（BCE）和牵引控制电子装置（PCE）同时接收来自牵引和制动列车的信号，并根据信号判断列车的运行工况。列车制动时，BCE 和 PCE 会同时接收到双份 PWM 制动减速度脉宽调制信号，并判断这两个信号的大小，取其中较大值作为自动减速度的需求值。拖车 BCE 则根据本车的载重计算出所需制动力的大小，但是此时拖车 BCE 控制本车的 PCE 只施加一个极小的制动力（使闸瓦刚好接触车轮踏面并不加到需求压力），同时通过 FIP 网络向动车 PCE 发出本车的载重信号（PWM）。动车 PCE 根据动车的载重再加上 50% 拖车载重计算出所需制动力的大小。电制动时，再生制动和电阻制动交替使用。在网压高于 DC1 800V 时，再生制动能平稳地转到电阻制动。在整个运行速度范围内，电阻制动能单独满足制动的要求。在电制动力不足的情况下，动车和拖车分别根据各自车辆所接收到的制动指令，同时施加空气制动。如果电制动有效，PCE 会给本车 BCE 发送指令禁止 BCE 施加空气制动。在电制动失效或紧急制动过程中，空气制动将代替电制动且根据列车的载重全部施加空气制动。在列车低速运行时，由空气制动代替电制动，实施“保持制动”，使整列车停车。当列车起动时，“保持制动”由牵引指令根据车辆牵引力不断加大进行缓解，应防止牵引力不足时制动先完全缓解而造成列车倒退。

【复习思考题】

1. 电动机的起动电流很大，当电动机起动时，热继电器会不会动作？为什么？

2. 什么叫自锁？什么叫互锁？举例说明它们的作用。

3. 请说出图 6-32 中所表示的电器的名称和文字符号。

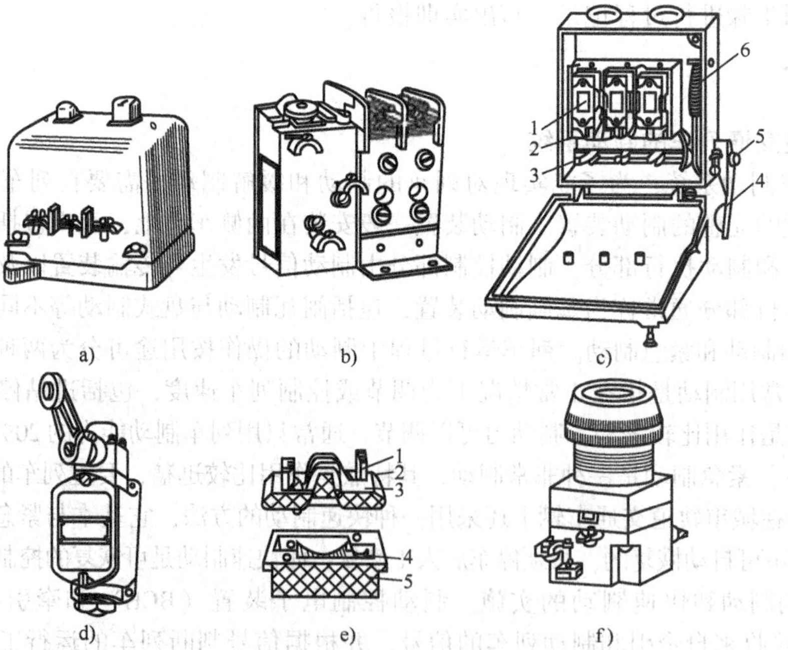

图 6-32 题 3 图

4. 在电气控制中，熔断器和热继电器的保护作用有什么不同？能不能用热继电器代替熔断器作短路保护？

5. 图6-33所示的电路各有什么错误？工作时会出现什么现象？应如何改进？

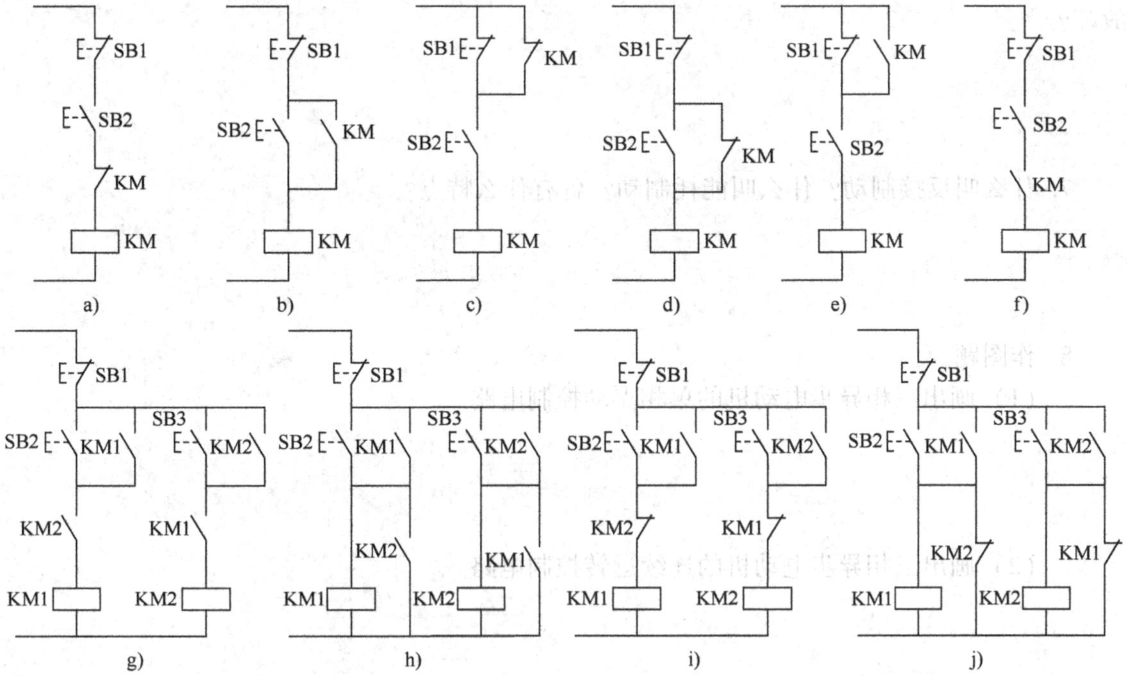

图6-33　题5图

6. 分析图6-34所示电气原理图的工作原理，并回答下列问题。

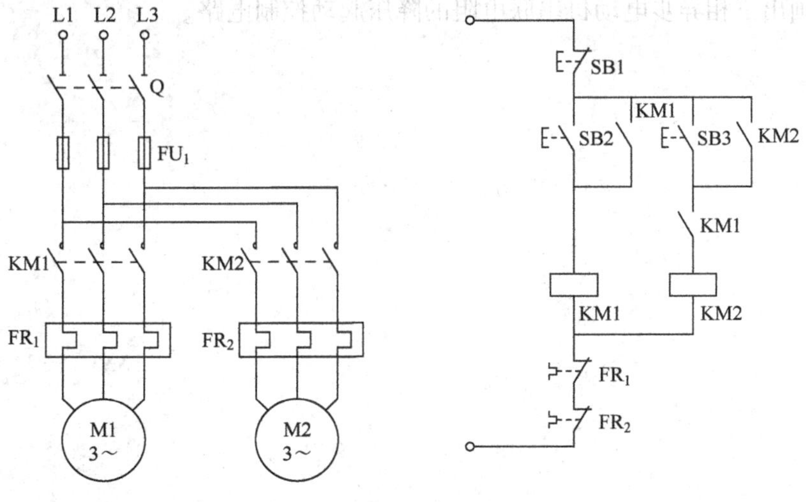

图6-34　题6图

（1）在电动机 M1 还没起动的情况下，直接按下按钮 SB2，则电动机 M2 能不能起动？

（2）若电路中，错把接触器 KM2 的辅助动合触点接成了动断触点，电路将会出现什么故障？

7. 什么叫反接制动？什么叫能耗制动？各有什么特点？

8. 作图题。

（1）画出三相异步电动机的单相点动控制电路。

（2）画出三相异步电动机的连续运转控制电路。

（3）画出三相异步电动机正反转用按钮作互锁保护的可逆起动控制电路。

（4）画出三相异步电动机串联电阻的降压起动控制电路。

项目七　半导体器件

【知识要点】

1. 半导体的特性与二极管的类型；
2. 晶体管及其输出特性曲线；
3. 晶闸管的工作条件；
4. 门极关断（GTO）晶闸管的工作特性。

【项目任务】

1. 了解半导体的基础知识，理解 PN 结和二极管的单向导电性；
2. 熟悉二极管的电路符号和主要参数；
3. 掌握二极管的结构、伏安特性和简单应用及测试；
4. 理解晶体管的电流放大实质；
5. 掌握晶体管的结构和伏安特性；
6. 可关断晶闸管的工作特性；
7. 掌握门极关断（GTO）晶闸管的工作特性；
8. 了解门极关断（GTO）晶闸管的主要参数；
9. 了解门极关断（GTO）晶闸管的适用场合。

【项目准备】

本项目需要准备的设备包括晶体管实物若干、万用表和可关断晶闸管等。

【相关理论知识】

一、半导体与二极管

（一）半导体的基本知识

1. 半导体　半导体是导电能力介于导体与绝缘体之间的一种物质。常用的半导体有硅（Si）、锗（Ge）、硒（Se）等。半导体与金属导体不同，它有两种运载电荷的粒子：一种是带负电荷的自由电子，另一种是带正电荷的空穴，这两种粒子统称为载流子。在外电场作用下，载流子的定向移动形成电流，如图 7-1 所示。

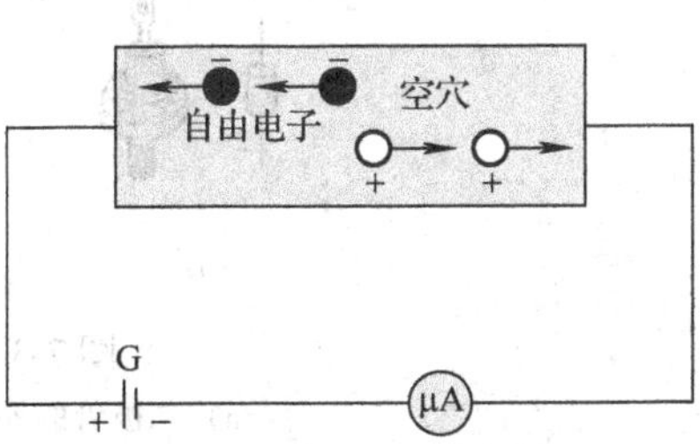

图 7-1　半导体的两种载流子

2. 半导体的特性　半导体具有热敏性、光敏性和掺杂性等特殊性能。

当环境温度升高时，半导体的导电能力显著增加；当环境温度下降时，半导体的导电能力显著下降，这种特性称为热敏特性。热敏电阻就是利用半导体的这种特性制成的。

当有光线照射时，某些半导体就像导体一样，导电能力很强；当没有光线照射时，这些半导体就像绝缘体一样不导电，这种特性称为光敏特性。光敏二极管、光敏晶体管和光敏电阻等，都是利用半导体的光敏特性制成的。

不掺杂质的纯净半导体称为本征半导体，如本征硅和本征锗。在本征半导体中，两种载流子的数量是相等的，载流子的浓度很低，导电能力差，绝缘性不强，不宜作导电材料也不宜作绝缘材料。在本征半导体中适当地掺入微量杂质元素（如硼或磷），就形成了掺杂半导体。掺杂半导体中的载流子数量大大增加，导电性能也成百万倍地增加，这就是半导体最显著、最突出的掺杂特性。晶体管就是利用这种特性制成的。

根据掺杂的物质不同，掺杂半导体有两种，一种是掺入微量三价元素（硼，铟）后形成的掺杂半导体，称为P型半导体（空穴型半导体），其内部空穴为多数载流子，电子为少数载流子；另一种是掺入微量五价元素（磷，砷）后形成的掺杂半导体，称为N型半导体（电子型半导体），其内部电子为多数载流子，空穴为少数载流子。

3. PN结 我们通过现代工艺，在一块本征半导体的一边形成P型半导体，另一边形成N型半导体，于是这两种半导体的交界处就形成了一个特殊薄层，称为PN结。PN结是各种半导体器件的核心，如图7-2所示。

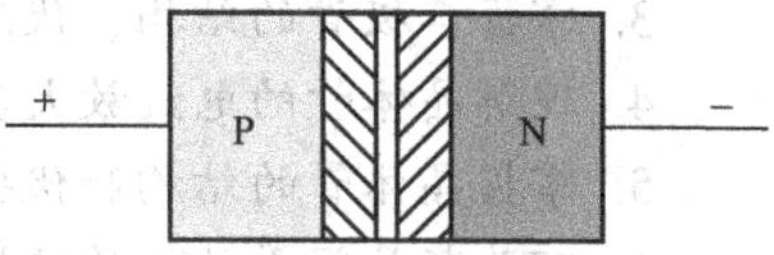

图7-2 PN结

PN结具有单向导电性。当给PN结加正偏电压（即P区接高电位，N区接低电位）时，PN结正向电阻很小，处于导通状态；当给PN结加反偏电压（即P区接低电位，N区接高电位）时，PN结反向电阻很大，处于截止状态。二极管、晶体管等半导体器件的工作特性都是以PN结的单向导电性为基础的。

（二）二极管

1. 二极管的结构与类型

（1）二极管的结构。将PN结加上电极引出线和管壳，就构成了二极管。二极管的外形、内部结构如图7-3a、7-3b所示，它有两个电极，由P区引出的电极是正极（又称阳极），从N区引出的是负极（又称阴极），分别用“+”和“-”来表示。二极管的图形符号如图7-3c所示，文字符号为“VD”。

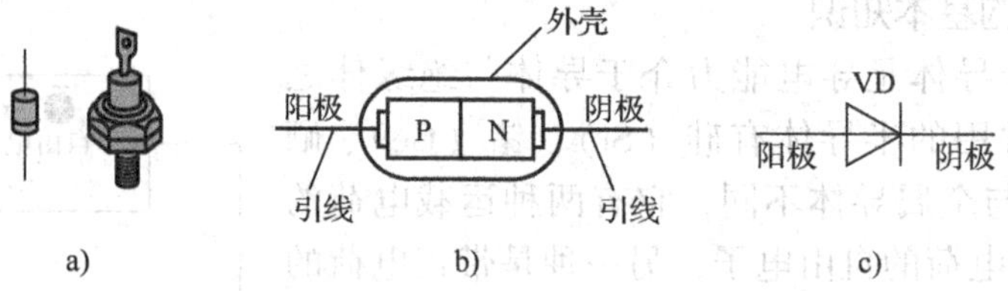

图7-3 二极管的外形、内部结构和图形符号

a）二极管的外形 b）二极管的内部结构 c）二极管的图形符号

（2）二极管的单向导电性。将二极管接在如图7-4所示的电路中，如图7-4a所示，开关闭合，灯亮，二极管导通；如图7-4b所示，开关闭合，灯不亮，二极管截止。

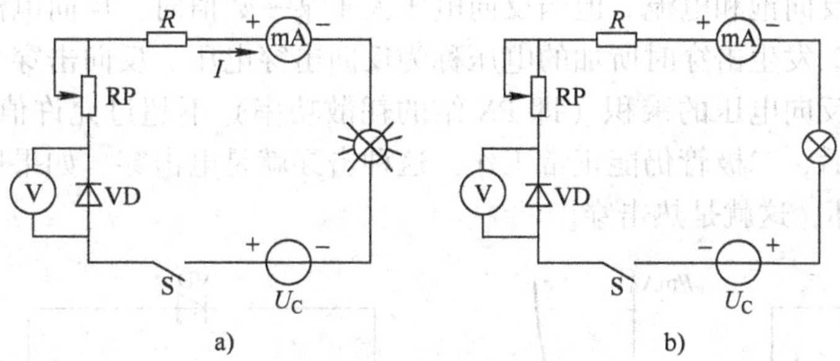

图 7-4　半导体二极管的单向导电性实验

a）二极管导通　b）二极管截止

实验说明：当二极管加正向电压时，二极管导通；当二极管加反向电压时，二极管截止，这一特性称为二极管的单向导电性。

（3）二极管的类型。二极管的类型有多种，按制作材料的不同，可以分为锗二极管和硅二极管；按制作工艺的不同，可以分为面接触型二极管和点接触型二极管；按用途的不同，又可分为整流二极管、稳压二极管、光敏二极管和变容二极管等，如图 7-5 所示。

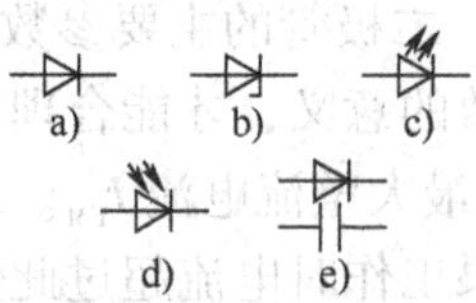

图 7-5　二极管的图形符号

a）整流二极管　b）稳压二极管　c）发光二极管　d）光敏二极管　e）变容二极管

发光二极管（LED）是一种功耗很低的发光元件，能把电能转变成光能，常用的有红、橙、黄、绿四种颜色。它和其他发光元件的区别在于有极性，极性不对将不能工作。光敏二极管能将光信号转变为电信号，其结构与普通二极管的结构基本相同，只是在它的 PN 结处，通过管壳上的一个玻璃窗口能接收外部的光照。光敏二极管的 PN 结在反向偏置状态下运行，其反向电流随光照强度的增加而增强。变容二极管有玻璃外壳封装、塑料封装、金属外壳封装和无引线表面封装等多种封装形式。通常，中小功率的变容二极管采用玻璃外壳封装、塑料封装或者表面封装，而功率较大的变容二极管多采用金属外壳封装。

2. 二极管的伏安特性与主要参数

（1）二极管的伏安特性。二极管两端的电压和流过它的电流之间的关系称为二极管的伏安特性，如图 7-6 所示。

如图 7-7 所示，当外加正向电压很小时，二极管呈现的电阻较大，正向电流几乎为零，此段称为死区；当正向电压超过某一数值（即死区电压）后，电流才随电压的上升而变大，此时二极管呈现的电阻很小，二极管导通。通常，硅管的死区电压约为 0.5V，锗管的死区电压约为 0.1V。导通时，二极管两端的电压基本恒定，硅管的正向压降约为 0.7V，锗管约为 0.3V。

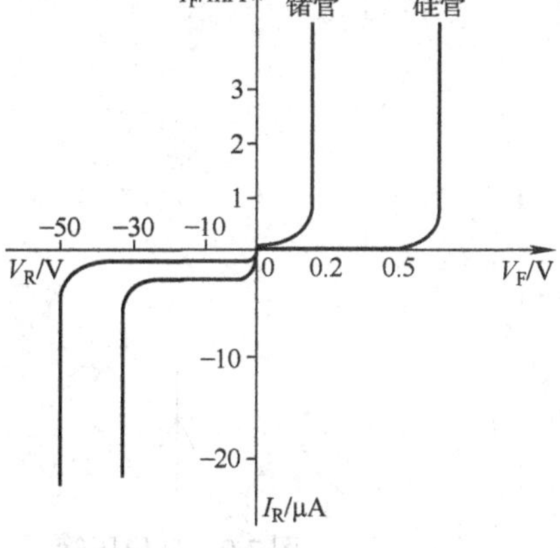

图 7-6　二极管的伏安特性曲线

如图 7-8 所示，当二极管加反向电压时，在一定的范围内，反向电流很小，而且其大小与反向电压的高低无关，此电流称为反向饱和电流。但当反向电压大于某一数值时，反向电流急剧增人，这种现象称为反向击穿。发生击穿时所加的电压称为反向击穿电压。反向击穿分为电击穿和热击穿。当反向电流与反向电压的乘积（即 PN 结的耗散功率）不超过允许值时，PN 结不会烧坏，反向电压撤去后，二极管仍能正常工作，这种击穿就是电击穿。如果反向电流过大，导致 PN 结过热而烧坏，这就是热击穿。

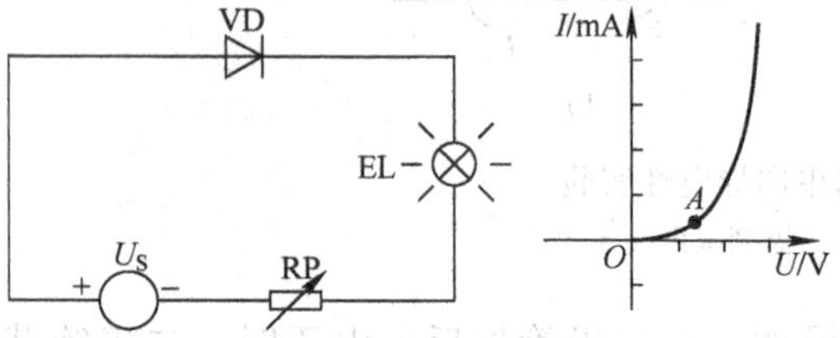

图 7-7　二极管正向导通与伏安特性

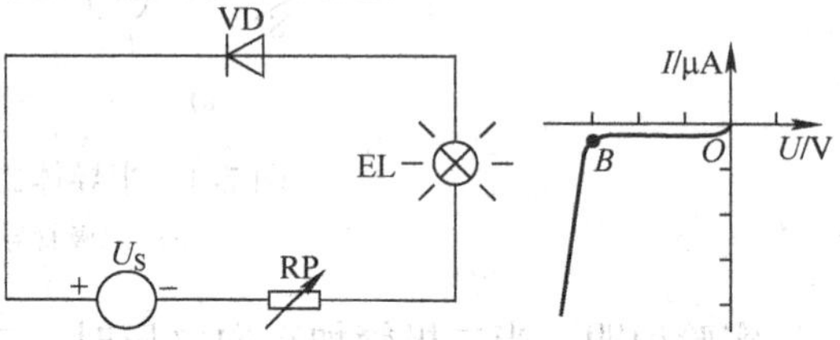

图 7-8　二极管反向截止与伏安特性

（2）二极管的主要参数。二极管的参数是描述二极管性能的质量指标，只有正确理解这些参数的意义，才能合理、正确地使用二极管。

1）最大整流电流 I_{FM}。最大整流电流是二极管长期运行时，允许通过的最大正向平均电流。如果工作时电流超过此值，将造成 PN 结过热而使二极管损坏。

2）最高反向工作电压 U_{RM}。最高反向工作电压是二极管允许承受的最大反向工作电压，电压超过此值，二极管就有被反向击穿的危险。一般此值是反向击穿电压的 1/2 或 1/3。

3）反向电流 I_R。反向电流是指二极管在常温下承受最高反向工作电压 U_{RM} 时的反向漏电流。这个电流的大小反映了二极管单向导电性能的好坏，反向电流越小，则二极管的单向导电性能越好，且受温度的影响小。硅管的反向电流比锗管小几十到几百倍，一般在几微安以下。

二极管的参数是正确使用二极管的依据，一般半导体器件手册中都给出不同型号二极管的参数。在使用时，应特别注意不要超过最大整流电流和最高反向工作电压，否则二极管容易损坏。

（三）硅稳压二极管

1. 硅稳压管的结构和符号　硅稳压管是一种面结合型的硅二极管，如图 7-9 所示。它的外形和小功率的整流二极管相同，内部也有一个 PN 结，其正向特性和普通硅二极管一样。但由于硅稳压管的掺杂重，它的击穿电压值一般比普通二极管低得多，因而使它在反向特性上具有特殊的性能，其特性曲线如图 7-10 所示。

图 7-9　硅稳压管

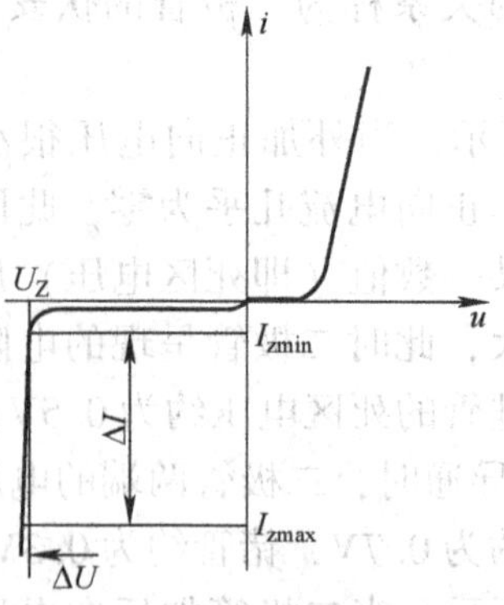

图 7-10　硅稳压管的特性曲线

稳压原理就是利用稳压管的反向击穿特性。因为稳压管的反向特性陡直，较大的电流变化只会引起较小的电压变化。整流二极管是不能工作在反向击穿区的，否则二极管会损坏而失去其单向导电性。硅稳压管则不同，它恰恰是工作在反向击穿区的。由伏安特性曲线上可以看出，当加在稳压管上的反向电压较低时，反向漏电流很小；当反向电压增高到击穿电压时，硅稳压管即被击穿，反向电流迅速增加。但只要在外电路上采取限流措施，使反向击穿电流与击穿电压的乘积不超过稳压管允许的功耗，稳压管就不会损坏。当外加电压撤除后，稳压管的PN结仍可恢复其单向导电性，所以稳压管的击穿是可逆的。

2. 稳压管的主要参数

（1）稳定电压 U_Z。稳定电压 U_Z 是指稳压管在电路中正常工作时，稳压管两端的反向击穿电压。由于制造工艺不易控制，同一型号稳压管的稳定电压也有些差别。例如2CW54型硅稳压管的稳定电压为5.5~6.5V，也就是说，把这种型号的某个稳压管接在电路中，它可能稳定在5.5V，换上另一只同型号的，可能稳定在6V，使用时可根据需要进行测试挑选。对每一个稳压管而言，只有一个确定的稳压值。当然，这个稳压值还会随它所通过电流的大小而稍有变化。

（2）稳定电流 I_Z。稳定电流 I_Z 是指当稳压管两端的电压等于稳定电压时，稳压管中通过的反向电流。例如2CW54型稳压管的 I_Z 为10mA。通常要求稳压管的工作电流要大于或等于 I_Z，从而使电路有较好的稳压效果。

（3）最大稳定电流 I_{ZM}。最大稳定电流 I_{ZM} 是指稳压管最大允许的工作电流，若超过此电流，稳压管可能因过热而损坏。

（4）最大耗散功率 P_{ZM}。最大耗散功率 P_{ZM} 是指稳压管不致因过热而损坏的最大耗散功率，即 $P_{ZM} \approx U_Z I_{ZM}$。

（5）动态电阻 r_Z。动态电阻 r_Z 是反映稳压性能好坏的一个参数，它等于稳压管两端电压的变化量与对应的电流变化量之比，即

$$r_Z = \frac{\Delta U_Z}{\Delta I_Z} \tag{7-1}$$

动态电阻越小，说明反向特性曲线越陡，稳压管的稳压性能越好。

（四）二极管的测试

如图7-11所示为万用表电阻挡的等效电路，红表笔（+）接表内电池的负极，而黑表笔（-）接表内电池的正极。

用万用表检测二极管，如图7-12所示。

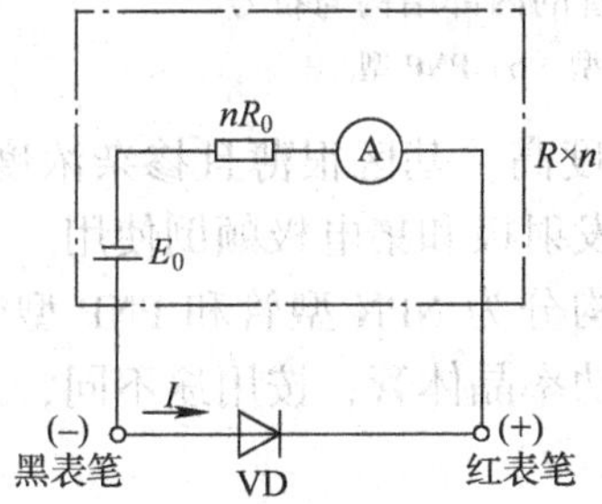

图7-11　万用表电阻挡的等效电路

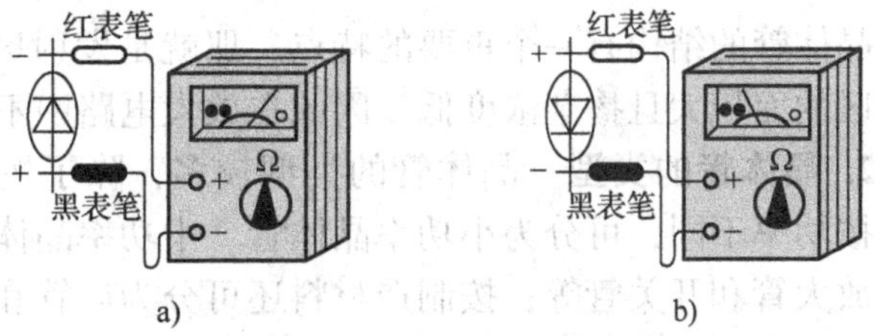

图7-12　用万用表检测二极管

a）测出正向电阻小　b）测出反向电阻大

（1）用万用表判别二极管的正负极性：将万用表拨到 $R\times100\Omega$ 或 $R\times1\text{k}\Omega$ 挡，将红、黑表笔分别接二极管的两端，测出两个阻值。在测得阻值较小的一次测量中，与黑表笔相接的一端就是二极管的正极；同理，在测得阻值较大的一次测量中，与黑表笔相接的一端就是二极管的负极。

（2）判别二极管的好坏：一般二极管的正向电阻约为几十到几百欧，反向电阻约为几百欧到几百千欧。若测得二极管的正反向阻值都非常大，说明二极管内部已开路；若测得正反向电阻都非常小，说明二极管内部短路。出现开路和短路时，管子已损坏。二极管的正反向阻值相差越大，二极管的单向导电性能越好。

二、晶体管

晶体管是一种具有电流放大作用和开关控制作用的半导体器件，它是电子电路的核心元件，广泛应用于各种电子设备中。

（一）晶体管的结构与类型

1. 晶体管的结构 常见的晶体管外形如图 7-13 所示。晶体管是由两个 PN 结构成的一种半导体器件，按 PN 结的组合方式分为 NPN 型和 PNP 型，它们的结构示意图和符号如图 7-14a、7-14b 所示。由图可知，晶体管内部有三个区：发射区、基区和集电区，同时相应地引出三个电极：发射极 e，基极 b 和集电极 c，发射区与基区之间形成的 PN 结称为发射结，集电区与基区形成的 PN 结称为集电结。

图 7-13 常见的晶体管外形

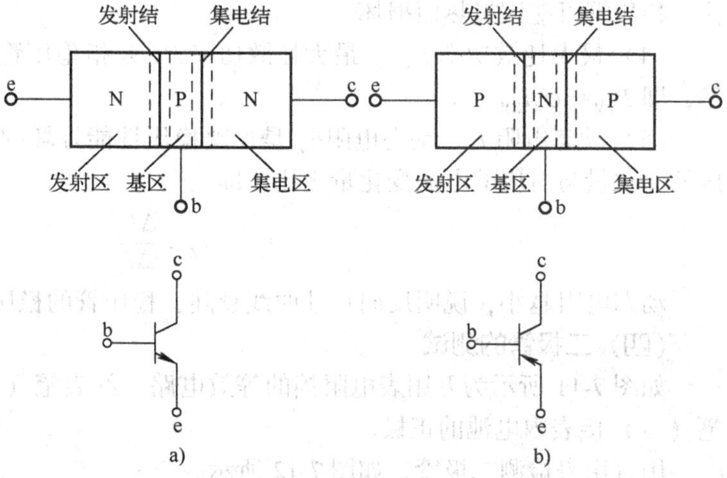

图 7-14 晶体管的内部结构与符号

a）NPN 型 b）PNP 型

晶体管的结构有一个重要的特点，那就是发射区掺杂浓度高，基区很薄且掺杂浓度低，集电区的面积大且掺杂浓度低，因此在放大电路中不可以将发射极和集电极颠倒使用。

2. 晶体管的类型 晶体管的类型较多，除了按内部结构分为 NPN 型管和 PNP 型管以外，按功率不同，可分为小功率晶体管、中功率晶体管和大功率晶体管；按用途不同，又可分为放大管和开关管等；按制造材料还可分为硅管和锗管。

（二）晶体管的电流放大原理

NPN 型晶体管电流分配的实验电路如图 7-15 所示，因为发射极是输入回路和输出回路的公共极，所以称为共射极放大电路。在基极、发射极之间接电源 U_{BB}，在集电极、发射极之间接电源 U_{CC}，并且使 $U_{BB} < U_{CC}$，保证了发射结加的是正向电压（正向偏置），集电结加的是反向电压（反向偏置），满足了晶体管实现电流放大作用的外部条件。此时，在电路中就会形成基极电流 I_B、集电极电流 I_C 和发射极电流 I_E。

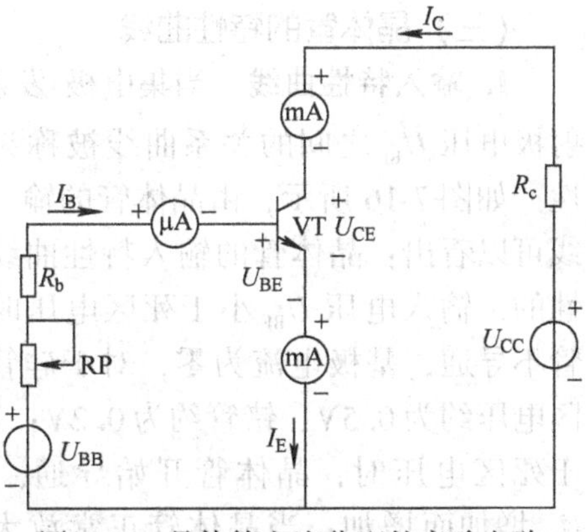

图 7-15 晶体管电流分配的实验电路

调整电阻 R_b，基极电流 I_B、集电极电流 I_C、发射极电流 I_E 都会发生变化，通过实验得出表 7-1 中的数据。

表 7-1 晶体管三个电极上的电流分配

实验序号	1	2	3	4	5	6
I_B/mA	0	0.02	0.04	0.06	0.08	0
I_C/mA	0.01	1.60	3.20	4.78	5.82	0.01
I_E/mA	0.01	1.62	3.24	4.84	5.90	0.01

分析表中的数据可知：

（1）晶体管各极的电流分配关系

$$I_E = I_B + I_C \tag{7-2}$$

此结果符合基尔霍夫电流定律。

（2）在一定范围内，基极电流 I_B 增大时，集电极电流 I_C 也相应增大，通常把 I_C 与 I_B 的比值称为直流电流放大系数，用 $\overline{\beta}$ 表示，它反映了晶体管的电流放大能力。

$$\overline{\beta} \approx \frac{I_C}{I_B} \tag{7-3}$$

（3）在一定范围内，当基极电流 I_B 有微小变化时，就能引起集电极电流 I_C 的较大变化，这就是晶体管的电流放大作用。集电极电流的变化量 ΔI_C 与相应的基极电流变化量 ΔI_B 的比值称为晶体管的交流电流放大系数，用 β 表示

$$\beta = \frac{\Delta I_C}{\Delta I_B} \tag{7-4}$$

由表 7-1 中的数据可得，I_B 从 0.02mA 增大到 0.04mA 时，I_C 从 1.60mA 增大到 3.20mA，则 $\beta = \frac{\Delta I_C}{\Delta I_B} = \frac{3.20 - 1.60}{0.04 - 0.02} = 80$，说明此时晶体管中 I_C 的变化量为 I_B 的变化量的 80 倍。

一般情况下 $$\overline{\beta} \approx \beta$$

以上结果表明：

1）晶体管的电流放大作用就是基极电流 I_B 的微小变化控制了集电极电流 I_C 较大的变化；

2）晶体管放大电流时，被放大的 I_C 是由电源 U_{CC} 提供的，并不是晶体管自身生成的，放大的实质是小信号对大信号的控制作用；

3）β 的数值越大，晶体管的电流放大作用就越大。

（三）晶体管的特性曲线

1. 输入特性曲线 当集电极-发射极电压 U_{CE}一定时，输入回路中基极电流 I_B与基极-发射极电压 U_{BE}之间的关系曲线被称为输入特性。如图 7-16 所示，由晶体管的输入特性曲线可以看出：晶体管的输入特性曲线是非线性的，输入电压 U_{BE}小于死区电压时，晶体管不导通，基极电流为零，对于硅管，其死区电压约为0.5V，锗管约为0.2V；当 U_{BE}大于死区电压时，晶体管开始导通，且 I_B随 U_{BE}增加而增加；当晶体管正常放大时，工作在较陡的直线区段，发射结压降变化不大，此时 U_{BE}近似为一个常数，称为导通压降。通常硅管的导通压降约为 0.7V，锗管约为0.3V。

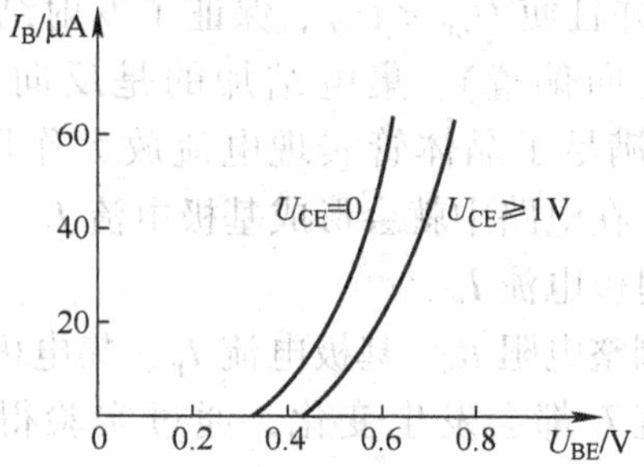

图 7-16 NPN 晶体管共发射极输入特性曲线

2. 输出特性曲线 当基极电流 I_B一定时，输出回路中的集电极电流 I_C与集电极-发射极电压 U_{CE}之间的关系曲线称为输出特性曲线，如图 7-17 所示。输出特性曲线分为三个区域：截止区、放大区和饱和区。

（1）$I_B=0$ 曲线以下的区域称为截止区。此区域内，晶体管处于截止状态，相当于一个断开的开关。晶体管处于截止状态的条件是晶体管发射结反偏或零偏。

（2）在 U_{CE}较小、特性曲线上升段拐点连接线左侧的区域为饱和区。此区域内，晶体管处于饱和状态，I_C不随 I_B的变化而变化，且 U_{CE}数值较小，相当于一个接通的开关。晶体管饱和时的 U_{CE}称为饱和压降。硅管的饱和压降约为 0.3V，锗管约为 0.1V。晶体管处于饱和状态的条件是晶体管发射结和集电结均处于正偏。

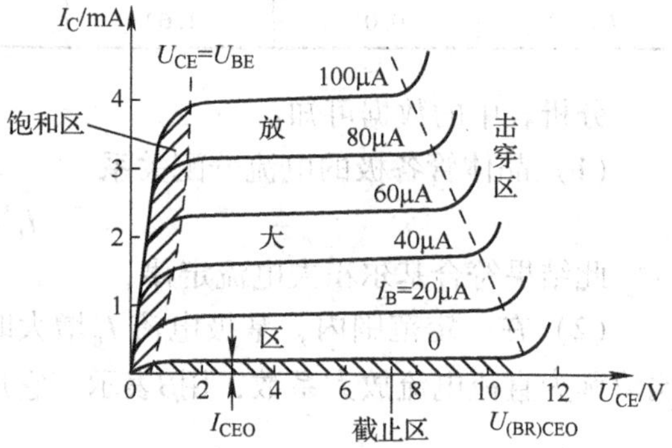

图 7-17 NPN 晶体管共发射极输出特性曲线

（3）截止区和饱和区之间的区域为放大区。此区域内，I_C受 I_B的控制而变化，$\Delta I_C=\beta\Delta I_B$，此时晶体管具有电流放大作用。晶体管处于放大状态的条件是晶体管发射结正偏，集电结反偏。

综上所述，晶体管工作在放大状态时，具有电流放大作用；晶体管工作在截止和饱和状态时，具有开关作用。如表 7-2 所示，晶体管的工作状态可以根据晶体管各级的电位来判断。

表 7-2 晶体管的三种工作状态表

状态＼偏置	外加偏置	NPN	PNP
放大状态	发射结正偏 集电结反偏	$U_{BE}>0V$ $U_{BC}<0V$	$U_{BE}<0V$ $U_{BC}>0V$
饱和状态	发射结正偏 集电结正偏	$U_{BE}>0V$ $U_{BC}>0V$	$U_{BE}<0V$ $U_{BC}<0V$

截止状态	发射结零偏或反偏 集电结反偏	$U_{BE} \leqslant 0V$ $U_{BC} < 0V$	$U_{BE} \geqslant 0V$ $U_{BC} > 0V$

（四）晶体管的主要参数

晶体管的参数用来表征其性能的优劣和适用范围，是合理选用晶体管的依据。

1. 电流放大系数β和$\bar{\beta}$　β和$\bar{\beta}$分别是晶体管接成共发射极电路时的交流放大系数和直流放大系数。对同一个晶体管，在同等工作条件下，$\bar{\beta} \approx \beta$。电流放大系数是表征晶体管放大能力的参数。如果$\beta$太小，电流放大能力差；如果$\beta$太大，电流放大作用虽然大，但性能往往不稳定。常用晶体管的β值在10～200之间。

2. 集电极-发射极反向截止电流I_{CEO}　I_{CEO}是指基极开路时，集电极与发射极之间的反向电流，也称穿透电流。I_{CEO}受温度影响极大，它是衡量晶体管热稳定性的重要参数，其值越小，晶体管的性能越稳定。硅管的I_{CEO}比锗管小得多，所以硅管的热稳定性比锗管好。

3. 集电极最大允许电流I_{CM}　集电极电流I_C过大时，晶体管β值将明显下降，I_{CM}为β下降到规定允许值（一般为额定值的1/2～2/3）时的集电极电流。当I_C超过这个值时，晶体管的放大性能下降或晶体管损坏。

4. 集电极-发射极击穿电压$U_{(BR)CEO}$　$U_{(BR)CEO}$是指基极开路时，加在集电极和发射极之间的最大允许电压。三极管工作时，如果$U_{CE} > U_{(BR)CEO}$，管子易被击穿。

5. 集电极最大允许耗散功率P_{CM}　集电极最大允许耗散功率P_{CM}是指晶体管因受热而引起的参数变化不超过允许值时集电极消耗的最大功率，即I_C与U_{CE}的乘积不能超过P_{CM}，否则晶体管会因过热而损坏。

（五）晶体管的测试

用万用表可以对晶体管的质量、性能、类型和引脚进行检测。

1. 基极和管型的判断　晶体管内部有两个PN结，即发射结和集电结，如图7-18a所示。与二极管相似，晶体管内的PN结同样具有单向导电性，因此可用万用表判别出基极b和管型。

将万用表拨至$R\times100\Omega$或$R\times1k\Omega$挡，用黑表笔接触某一引脚，用红表笔分别接触另两个引脚，如读数都很小，则与黑表笔接触的那一引脚是基极，同时可知此晶体管为NPN型。若用红表笔接触某一引脚，而用黑表笔分别接触另两个引脚，读数同样都很小时，则与红表笔接触的那一引脚是基极，同时可知此晶体管为PNP型。用上述方法既判定了晶体管的基极，又判别了晶体管的类型，如图7-18b所示。

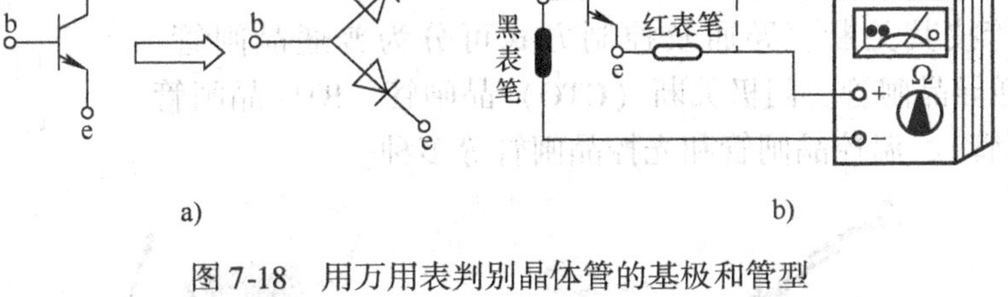

a)　　b)

图7-18　用万用表判别晶体管的基极和管型

a）NPN型晶体管内部的PN结　b）用万用表判别基极

2. 集电极和发射极的判别　确定了基极和管型后，先假设另外两只引脚中的一只为集电极 c，在基极 b 和集电极 c 之间接入一个约 100Ω 的电阻，或用手捏住 b 和 c 极代替 100Ω 的电阻。对 NPN 型管，将黑表笔接 c 极，红表笔接 e 极，读出测量阻值，如图 7-19 所示，然后对调假定的 c、e 两极，重复以上步骤。比较两次读数，其中读数较小的一次假设是正确的，即黑表笔接的是集电极 c，红表笔接的是发射极 e。若需判别 PNP 型管，只需把红、黑表笔的极性对调一下，测试方法与 NPN 型完全相同。

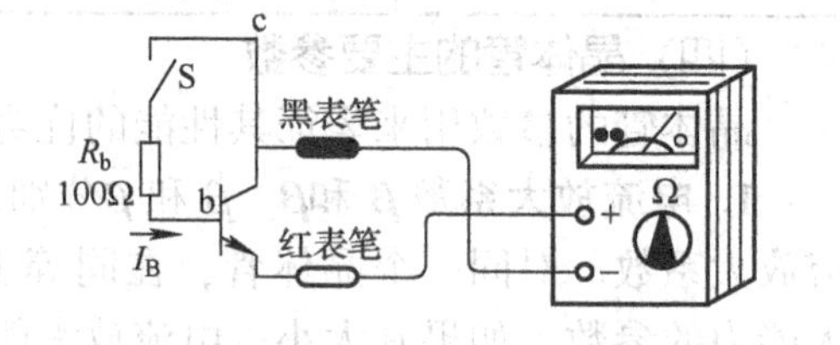

图 7-19　用万用表判别晶体管的集电极和发射极

3. 估测穿透电流 I_{CEO}　将万用表拨至 $R\times1k\Omega$ 挡，测 NPN 型管时，将黑表笔接集电极，红表笔接发射极（测 PNP 型管时，红、黑表笔对调），所测阻值大的管子，I_{CEO}小。对于小功率晶体管，当测得的阻值在几十千欧以上时，表示 I_{CEO}不太大，该晶体管可以使用。若阻值无穷大，表示晶体管内部开路；若阻值为零，表示晶体管内部短路。出现断路或短路，表示晶体管已损坏。对于大功率晶体管，由于 I_{CEO}通常比较大，所以阻值很小，只有数十欧。

4. 估测直流电流放大系数 β　对 β 的估测方法与判别 c、e 极的方法相同。若两次读数相差越大，表示晶体管的 β 值越大。

在掌握上述一些测试方法后，即可知晶体管的 PN 结是否损坏，是开路还是短路，这是判断晶体管是否良好所经常采用的简便方法。需要注意的是，在用万用表测量晶体管时，应该使用 $R\times100\Omega$ 或 $R\times1k\Omega$ 的电阻挡。若使用 $R\times10k\Omega$ 挡，因万用表内部的电池电压较高，则有可能将 PN 结击穿；若使用 $R\times1\Omega$ 挡，则因万用表的等效电阻较小，会造成过大的电流流过 PN 结，有可能烧坏晶体管。

三、晶闸管

晶闸管是一种大功率半导体器件，具有体积小、耐压高、容量大、使用维护简单、控制灵敏等优点，主要用于整流、逆变、调压和开关等方面。

（一）晶闸管的结构与分类

1. 晶闸管的结构　晶闸管的内部结构如图 7-20a 所示，其管心由四层半导体（$P_1N_1P_2N_2$）构成，形成三个 PN 结 J_1、J_2、J_3，从 P_1层引出阳极 A，N_2层引出阴极 K，P_2层引出门极 G，晶闸管的符号如图 7-20b 所示。

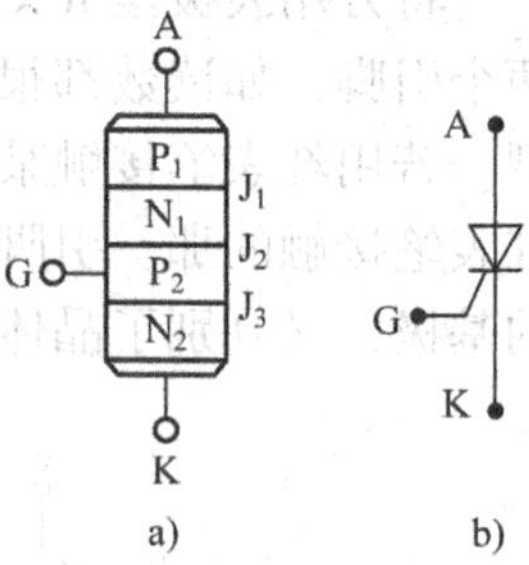

图 7-20　晶闸管
a）结构　b）符号

2. 晶闸管的外形及分类　晶闸管的外形多种多样，部分晶闸管的外形如图 7-21 所示。晶闸管的分类如下：

（1）晶闸管按其关断、导通及控制方式可分为普通晶闸管、双向晶闸管、逆导晶闸管、门极关断（GTO）晶闸管、BTG 晶闸管（程控单结晶体管）、温控晶闸管和光控晶闸管等多种。

图 7-21　晶闸管的外形

（2）晶闸管按其引脚和极性可分为二极晶闸管、三极晶闸管和四极晶闸管。

（3）晶闸管按其封装形式可分为金属封装晶闸管、塑封晶闸管和陶瓷封装晶闸管三种，其中金属封装晶闸管又分为螺栓形、平板形、圆壳形等多种；塑封晶闸管又分为带散热片型和不带散热片型两种。

（4）晶闸管按电流容量可分为大功率晶闸管、中功率晶闸管和小功率晶闸管三种。通常，大功率晶闸管多采用金属壳封装，而中、小功率晶闸管则多采用塑封或陶瓷封装。

（5）晶闸管按其关断速度可分为普通晶闸管和高频（快速）晶闸管。

3. 晶闸管的型号及命名　国产晶闸管的型号命名规范主要由四部分组成，各部分的含义如下：第一部分用字母表示主称为晶闸管；第二部分用字母表示晶闸管的类别；第三部分用数字表示晶闸管的额定通态电流值；第四部分用数字表示重复峰值电压级数。

国产晶闸管的型号命名规范见表7-3，晶闸管的型号举例见表7-4。

表7-3　国产晶闸管的型号命名规范

第一部分：主称		第二部分：类别		第三部分：额定通态电流		第四部分：重复峰值电压级数	
字母	含　义	字母	含　义	数字	含　义	数字	含　义
K	晶闸管	P	普通反向阻断型	1	1A	1	100V
				5	5A	2	200V
				10	10A	3	300V
				20	20A	4	400V
		K	快速反向阻断型	30	30A	5	500V
				50	50A	6	600V
				100	100A	7	700V
				200	200A	8	800V
		S	双向型	300	300A	9	900V
				400	400A	10	1 000V
				500	500A	12	1 200V
						14	1 400V

表7-4　晶闸管的型号举例

KP1-2（1A 200V普通反向阻断型晶闸管）	KS5-4（5A 400V双向晶闸管）
K——晶闸管	K——晶闸管
P——普通反向阻断型	S——双向管
1——通态电流1A	5——通态电流5A
2——重复峰值电压200V	4——重复峰值电压400V

（二）晶闸管的特性和主要参数

1. 晶闸管的特性　如图7-22所示为晶闸管的特性实验电路。在该电路中，由电源E_a、白炽灯HL、晶闸管的阳极和阴极组成晶闸管主电路；由电源E_g、开关S、晶闸管的门极和阴极组成控制电路，也称触发电路。

如图7-22a所示，当晶闸管的阳极A接电源E_a的负极、阴极K经白炽灯接电源的正极时，晶闸管承受反向电压。此时，不管开关S闭合与否，白炽灯HL始终不亮，说明当晶闸管加反向电压时，无论门极是否加上正向电压，晶闸管都处于阻断状态，这种阻断状态称为反向阻断状态。

如图7-22b所示，当晶闸管加上正向电压时，如果开关S不闭合，灯也不亮。这就说明晶闸管加上正向电压，但门极未加正向电压时，仍处于阻断状态，这种阻断状态称为晶闸管的正向阻断状态。

如图7-22c所示，当晶闸管加上正向电压时，合上开关S，使其门极（门极相对阴极）也加上正向电压，此时灯亮，说明晶闸管导通。

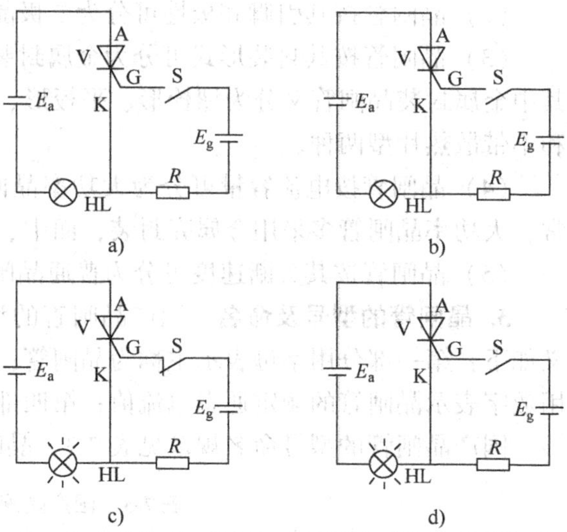

图7-22 晶闸管的特性实验电路

a）反向阻断 b）正向阻断

c）正向导通 d）去掉触发信号仍导通

如图7-22d所示，若在灯亮后，把开关S断开（即将门极上的电压去掉），灯依然亮着。

由此实验，我们可以得出晶闸管具有如下特性：晶闸管的阳极和阴极之间加正向电压，门极和阴极之间也加正向电压，晶闸管才能导通；否则，晶闸管呈阻断状态。一旦晶闸管导通后，门极便失去作用。

晶闸管正向导通后，若要使晶闸管恢复阻断，可以将阳极正向电压断开或者在阳极和阴极之间施加反向电压，使晶闸管的阳极电流小于维持电流。

普通晶闸管的导通与阻断状态相当于开关的闭合和断开状态，它可用作无触点开关来通断大功率电路。

2. 晶闸管的主要参数 要正确使用晶闸管，不仅要了解晶闸管的特性，还要理解其主要参数的含义。

（1）正向重复峰值电压U_{DRM}和反向重复峰值电压U_{RRM}。在门极断路和晶闸管正向阻断的条件下，可重复加在晶闸管两端的正（反）向峰值电压称为正（反）向重复峰值电压。

（2）额定电压U_{Tn}。通常取U_{DRM}和U_{RRM}中较小的，再取靠近标准的电压等级作为晶闸管的额定电压。在选用晶闸管时，额定电压应为正常工作峰值电压的2~3倍，以保证电路的工作安全。

（3）额定电流$I_{T(AV)}$。额定电流又称为通态平均电流，是在环境温度小于40℃和标准散热及全导通的条件下，晶闸管可以连续通过的工频正弦半波电流的平均值。

（4）维持电流I_H。在室温且门极开路时，维持晶闸管继续导通的最小电流称为维持电流。当正向电流小于I_H时，晶闸管自行关断。一般I_H值为几十到几百毫安。

（5）门极触发电流I_g。室温下，阳极电压为6V时，使晶闸管从阻断转变为导通时的最小门极电流，称为门极触发电流，其值一般约为几十到几百毫安。

（6）门极触发电压U_g。对应于触发电流的门极触发电压，一般约为3.5~5V。

（三）晶闸管的使用方法

1. 选择晶闸管的类型　晶闸管有多种类型，应根据应用电路的具体要求合理选用。若用于交直流电压控制、可控整流、交流调压、逆变电源、开关电源保护电路等，可选用普通晶闸管；若用于交流开关、交流调压、交流电动机线性调速、灯具线性调光及固态继电器、固态接触器等电路中，应选用双向晶闸管；若用于交流电动机变频调速、斩波器、逆变电源及电子开关电路等，可选用门极关断晶闸管；若用于锯齿波生发器、长时间延时器、过电压保护器及大功率晶体管触发电路等，可选用BTG晶闸管；若用于电磁灶、电子镇流器、超声波电路、超导磁能储存系统及开关电源等电路，可选用逆导晶闸管；若用于光耦合器、光探测器、光报警器、光计数器、光电逻辑电路及自动生产线的运行监控电路，可选用光控晶闸管。

2. 选择晶闸管的主要参数　晶闸管的主要参数应根据应用电路的具体要求而定。所选晶闸管应留有一定的功率余量，其额定峰值电压和额定电流（通态平均电流）均应高于受控电路的最大工作电压和最大工作电流1.5～2倍。晶闸管的正向压降、门极触发电流及触发电压等参数应符合应用电路（指门极的控制电路）的各项要求，不能偏高或偏低，否则会影响晶闸管的正常工作。

3. 晶闸管的使用注意事项　晶闸管的使用注意事项如下：

（1）选择晶闸管要注意它的额定电压和额定电流。

（2）应有过电流、过电压保护和限制电流电压变化的措施。

（3）晶闸管的散热系统应严格遵守规定要求。

（四）晶闸管的应用

晶闸管在整流领域具有独特的优势，目前数千伏、数十千伏的器件在整流电路中得到广泛应用，其他在频率不高的逆变装置（如晶闸管中频电源）以及AC—DC直流变频装置中获得应用。把晶闸管反并联或采用双向晶闸管串入交流电路中，就成为交流电子开关，可以实现交流调压和交流调功。交流调压电路通过晶闸管的相位控制来实现调压，交流调功电路通过通、断控制来调节负载的平均功率。

在直流电源供电的DC—DC、DC—AC变换电路中，普通晶闸管需采用强迫换相或谐振电路换相，使关断电路变得十分复杂，且开关频率不宜太高。随着全控器件的迅速发展，晶闸管在这方面的应用已逐渐被全控器件所取代。

四、门极关断晶闸管

门极关断（Gate-Turn-Off Thyristor，GTO）晶闸管的主要特点是当门极加反向触发信号时，晶闸管能自行关断。

（一）门极关断（GTO）晶闸管的结构和符号

GTO与普通晶闸管最大的不同在于GTO是复合器件，如图7-23所示。它是由多个小GTO并联组成的，图7-23a、7-23b所示为GTO的结构图。每一个GTO的结构同晶闸管一样，也是PNPN四层三端器件。并联结构一方面增大了器件的容量，加快了开关速度，提高了器件承受通态电流临界上升率的能力，为实现门极关断提供可能，通态电流临界上升率指在规定条件下，晶闸管能承受而无有害影响的最大通态电流上升率，如果电流上升太快，则晶闸管刚一开通，便会有很大的电流集中在门极附近的小区域内，从而造成局部过热而使晶闸管损坏；另一方面也对器件的工艺性提出了新的要求。如果小 GTO 特性不一致，则先开通的 GTO 开通时的电流上升率较大，而后关断的 GTO 则承受更大的关断应力，这些小单元更易损坏，它们一旦损坏就会加速 GTO 晶闸管的损坏。图 7-23c 所示为 GTO 的图形符号，与普通晶闸管相同。门极关断晶闸管的三个电极分别为阳极 A、阴极 K 和门极 G。

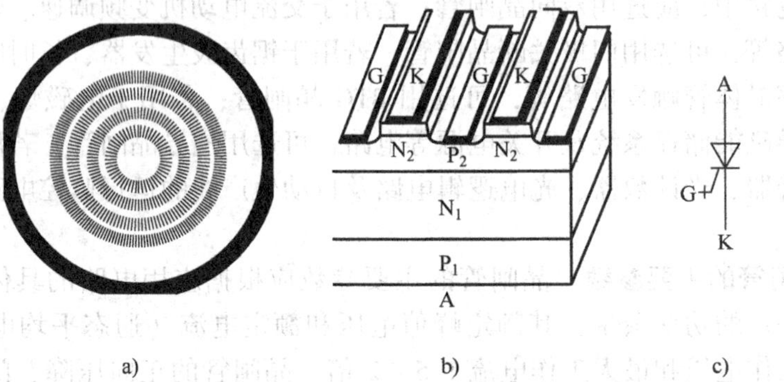

图 7-23 门极关断晶闸管的外形、结构和符号

a）各单元的阴极、门极间隔排列的图形 b）并联单元结构断面示意图 c）电气图形符号

（二）门极关断（GTO）晶闸管的工作特性

门极关断（GTO）晶闸管与普通晶闸管的触发导通原理相同，即当其阳极 A、阴极 K 两端加正向电压、门极 G 加正向触发电压时，晶闸管将导通，但两者的关断原理及关断方式截然不同。在门极关断（GTO）晶闸管的导通状态下，若在其门极 G 上加一个适当的负电压，则能使导通的晶闸管关断，但普通晶闸管在导通之后即处于深度饱和状态，若想关断，必须切断电源，使正向电流低于维持电流 I_H，或施以反向电压强迫关断。这就需要增加换向电路，不仅使设备的体积、重量增加，而且会降低效率，产生波形失真和噪声。门极关断（GTO）晶闸管克服了上述缺陷，它既保留了普通晶闸管耐压高、电流大等优点，又具有自关断能力，使用方便，是理想的高压、大电流开关器件。

（三）门极关断（GTO）晶闸管的主要参数

门极关断（GTO）晶闸管的参数与普通晶闸管大致相同，现将较特殊的几个参数叙述如下：

（1）最大门极关断阳极电流。最大门极关断阳极电流 I_{ATO}是标称门极关断（GTO）晶闸管额定电流的参数，这一点与普通晶闸管用通态平均电流标称额定电流是不同的。

（2）电流关断增益。电流关断增益定义为

$$\beta_{off} = \frac{I_{ATO}}{I_{GM}}$$

式中 I_{GM}——门极负脉冲电流最大值。

β_{off}一般为 3 ~ 5，这是门极关断（GTO）晶闸管的一个主要特点。一个 1 000A 的门极关断（GTO）晶闸管，其关断门极负脉冲电流的峰值达 200A 左右，这是一个相当大的数值。

（3）开通时间。开通时间 $t_{on} = t_s + t_r$，一般约为 1 ~ 2μs，上升时间则随通态阳极电流值的增大而增大。

（4）关断时间。关断时间 $t_{off} = t_s + t_f$，不包括尾部时间。t_{off}随阳极电流的增大而增大，一般小于 2μs。

（四）门极关断（GTO）晶闸管的使用注意事项

（1）选择门极关断（GTO）晶闸管时要注意它的额定电压和额定电流。

（2）应有过电流、过电压保护和限制电流电压变化的措施。

（3）在检查大功率门极关断（GTO）晶闸管器件时，建议在 $R\times1$ 挡外边串联一节 1.5V 的电池，以提高测试电压和测试电流，使门极关断（GTO）晶闸管可靠地导通。

（4）门极关断（GTO）晶闸管的安全工作区是指在门极加负脉冲关断信号时，门极关断（GTO）晶闸管能够可靠关断的阳极电流与阳极电压的轨迹。既然是在一定条件下确定的安全运行范围，如条件改变，比如门极驱动电路或缓冲电路参数改变之后，安全工作区也随之改变，在实际使用中应加以注意。

（五）门极关断（GTO）晶闸管的应用

门极关断（GTO）晶闸管属于大容量器件。6kA/6kV 的门极关断（GTO）晶闸管器件已实用化，并因其开关速度高于普通晶闸管 SCR，而使其应用领域较 SCR 广泛，主要应用于兆瓦级以上的大功率场合。在大功率的 AC—DC 逆变器中，一般将 GTO 制造成逆导型，即与快速电力二极管反并联集成一体，便于续流。但这样的连接不具备反向阻断能力，当需要承受反向电压时，应和电力二极管串联使用。门极关断（GTO）晶闸管有关断增益小、门极关断负脉冲电流大、驱动困难、通态压降较大等主要缺点。

【项目实施】

实训任务一　二极管好坏的判别和极性判别

1. 实训目标

（1）认识常用二极管的外形特征。

（2）掌握用万用表判断二极管的电极、种类及质量的方法。

2. 实训工具

万用表一只、二极管若干（包括质量差的和坏的）。

3. 实训任务

（1）用万用表判断二极管的正负极。用万用表分别测量无极性标志的二极管的正、反向电阻，在测得低阻值时，与黑表笔相接的引线是二极管的正极，与红表笔相接的引线是二极管的负极。

（2）判断二极管的种类及质量。

1）在上述测量中，正向电阻较大（400Ω 左右）、反向电阻很大（看不出表针摆动）的是硅二极管，而且质量良好；正向电阻过大而反向电阻较小（能看出表针摆动）的，是劣质硅二极管。

2）在上述测量中，正向电阻较小（200Ω 左右）、反向电阻较大（表针略有摆动）的，是锗二极管，而且质量良好；正向电阻过大而反向电阻又很小（表针摆动幅度大于满度的 2/10）的，是劣质锗二极管。

3）在上述测量中，如果正、反向电阻均为零（短路）或均为无穷大（断路），则被测二极管是坏的。

4）按表 7-5 的要求，将测量结果记入表中。

表 7-5 测量结果记录表

被测管编号	正向电阻/Ω	反向电阻/Ω	种 类	质 量
1				
2				
3				
4				
5				
6				

4. 分析与思考

（1）如何用万用表来判断硅管和锗管？

（2）用万用表 $R\times100\Omega$ 或 $R\times1\text{k}\Omega$ 挡分别测二极管的正向电阻，所测数值是否一样？若不一样，为什么？

实训任务二 晶体管引脚和类型的判别

1. 实训目标

（1）认识常用晶体管的外形特征。

（2）掌握用万用表判断晶体管的引脚、种类及质量的方法。

2. 实训工具

万用表一只、晶体管若干、电阻 100kΩ 一只、坏的晶体管若干只。

3. 实训内容

（1）用万用表判断晶体管的电极和晶体管的种类。

（2）粗略地判断晶体管的放大能力。应该明确的是，晶体管的放大能力较小，不能认为是劣质品。晶体管 β 值的高低只反映了晶体管的放大能力，并不说明晶体管的质量优劣。

（3）晶体管质量的判断。

1）测量晶体管的穿透电流。

2）晶体管损坏的判断。当晶体管的某个 PN 结损坏或晶体管无放大能力时，可确定为损坏。

（4）按表 7-6 的要求，将测量结果记入表中。

表 7-6 测量结果记录表

被测管编号	b－c 极间阻值/Ω	b－e 极间阻值/Ω	种 类	放大能力	穿透电流	质 量
1						
2						
3						
4						
5						
6						

4. 分析与思考

说明识别 PNP 型晶体管的方法。

实训任务三　使用万用表测试法和电珠测试法

1. 实训目标

（1）认识常用晶闸管的外形特征。

（2）掌握用万用表测试晶闸管的方法。

（3）掌握电珠法测试晶闸管的方法。

2. 实训工具

万用表一只、晶闸管若干、坏的晶闸管若干。

3. 实训任务

（1）万用表测试法。依据 PN 结的单向导电性，用万用表欧姆挡测试晶闸管三个电极之间的阻值，可初步判断其是否完好。如用万用表 $R\times1\text{k}\Omega$ 挡测量阳极 A 和阴极 K 之间的正、反向电阻都很大，在几百千欧以上，且正、反向电阻差值很小；用 $R\times10\Omega$ 或 $R\times100\Omega$ 挡测量门极 G 和阴极 K 之间的阻值，其正向电阻应小于或接近于反向电阻，这样的晶闸管是好的。如果阳极与阴极或阳极与门极间有短路，阴极与门极间为短路或断路，表明晶闸管已损坏。

将测量结果填入表 7-7。

表 7-7　测量结果记录表

被测管编号	A－K 极间正向电阻阻值/Ω	A－K 极间反向电阻阻值/Ω	结　论	G－K 极间阻值/Ω	结　论
1					
2					
3					
4					
5					
6					

（2）电珠测试法。晶闸管阳极和阴极回路加上正电压（即阳极 A 接电池正极，阴极 K 接负极），此时电珠不亮，说明该晶闸管有正向阻断能力。把触发极 G 与晶闸管阳极碰一下，电珠立即明亮。当触发极 G 移离阳极 A，电珠继续发光，说明晶闸管有导通能力。

【拓展与提高】

城市轨道交通车辆 GTO 制动斩波 IGBT 模块

上海首批交流传动地铁车辆，现编号为 AC01/02 型电动列车，是 20 世纪 90 年代末从德国引进的先进的交流传动车辆，其关键的核心部件采用的是当时先进的门极关断（GTO）晶闸管构成的主牵引逆变器。

由于电力电子技术的进步与发展，新一代性能优良的绝缘栅双极型晶体管（IGBT）模块的电压电流等级有了突破性的提高，电压等级已从 1 700V 增加到 3 300V、4 500V 及 6 500V，电流也从 600 A 上升到 800 A、1 200 A 及 2400 A 等。此外，IGBT 模块在性能上比 GTO 器件有多项优点：

（1）开关损耗小，开关频率较高。

（2）可结合层压低感母线实现无损吸收电路；属电压型驱动，电路功耗较低。

（3）具有抗短路自保护能力；改进了材料与工艺，使其满足牵引对热交变负载工况的要求。

（4）绝缘式模块也简化了散热器与变流装置的结构等。

因此，采用 IGBT 构成的变流装置比 GTO 的体积小、质量轻、效率高、性能也好，所以在城市轨道电动车辆牵引领域中所应用的 GTO 已在不断地被 IGBT 模块取代，高压 IGBT 模块（或 HVIGBT）已成为轨道车辆上选用的主流产品。

一、GTO 制动斩波模块

在 AC01/02 型电动列车上的 GTO 牵引逆变器中，其制动斩波模块用于当电网不能吸收再生制动反馈来的电能时，将此反馈能量消耗在制动电阻上。

（一）制动斩波模块的结构

制动斩波模块的结构与逆变器的牵引相模块结构类似，如图 7-24 所示，其结构部件可分为用于安装各类组件的散热器底盘；构成制动斩波模块的两个晶闸管 GTO 及其续流管 D 和制动电阻的续流管；用于吸收换相尖峰电压的电阻、电容和二极管组成的低损耗的吸收电路；晶闸管 GTO 用的门极驱动组件，由 A3、A2 和 A1 三个小部件构成；三个小部件之间的连线及光缆；此外还有温控小部件。

图 7-24 制动斩波模块结构

这些结构部件可归纳为三类：主电路部件，由晶闸管 GTO、续流管 D 及吸收电路构成；控制电路部件，由双门极控制单元 A3 和高压驱动单元 A1 与 A2 及其之间的连线与连接光缆等构成；还有温控部件；机械结构部件主要为散热器底盘及其他用于固定部件的结构件。

（二）制动斩波模块上的接口件

制动斩波模块与外部的接口件分为：主电路方面有 5 个接口端子 P（+）、N（－）、L（～）及 C＋和 C－；控制电路方面有双门极控制单元 A3 上的引入电源的接线插座 X9 和与 TCU 相连的导入驱动信号的电缆座 X2 以及底盘上的用于温度保护的 PT100 的插座 X5。

制动斩波模块上部件间的接口件有：双门极控制单元 A3 上的光缆连接插座 B3 和 B4，分别对应高压驱动单元的 A2 和 A1 上的光缆连接插座；双门极控制单元 A3 上的连线端子－X5 和－X6，分别对应高压驱动单元的 A2 和 A1 的连线端子－X2 和－X1。

（三）制动斩波模块的电气原理

GTO 制动斩波模块的主电路图如图 7-25 所示，由图可以看出，VT_1 与 VT_2 是两个并联的主晶闸管 GTO1 和 GTO2；VD_4 为 VT_2 和 VT_1（GTO）的续流管；VD_3 是制动电阻的续流管；电容 C_1、C_2、C_5、C_6 与吸收二极管 VD_5、VD_6 以及与端子 C_7 相连的外接电阻 R_1 一起构成低损耗的吸收电路；R_7 和 C_7 是保护 VD_5、VD_6 用的。在制动斩波器中两个并联的主晶闸管 VT_1 与 VT_2 是交替导通的，一个在正半波内导通，另一个在负半波内导通；PWM（脉冲宽度调制技术）的规律是定频变宽的脉冲宽度调制方式。采用这种通断方式是由于 GTO 的开关频率限制在 400Hz 左右，为了抑制制动电阻上的电流脉动以改善制动性能，通过这种方式就可以提高制动电阻上脉宽调制的频率，使其满足大于 500Hz 的斩波频率的要求。

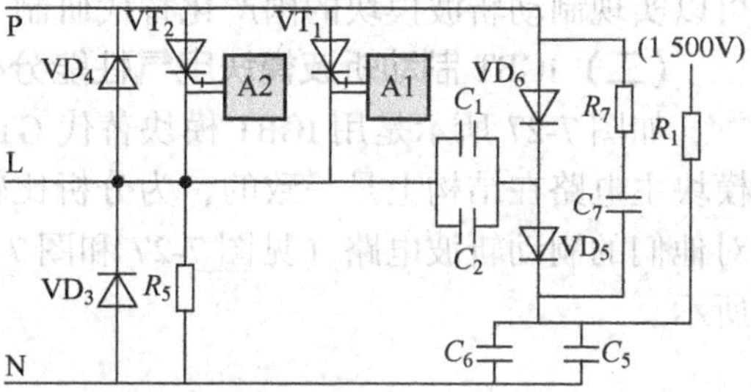

图 7-25　GTO 制动斩波模块的主电路图

如图 7-25 所示的高压驱动单元 A1 和 A2 是直接驱动 GTO 的驱动单元，通过 A1 和 A2 按 PWM（脉冲宽度调制技术）规律交替通断 VT_1（GTO1）和 VT_2（GTO2），可在制动电阻上得到双倍于脉冲频率的调制波，有利于抑制制动电流的脉动。

吸收电路的工作原理是在 VT_1 和 VT_2 均关断的初始状态下，电容 C_5、C_6 被充电至电源电压，电容 C_1、C_2 经制动电阻也被充电至电源电压。

当 VT_2 或 VT_1 导通时，电流从正端 P 流入，经 VT_2 或 VT_1 和制动电阻再到负端 N，制动电阻得电。此时，C_1、C_2 通过外接电阻 R_1 放电至近似为 0V。

当 VT_2 与 VT_1 均关断时，一方面制动电阻经续流管 VD_3 续流；另一方面经换向二极管和换向电容 C_1、C_2 及 C_5、C_6 吸收主管关断时的尖峰电压；同时，换向电容 C_1、C_2 再经制动电阻又被充电至电源电压。

从以上分析看出，在换相过程中，漏感中能量所造成的尖峰电压能被吸收电路有效抑制，但同时也有部分能量反馈给电源。

二、IGBT 制动斩波模块的研制

（一）IGBT 制动斩波模块的结构设计

IGBT 制动斩波模块的基本结构方案如图 7-26 所示，其中 C&Q 为控制、信号转换、保护及驱动电路；A3 为驱动控制逻辑单元；A2、A1 为高压驱动单元；IGBT 为绝缘栅双极型晶体管；snub 为吸收电路。在图 7-26 中，IGBT 替代了 GTO 及其续流管，因为在 IGBT 模块中已包含有本身的续流管；制动电阻续流管未画出来；A1 和 A2 是原来驱动 GTO 的高压驱动单元；图中两个 C&Q 是所研制的包含了控制、信号转换与保护电路的驱动 IGBT 的驱动电路单元。

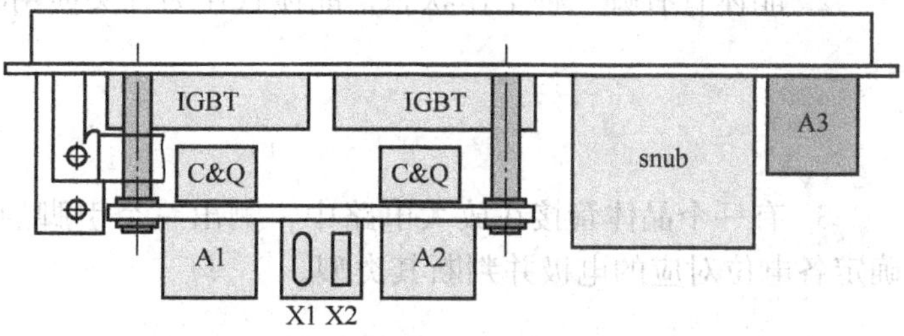

图 7-26　IGBT 制动斩波模块的基本结构方案

从 GTO 制动模块的结构看，所布置的 IGBT 和制动电阻续流管的散热面积要比 GTO 及其续流管大，因而对其散热是有利的。

从主电路及其对外连接的端子看，有足够的空间来安排和考虑散热问题，并尽量从减少分布电感及有利于均流来布置，保留模块原有的对外连接的端子不变。

关于 IGBT 驱动电路的布置设计，可以将其布置在 A1 和 A2 的下面，固定在一块绝缘的环氧板上，空间足够，固定将是很牢靠的。通过上述结构方案，经多次试验、改善与优化，可以实现制动斩波模块的国产化替代研制。

（二）IGBT 制动斩波模块电气性能分析及其测试

如图 7-27 所示是用 IGBT 模块替代 GTO 及其续流管后的主电路原理图，它与 GTO 斩波模块主电路在结构上是一致的，为分析比较两者的电路在加以触发信号时的电气性能，分别对他们的制动斩波电路（见图 7-27 和图 7-28）进行了测试。IGBT 的驱动电压波形如图 7-28 所示。

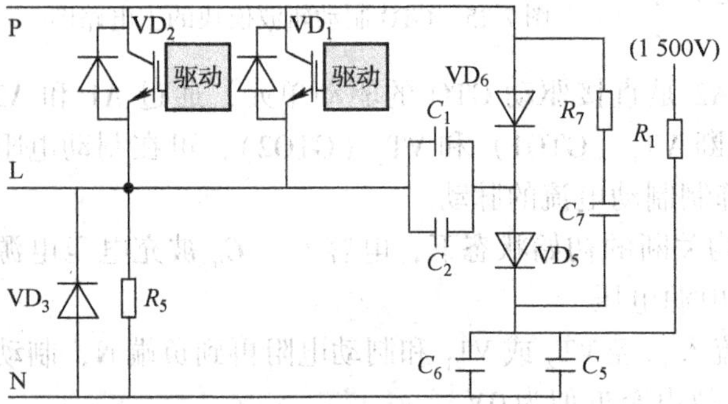

图 7-27　IGBT 相模块主电路原理图

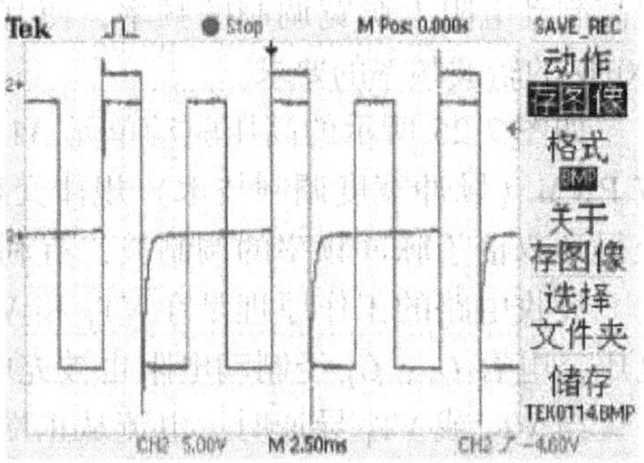

图 7-28　IGBT 的驱动电压波形图（CH3）

从性能对比看出，GTO 与 IGBT 的性能几乎一致，但 IGBT 的损耗要小，成本也低，这也明显地降低了该类地铁车型的运营维护费用。IGBT 取代 GTO，不仅解决了 GTO 停产后的备品备件的问题，而且确保了 AC01/02 型电动列车的持续可靠安全运营，这具有重要的经济效益和社会意义。

【复习思考题】

1. 晶体管的电流放大条件是什么？它的电流放大作用是指什么？

2. 晶体管有哪三种工作状态？晶体管作为开关使用时工作在什么状态？

3. 有一个晶体管接在放大电路中，测出三个引脚的电位分别为 6V、1.2V 和 0.5V，试确定各电位对应的电极并判断其类型。

4. 测得某晶体管的电流为：$I_B=40\mu A$，$I_C=2.4mA$，试求 I_E 和 $\overline{\beta}$。如果当 I_B 增大为 $60\mu A$ 时，I_C 变为 3.58mA，则 β 为多大？

5. 有两只晶体管，甲管 $\beta=60$，$I_{CEO}=5\mu A$；乙管 $\beta=120$，$I_{CEO}=20mA$，如果其他参数差不多，那么选用哪只晶体管较好，为什么？

6. 晶闸管的导通条件是什么？怎样使晶闸管由导通变为关断？

7. 如何用万用表判别晶闸管？

8、晶闸管与二极管、晶体管有什么不同？

9. 门极关断晶闸管与普通晶闸管有哪些异同点？

10. 门极关断晶闸管在轨道交通中有哪些应用？

项目八　继　电　器

【知识要点】

1. 继电器的定义和继电特性；
2. 继电器的触点形式；
3. 电磁继电器、热继电器、时间继电器、速度继电器、中间继电器。

【项目任务】

1. 掌握继电器触点的使用；
2. 掌握各种继电器的使用和基本原理；
3. 掌握继电器的正确使用方法。

【项目准备】

电磁继电器、热继电器、时间继电器、速度继电器、中间继电器。

【相关理论知识】

一、继电器及其继电特性

继电器是一种当输入量（电、磁、声、光、热）达到一定值时，输出量将发生跳跃式变化的自动控制器件，因其具有动作快、工作稳定、使用寿命长、体积小等优点，被广泛应用于电力保护、自动化、运动、遥控、测量和通信等装置中。

继电器是一种电子控制器件，它具有控制系统（又称输入回路）和被控制系统（又称输出回路），通常应用于自动控制电路中，它实际上是用较小的电流去控制较大电流的一种“自动开关”，在电路中起着自动调节、安全保护、转换电路等作用。

继电器输入量和输出量之间在整个变化过程中的相互关系称为继电器的继电特征或控制特征，用“x”表示输入回路输入量，“y”表示输出回路的输出量，如图 8-1 所示。当输入量 x 连续变化到一定量 x_a 时，输出量 y 发生跃变，由 0 增加到 y_a 值，然后输入量继续增加，但输出量保持不变。相反，当输入量减少到 x_b 时，y 又突然由 y_a 减少到 0。x_a 被称为继电器的动作值，x_b 被称为继电器的释放值，y_a 即是继电器的负载。

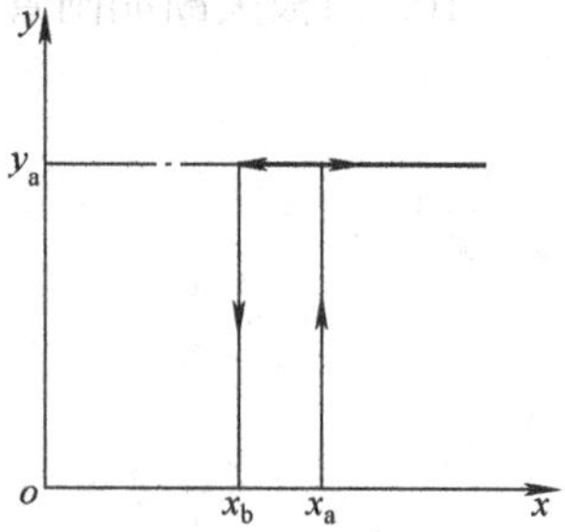

图 8-1　继电器的继电特性

二、继电器的触点形式

继电器的触点形式见表 8-1。

表 8-1　继电器触点的字母、符号表

字母代号	符　号	说　明
H（或 A）		动合触点（常开触点），即继电器被激励而动作后，其触点就闭合（图中为动作前的初始状态）
D（或 B）		动断触点（常闭触点），即继电器被激励而动作后，其触点就断开（图中为动作前的初始状态）
Z（或 C）		转换触点，即继电器被激励而动作后，其触点的接通和断开状态相互变化（图中为动作前的初始状态）

三、继电器的种类及其工作原理

（一）电磁继电器

当电磁继电器的线圈两端加上一定的电压或电流时，线圈产生的磁通通过铁心、轭铁、衔铁和磁路工作气隙形成磁路，在磁场的作用下，衔铁吸向铁心，从而推动常闭触点断开、常开触点闭合；当线圈两端的电压或电流小于一定值，机械反力大于电磁吸力时，衔铁回到初始状态，常开触点断开、常闭触点接通，如图 8-2 所示。图 8-3 所示为电磁继电器的模型。

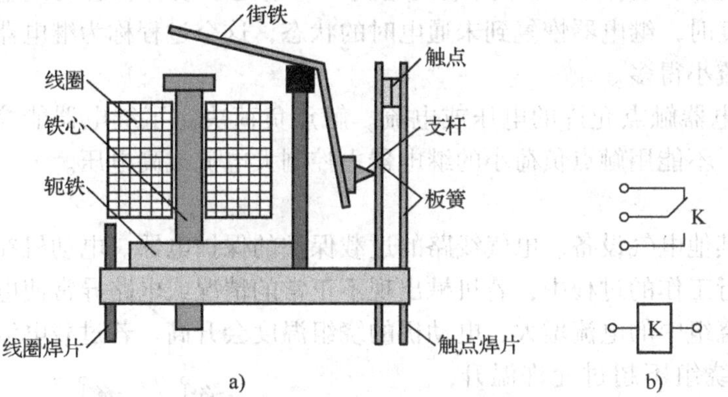

a)　b)

图 8-2　电磁继电器的结构及符号
a）结构　b）符号

图 8-3　电磁继电器的模型

电磁继电器是一种在输入电路内电流的作用下，由机械部件的相对运动产生预定响应的继电器。它包括直流电磁继电器、交流电磁继电器、磁保持继电器、极化继电器、舌簧继电器和节能功率继电器。

（1）直流电磁继电器：输入电路中的控制电流为直流的电磁继电器。

（2）交流电磁继电器：输入电路中的控制电流为交流的电磁继电器。

（3）磁保持继电器：将磁钢引入磁回路，继电器线圈断电后，继电器的衔铁仍能保持在线圈通电时的状态的继电器，它具有两个稳定状态。

（4）极化继电器：状态改变取决于输入激励量极性的一种直流继电器。

（5）舌簧继电器：利用密封在管内，具有触点簧片和衔铁磁路双重作用的舌簧的动作来开、闭或转换线路的继电器。

（6）节能功率继电器：输入电路中的控制电流为交流的电磁继电器，它电流大（一般为30~100A)、体积小、有节电功能。

电磁继电器是自动控制电路中常用的一种器件。实际上它是用较小电流控制较大电流的一种自动开关，广泛应用于电子设备中。电磁继电器一般由一个线圈、铁心、一组或几组带触点的簧片组成，其触点有动触点和静触点之分，在工作过程中能够动作的称之为动触点，不能动作的称之为静触点。

电磁继电器的主要特性参数有下面几个。

(1) 额定工作电压或额定工作电流。这是指继电器工作时线圈需要的电压或电流。一种型号的继电器的构造大体是相同的，但为了适应不同电压的电路应用，一种型号的继电器通常有多种额定工作电压或额定工作电流，并用规格型号加以区别。

(2) 直流电阻。这是指线圈的直流电阻。有些产品的说明书中会给出额定工作电压和直流电阻，这时可根据欧姆定律求出额定工作电流。若已知额定工作电流和直流电阻，亦可求出额定工作电压。

(3) 吸合电流。它是指继电器能够产生吸合动作的最小电流。在实际使用中，要使继电器可靠吸合，给定电压可以等于或略高于额定工作电压，但一般不要大于额定工作电压的1.5倍，否则会烧毁线圈。

(4) 释放电流。它是指继电器产生释放动作的最大电流。减小处于吸合状态的继电器的电流，当电流减小到一定程度时，继电器恢复到未通电时的状态，这个过程称为继电器的释放动作。释放电流比吸合电流小得多。

(5) 触点负荷。它是指继电器触点允许的电压或电流。触点负荷决定了继电器能控制的电压和电流的大小。使用时，不能用触点负荷小的继电器去控制大电流或高电压。

(二) 热继电器

热继电器是用于电动机或其他电气设备、电气线路的过载保护的保护电器。电动机在实际运行中，如拖动生产机械进行工作的过程中，若机械出现不正常的情况或电路异常使电动机过载，则电动机转速下降、绕组中的电流增大，电动机的绕组温度会升高。若过载电流不大且过载的时间较短，电动机绕组不超过允许温升，那么这种过载是允许的；但若过载时间长、过载电流大，电动机绕组的温升就会超过允许值，使电动机绕组老化，缩短电动机的使用寿命，严重时甚至会使电动机绕组烧毁，这种过载是电动机不能承受的。热继电器就是利用电流的热效应原理，在出现电动机不能承受的过载时切断电动机电路，为电动机提供过载保护的保护电器。

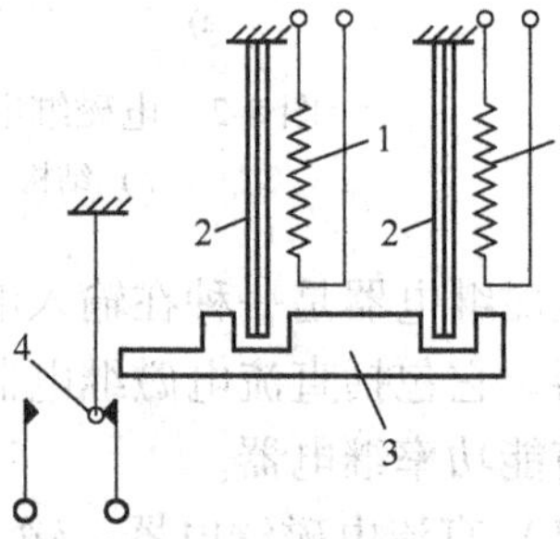

图8-4 热继电器的工作原理示意图

1—热元件 2—双金属片 3—导板 4—触点

如图8-4所示为热继电器的工作原理示意图，热继电器的结构如图8-5所示。

使用热继电器对电动机进行过载保护时，将热元件与电动机的定子绕组串联，将热继电器的常闭触点串联在交流接触器电磁线圈的控制电路中，并调节整定电流调节旋钮，使人字形拨杆与推杆相距适当的距离。当电动机正常工作时，通过热元件的电流即为电动机的额定电流，热元件发热，双金属片受热后弯曲，使推杆刚好与人字形拨杆接触，而又不能推动人字形拨杆，此时常闭触点处于闭合状态，交流接触器保持吸合，电动机正常运行。

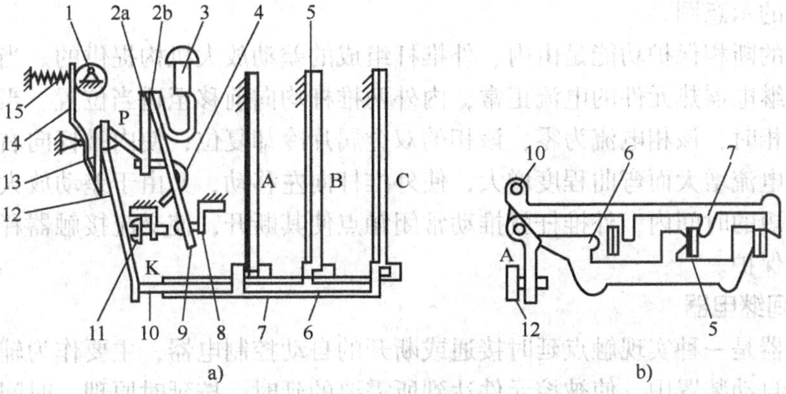

图 8-5　热继电器的结构

a）结构示意图　b）差动式断相保护示意图

1—电流调节凸轮　2—片簧（2a，2b）　3—手动复位按钮　4—弓簧片　5—主金属片　6—外导板　7—内导板　8—常闭静触点（复位调节螺钉）　9—动触点　10—杠杆　11—常开静触点（复位调节螺钉）　12—补偿双金属片　13—人字形拨杆　14—连杆　15—压簧

若电动机出现过载的情况，绕组中电流增大，通过热继电器元件中的电流增大使双金属片温度升得更高，弯曲程度加大，推动人字形拨杆，人字形拨杆推动常闭触点，使触点断开而断开交流接触器线圈的电路，使接触器释放、切断电动机的电源，电动机停车而得到保护。

热继电器其他部分的作用如下：人字形拨杆的左臂也用双金属片制成，当环境温度发生变化时，主电路中的双金属片会产生一定的变形弯曲，这时人字形拨杆的左臂也会发生同方向的变形弯曲，从而使人字形拨杆与推杆之间的距离基本保持不变，保证热继电器动作的准确性，这种作用称温度补偿作用。

在图 8-5 中，螺钉 11 是常闭触点复位方式调节螺钉。当螺钉位置靠左时，电动机过载后，常闭触点断开；电动机停车后，热继电器双金属片冷却复位，常闭触点的动触点在弹簧的作用下会自动复位，此时热继电器为自动复位状态。将螺钉逆时针旋转向右调到一定位置，若此时电动机过载，热继电器的常闭触点断开，其动触点将摆到右侧新的平衡位置。电动机断电停车后，动触点不能复位，必须按动复位按钮后动触点方能复位，此时热继电器为手动复位状态。若电动机的过载是故障性的，为了避免再次轻易地起动电动机，热继电器宜采用手动复位方式。若要将热继电器由手动复位方式调至自动复位方式，只需将复位调节螺钉顺时针旋至适当位置即可。

有些型号的热继电器还具有断相保护功能，如图 8-6 所示为差动式

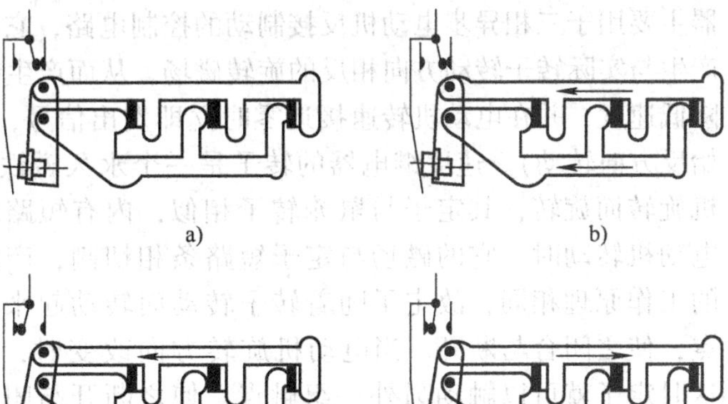

图 8-6　差动式断相保护装置的示意图

a）通电前　b）三相通有额定电流

c）三相均衡过载　d）一相断电故障

断相保护装置的示意图。

热继电器的断相保护功能是由内、外推杆组成的差动放大机构提供的。当电动机正常工作时，通过热继电器热元件的电流正常，内外两推杆均向前移至适当位置。当出现电源一相断线而造成断相时，该相电流为零，该相的双金属片冷却复位，使内推杆向右移动，另两相的双金属片因电流增大而弯曲程度增大，使外推杆向左移动，又由于差动放大作用，在出现断相故障后很短的时间内，外推杆就推动常闭触点使其断开，使交流接触器释放，电动机断电停车而得到保护。

（三）时间继电器

时间继电器是一种实现触点延时接通或断开的自动控制电器，主要作为辅助电器用于各种电气保护及自动装置中，使被控元件达到所需要的延时。按延时原理，时间继电器有电磁式、机械空气阻尼式、电动机式、双金属片式、电子式、可编程式和数字式等。

机械空气阻尼时间继电器如图 8-7 所示。当线圈通电时，衔铁及托板被铁心吸引而瞬时下移，使瞬时动作触点接通或断开，但是活塞杆和杠杆不能同时跟着衔铁一起下落，因为活塞杆的上端连着气室中的橡皮膜，当活塞杆在释放弹簧的作用下开始向下运动时，橡皮膜随之向下凹，上面空气室的空气变得稀薄而使活塞杆受到阻尼作用而缓慢下降。经过一定时间，活塞杆下降到一定位置，便通过杠杆推动延时触点动作，使动断触点断开、动合触点闭合。从线圈通电到延时触点完成动作，这段时间就是继电器的延时时间。延时时间的长短可以通过螺钉调节空气室进气孔的大小来改变。吸引线圈断电后，继电器依靠恢复弹簧的作用而复原，空气经出气孔被迅速排出。

图 8-7 机械空气阻尼时间继电器

（四）速度继电器

速度继电器又称反接制动继电器，它的主要结构是转子、定子及触点三部分。速度继电器主要用于三相异步电动机反接制动的控制电路，它的任务是当三相电源的相序改变以后，产生与实际转子转动方向相反的旋转磁场，从而产生制动力矩，使电动机在制动状态下迅速降低速度，并在电动机转速接近零时立即发出信号，切断电源使之停车（否则电动机会开始反方向转动）。速度继电器的转子是一个永久磁铁，与电动机或机械轴连接，随着电动机旋转而旋转，其定子与鼠笼转子相似，内有短路条，也能围绕着转轴转动。当转子随电动机转动时，它的磁场与定子短路条相切割，产生感应电势及感应电流，这与电动机的工作原理相同，故定子随着转子转动而转动起来。定子转动时带动杠杆，杠杆推动触点，使之闭合与断开。当电动机旋转方向改变时，继电器的转子与定子的转向也改变，这时定子就可以触动另外一组触点，使之断开与闭合。当电动机停止时，继电器的触点即恢复原来的静止状态。

由于继电器工作时是与电动机同轴的，不论电动机正转或反转，继电器的两个常开触点，总有一个闭合，准备实行电动机的制动。一旦开始制动时，由控制系统的联锁触点和速度继电器备用的闭合触点，形成一个电动机的相序反接（俗称倒相）电路，使电动机在反接制动下停车，而当电动机的转速接近零时，速度继电器的制动常开触点断开，从而切断电源，使电动机的制动状态结束。

（五）中间继电器

中间继电器是在自动控制电路中起控制与隔离作用的执行部件，广泛应用于遥控、遥测、通信、自动控制、机电一体化及电力电子设备中，是最重要的控制元件之一。中间继电器一般都有能反映一定输入变量（如电流、电压、功率、阻抗、频率、温度、压力、速度、光等）的感应机构（输入部分）；有能对被控电路实现“通”、“断”控制的执行机构（输出部分）；在中间继电器的输入部分和输出部分之间，还有对输入量进行耦合隔离、功能处理和对输出部分进行驱动的中间机构（驱动部分）。

在实际应用中，中间继电器主要有两个作用：一是隔离作用；二是增加辅助接点。在实际应用中增加接点比较少，因为现在的接触器可以另加很多对辅助接点，而且动作也可靠，所以没有必要在一般控制电路中增加辅助继电器。而隔离作用在目前的控制中用得是比较多的，主要有两个方面的隔离：一是将一个控制回路分隔为两个甚至更多的相对独立的回路；二是将强电量的模拟信号通过中间继电器转化为开关量（有源或无源）。这里强调的不是这些继电器的作用，而是要通过工程实例，对中间继电器应用中的技术问题做出分析及提出解决的对策。

中间继电器的工作原理是将一个输入信号变成一个或多个输出信号的电子元件，它的输入信号为线圈的通电或断电，输出的是触点的动作（所带常开触点闭合、常闭触点打开），其触点接在其他控制回路中，通过触点的变化导致控制回路发生变化（例如导通或截止），从而实现既定的控制或保护的目的。在此过程中，中间继电器主要起了传递信号的作用。

四、继电器的选用

继电器的选用除环境力学条件外，通常应注意以下几个方面。

（一）负载切换能力

继电器的负载能力并不都是从零到额定负载，比如选取额定负载为15A的产品去切换20mA的负载并不一定可靠，有时甚至会出现失误。

恰当地降额使用继电器（降额使用准则可参考GJB/Z35），可以提高继电器的使用寿命和可靠性，但降至100mA或μA级时应慎重。用继电器切换10～50μA、10～50mV的低电平负载时，用户应在订货时注明，以便生产过程控制中特殊安排。

（二）负载性质

继电器的触点负载能力与寿命是指在额定电压或电流下，负载为阻性的动作次数。当负载性质改变时，其触点负载能力将发生较大变化，用户可参照表8-2变换触点负载电流。

表8-2 不同负载电流的触点负载能力

电阻性电流	电感性电流	电动机电流	电灯电流
100%	30%	20%	15%

（三）瞬态抑制

继电器线圈失电瞬间，在线圈上可产生几倍于线圈所加电压的反峰电压（通常为8倍），这对电子线路有极大的危害，应加以抑制。其抑制方法较多，通常采取并联二极管的方式，但并联二极管将延长继电器的释放时间，影响继电器的使用寿命，在设计上应注意。

具有瞬态抑制功能的继电器在其内部已加入了抑制元件，由于采取了相应的措施，故不必担心其使用寿命，使用时也就较为方便。由于该类继电器的线圈引线是有极性的，使用时应特别注意，极性接反将损坏内接二极管而导致继电器失效，同时在对产品进行介质耐压、绝缘电阻检测时，应短接二极管以免其损坏。

（四）动作速率

继电器的动作时间和释放时间在产品标准中已有规定，使用时其动作速率不应超过这些指标。磁保持继电器线圈上施加的脉冲宽度及幅值也应符合规定，不然会危及到继电器的使用可靠性。

（五）线圈功耗

线圈功耗表示了继电器向供电回路索取的能量大小，若供电回路不能提供线圈所必需的能量，其结果是继电器不能转换或转换不可靠。

（六）冗余技术

从提高继电器的接触可靠性出发，在重要、关键部分采用并联两只继电器的方法是必要的，因为这样可以使触点失效概率降低，获得高的可靠性，继电器可靠性的计算公式为

$$R_T = 1 - (1 - R)^n$$

式中 R——可靠度；

n——冗余单元数。

比如某继电器的可靠度 $R = 90\%$，则两只继电器并联使用后其 $R_T = 1 - (1 - 0.9)^2 = 0.99 = 99\%$。这种方式在温度继电器的使用上非常有效，从可靠性出发，也应推广采用。

（七）安装与保护

密封继电器的引脚都是通过玻璃绝缘子支承的，若随意扳动容易造成玻璃绝缘子的碎裂，轻则使继电器密封受损，重则由于引脚的松动而使继电器失效，这就要求印制板孔距要正确，孔径不能太小。当必须扳动引脚时，应首先将引脚靠底板 3mm 处固定再扳动。对于焊线的产品，绞线用力要恰当，以免用力不当造成引脚松动。继电器不慎掉落地上，由于受强冲击，内部可能受损，应隔离，检测确认合格后才能使用。

继电器引出端焊接应使用中性焊剂，以免污染玻璃绝缘子而使产品绝缘性降低，同时焊接的时间不宜过长，一般连续焊接时间不应超过 3s。

【项目实施】

实训任务一　认识继电器

1. 实训目标

（1）能根据外观区分不同的继电器。

（2）能正确判别继电器插座的触点编号。

2. 实训工具

常用继电器。

3. 实训任务

（1）通过外观判断继电器的不同类型。

（2）判断继电器的触点。

4. 实训内容与步骤

(1) 根据外观判断继电器的不同类型。

(2) 通过继电器名称断定所判断继电器的类型正确与否。

(3) 观察和判别继电器触点。

5. 实训小结

通过本次实训，初步掌握继电器的基本类型及其基本的结构特征，为今后学习继电器相关电路的知识打好基础。

实训任务二　了解继电器的电气特性

1. 实训目标

(1) 掌握继电器的应用。

(2) 区分不同继电器的电气特性。

2. 实训工具

常用继电器、电源、导线、开关、灯泡和电烙铁等。

3. 实训任务

设计和制作继电器电路，实现开关控制功能。

4. 实训内容与步骤

(1) 以 4 ~ 5 人为一组。

(2) 每组根据所提供设备制作继电器电路，实现利用开关控制继电器。

(3) 每组根据所提供设备制作继电器电路，实现利用继电器触点控制灯泡状态。

5. 实训小结

通过本次实训，掌握继电器的基本电路和继电器的使用，同时了解城市轨道交通信号系统中灯泡状态的变化。

【拓展与提高】

城市轨道交通信号系统中的安全继电器

如图 8-8 所示为城市轨道交通信号系统中的安全继电器。

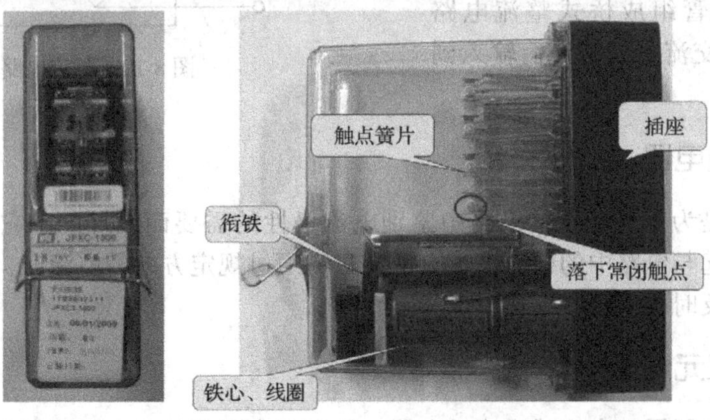

图 8-8　安全继电器

一、直流无极继电器

（一）直流无极继电器的结构

安全型直流无极继电器的结构如图 8-9 所示，由直流电磁系统和触点系统两部分构成。直流电磁系统由线圈、铁心、轭铁组成，线圈分为前圈和后圈，可根据电路需要设置单线圈、双线圈串联和双线圈并联控制。线圈通电时产生磁通，吸引衔铁；断电后失磁，衔铁依靠重力作用可靠释放。

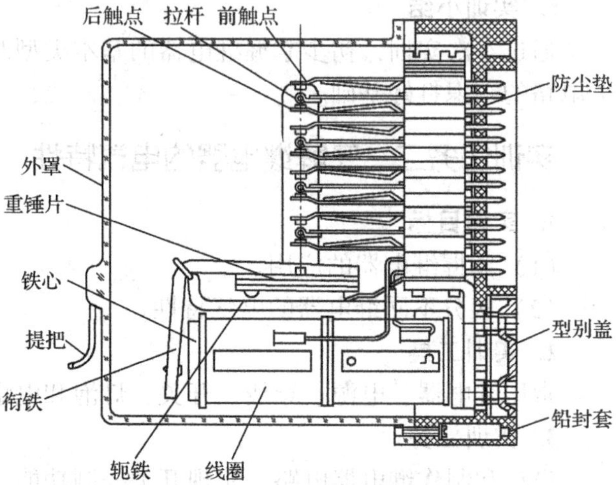

图 8-9 直流无极继电器

（二）直流无极继电器的工作原理

当线圈通以直流电后，产生磁通，经铁心、轭铁、衔铁和气隙，形成闭合磁路，使铁心对衔铁产生吸引力。当此吸引力增大到足以克服重锤片和拉杆的重力时，就能将衔铁吸向铁心，于是衔铁带动拉杆推动动触点向上动作，使动触点和前触点闭合，此时称继电器处于励磁状态。

当线圈中的电流减小或断电时，磁路的磁通减小或者没有，铁心对衔铁的吸引力减小，当吸引力不足以克服重锤片和拉杆的重力时，衔铁释放，使动触点和前触点断开并和后触点闭合，此时称继电器处于失磁状态。

二、整流式继电器

整流式继电器应用于交流电路中，其电磁系统、触点系统、动作原理和直流无极继电器基本相同，只是在直流无极继电器的基础上增加了整流电路，一般采用四个二极管组成桥式整流电路（见图 8-10），将交流电源整流后输入到继电器线圈。

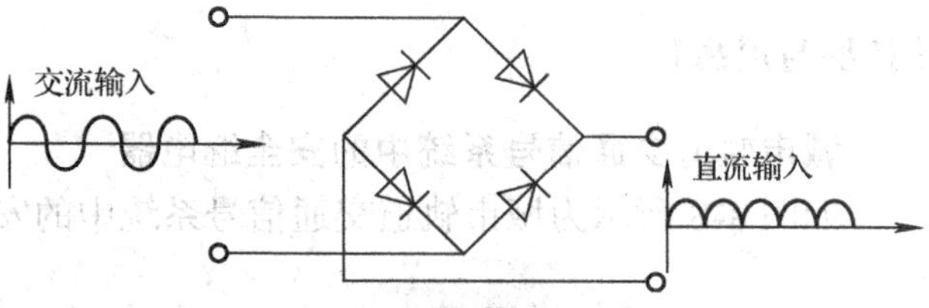

图 8-10 整流电路

三、偏极继电器

偏极继电器是为了满足信号电路中鉴别电流极性的需要而设计的，它与无极继电器不同，其衔铁的吸起与电路中的电流极性有关。只有通过规定方向的电流时，衔铁才吸起；电流方向与要求相反时，衔铁不动作。

四、交流二元继电器

交流二元继电器属于交流感应式继电器，具有两个既相互独立又相互作用的交变电磁系统。交流二元继电器的结构如图 8-11 所示，由电磁系统、翼板和触点等组成。

当局部线圈和轨道线圈中分别通以一定相位差的交流电流时，形成交变磁通 Φ_J、Φ_G，磁通穿过翼板时就形成了磁极 J 和 G，在翼板中分别产生感应电流，可看做是许多环绕磁通的电流环所组成，故称为涡流。涡流分别与磁通 $\Phi_J\Phi_G$ 作用，产生电磁力 F_1 和 F_2。当 Φ_J 超前 $\Phi_G 90°$ 时，在翼板上得到正方向转矩，接通前触点；而当 Φ_J 滞后 $\Phi_G 90°$ 时，则在翼板上得到反方向转矩，使后触点闭合。如果仅任一线圈通电或两线圈接入同一电源时，翼板均不能产生转矩而动作，这就是交流二元继电器所具有的可靠的相位选择性，由此可解决轨端绝缘破损的防护问题。

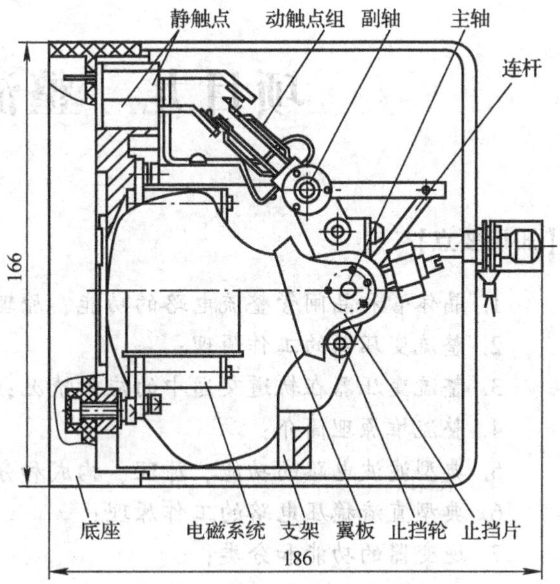

图 8-11　交流二元继电器

【复习思考题】

1. 继电器的继电特性是什么？

2. 简述继电器的触点形式。

3. 简述电磁继电器的工作原理。

项目九　整流器及其应用

【知识要点】

1. 晶体管和晶闸管整流电路的功能、原理、构成和分类；
2. 整流变压器的工作原理；
3. 整流变压器在轨道交通中的应用情况；
4. 整流堆原理简介；
5. 典型滤波电路的功能、原理、构成和分类；
6. 典型直流稳压电路的工作原理；
7. 逆变器的功能和分类；
8. 无源逆变器的类型和工作原理；
9. 三相电压型和电流型逆变器的类型和原理；

【项目任务】

1. 掌握常见的整流电路的基本分析方法；
2. 掌握整流变压器的基本工作原理和工作要求；
3. 了解整流变压器在轨道交通行业中的应用情况；
4. 掌握常见的滤波电路的基本分析方法；
5. 掌握常见的直流稳压电路的基本工作原理；
6. 掌握逆变器的功能和分类；
7. 掌握典型无源电压型和电流型逆变器的类型和工作原理；

【项目准备】

本项目开始前，应准备数字万用表、整流桥元件和晶闸管等电子元器件。

【相关理论知识】

一、整流电路

（一）整流电路的功能、构成和分类

整流电路的主要功能是将交流电转变为直流电。经过整流电路变换之后的直流电是一种含有直流和交流属性的混合电压或电流，习惯上称为单相脉动直流。整流电路在直流电动机调速、发电机励磁调节、电解、电镀等领域得到了广泛的应用。

大多数整流电路由整流变压器、整流主电路和滤波器等组成。20 世纪 70 年代以后，整流主电路多由硅整流二极管和晶闸管组成。滤波器接在主电路与负载之间，用于滤除脉动直流电压中的交流成分。整流变压器设置与否视具体情况而定，变压器的作用是实现交流输入

电压与直流输出电压间的匹配以及交流电网与整流电路之间的电隔离。

整流电路可以根据其组成中电子器件的特点来分类。构成整流电路的电子器件可以是不受控的二极管和受控的晶闸管（SCR），因此，整流电路按照组成的器件的不同可分为不可控电路、半控电路、全控电路三种。不可控整流电路完全由不可控二极管组成。

整流电路按照电路的结构可分为零式电路和桥式电路两种。零式电路是指带零点或中性点的电路，又称半波电路；桥式电路实际上是由两个半波电路串联而成的，故又称全波电路。

整流电路按照交流输入的相数可以分为单相电路和三相电路。

按照控制方式不同，整流电路可以分为相控式电路和斩波式电路（斩波器）两类。通过控制触发脉冲的相位来控制直流输出电压大小的方式称为相位控制方式，简称相控式。斩波器是利用晶闸管和自关断器件来实现通断控制，将直流电源电压断续加到负载上，通过通、断的时间变化来改变负载电压平均值的，亦称直流—直流变换器。它具有效率高、体积小、重量轻和成本低等优点，广泛应用于直流牵引的变速拖动中，如城市电车、地铁、蓄电池车等。斩波器一般分为降压斩波器、升压斩波器和复合斩波器三种。

（二）晶体二极管组成的各种整流电路介绍

整流就是把交流电变为直流电的过程。利用某些电子器件具有单向导电性的特性，可以把方向和大小交变的电流变换为直流电。下面介绍利用晶体二极管组成的各种整流电路。

1. 单相整流电路　单相整流电路可以分为单相半波整流电路和单相全波整流电路两种。

（1）单相半波整流电路。单相半波整流电路及其波形如图 9-1 所示。当 u_2 在正半周时，$u_L=u_2$，二极管电压 $u_V=0$，$i_L=i_V=\dfrac{u_2}{R_L}$；当 u_2 在负半周时，$u_L=0$，$u_V=u_2$，$i_L=i_V=0$。

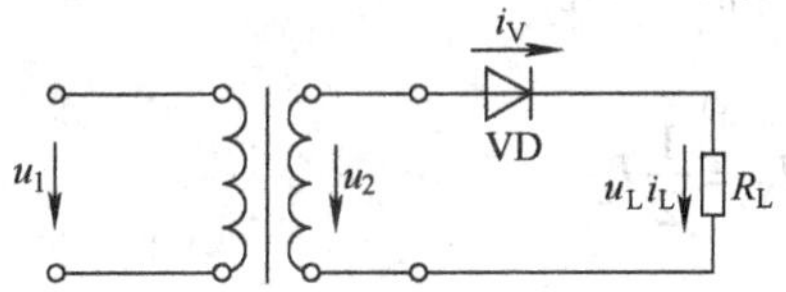

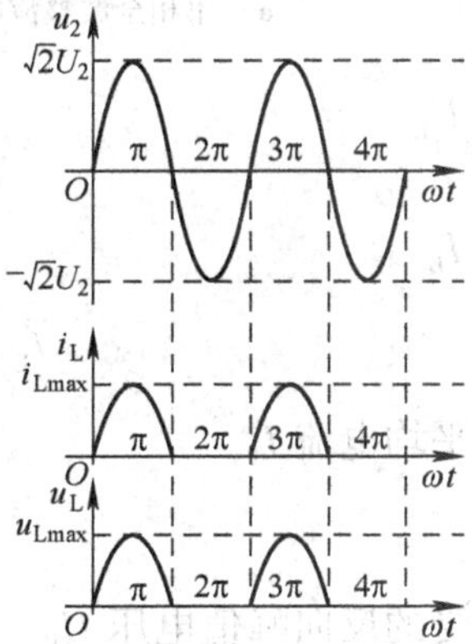

图 9-1　单相半波整流电路及波形图

a）单相半波整流电路　b）单相半波整流电路的波形图

对于单相半波整流电路，负载和整流二极管上的电压和电流的关系如下：

1）负载电压 U_L

$$U_L=0.45U_2 \tag{9-1}$$

2）负载电流 I_L

$$I_L = \frac{U_L}{R_L} = \frac{0.45U_2}{R_L} \tag{9-2}$$

3）二极管正向电流 I_V 和负载电流 I_L

$$I_V = I_L = \frac{0.45U_2}{R_L} \tag{9-3}$$

4）二极管的反向峰值电压 U_{RM}

$$U_{RM} = \sqrt{2}U_2 \approx 1.41U_2 \tag{9-4}$$

（2）单相全波整流电路。单相全波整流电路及其波形如图 9-2 所示。对于单相全波整流电路，负载和整流二极管上的电压和电流关系如下：

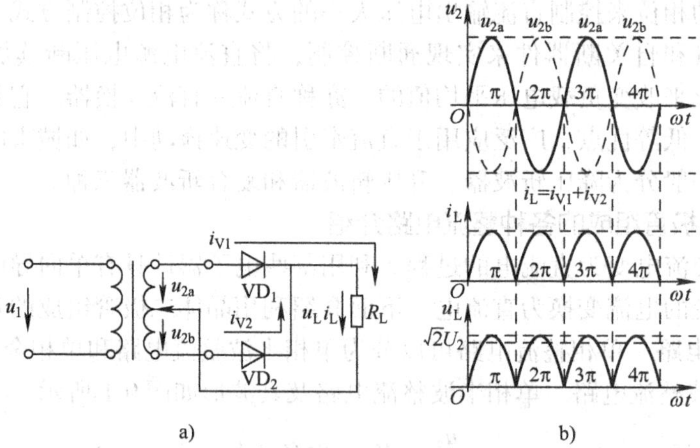

图 9-2 单相全波整流电路及波形图

a）单相全波整流电路 b）单相全波整流波形图

1）负载电压 U_L

$$U_L = 0.9U_2 \tag{9-5}$$

2）负载电流 I_L

$$I_L = \frac{U_L}{R_L} = \frac{0.9U_2}{R_L} \tag{9-6}$$

3）二极管的平均电流 I_V

$$I_V = \frac{1}{2}I_L \tag{9-7}$$

4）二极管承受的反向峰值电压 U_{RM}

$$U_{RM} = 2\sqrt{2}U_2 \tag{9-8}$$

2. 单相桥式整流电路 单相桥式整流电路及其波形如图 9-3 所示。对于单相桥式整流电路，负载和整流二极管上的电压和电流的关系如下：

（1）负载电压 U_L

$$U_L = 0.9U_2 \tag{9-9}$$

（2）负载电流 I_L

$$I_L = \frac{U_L}{R_L} = \frac{0.9U_2}{R_L} \tag{9-10}$$

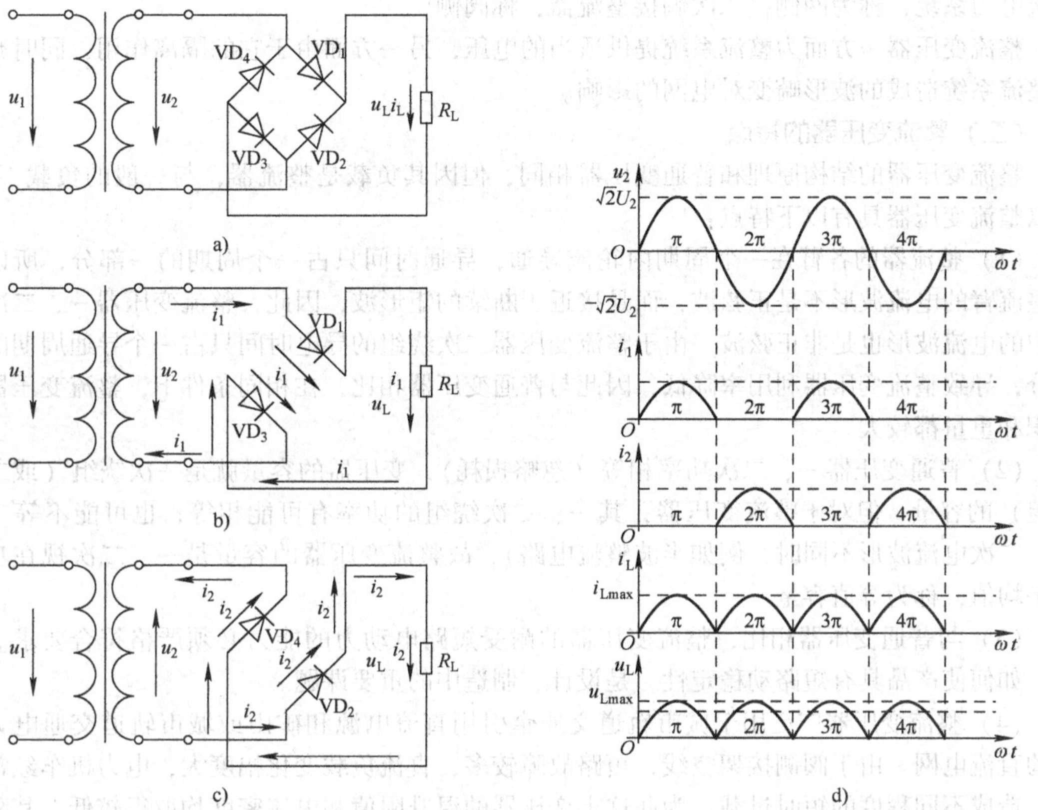

图 9-3　单相桥式整流电路及波形图

a）单相桥式整流电路　b）u_2 为正半周时的电路　c）u_2 为负半周时的电路　d）单相桥式整流的波形图

（3）二极管的平均电流 I_V

$$I_V = \frac{1}{2} I_L \tag{9-11}$$

（4）二极管承受的反向峰值电压 U_{RM}

$$U_{RM} = \sqrt{2} U_2 \tag{9-12}$$

二、整流变压器

（一）整流变压器的工作原理

整流变压器是用作整流装置的电源变压器，其作用是向整流器提供交流电源，整流器再将交流电变换为直流电，从而进行直流供电。整流变压器广泛应用于变频、电化学电解、牵引、传动、直流输电、电镀、充电、励磁、静电除尘及一般工业用整流电源等。典型的整流变压器如图 9-4 所示。

图 9-4　整流变压器

整流变压器和普通变压器的作用原理相同，一般是降压变压器，可以分为单相与三相两个系列。整流变压器的一次侧接交流电力系统，称为网侧；二次侧接整流器，称阀侧。

整流变压器一方面为整流系统提供适当的电压，另一方面由于它的隔离作用，同时减小了整流系统造成的波形畸变对电网的影响。

（二）整流变压器的特点

整流变压器的结构原理和普通变压器相同，但因其负载是整流器，与一般的负载不同，所以整流变压器具有以下特点：

（1）整流器的各臂在一个周期内轮流导通，导通时间只占一个周期的一部分，所以流经整流臂的电流波形不是正弦波，而是接近于断续的矩形波，因此，整流变压器一、二次绕组中的电流波形也是非正弦波。由于整流变压器二次绕组的导电时间只占一个导通周期的一部分，导致整流变压器利用率降低，因此与普通变压器相比，在相同条件下，整流变压器的体积和重量都较大。

（2）普通变压器一、二次功率相等（忽略损耗），变压器的容量就是一次绕组（或二次绕组）的容量。但对于整流变压器，其一、二次绕组的功率有可能相等，也可能不等（当一、二次电流波形不同时，例如半波整流电路），故整流变压器的容量是一、二次视在功率的平均值，称为等值容量。

（3）与普通变压器相比，整流变压器的耐受短路电动力的能力必须严格符合要求。因此，如何使产品具有短路动稳定性，是设计、制造中的重要课题。

（4）整流变压器广泛用于城市轨道交通牵引用直流电源和矿山或城市轨道交通电力机车的直流电网。由于阀侧接架空线，短路故障较多，直流负载变化幅度大，电力机车经常起动，造成不同程度的短时过载，为此这类变压器的温升限值和电流密度均取得较低，其阻抗比相应的电力变压器大30%左右。

（三）国内常用整流变压器的型号简介

整流变压器是我国城市轨道交通重要的直流供电设备之一，国内外许多厂家都生产该设备。目前，国内整流变压器主要系列包括SCB10和ZQSC系列干式整流变压器，其外观如图9-5、图9-6所示。

图9-5　SCB10系列干式整流变压器

图9-6　ZQSC系列干式整流变压器

SCB10系列整流变压器产品的主要特点包括阻燃能力强、无污染、可安装在负载中心、防潮性能好、停运后不经干燥即可投运，其低压绕组抗短路能力好；高压绕组层间电压低、电容大、耐雷电冲击、损耗低、节约电能、运行成本低、抗裂、耐高温、机械强度高、寿命长。

几种不同容量的干式整流变压器的主要技术参数见表9-1。

表9-1　几种不同容量的干式整流变压器的主要技术参数

容量/(kV·A)	250	500	630	1 000
相数	3	3	3	3
额定频率/Hz	50	50	50	50
额定电压比/(kV/kV)	10/0.4	10/0.4	10/0.4	10/0.4
空载抽头	22.5%	22.5%	22.5%	22.5%
联结组标号	D. yn11	D. yn11	D. yn11	D. yn11
阻抗电压（%）	4	4	4	6
工频耐压/kV	35	35	35	35
雷电冲击耐压/kV	75	75	75	75
绝缘等级	F	F	F	F
空载损耗/W	720	1 160	1 340	1 760
负载损耗/W	2 750	4 870	5 870	8 120
空载电流(%)	1.0	1.0	1.0	0.8
噪声/dB	48	50	50	51
重量/kg	1 340	1 860	2 150	2 960

（四）整流变压器在轨道交通中的应用

城市轨道交通几乎毫无例外地都采用直流供电制式，主要由于以下几个原因：

（1）城市轨道交通运输的列车功率并不是很大，其供电半径（范围）较短，供电电压不需要太高。同时，由于直流供电不需要大的电抗，在相同等级电压供电的条件下，直流供电的电压损耗明显低于交流供电。

（2）由于轨道交通设施均处于人口密集的中心地区，因此，要求供电电压不宜太高，以确保安全，而直流供电可实现在满足轨道交通用电要求前提下的较低电压供电。现在国际电工委员会拟定的供电电压标准为600V、750V和1 500V三种，我国国标也规定轨道交通的供电电压为750V和1 500V两种。在我国，北京地铁采用的是750V直流供电电压，上海地铁采用的是1 500V直流供电电压。

（3）随着电力电子技术的飞速发展以及大功率半导体整流器件（晶闸管）的出现，在直流电动车辆上，采用以晶闸管为主体的快速电子开关（斩波器），可对大电流串励牵引电动机车进行调压调速，代替了用串联电阻起动和降压调速的不经济方法，这种方法给直流供电增添了新的生命力。

（4）由于快速晶闸管的出现，近年来发展起来的由快速晶闸管等组成的逆变器，不但可以将直流电逆变成交流电，而且频率可以调节，这样就解决了采用结构简单且结实的笼型异步电动机作为牵引电动机的问题，用变频率改变异步电动机速度的方法（简称变频调速），使异步牵引电动机的性能满足了牵引列车特点的要求。这种方法在城市轨道交通干线牵引车辆上得到了非常多的应用，上海市地铁2号线的电动车辆就采用这种形式，这给直流供电的应用打开了一个更宽广的天地。

在现代城市轨道交通庞大的供电系统中，约2km运营里程就要设计一座直流牵引变电所，以确保列车运行所需的电能。直流牵引变电所的主要功能是将交流进线电压通过整流变压器降压，然后经整流器将交流电变成直流电供电动车辆的直流牵引电动机使用。在牵引变电所中最主要的设备就是两套整流机组，每套整流机组由两台牵引整流变压器和两台硅整流器及其联机控制系统组成。

为了提高直流电的供电质量，降低直流电源的脉动（波动）量，通常采用多相整流的方法，可以是6相、12相整流，还可以增加到24相整流。为此，整流变压器不仅起降压作用，还要将三相交流电变成多相交流电供整流器整流。成套的牵引整流设备由整流变压器和整流器配套组成，单台的整流变压器采用单绕组、双分裂的结构形式，高压网侧并联的两组线圈为三角形联结；低压阀侧的两组线圈采用轴向分裂，一组分裂线圈为三角形联结，另一组分裂线圈为星形联结，形成阀侧之间30°的移相，整流器由两个三相桥式整流电路并联构成12脉波整流。当两台整流变压器高压侧的并联绕组分别采用±7.5°外延三角形联结时，与两套整流器并联运行，则可以构成24脉波整流。目前城市轨道交通直流牵引变电所使用的大功率半导体整流装置为了提高直流供电质量、降低电压脉动量、减少注入电网的谐波含量和提高整流变压器的利用率，普遍采用多相整流电路。

需要说明的是，地铁等需要直流电源的场合多使用整流变压器。整流变压器在运行时，在从电网吸收有功功率和无功功率的同时，也向电网注入谐波电流，对电力系统和通信线路造成不良影响。因此，必须采用抑制和消除谐波的有效措施，增加整流系统的等效脉波数是抑制谐波最有效的方法之一。

下面，结合我国上海地铁1号线在线挂网运行的ZQSC-4000/33牵引整流干式变压器的使用，介绍整流变压器在轨道交通领域的应用状况。

该变压器是地铁牵引机车电源整流系统的重要组成部分，它由两台6相12脉波的移相变压器组成，其对应相位的相角互差15°，通过硅整流器整流，形成24脉波直流输出，也可单独通过整流器供电，形成12脉波整流直流输出。每台变压器的低压绕组由轴向分裂的两组等容量、等电压的绕组组成，一组为星形、另一组为三角形联结，采用铜箔绕制；高压绕组的两组绕组轴向并联，每组绕组又分为主绕组和移相绕组，三相高压连接成延边三角形，采用玻璃丝包无氧铜导线绕制，真空浇注后固化去应力成型，其机械强度高，抗短路能力强，并能较好地控制变压器的穿越阻抗和半穿越阻抗，使之合理搭配，电压幅值均等，使用性能好。铁心采用进口的优质冷轧晶粒取向硅钢片，步进式全斜接缝叠片，有效地控制了噪声并降低了变压器的空载损耗。主绕组和移相绕组均设立分接挡，实施同步调压，防止分接挡的移相角偏离7.5°。此变压器的主要技术性能指标包括：空载损耗6.34kW（标准为12kW）；负载损耗19kW（标准为20kW）；温升63K（标准为100K）；噪声为45.9dB。

三、整流堆

将整流器件封在单一一个壳内的组合件称为整流堆。整流堆又称整流桥堆，可以分为全桥和半桥两种类型。全桥是将连接好的桥式整流电路的四个二极管封在一起，半桥则是将两个二极管桥式整流电路的一半封在一起，实现把输入的交流电压转化为输出的直流电压。

整流堆作为一种功率器件，应用非常广泛，常应用于各种电源设备。当整流堆应用到整流桥电路中时，主要考虑它的最大工作电流和最大反向电压两个参数。

桥式整流器（整流桥）产品是由四只整流硅芯片作桥式连接，外用绝缘塑料封装而成的。大功率桥式整流器在绝缘层外添加锌金属壳包封，以增强散热。桥式整流器的品种很多，有扁形、圆形、方形、板凳形（分直插与贴片）等，其最大的整流电流从 0.5A 到 100A，最高反向峰值电压从 50V 到 160V。

半桥是将两个二极管桥式整流的一半封在一起，用两个半桥可组成一个桥式整流电路，一个半桥也可以组成变压器带中心抽头的全波整流电路。

选择整流桥要考虑整流电路和工作电压。整流桥堆一般用在全波整流电路中，它又分为全桥与半桥，常见的整流堆外形如图 9-7 所示。

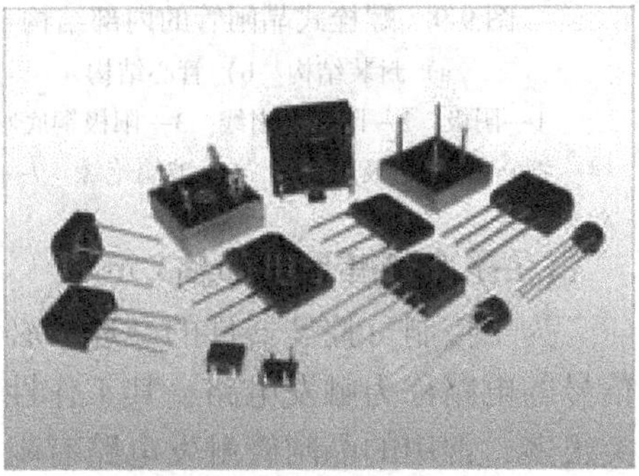
图 9-7 常见的整流堆外形

全桥是由 4 只整流二极管按桥式全波整流电路的形式连接并封装为一体构成的。全桥的正向电流有 0.5A、1A、1.5A、2A、2.5A、3A、5A、10A、20A、35A 和 50A 等多种规格，耐压值（最高反向电压）有 25V、50V、100V、200V、300V、400V、500V、600V、800V 和 1 000V 等多种规格。

一般整流桥的名称中有 3 个数字，第一个数字代表额定电流，单位是 A；后两个数字代表额定电压（数字 ×100），单位是 V。如型号为 KBL410 的整流堆，表示 4A，1 000V；型号为 RS507 的整流堆，表示 5A，1 000V（1、2、3、4、5、6、7 分别代表电压挡的 50V，100V，200V，400V，600V，800V 和 1 000V）。

整流堆的冷却方式有自然冷却和强迫风冷两种。

四、晶闸管整流电路

晶闸管（SCR），是一种大功率半导体可控器件，其特点有体积小、重量轻、无噪声、寿命长、容量大（正向平均电流达千安、正向耐压达数千伏），主要用于整流、逆变、调压、开关四个方面，应用最多的是晶闸管整流，具有输出电压可调等特点。晶闸管的种类很多，有普通单相和双向晶闸管、门极关断晶闸管、光控晶闸管等。下面主要介绍普通晶闸管的工作原理、特性参数及简单的应用电路。如图 9-8 所示为螺栓式与平板式晶闸管的外形，螺栓式晶闸管的内部结构如图 9-9 所示，平板式晶闸管的内部结构如图 9-10所示。

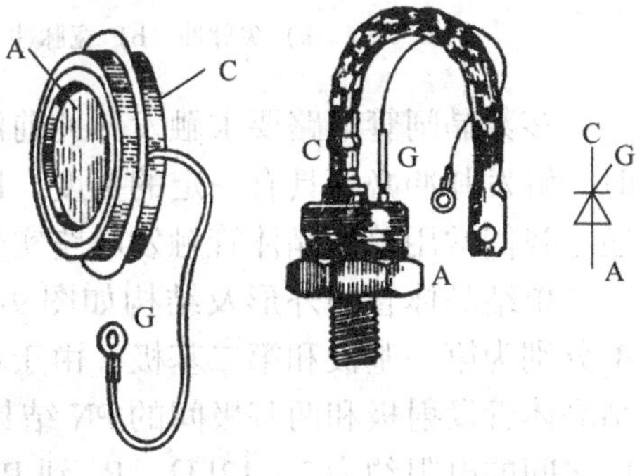

图 9-8 螺栓式与平板式晶闸管的外形
a) 平板式 b) 螺栓式 c) 图形符号

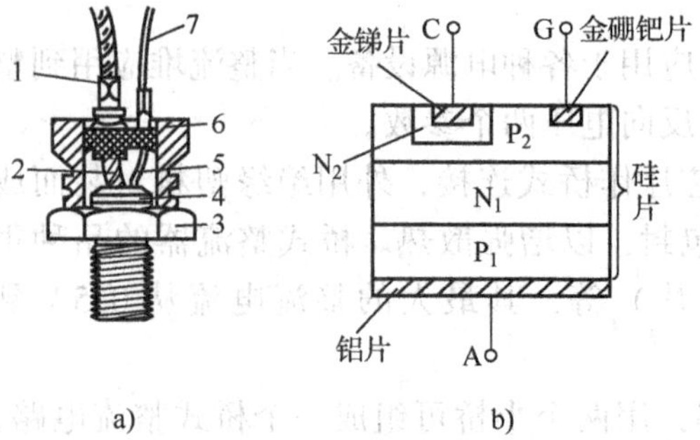

图9-9　螺栓式晶闸管的内部结构

a）封装结构　b）管心结构

1—阴极　2—阴极内引线　3—阳极铜底座

4—管心　5—门极内引线　6—玻璃绝缘　7—门极

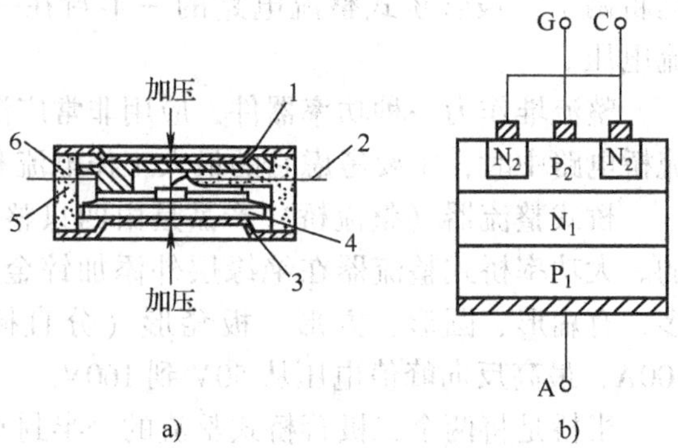

图9-10　平板式晶闸管的内部结构

a）封装结构　b）管心结构

1—上金属片（阴极）　2—门极金属片（氩弧焊）

3—下金属片（阳极）　4—管心　5—下陶瓷片　6—上陶瓷片

（一）晶闸管触发电路

为了控制可控硅器件的导通，必须适时施加一定功率的触发脉冲信号。产生和控制触发信号的电路称为触发电路，其工作性能的好坏对可控整流的效果有很大影响。触发电路的种类很多，常用的晶闸管触发电路有阻容移相桥触发电路、单结晶体管触发电路、晶体管触发电路和利用小晶闸管触发大晶闸管的触发电路等，在此仅介绍常用的单结晶体管触发电路。常见的触发脉冲电压的波形如图9-11所示。

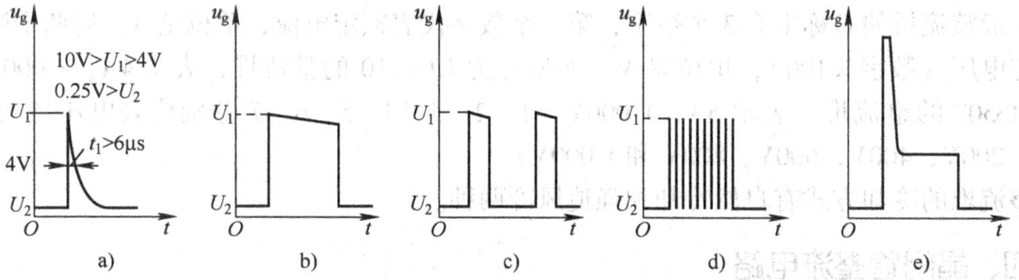

图9-11　常见的触发脉冲电压的波形

a）尖脉冲　b）宽脉冲　c）双窄脉冲　d）列式脉冲　e）强触发脉冲

多数晶闸管电路要求触发脉冲前沿要陡，以实现精确的触发导通控制。当负载为电感性时，触发脉冲必须具有一定的宽度，以保证晶闸管的电流上升到擎住电流以上，使之可靠导通。我们常用单结晶体管触发电路实现晶闸管的触发控制。

单结晶体管的外形及结构如图9-12a所示。单结晶体管有三个电极：E为发射极，B_1、B_2分别为第一基极和第二基极。由于单结晶体管有两个基极，通常又称为双基极二极管。单结晶体管发射极和两基极间的PN结具有单向导电性，可等效成一个二极管VD，两基极B_1、B_2之间的电阻约为2～12kΩ，B_1到PN结之间的硅片电阻为R_{B1}，B_2到PN结之间的硅片电阻用R_{B2}表示，其等效电路及符号如图9-12b所示。

当$U_E<U_V$时，单结晶体管截止；当$U_E \geqslant U_P$时，单结晶体管处于导通状态；当U_E因导通从U_P下降到使$U_E<U_V$时，单结晶体管将恢复截止。

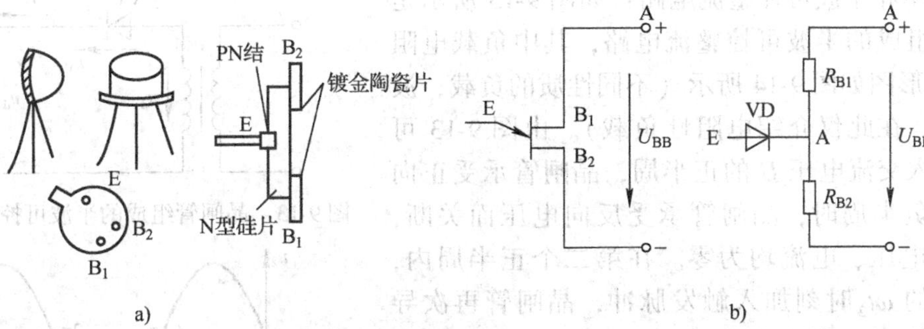

图 9-12　单结晶体管的结构、符号及等效电路

a）单结晶体管的外形及结构示意图　b）符号及等效电路

（二）晶闸管整流电路的应用

在城市轨道交通供电系统中，经常需要应用电压可调的直流电源，如直流电动机的调速、同步电动机的励磁、电解、电镀等。由于直流电动机调速性能好，所以在城市轨道交通系统中的机车等重要设备上都有广泛的使用。用晶闸管构成的整流电路，可以把工频交流电能转变成电压可调的直流电能。但是，不同的电路、不同性质的负载，都会使这个变换具有不同的特点。

此外，由于用电设备的容量、电压等级及电力拖动的要求不同，所采用的整流电路的形式也不相同。为了给轨道交通设备选配合适的整流装置，我们首先应该学习最常用的晶闸管整流电路，掌握它的工作原理，在波形分析的基础上得出基本数量关系，从而分析各种整流电路的特点和应用范围，这样才能归纳出如何根据生产机械和电气设备的要求，选择恰当的整流电路和元件的方法，并指导我们调试和维护晶闸管整流装置。

不同性质的负载对整流电路输出的电压和电流波形有很大的影响，主要的负载性质大致可分为以下几种：

（1）电阻性负载。如电解、电镀、电焊等都属电阻性负载。电阻性负载的特点是整流电压和电流的波形形状相同。

（2）电感性负载。各种电动机的励磁绕组、经电抗器滤波的负载都属此类，其中大电感负载是指在串联着电阻与电感的负载回路中，电抗值比电阻值大得多，即 $\omega L \gg R$ 的情况。此类负载的特点是负载电流波形连续，并接近一条平直线。

（3）反电势负载。如蓄电池、直流电动机电枢等类负载都属此类。这类负载本身也是一个直流电源，对于晶闸管整流电路而言，是一种反电势性质的负载。所以，只有当整流输出电压大于反电势时，负载回路才有电流流过，电流波形脉动较大。

单相可控整流电路的整流输出电压脉动较大，多用于小容量整流。当负载容量较大时，采用单相整流将引起三相电网的不平衡，影响其他用电设备的正常运行，所以多采用三相可控整流电路。

三相可控整流电路的类型很多，有三相半波（三相零式）、三相全控桥式、三相半控桥、双反星形以及由此发展起来的适用于大功率的多相整流电路等，其中三相半波可控整流电路是基本的形式，而三相桥式全控电路是普遍应用的形式，其余类型都可看做是这两种电路以不同方式串联或并联组成的。

（1）单相半波可控整流电路：如图 9-13 所示是由晶闸管组成的半波可控整流电路，其中负载电阻为 R_L，波形图如图 9-14 所示（不同性质的负载，波形图不同，在此仅介绍电阻性负载）。由图 9-13 可知，在输入交流电压 U 的正半周，晶闸管承受正向电压；在负半周时，晶闸管承受反向电压而关断，负载上的电压、电流均为零。在第二个正半周内，再在相应的 ωt_2 时刻加入触发脉冲，晶闸管再次导通，使负载 R_L 上得到如图 9-14c 所示的电压波形。图 9-14d 所示的波形为晶闸管所承受的正向和反向电压，最高正向和反向电压均为输入交流电压的幅值。

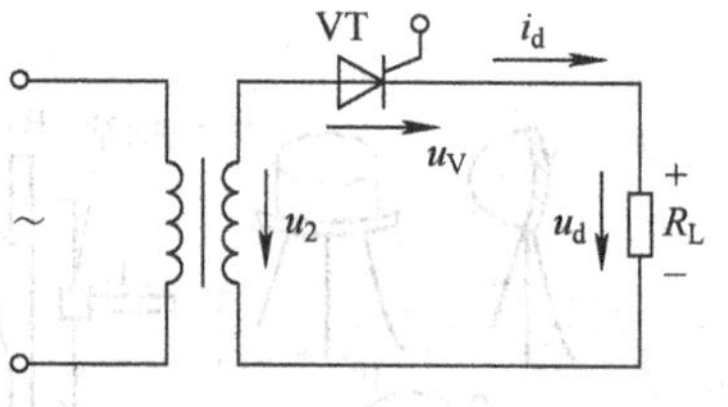

图 9-13 晶闸管组成的半波可控整流电路

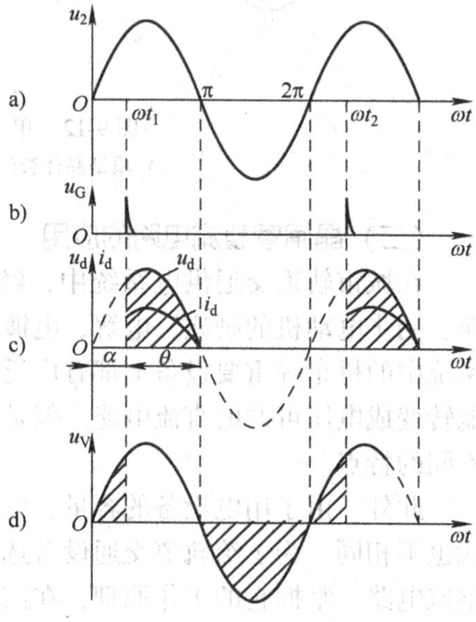

图 9-14 单相半波可控整流波形图

显然，在晶闸管承受正向电压的时间内，改变门极触发脉冲的加入时间（称为移相），负载上得到的电压波形随之改变。可见，移相可以控制负载电压的大小。晶闸管在加正向电压下不导通的区域称为触发延迟角 α（又称移相角），如图 9-14c 所示；而导通区域称为导通角 θ。可以看出，导通角越大，输出电压越高。可控整流电路输出电压和输出电流的平均值分别为：

1）整流电路输出直流电压的平均值 U_d 为

$$U_d = \frac{1}{2\pi}\int_{\alpha}^{\pi}\sqrt{2}U_2\sin\omega t\,\mathrm{d}(\omega t) = 0.45U_2\frac{1+\cos\alpha}{2} \tag{9-13}$$

2）输出电压的有效值 U 为

$$U = \sqrt{\frac{1}{2\pi}\int_{\alpha}^{\pi}(\sqrt{2}U_2\sin\omega t)^2\mathrm{d}(\omega t)} = U_2\sqrt{\frac{1}{4\pi}\sin2\alpha + \frac{\pi-\alpha}{2\pi}} \tag{9-14}$$

3）直流回路的电流平均值

$$I_d = \frac{U_d}{R} = 0.45\frac{U_2}{R}\frac{1+\cos\alpha}{2} \tag{9-15}$$

4）直流回路的电流有效值

$$I = \sqrt{\frac{1}{2\pi}\int_{\alpha}^{\pi}\left(\frac{\sqrt{2}U_2}{R}\sin\omega t\right)^2\mathrm{d}(\omega t)} = \frac{U_2}{R}\sqrt{\frac{1}{4\pi}\sin2\alpha + \frac{\pi-\alpha}{2\pi}} \tag{9-16}$$

5）有功功率

$$P = I^2R = UI \tag{9-17}$$

6）视在功率

$$S = U_2I \tag{9-18}$$

7）功率因数

$$\cos\phi = \frac{P}{S} = \frac{UI}{U_2I} = \sqrt{\frac{1}{4\pi}\sin2\alpha + \frac{\pi-\alpha}{2\pi}} \tag{9-19}$$

可以看出，U_d是触发延迟角 α 的函数。当$\alpha=0$时，晶闸管全导通，$U_d=U_{d0}=0.45U_2$，直流平均电压最大；当$\alpha=\pi$时，晶闸管全关断，$U_d=0$，直流平均电压最小。输出直流电压总的变化规律是 α 由小变大时，U_d 由大变小，也就是控制触发信号的加入时间，就可灵活地改变电路的输出电压 U_d。可以看出，单相半波可控整流电路的最大移相范围为180°。由于此整流是通过触发脉冲的移相控制来实现的，故亦称相控整流。

（2）单相桥式全控整流电路：由于单相半波整流电路有明显的缺点，为了能够较好地满足负载的要求，目前在小容量晶闸管整流装置中，较为广泛采用的是单相桥式可控整流电路。桥式可控整流电路根据四个臂是否全用晶闸管又分为全控和半控两种。本节只讲述单相桥式全控整流电路，其电路的电路图和波形图如图 9-15 所示。该电路主要的参数关系如下：

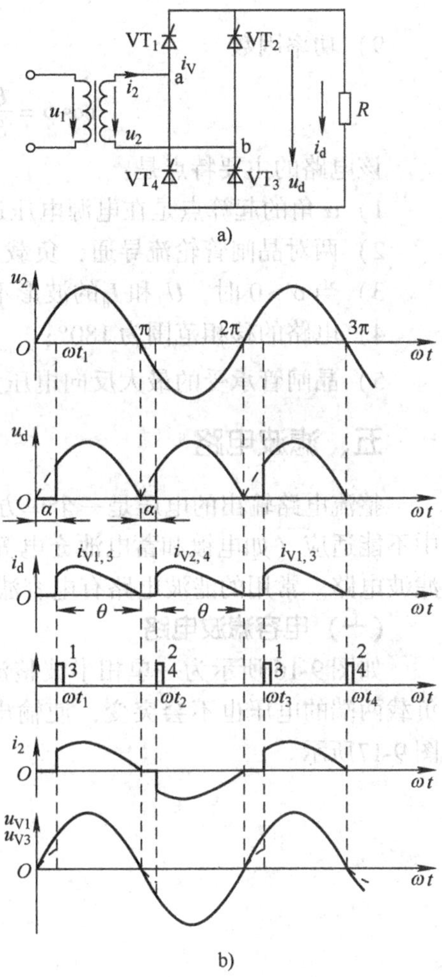

图 9-15　具有纯电阻负载的单相全控桥式整流电路及波形图

a）单相全控桥式整流电路图

b）单相全控桥式整流波形图

1）整流输出电压平均值

$$U_d=\frac{1}{\pi}\int_{\alpha}^{\pi}\sqrt{2}U_2\sin\omega t\mathrm{d}(\omega t)=0.9U_2\frac{1+\cos\alpha}{2} \tag{9-20}$$

2）整流输出电压有效值

$$U=\sqrt{\frac{1}{\pi}\int_{\alpha}^{\pi}(\sqrt{2}U_2\sin\omega t)^2\mathrm{d}(\omega t)}=U_2\sqrt{\frac{1}{2\pi}\sin2\alpha+\frac{\pi-\alpha}{\pi}} \tag{9-21}$$

3）整流输出电流平均值

$$I_d=\frac{U_d}{R}=0.9\frac{U_2}{R}\frac{1+\cos\alpha}{2} \tag{9-22}$$

4）晶闸管电流平均值

$$I_{dV}=\frac{1}{2}I_d=0.45\frac{U_2}{R}\frac{1+\cos\alpha}{2} \tag{9-23}$$

5）晶闸管电流有效值

$$I_V=\sqrt{\frac{1}{2\pi}\int_{\alpha}^{\pi}\left(\frac{\sqrt{2}U_2}{R}\sin\omega t\right)^2\mathrm{d}(\omega t)}=\frac{U_2}{\sqrt{2}R}\sqrt{\frac{1}{2\pi}\sin2\alpha+\frac{\pi-\alpha}{\pi}} \tag{9-24}$$

6）负载电流、变压器二次电流有效值

$$I=I_2=\sqrt{\frac{1}{\pi}\int_{\alpha}^{\pi}\left(\frac{\sqrt{2}U_2}{R}\sin\omega t\right)^2\mathrm{d}(\omega t)}=\frac{U_2}{R}\sqrt{\frac{1}{2\pi}\sin2\alpha+\frac{\pi-\alpha}{\pi}} \tag{9-25}$$

7）有功功率

$$P=I^2R=UI \tag{9-26}$$

8）视在功率

$$S = U_2 I_2 \tag{9-27}$$

9）功率因数

$$\cos\phi = \frac{P}{S} = \frac{UI}{U_2 I_2} = \sqrt{\frac{1}{2\pi}\sin 2\alpha + \frac{\pi - \alpha}{\pi}} \tag{9-28}$$

该电路的主要特点是：

1）α 角的起算点是在电源电压过零处，两对晶闸管的触发脉冲应间隔 180°；

2）两对晶闸管轮流导通，负载上的电压、电流波形在每个周期内有两次单方向脉动；

3）当 $\alpha > 0$ 时，U_d 和 I_d 的波形不连续，每个晶闸管的导通角 $\theta = \pi - \alpha$；

4）电路的移相范围为 180°；

5）晶闸管承受的最大反向电压为 $2\sqrt{2}U_2$。

五、滤波电路

整流电路输出的电压是一个单方向的脉动电压，虽然是直流，但脉动较大，在有些设备中不能适应（如电镀和蓄电池充电等设备）。为了改善电压的脉动程度，需在整流后再加入滤波电路。常用的滤波电路有电容滤波、电感滤波和复式滤波。

（一）电容滤波电路

如图 9-16 所示为一单相半波整流电容滤波电路。由于电容两端的电压不能突变，因而负载两端的电压也不会突变，使输出电压得以平滑，达到滤波的目的。滤波过程及波形如图 9-17 所示。

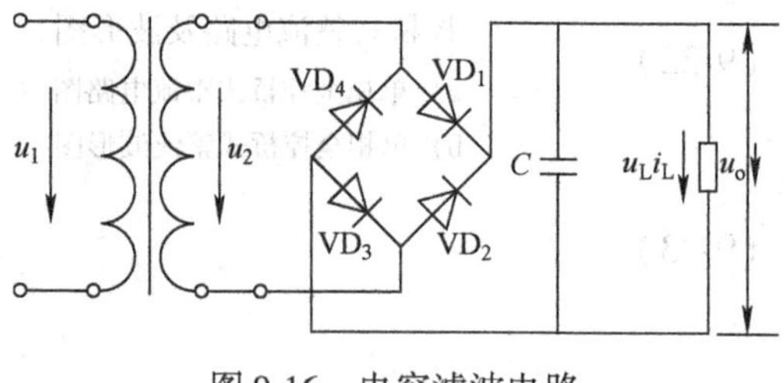

图 9-16 电容滤波电路

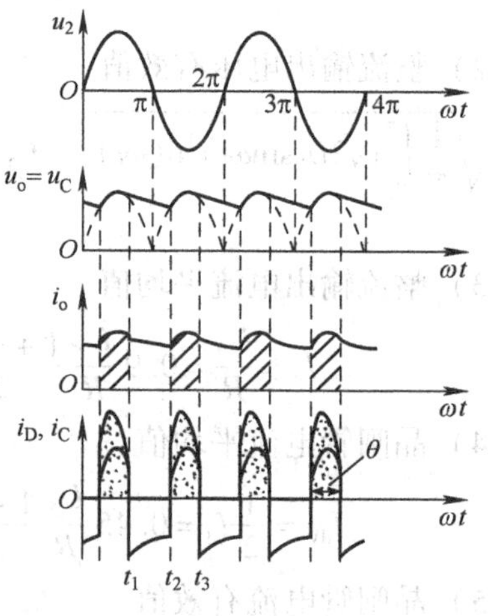

图 9-17 电容滤波过程及波形图

由于电容不断地充放电，使得输出电压的脉动性减小，而且输出电压的平均值有所提高。输出电压平均值 U_O 的大小，显然与 R_L 和 C 的大小有关，R_L 愈大，C 愈大，电容放电愈慢，U_O 愈高。在极限情况下，当 $R_L = \infty$ 时，$U_O = U_C = U_2$，不再放电；当 R_L 很小时，电容放电很快，甚至与 U_2 同步下降，则 $U_O = 0.9U_2$。可见，电容滤波电路适用于负载较小的场合。当满足 $R_L C \geqslant (3 \sim 5)\ T/2$ 时，输出电压的平均值为

$$\begin{aligned} U_O &= U_2(\text{半波}) \\ U_O &= 1.2U_2(\text{全波}) \end{aligned} \tag{9-29}$$

其中，T 为交流电源电压的周期。

（二）电感滤波电路

利用储能元件电感的电流不能突变的性质，用一个大电感与负载串联，也可以起到滤波的作用。电感滤波的实质是因为电感对交流呈现很大的阻抗，且交流电的频率越高，感抗越大，即交流成分绝大部分降到了电感上。如忽略导线电阻，电感对直流没有压降，即直流均落在负载上，从而达到了滤波的目的。桥式整流电感滤波电路如图 9-18 所示，电感滤波的波形图如图 9-19 所示。在这种电路中，要注意电感滤波电路的电流必须要足够大，电感 L 越大，R_L 越小，则滤波效果越好，所以电感滤波适用于负载电流比较大且变化比较大的场合。采用电感滤波以后，延长了整流管的导电角，从而避免了过大的冲击电流。

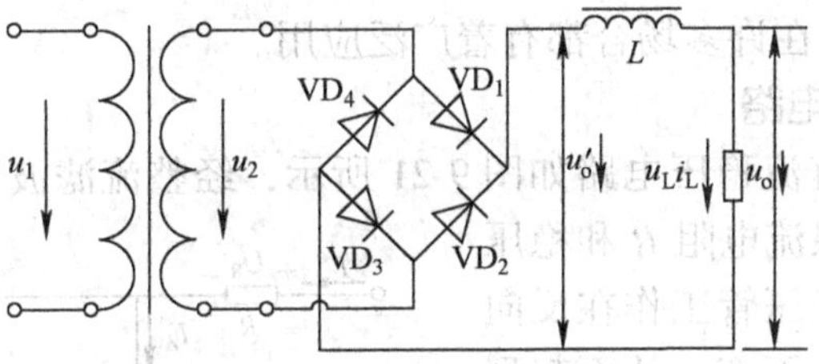

图 9-18　电感滤波电路

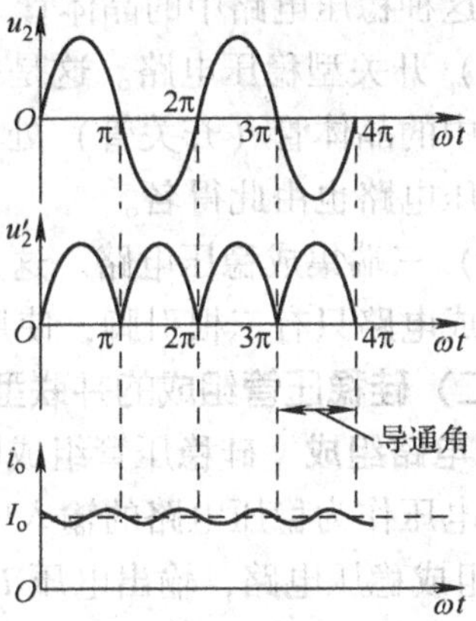

图 9-19　电感滤波波形图

电感滤波电路中，输出电压的平均值为 U_o，一般小于全波整流电路输出电压的平均值，如果忽略电感线圈的铜阻，则 $U_o \approx 0.9U_2$。虽然电感滤波电路对整流二极管没有电流冲击，但为了使 L 值大，多用铁心电感，但铁心电感体积大、笨重，且输出电压的平均值 U_o 较低。

六、直流稳压电路

（一）直流电源的组成

小功率直流电源一般由交流电源、变压器、整流、滤波和稳压电路几部分组成，如图 9-20 所示。在电路中，变压器将常规的交流电压（220V 或 380V）转变成所需要的交流电压；整流电路将交流电压转变成单方向脉动的直流电；滤波电路再将单方向脉动的直流电中所含的大部分交流成分滤掉，得到一个较平滑的直流电；稳压电路用来消除由于电网电压波动、负载改变对其产生的影响，从而使输出电压稳定。

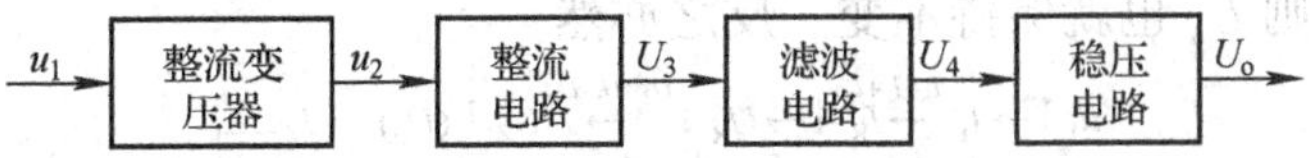

图 9-20　直流电源电路的组成框图

通过整流滤波电路所获得的直流电源电压是比较稳定的，当电网电压波动或负载电流变化时，输出电压会随之改变。电子设备一般都需要稳定的电源电压，因为如果电源电压不稳定，将会引起直流放大器的零点漂移、交流噪声增大、测量仪表的测量精度降低等。因此，必须进行稳压。目前，中小功率设备中广泛采用的稳压电源有并联型稳压电路、串联型稳压电路、集成稳压电路及开关型稳压电路。

直流稳压电路主要包括以下几种：

（1）稳压二极管稳压电路。这种稳压电路是利用硅稳压二极管的稳压特性，实现直流工作电压的稳压输出。这种直流稳压电路的稳压特性一般，往往只用于稳定局部的直流电压，在整机电源电路中一般不用。

（2）串联调整管稳压电路。这种稳压电路是利用晶体管集电极与发射极之间阻抗随基极电流大小变化而变化的特性，进行直流输出电压的自动调整，来实现直流输出电压的稳定的。在这种稳压电路中的晶体管（调整管）一直处于导通状态。

（3）开关型稳压电路。这是一种高性能的直流稳压电路，其稳压原理比较复杂。在这种电路中的晶体管（开关管）处于导通、截止两种状态的转换中，即工作在开关状态，开关型稳压电路也由此得名。

（4）三端集成稳压电路。这是一种集成电路的稳压电路，其功能是稳定直流输出电压。这种集成电路只有三根引脚，使用很方便，在许多场合都有着广泛应用。

（二）硅稳压管组成的并联型直流稳压电路

1. 电路组成 硅稳压管组成的并联型直流稳压电路如图 9-21 所示，经整流滤波后得到的直流电压作为稳压电路的输入电压 U_i，限流电阻 R 和稳压管 VZ 组成稳压电路，输出电压 $U_o = U_Z$。稳压管工作在反向击穿区，可在一定的条件下使输出电压基本不变，从而起到稳定电压的作用。

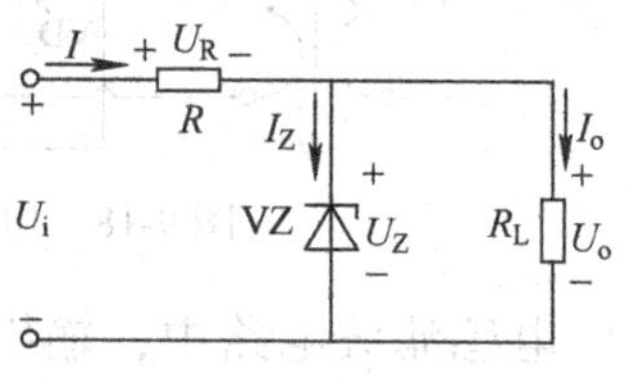

图 9-21　并联型直流稳压电路

在这种电路中，不论是电网电压波动还是负载电阻 R_L 变化，稳压管稳压电路都能起到稳压作用，因为 U_Z 基本恒定，而 $U_o = U_Z$。

2. 工作原理 下面从两个方面来分析并联型直流稳压电路的稳压原理。

（1）设 R_L 不变，电网电压升高使 U_i 升高，导致 U_o 升高，而 $U_o = U_Z$。根据稳压管的特性，当 U_Z 升高一点时，I_Z 将会显著增加，这样必然使电阻 R 上的压降增大，吸收了 U_i 的增加部分，从而保持 U_o 不变，其稳压过程如下图。反之亦然。

$$U_i\uparrow \xrightarrow{U_o=U_i-U_R} U_o\uparrow = U_Z\uparrow \rightarrow I_Z\uparrow \xrightarrow{I_R=I_L+I_Z} I_R\uparrow \rightarrow U_R\uparrow$$

（2）设电网电压不变，当负载电阻 R_L 阻值增大时，I_L 减小，限流电阻 R 上的压降 U_R 将会减小。由于 $U_o = U_Z = U_i - U_R$，所以导致 U_o 升高，即 U_Z 升高，这样必然使 I_Z 显著增加。由于流过限流电阻 R 的电流为 $I_R = I_Z + I_L$，这样可以使流过 R 上的电流基本不变，导致其电压降 U_R 基本不变，则 U_o 也就保持不变。反之亦然。

$$R_L\uparrow \rightarrow I_L \xrightarrow{I_R=I_L+I_Z} I_R\downarrow \rightarrow U_R\downarrow \xrightarrow{U_Z=U_i-U_R} U_Z\uparrow (U_o) \rightarrow I_Z$$

在实际使用中，这两个过程是同时存在的，而两种调整也同时存在，因而无论电网电压波动或负载变化，都能起到稳压作用。

（三）串联型晶体管稳压电路

并联型稳压电路可以使输出电压稳定，但稳压值不能随意调节，而且输出电流很小。为了加大输出电流，使输出电压可调节，常用串联型晶体管稳压电路，如图9-22、图9-23所示，其整个电路由四部分组成：

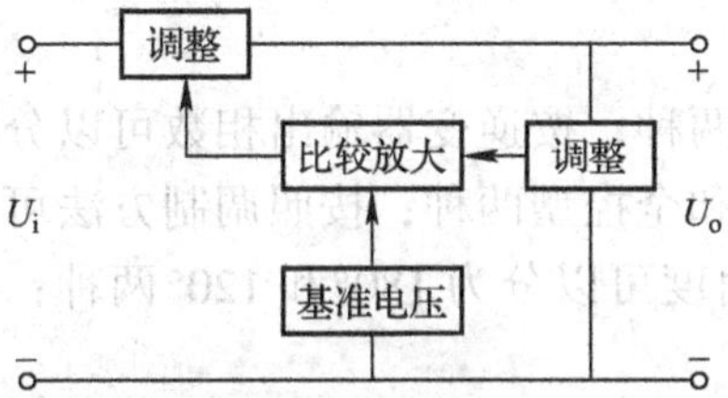

图9-22　串联型稳压电路的组成框图

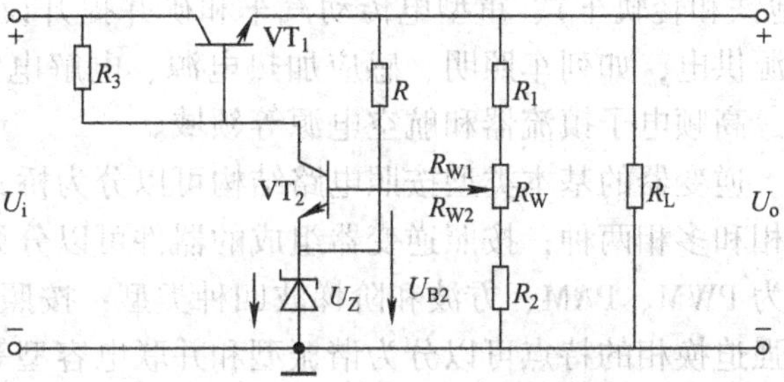

图9-23　一种实际的串联型稳压电路

1. 取样环节　取样环节由 R_1、R_P、R_2 组成的分压电路构成。它将输出电压 U_O 分出一部分作为取样电压 U_f，送到比较放大环节。

2. 基准电压　由稳压二极管VZ和电阻 R_3 构成的稳压电路组成。它为电路提供一个稳定的基准电压 U_Z，作为调整、比较的标准。

3. 比较放大环节　由 VT_2 和 R_4 构成的直流放大电路组成，其作用是将取样电压 U_f 与基准电压 U_Z 之差放大后去控制调整管 VT_1。

4. 调整环节　由工作在线性放大区的功率管 VT_1 组成。VT_1 的基极电流 I_{B1} 受比较放大电路输出的控制，它的改变又可使集电极电流 I_{C1} 和集、射电压 U_{CE1} 改变，从而达到自动调整和稳定输出电压的目的。

该电路的稳压过程如下：

$$U_o\uparrow \rightarrow U_{B2}\uparrow \rightarrow U_{BE2}(=U_{B2}-U_Z)\uparrow \rightarrow U_{C2}\downarrow \rightarrow U_o\downarrow$$

该电路的输出电压为

$$U_o=\frac{R_1+R_2+R_W}{R_W+R_2}U_Z \tag{9-30}$$

电位器 R_W 可调节输出电压 U_o 的大小，但 U_o 必定大于或等于 U_Z。

七、逆变器

（一）逆变器的定义

所谓逆变，就是与整流相反，把直流电转换成某一固定或可变频率的交流电（DC/AC）的过程。逆变器也称逆变电源，是将直流电能转变成交流电能的变流装置。逆变器是通过半导体功率开关的开通和关断作用，把直流电能转变成交流电能的一种变换装置，是整流变换的逆过程。

当把转换后的交流电直接回送电网，即交流侧接入交流电源时，称为有源逆变；而当把转换后的交流电直接供给负载时，则称为无源逆变。通常所讲的逆变电路，若不加说明，一般都是指无源逆变电路，通常由全控器件构成。本章介绍的逆变电路即为无源逆变电路，它在电力电子电路中占有十分突出的位置。

逆变电路经常与变频的概念联系在一起，变频电路分为交交变频和交直交变频两种，后者由交直变换和直交变换两部分组成，后一部分就是逆变。

逆变器常常用于直流电源给交流负载供电，如铁道牵引、大型工矿机车、城市有轨交通（地铁和轻轨车）、重型电传动汽车和矿井提升设备等交流调速系统。另外，也常用于交流电源供电，如列车照明、感应加热电源、电解电镀电源、不间断电源设备（UPS）、高频焊机、高频电子镇流器和航空电源等领域。

逆变器的基本类型按照电路结构可以分为桥式和零式两种；按逆变器输出相数可以分为单相和多相两种；按照逆变器组成的器件可以分为半控型和全控型两种；按照调制方法可以分为PWM、PAM、方波和阶梯波四种类型；按照导通的角度可以分为180°和120°两种；按照强迫换相的特点可以分为谐振型和并联电容型等。

一般我们是按照直流侧电源的性质将逆变器分类的，可以分为电压型逆变器和电流型逆变器。电压型逆变器的直流侧电源为准恒压源，而电流型逆变器直流侧的电源为准恒流源。如图9-24和图9-25所示分别为电压型逆变器和电流型逆变器。

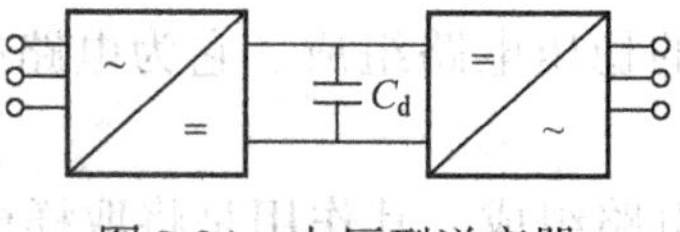

图9-24 电压型逆变器

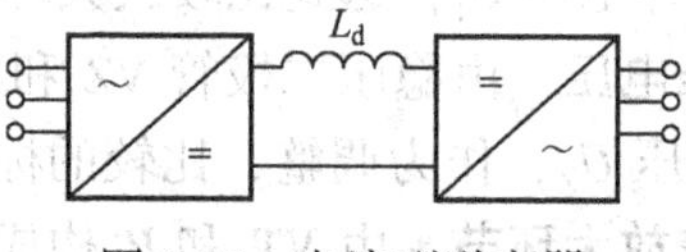

图9-25 电流型逆变器

（二）无源逆变电路的原理

电压型逆变器是按照控制电压的方式将直流电能转变为交流电能，是逆变技术中最为常见和简单的一种。下面从单相电压型逆变器入手，由浅入深，简单介绍电压型逆变电路和电流型逆变电路。

1. 单相半桥逆变电路 半桥式逆变电路的拓扑结构如图9-26所示，两只串联电容的中点作为参考点，VT_1和VT_2栅极信号各半周正偏、半周反偏，相互互补。u_o为矩形波，幅值为$U_m=U_d/2$，i_o波形随负载而异，感性负载时，如图9-26b所示，VT_1或VT_2导通时，i_o和u_o同方向，直流侧向负载提供能量；VD_1或VD_2通时，i_o和u_o反向，电感中贮能向直流侧反馈，VD_1、VD_2称为反馈二极管，因同时还使i_o连续，又称续流二极管。

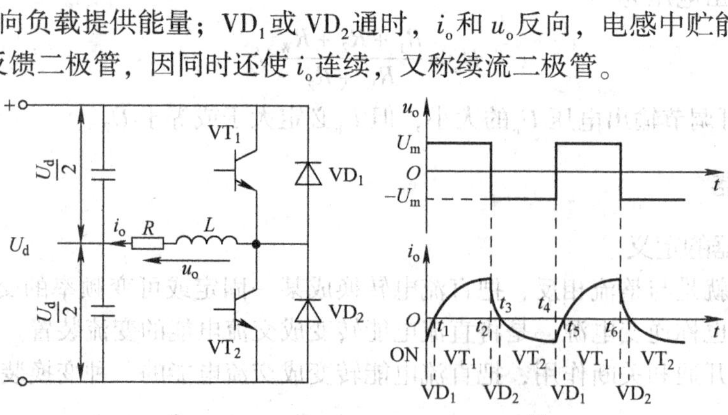

图9-26 单相半桥电压型逆变电路及其工作波形

半桥型逆变电路结构简单，使用器件少，由于两只串联电容的作用，不会产生磁偏或直流分量。当该电路工作在工频（50Hz或者60Hz）时，电容必须选取较大的容量，这会使电路的成本上升，因此该电路主要用于高频逆变场合。

2. 单相全桥逆变电路　在单相逆变电路中，全桥逆变电路应用最多。虽然单相半桥逆变电路结构简单，所用器件比全桥电路少一半，但其输出交流电压幅值低，且直流侧需要两个电容串联，工作时需要控制两个电容器电压的均衡，常用于几千瓦以下的小功率逆变电源等场合。

单相全桥逆变电路的结构如图9-27a所示，由两个半桥电路组合而成，分别为1、4一对，2、3一对，成对的桥臂同时导通，交替各导通180°。u_o和i_o的波形如图9-27b所示，u_o和i_o相对于半桥电路的而言，幅值均高出一倍。

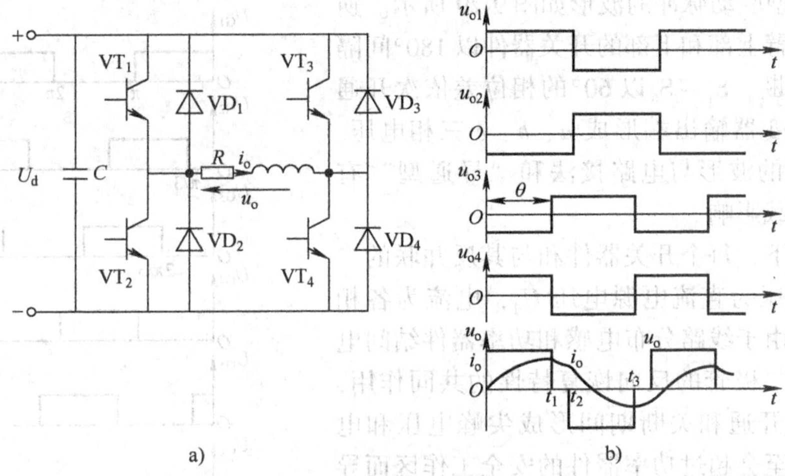

图9-27　单相全桥逆变电路及工作波形

单相全桥电路在上述工作状况下，VT_1与VT_3和VT_2与VT_4分别工作半个周期，其输出电压波形为180°的方波。事实上这种控制方式并不实用，因为在实际的逆变电源中输出电压是需要可以控制和调节的，一般常用移相调压法和脉宽调压法来调节输出电压的大小。

采用移相控制方式调节输出电压只需调节相移角θ即可，由于4个功率开关器件和4个续流二极管轮流对称工作，因此每个器件所承受的应力对称相等，对延长器件寿命有利。

脉宽调节控制方式是用一个幅值为U_r的直流参考电平与幅值为U_c的三角波载波信号进行比较，得到VT_1与VT_3和VT_2与VT_4的基极驱动信号，其中VT_1与VT_4互补。当U_c在0～1V范围内变化时，脉冲宽度可在0°～180°范围内变化，从而改变输出电压u_o。

3. 三相电压型逆变器　单相逆变器由于受到功率器件容量、零线（中性线）电流、电网负载平衡要求和用电负载的性质（如三相交流异步电动机等）的限制，其容量一般都在100kV·A以下，大容量的逆变电路多采用三相逆变器。

如图9-28所示为三相电压型逆变器的基本电路。图中示出了直流电压源的中性点，在大部分应用中，并不需要该中性点；S_1～S_6采用GTO、GTR、IGBT、MOSFET等自关断器件，VD_1～VD_6是与S_1～S_6反并联的二极管，其作用是为感性负载提供续流回路；L

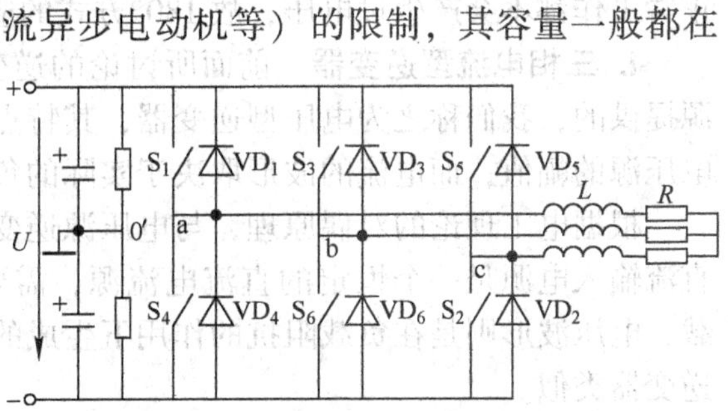

图9-28　三相电压型逆变器的基本电路

和 R 为负载相电感和相电阻。

（1）三相电压型逆变器的电路结构。负载连接方式有△形联结和Y形联结两种方式，根据各管导通时间，三相电压型逆变器可以分为 180° 导电型和 120°导电型两种。在图 9-28 中，开关器件 $S_1 \sim S_6$ 使用开关频率较低时，一般适宜作 0～400Hz 方波逆变，与其反并联的续流二极管可采用普通整流二极管。

（2）三相电压型逆变器的工作原理/波形分析。在该电路中，当控制信号为三相互差 120°的方波信号时，可以控制每个开关导通 180°（180°导电型）或 120°（120°导电型），相邻两个功率器件的导通时间互差 60°。

180°导电型驱动脉冲的波形如图 9-29 所示。逆变桥中 3 个桥臂上部和下部的开关器件以 180°间隔交替开通和关断，$S_1 \sim S_6$ 以 60°的相位差依次开通和关断，在逆变器输出端形成 a、b、c 三相电压。逆变输出电压的波形与电路接法和“导通型”有关，但不受负载影响。

理想情况下，每个开关器件和与其反并联的二极管承受的电压为直流电源电压 U_d，电流为各相负载电流。但由于线路分布电感和功率器件结间电容的存在以及二极管的反向恢复特性的共同作用，会在功率开关开通和关断期间形成尖峰电压和电流，严重时甚至会超过功率器件的安全工作区而导致损坏。

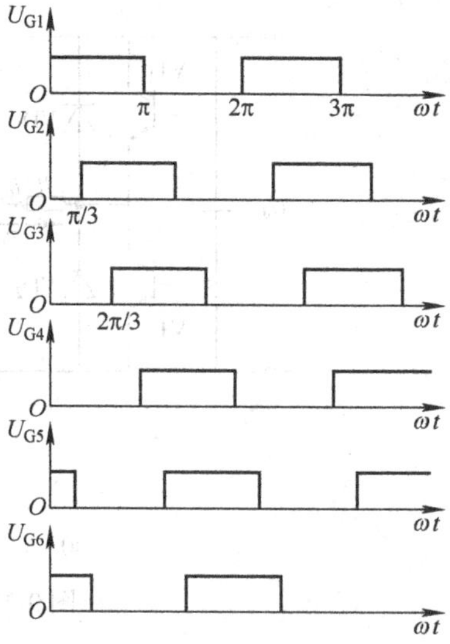

图 9-29　180°型驱动脉冲的波形

采用 120°导电型时，每个开关器件的导通角为 120°，$S_1 \sim S_6$ 依次以间隔 60°导通。逆变桥中任何时候只有两只功率管导通，工作安全可靠，不会发生同一桥臂两器件直通的现象。此时，输出相电压的波形（负载Y形联结、中性点与直流电源中点连接）为 120°方波，其幅值为 $U_d/2$，台阶分别为 $U_d/2$ 和 U_d。相电压和线电压的有效值分别为 $U_d/\sqrt{6}$ 和 $U_d/\sqrt{2}$，比 180°导电型的有效值低。

通过对 180°和 120°两种导通方式的分析，可以发现 120°方式上下两管间有 60°的间隙，对换相有利，但是管子的利用率低，且若采用星形联结，则始终有一相断开，在换相时会引起较高的感应电动势，应采取过电压保护措施；而 180°方式无论在三角形还是星形联结时，正常工作都不会产生过电压，故 180°方式的应用较为普遍。

4. 三相电流型逆变器　前面所讨论的逆变电路中的输入直流能量是由一个稳定的电压源提供的，我们称之为电压型逆变器，其特点是逆变器在脉宽调制时的输出电压的幅值等于电压源的幅值，而电流的波形取决于实际的负载阻抗。

根据电工理论的对偶原理，与电压源逆变器相对偶的是电流型逆变器。电流型逆变器的直流输入电源是一个恒定的直流电流源，需要调制的也就是电流，若一个方波电流注入负载，电压波形则是在负载阻抗的作用下生成的，其基波频率由开关序列确定，完全和电压型逆变器类似。

在电流型逆变器中，有两种不同的原理可用于控制基波电流的幅值，较常用的是直流电流源的副值变化法，这种方法使得交流侧的电流控制变得简单，另外一种方法是用脉宽调制来控制基波电流。

电流型逆变器非常适合应用于并网型，特别是在太阳能、风力并网发电系统中，电流型逆变器有着独特的优势。电流型逆变器有如下特点：

（1）直流侧接有较大的滤波电感；

（2）当负载的功率因数变化时，交流输出电流的波形不变，即交流输出电流的波形与负载无关；

（3）在逆变器的桥式电路中，与功率开关器件串联的是反向阻断二极管。

如图 9-30a 所示为三相电流型逆变器的电路。该逆变器与三相电压型逆变器的情况相同，由三组上下一对的开关构成，但开关动作的方法与电压型逆变器不同。在直流侧串联了

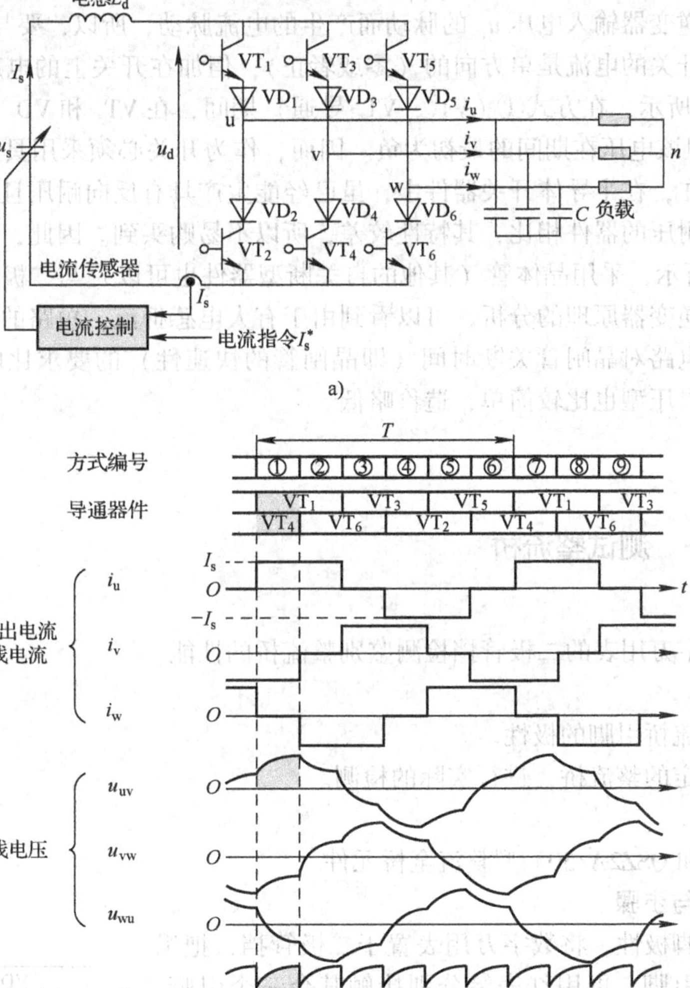

图 9-30　三相电流型逆变器的电路及其工作波形

a）三相电流型逆变器的电路　b）三相电流型逆变器的工作波形图

电感 L_d，以便能够减小直流电流 I_s 的脉动，而与逆变器的开关动作无关，所以在开关切换时，也必须保持电流连续。因此，如图所示，在上边三个开关 VT_1、VT_3、VT_5 中的 1 个及下边三个开关 VT_2、VT_4、VT_6 中的 1 个，均按每隔 1 个周期的 1/3 期间分别流过电流 I_s。为此，输出电流的波形为高度是 I_s 的 120°方波。另外，在负载是感性负载时，为了在电流急剧变化时不产生过渡电压（浪涌电压），在逆变器的输出端也并联有电容器。

电流型逆变器的输出电压变化缓慢，与输出电流相比，波形的畸变较小。在逆变器的输入侧，出现开关导通一相的线电压。如图 9-30b 所示中，逆变器在 1 个周期内切换 6 次，所以输入电压 u_d 以输出频率的 6 倍频率脉动。由此可知，电流型逆变器是与电压型逆变器相对应的。

电流型逆变器的电源即直流电流源是利用可变电压的电源通过电流反馈控制来实现的，该电源通常采用他励式正变换器或者自励式正变换器。但是，仅仅用电流反馈，不能减小因开关动作形成的逆变器输入电压 u_d 的脉动而产生的电流脉动，所以，要与电源串联电感 L_d。

这里，流过开关的电流是单方向的（零或者正），但加在开关上的电压是双向的（正或负）。如图 9-30b 所示，在方式①（VT_1、VT_4 导通）期间，在 VT_5 和 VD_5 开关上所加的电压为 $u_{vw}=-u_{wu}$，但该电压在期间的最初为负。因而，作为开关必须采用具有反向耐压的功率半导体器件。现在，在半导体开关器件中，虽已经能生产具有反向耐压且开关速度较快的器件，但与无反向耐压的器件相比，其特性较差，所以不易购买到。因此，电流型逆变器的开关，如图 9-30a 所示，采用晶体管（其他的自关断型器件也可以）与二极管串联的形式。

通过电流型逆变器原理的分析，可以看到由于有大电感抑流，短路的危险性也比电压型逆变器小得多，电路对晶闸管关断时间（即晶闸管的快速性）的要求比电压型逆变器的要求低，电路相对电压型也比较简单，造价略低。

【项目实施】

实训任务一 测试整流桥

1. 实训目标

学会使用数字万用表的二极管挡检测鉴别整流桥的性能。

2. 实训任务

（1）判别整流桥引脚的极性。

（2）根据规定的整流桥，进行实际的检测。

3. 实训工具

数字万用表和 QSZ2A/50V 型整流全桥元件。

4. 实训内容与步骤

（1）判别引脚极性。将数字万用表置于二极管挡，把黑表笔固定接某一引脚，再用红表笔分别接触其余三个引脚，如果三次显示中两次为 0.5 ~ 0.7V，一次为 1.0 ~ 1.3V，则黑表笔所接的引脚为全桥直流输出端的正极，即图 9-31 中的 C 端；两次显示为 0.5 ~ 0.7V 所对应的便是全桥的交流输入端，即图 9-31 中的 A、B 两端，另一端则必定是直流输出端

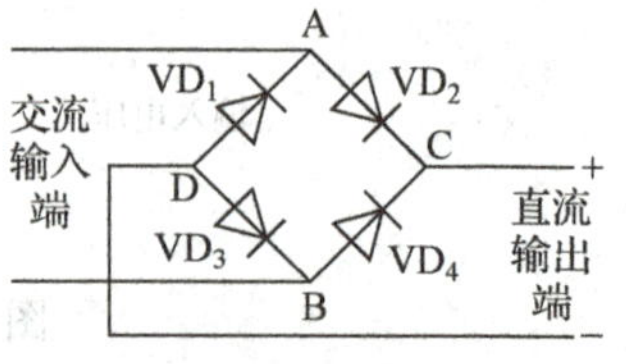

图 9-31 被测整流桥的内部结构

的负极，即图9-31中的D端。如果所得不是上述结果，可将黑表笔改换一个引脚重复以上测试步骤，直至得出正确结果为止。

（2）短路故障的判别。在上述判别引脚极性的测量中，任意相邻两引脚间（即任何一只二极管）的导通电压应在0.5～0.7V内，四只二极管的导通电压越接近越好，而在反偏测量时，仪表必须显示溢出符号“1”。对于全桥内部某只二极管的短路性故障，可采用如下技巧进行判别：红表笔接D端，黑表笔接C端，应显示1.0～1.3V；测量A、B端两次（交换表笔），均应显示溢出符号“1”。若所测结果与上述范围不符，则表明被测全桥内部必定有短路性故障。

（3）检测实例。被测件为QSZ2A/50V型整流全桥。使用数字万用表的二极管挡，依次测量A、B、C、D之间各二极管的正向压降和反向压降，测量数据见表9-2。鉴于正向压降均在0.521～0.539V范围内，而测反向压降时二极管全部截止，显示溢出符号“1”，证明被测整流桥的质量良好。

表9-2　实测QSZ2A/50V的正、反向压降

测量值	二极管正向压降/V	二极管反向压降
A-C	0.521	显示溢出符号“1”
D-A	0.539	
B-C	0.526	
D-B	0.529	

上述过程共需要交换红、黑表笔进行八次测量，操作起来较为繁琐。分析如图9-31所示的整流全桥的结构可以发现，无论将表笔按照哪种接法测量，A、B之间总会有一只二极管处于截止状态，使A、B间的总电阻趋于无穷大，仪表显示溢出符号“1”；而D、C间的正向电压则应等于两只硅二极管的压降之和。因此，只要在测量A、B间电压时显示溢出符号“1”，而测量D、C间电压时，读数为1V左右（实测值为1.039V），即可证明整流桥内部的二极管无短路现象。其理由是，如果全桥内部有一只二极管已发生短路故障，那么在测量A、B的正、反向电压时，必定有一次显示0.5V左右。例如，假定VD_2短路，当红表笔接D、黑表笔接C时，$U_{VD_2}=0V$，因此$U_{DC}=U_{VD_1}+U_{VD_2}=U_{VD_1}=0.526V$。需要说明的是，整流二极管属于非线性元件，其正向压降的大小与正向测试电流的大小有关，因此测出来的U_{DC}值并不等于$U_{VD_1}+U_{VD_2}$（或$U_{VD_3}+U_{VD_4}$）之和。

上述方法也适用于检测半波整流桥。

5. 实训小结

本实训通过对QSZ2A/50V型整流全桥的实物观察、测量整流桥的参数以及对整流桥原理的分析，让同学们对整流桥有直观的认识，为今后在实际工作中应用整流桥器件奠定了基础。

实训任务二　测试晶闸管

1. 实训目标

学会使用数字万用表的二极管挡检测鉴别晶闸管的性能。

2. 实训任务

（1）能够区分单双向晶闸管。

（2）会区分晶闸管的三个电极。

（3）根据测量的数据，判断晶闸管的好坏。

3. 实训工具

数字万用表和普通晶闸管元件。

4. 实训内容与步骤

晶闸管分单向晶闸管和双向晶闸管两种，都是三个电极。单向晶闸管有阴极（K）、阳极（A）和门极（G）。双向晶闸管等效于两只单向晶闸管反向并联而成，即其中一只单向晶闸管的阳极与另一只的阴极相连；其引出端称 T_1 极，其中一只单向晶闸管的阴极与另一只的阳极相连，其引出端称 T_2 极；剩下则为门极（G）。

（1）单、双向晶闸管的判别。先任测两个极，若正、反测指针均不动（$R\times1$ 挡），可能是 A、K 或 G、A 极（对单向晶闸管），也可能是 T_2、T_1 或 T_2、G 极（对双向晶闸管）。若其中有一次测量指示为几十至几百欧，则必为单向晶闸管，且红表笔所接为 K 极，黑表笔接的为 G 极，剩下即为 A 极。若正、反向测指示均为几十至几百欧，则必为双向晶闸管。再将旋钮拨至 $R\times1$ 或 $R\times10$ 挡复测，其中必有一次阻值稍大，则稍大的一次红表笔接的为 G 极，黑表笔所接为 T_1 极，余下的是 T_2 极。

（2）性能的差别。将旋钮拨至 $R\times1$ 挡，对于 1～6A 单向晶闸管，红表笔接 K 极，黑表笔同时接通 G、A 极，在保持黑表笔不脱离 A 极的状态下断开 G 极，指针应指示几十欧至 100Ω，此时晶闸管已被触发，且触发电压低（或触发电流小），然后瞬时断开 A 极再接通，指针应退回 ∝ 位置，则表明晶闸管良好；对于 1～6A 双向晶闸管，红表笔接 T_1 极，黑表笔同时接 G、T_2 极，在保证黑表笔不脱离 T_2 极的前提下断开 G 极，指针应指示为几十至 100 多欧（视晶闸管电流大小、厂家不同而异），然后将两表笔对调，重复上述步骤测一次，指针指示还要比上一次稍大十几至几十欧，则表明晶闸管良好，且触发电压（或电流）小。

若保持接通 A 极或 T_2 极时断开 G 极，指针立即退回 ∝ 位置，则说明晶闸管触发电流太大或损坏。对于单向晶闸管，闭合开关 K，灯应发亮，且断开开关 K，灯仍不熄灭，否则说明晶闸管损坏；对于双向晶闸管，闭合开关 K，灯应发亮，断开开关 K，灯应不熄灭。然后将电池反接，重复上述步骤，均应是同一结果，才说明晶闸管是好的。否则说明该器件已损坏。

（3）单向晶闸管极性的检测。万用表选用电阻 $R\times1$ 挡，用红黑两表笔分别测任意两引脚间的正反向电阻，直至找出读数为数十欧姆的一对引脚，此时黑表笔接的引脚为门极 G，红表笔接的引脚为阴极 K，另一空脚为阳极 A。此时，将黑表笔接已判断了的阳极 A，红表笔仍接阴极 K，万用表指针应不动。用短接线瞬间短接阳极 A 和门极 G，此时万用表指针应向右偏转，阻值读数为 10Ω 左右。如阳极 A 接黑表笔，阴极 K 接红表笔时，万用表指针发生偏转，说明该单向晶闸管已击穿损坏。

（4）双向晶闸管的检测。用万用表电阻 $R\times1$ 挡，用红黑两表笔分别测任意两引脚的正反向电阻，结果其中两组读数为无穷大。若一组为数十欧姆时，该组红黑表笔所接的两引脚为第一阳极 A_1 和门极 G，另一空脚即为第二阳极 A_2。确定 A、G 极后，再仔细测量 A_1、G 极间的正反向电阻，读数相对较小的那次测量的黑表笔所接的引脚为第一阳极 A_1，红表笔所接引脚为门极 G。将黑表笔接已确定了的第二阳极 A_2，红表笔接第一阳极 A_1，此时万用表指针应不发生偏转，阻值为无穷大。再用短接线将 A_2、G 极瞬间短接，给 G 极加上正向触发电压，A_2、A_1间的阻值约为 10Ω 左右。随后断开 A_2、G 极的短接线，万用表读数应保持在 10Ω 左右。互换红黑表笔接线，红表笔接第二阳极 A_2，黑表笔接第一阳极 A_1，同样，万用表指针应不发生偏转，阻值为无穷大。用短接线将 A_2、G 极间再次瞬间短接，给 G 极加上负向的触发电压，A_1、A_2间的阻值也是 10Ω 左右。随后断开 A_2、G 极间短接线，万用表读数应不变，保持 10Ω 左右。符合以上规律，说明被测双向晶闸管未损坏且三个引脚极性判断正确。检测较大功率晶闸管时，需要在万用表黑表笔中串接一节 1.5V 的干电池，以提高触发电压。

5. 实训小结

本实训通过对晶闸管的实物观察，并通过应用万用表对单向和双向晶闸管的测量和判断，让同学们对如何判断晶闸管的极性和好坏有了直观的认识，为今后在实际工作中应用晶闸管奠定了专业基础。

【拓展与提高】

一、三相可控整流电路

前面提到，三相可控整流电路的种类很多，在这里只重点剖析三相半波和三相桥式可控整流电路，而且在这里只给出三相可控整流电路相应的电路图和波形图，具体的工作过程留给读者自己来分析。

如图 9-32 所示为三相半波可控整流电路的电路图和波形图，图 9-33 所示为三相半波整流电路电阻负载 $\alpha=30°$时的波形图，图 9-34 所示为三相半波可控整流电路电感负载的电路图和波形图。

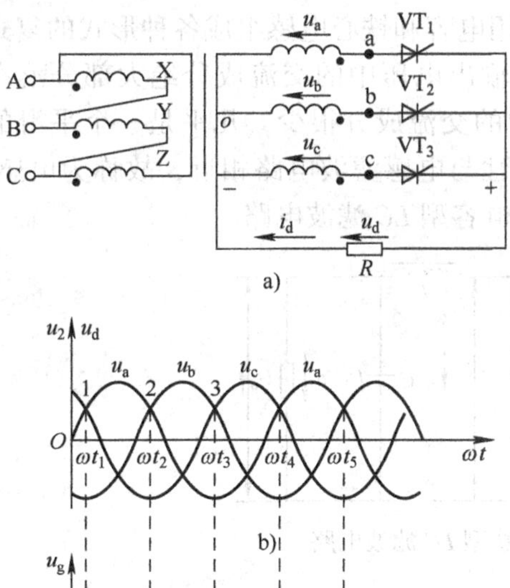

图 9-32 三相半波可控整流电路的电路图和波形图

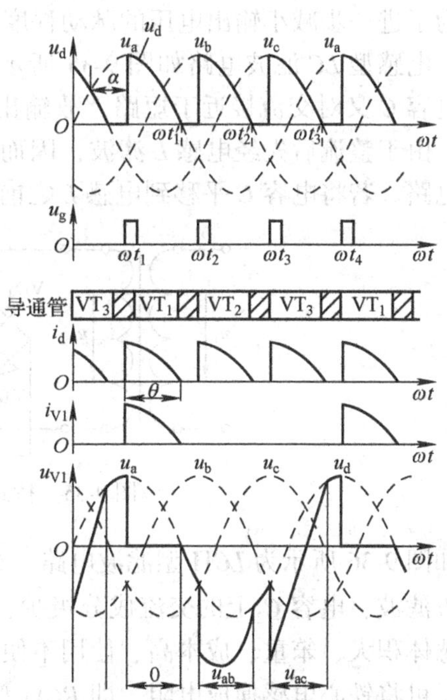

图 9-33 三相半波整流电路电阻负载 $\alpha=30°$时的波形

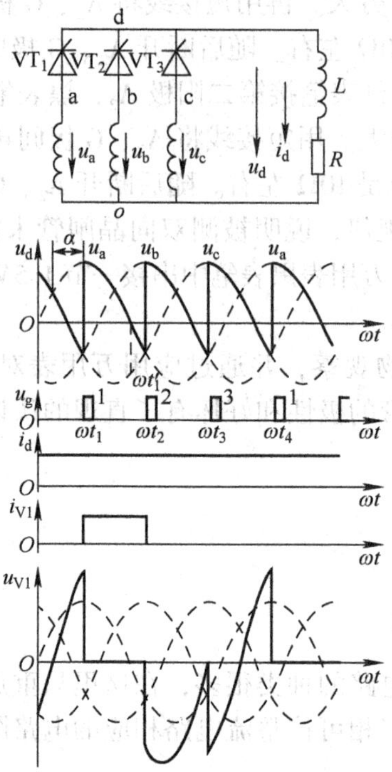

图 9-34 三相半波可控整流电路电感负载的电路图和波形图

二、复式滤波电路

为了进一步减小输出电压的脉动程度，可以用电容和铁心电感组成各种形式的复式滤波电路。电感型 LC 滤波电路如图 9-35 所示，整流输出电压中的交流成分绝大部分落在电感上，电容 C 又对交流接近于短路，故输出电压中的交流成分很少，几乎是一个平滑的直流电压。由于整流后先经电感 L 滤波，因而其总特性与电感滤波电路相近，故称为电感型 LC 滤波电路。若将电容 C 平移到电感 L 之前，则为电容型 LC 滤波电路。

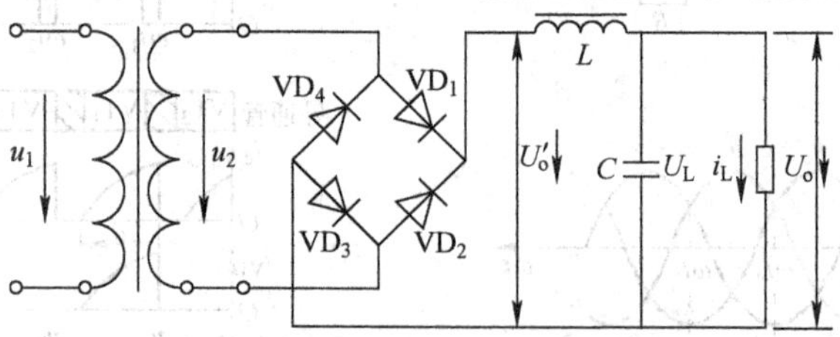

图 9-35 桥式整流电感型 LC 滤波电路

如图 9-36 所示为 $LC\Pi$ 型滤波电路，整流输出电压先经电容 C_1 滤除了交流成分后，再经电感 L 滤波，电容 C_2 上的交流成分极少，因此输出电路几乎是平直的直流电压。但由于铁心电感体积大、笨重、成本高、使用不便，因此，在负载电流不太大而要求输出脉动很小的场合，可将铁心电感换成电阻，即 $RC\Pi$ 型滤波电路，如图 9-37 所示。电阻 R 对交流和直流成分均产生压降，故会使输出电压下降，但只要 $R_L \gg 1/(\omega C_2)$，电容 C_1 滤波后的输出电压绝大多数会落在电阻 R_L上，且 R_L越大，C_2越大，滤波效果越好。

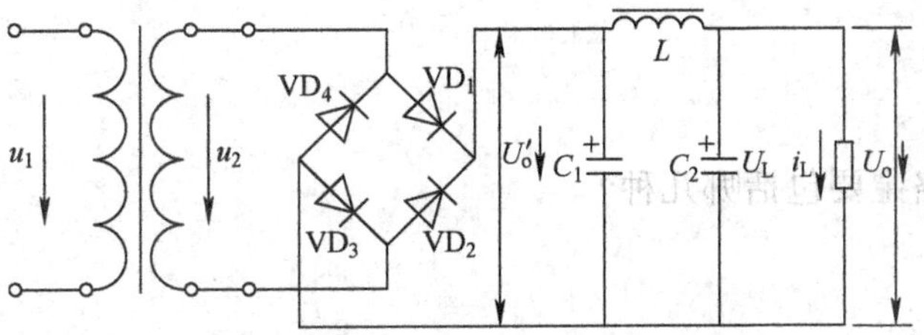

图 9-36　LCΠ 型滤波电路

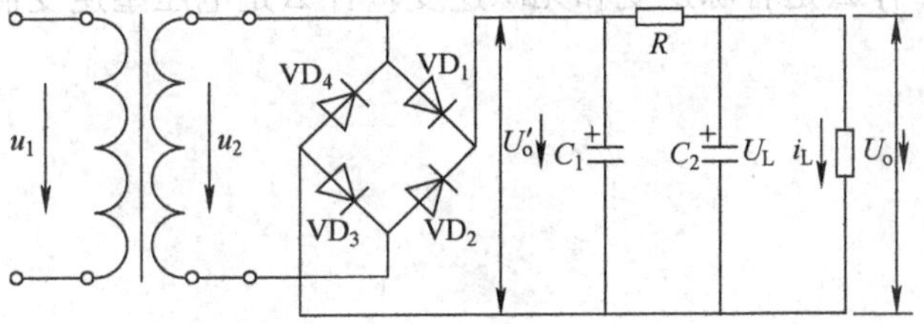

图 9-37　RCΠ 型滤波电路

除了电容滤波电路以外，还有电感滤波电路以及由电容和电感或电阻组成的 *LC*、*CLC*Π 型、*CRC*Π 型等复合滤波电路。电感滤波电路的输出电压较低，一般 $U_o = 0.9U_2$，峰值电流很小，输出特性较平坦，负载改变时，对输出电压的影响也较小，适用于负载电压较低、电流较大以及负载变化较大的场合，缺点是制作复杂、体积大、笨重，且存在电磁干扰。*LC* 和 *CLC*Π 型滤波电路适用于负载电流较大、要求输出电压脉动较小的场合。负载较轻时常采用 *CRC*Π 型滤波电路。

【复习思考题】

1. 整流电路有哪些主要功能？一般的整流电路由哪几部分构成？

2. 整流变压器的主要作用是什么？

3. 晶闸管导通的条件是什么？

4. 常见的滤波电路有哪几种？主要的原理是什么？

5. 常见的直流电源是由哪几部分构成的？

6. 直流稳压电路主要包括哪几种？

7. 什么是逆变？什么是有源逆变和无源逆变？什么是电压型逆变器和电流型逆变器？

项目十　晶体管放大电路

【知识要点】

1. 晶体管放大电路的组成；
2. 晶体管放大电路的基本分析方法——静态分析和动态分析；
3. 共基极电路、共射极电路、共集电极电路三种组态的比较；
4. 多级放大电路的组成；
5. 集成运算放大器和电压比较器。

【项目任务】

1. 掌握晶体管放大电路的基本分析方法——静态分析和动态分析；
2. 掌握集成运算放大器和电压比较器的基本工作原理。

【相关理论知识】

一、晶体管放大电路的认知

放大电路是模拟电子电路中最常用、最基本的一种典型电路。无论是日常使用的收音机、电视机，还是精密的测量仪表和复杂的自动控制系统等，其中一般都有各种各样不同类型的放大电路。可见，在生产、科研及日常生活中，放大电路是应用十分广泛的模拟电路。

放大电路一般包括两部分，如图 10-1 所示，第一部分为电压放大电路，它的任务是将微弱的电信号加以放大去推动功率放大电路，一般它的输出电流较小，电压放大电路是整个放大电路的前置级；第二部分为功率放大电路，是放大电路的输出级，它的任务是输出足够大的功率去推动执行元件（如继电器、电动机、扬声器和指示仪表等）工作。功率放大电路的输出电压和电流都比较大，本书首先讨论电压放大电路。

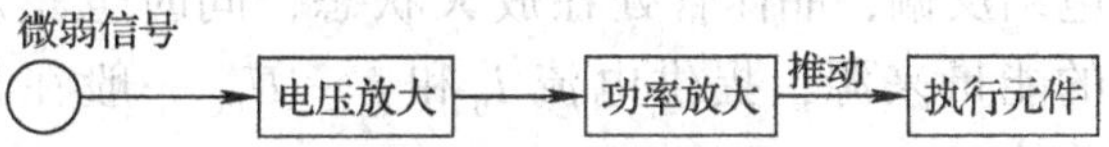

图 10-1　放大电路的组成

在工业电子技术中，常用的交流放大电路的输入交流信号的频率，一般在 20～20 000Hz 范围内，这类放大电路通常称为低频放大电路。

（一）晶体管放大电路的组成

1. 晶体管放大电路及其分类　由晶体管组成的放大电路称为晶体管放大电路，它的主要作用是把微弱的电信号（电压或者电流）加以放大，然后送到负载（某种用电设备），如仪表和扬声器等，其实质是能量转换装置。晶体管放大电路的分类如下：

（1）按哪个极作为接地端分为：共基极电路、共射极电路、共集电极电路；

（2）按功能分：电压放大器、电流放大器、功率放大器；

（3）按频率高低分：低频、中频、高频放大器。

2. 晶体管放大电路的三种基本接法 晶体管有三个电极，晶体管对小信号实现放大作用时，在电路中可有三种不同的连接方式（或称三种组态），即共（发）射极接法、共集电极接法和共基极接法。这三种接法分别以发射极、集电极、基极作为输入回路和输出回路的公共端，而构成不同的放大电路，如图 10-2 所示（以 NPN 管为例）。

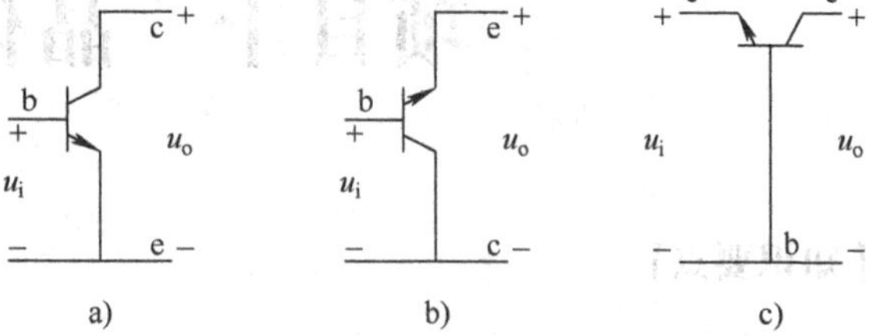

图 10-2 放大电路中晶体管的三种连接方式
a）共（发）射极接法 b）共集电极接法 c）共基极接法

共（发）射极电路即反相放大电路，其特点为电压增益大，输出电压与输入电压反相，低频性能差，适用于低频和多级放大电路的中间级。

共集电极电路也称射极输出器、电压跟随器，其特点是电压增益小于 1 而又近似等于 1，输出电压与输入电压同相，输入电阻高，输出电阻低，常用于多级放大电路的输入级、输出级或缓冲级。

共基极电路是指输入信号通过耦合电容加在发射极 e 上，而基极通过旁路电容接地（晶体管的接法属于哪种模式主要看哪一端接地），而 c 端口输出信号。共基极电路只放大电压不放大电流，最大的优点是高频响应较好，在宽频和高频电路中常见，应用不如共集组态和共射组态普遍。

3. 晶体管放大电路的基本组成及各元器件的作用 以共射极晶体管放大电路为例，其基本组成如图 10-3 所示，各元器件的作用如下：

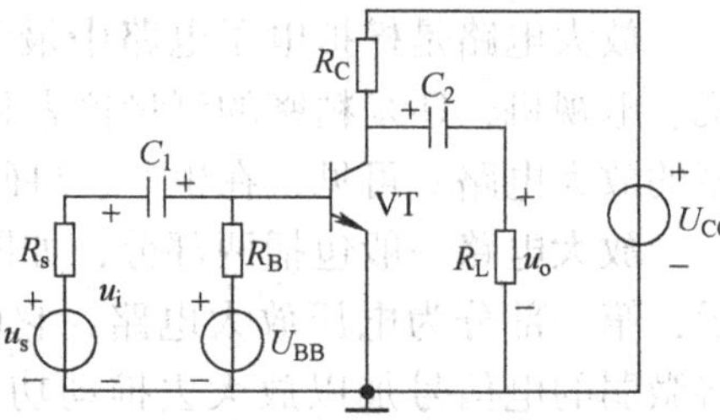

图 10-3 共射极晶体管放大电路的基本组成

（1）晶体管 VT：放大元件，用基极电流 i_B 控制集电极电流 i_C。

（2）电源 U_{CC} 和 U_{BB}：使晶体管的发射结正偏、集电结反偏，晶体管处在放大状态，同时也是放大电路的能量来源，提供电流 i_B 和 i_C。U_{CC} 一般在几伏到十几伏。

（3）偏置电阻 R_B：用来调节基极偏置电流 i_B，使晶体管有一个合适的工作点，一般为几十千欧到几百千欧。

（4）集电极负载电阻 R_C：将集电极电流 i_C 的变化转变为电压的变化，以获得电压放大，一般为几千欧。

（5）电容 C_1 和 C_2：用来传递交流信号，起到耦合的作用，同时又使放大电路和信号源及负载间的直流相隔离，起隔直作用。为了减小传递信号的电压损失，C_1 和 C_2 应选得足够大，一般为几微法至几十微法，通常采用电解电容器。

（二）晶体管放大电路的基本分析方法

对于放大电路可从两种工作状态来分析，即静态和动态。静态分析的主要任务是确定放大电路的静态值（直流值）I_{BQ}、I_{CQ} 和 U_{CEQ}。放大电路的质量与静态值关系很大。动态分析的任务是确定放大电路的电压放大倍数、输入电阻和输出电阻，通常采用微变等效电路法分析。

1. 静态分析

(1) 静态工作点及其作用。静态是指无交流信号输入时，即 $u_i=0$ 时，电路中的电流、电压都处于不变（直流）的状态。所谓静态工作点就是输入信号为零时，电路处于直流工作状态，其直流电流、电压的数值在晶体管特性曲线上表示为一个确定的点 Q（主要指 I_{BQ}、I_{CQ}和 U_{CEQ}）。设置静态工作点的目的就是要保证在被放大的交流信号加入电路时，不论是正半周还是负半周都能满足发射结正向偏置、集电结反向偏置的晶体管放大状态。静态分析主要是确定放大电路中的静态值 I_{BQ}、I_{CQ}和 U_{CEQ}。

静态工作点可保证一个放大器不失真（失真即放大后的输出信号波形与输入信号波形不一致的程度），把输入信号放大并输出，即放大电路必须有一个合适的静态工作点。

(2) 静态工作点的计算。静态值的确定通常采用估算法和图解法。

1) 估算法。用放大电路的直流通路确定静态值。

画出如图 10-3 所示共射极晶体管放大电路的直流通路，即把放大电路中的电容看做开路，交流电源看做短路，如图 10-4 所示。

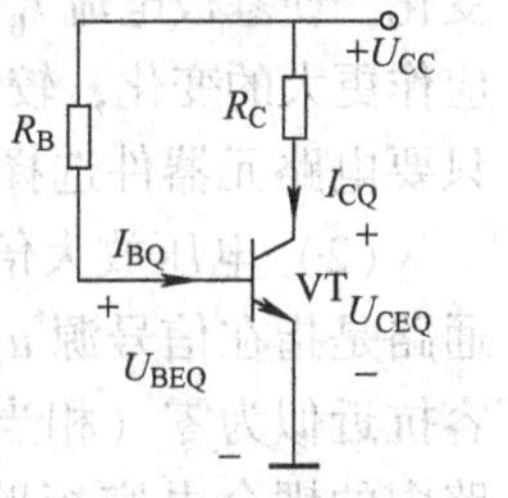

图 10-4　共射极晶体管放大电路的直流通路

由图 10-4 可得，

$$U_{CC}=I_{BQ}R_B+U_{BEQ} \tag{10-1}$$

式中　U_{BEQ}——晶体管发射结的正向压降，当发射结处于正向导通状态时，它类似于一个二极管，其导通压降约为 0.7V（锗管约为 0.3V）。

通常 $U_{CC}\gg U_{BEQ}$，则

$$I_{BQ}=\frac{U_{CC}-U_{BEQ}}{R_B}\approx\frac{U_{CC}}{R_B} \tag{10-2}$$

即基极电路 I_{BQ}主要由 U_{CC}和 R_B确定。当 U_{CC}和 R_B确定后，静态基极电流 I_{BQ}就近似为一个固定值。因此，常把这种电路称作固定式偏置放大电路，I_{BQ}称为固定偏置电流，R_B称为固定偏置电阻。

由 I_{BQ}可求出静态时的集电极电流 I_{CQ}

$$I_{CQ}=\beta I_{BQ} \tag{10-3}$$

静态时的集-射电压 U_{CEQ}为

$$U_{CEQ}=U_{CC}-I_{CQ}R_C \tag{10-4}$$

静态时 I_{BQ}、I_{CQ}和 U_{CEQ}的值称为放大电路的静态工作点。

2) 按照图解法确定静态值。图解法可直观地分析和了解静态值的变化对放大电路工作的影响，这从理论上分析是可行的，但因半导体手册并不给出晶体管的特性曲线，因此在具体应用时，主要采用估算法。

在放大电路的输入回路中，只有基极电流 I_{BQ}是需要计算的，可通过式（10-2）求得。晶体管的输出特性曲线是非线性的，因此放大电路的输出回路是一个非线性电阻电路，要通过图解法来确定静态工作点。图解法，即电路的工作情况由负载线和非线性元件的伏安特性曲线的角度确定。这个交点就是静态工作点 Q（见图 10-5），它既要符合非线性元件上的电压与电流的关系，同时也要符合线性电

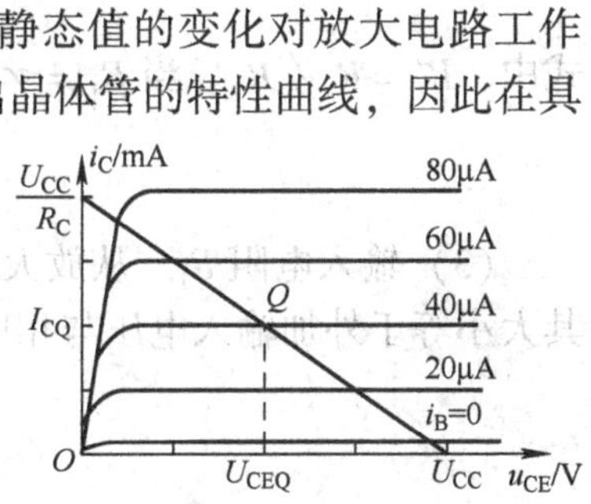

图 10-5　图解法计算静态工作点 Q

路中电压与电流的关系。

如图 10-5 所示，静态工作点 Q 是由 $U_{CE}=U_{CC}-I_CR_C$ 所确定的直流负载线的直线与 $I_B=40\mu A$ 的输出特性曲线的交点。过 Q 点作水平线，在纵轴上的截距即为 I_{CQ}；过 Q 点作垂直线，在横轴上的截距即为 U_{CEQ}。Q 点所对应的电流、电压值即为晶体管静态工作时的电流值（I_{BQ}、I_{CQ}）和电压值 U_{CEQ}。

2. 动态分析 动态是指有交流信号 $u_i\neq0$ 输入时，电路中的电流、电压随输入信号作相应变化的状态。动态分析就是分析信号在电路中的传输情况，即分析各个电压、电流随输入信号变化的情况。由于动态时放大电路是在直流电源 U_{CC} 和交流输入信号 u_i 的共同作用下工作，电路中的电压和电流均包含交、直流两个分量。下面以图 10-3 所示的共射极晶体管放大电路为例，进行动态分析。

（1）电压放大的过程。交流输入信号 u_s 通过输入耦合电容 C_1 引起晶体管基-射极电压 u_{BE} 变化，使基极电流 i_B 作相应变化。由于晶体管的电流放大作用，使集电极电流（$i_C=\beta i_B$）相应作更大的变化，较大的 i_C 在 R_C 上产生的交流输出电压通过输出耦合电容 C_2 送到负载 R_L 上。只要电路元器件选择合适，输出电压 u_o 比输入电压 u_s 要大很多，从而实现了电压放大作用。

（2）电压放大倍数 A 的计算。交流信号在放大电路中的传输通道称为交流通路。交流通路是指在信号源 u_s 的单独作用下，只有交流电流流过的路径。由于电容 C_1、C_2 足够大，容抗近似为零（相当于短路），画交流通路时，放大电路中的耦合电容短路；由于直流电源 U_{CC} 的内阻很小，对交流变化量几乎不起作用，故可看作短路，直流电源 U_{CC} 去掉（相当于短接），如图 10-6 所示为共射极晶体管放大电路的交流通路。

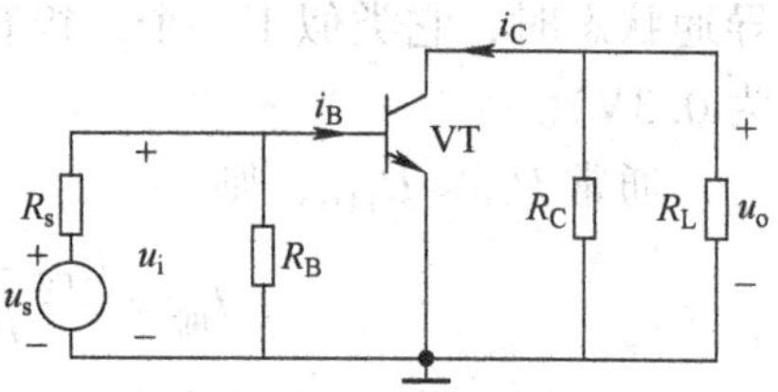

图 10-6 共射极晶体管放大电路的交流通路

放大倍数是描述一个放大电路放大能力的指标，其中电压放大倍数 A_u 定义为输出电压与输入电压的变化量之比，即

$$\dot{A}_u=\frac{\dot{U}_o}{\dot{U}_i} \tag{10-5}$$

则

$$\dot{A}_u=\frac{\dot{U}_o}{\dot{U}_i}=\frac{-R'_L\dot{I}_C}{r_{BE}\dot{I}_B}=\frac{-R'_L\beta\dot{I}_B}{r_{BE}\dot{I}_B}=-\frac{\beta R'_L}{r_{BE}} \tag{10-6}$$

式中，$R'_L=R_C/\!/R_L$。当 $R_L=\infty$（开路）时，

$$\dot{A}_u=-\frac{\beta R_C}{r_{BE}} \tag{10-7}$$

（3）输入电阻 R_i。从放大电路的输入端看进去的等效电阻称为放大电路的输入电阻 R_i，其大小等于外加输入电压与相应的输入电流之比，即

$$R_i=\frac{\dot{U}_i}{\dot{I}_i}=R_B/\!/r_{BE} \tag{10-8}$$

输入电阻这项技术指标用来描述放大电路对信号源索取电流的大小。通常希望放大电路的输入电阻越大越好，R_i 越大，说明放大电路对信号源索取的电流越小。

（4）输出电阻 R_o。输出电阻是从放大电路的输出端看进去的等效电阻。当输入端信号短路、输出端负载开路时，外加一个输出电压，得出相应的输出电流，两者之比即是输出电阻 R_o，即

$$R_o = \frac{\dot{U}}{\dot{I}} = R_C \tag{10-9}$$

输出电阻是描述放大电路带负载能力的一项技术指标。通常希望放大电路的输出电阻愈小越好，R_o越小，说明放大电路带负载的能力越强。

（三）多级放大电路

实际应用中，放大电路的输入信号通常很微弱（毫伏或微伏数量级），为了使放大后的信号能够驱动负载，仅仅通过单级放大电路进行信号放大，很难达到实际要求，常常需要采用多级放大电路。采用多级放大电路可有效地提高放大电路的各种性能，如提高电路的输入电阻和带负载能力等。

多级放大电路是指由两个或两个以上的单级放大电路所组成的电路，如图 10-7、图 10-8 所示为多级放大电路的流程图及其组成图。通常称多级放大电路的第一级为输入级。对于输入级，一般采用输入阻抗较高的放大电路，以便从信号源获得较大的电压输入信号并对信号进行放大。中间级主要实现电压信号的放大，一般要用几级放大电路才能完成信号的放大。通常把多级放大电路的最后一级称为输出级，主要用于功率放大，以驱动负载工作。

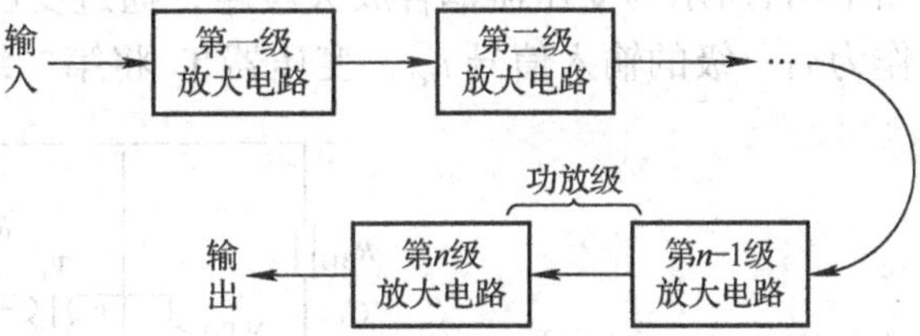

图 10-7　多级放大电路的输入输出流程图

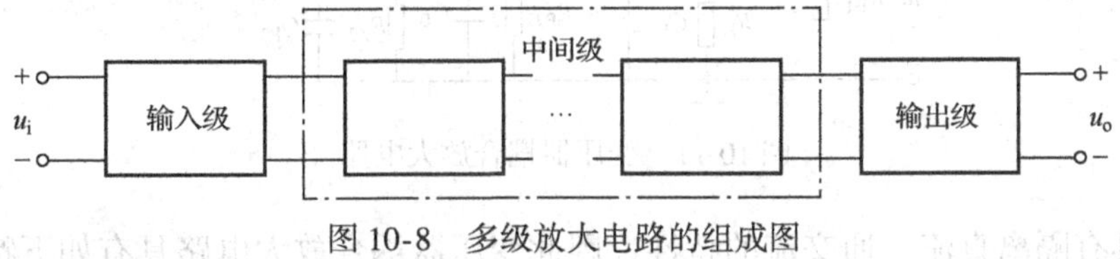

图 10-8　多级放大电路的组成图

1. 多级放大电路的分类　在多级放大电路中，各级放大电路输入和输出之间的连接方式称为耦合方式。耦合是信号的传送。放大电路常见的连接方式有三种：阻容耦合、直接耦合和变压器耦合。

（1）阻容耦合。阻容耦合是指各单级放大电路之间通过隔直耦合电容连接。如图 10-9 所示为阻容耦合两级放大电路。

阻容耦合多级放大电路具有以下特点：

1）各级放大电路的静态工作点相互独立，互不影响，利于放大器的设计、调试和维修；

2）低频特性差，不适合放大直流及缓慢变化的信号，只能传递具有一定频率的交流信号；

3）输出温度漂移比较小；

4）阻容耦合电路具有体积小、重量轻的优点，在分立元件的电路中应用较多，但在集成电路中，

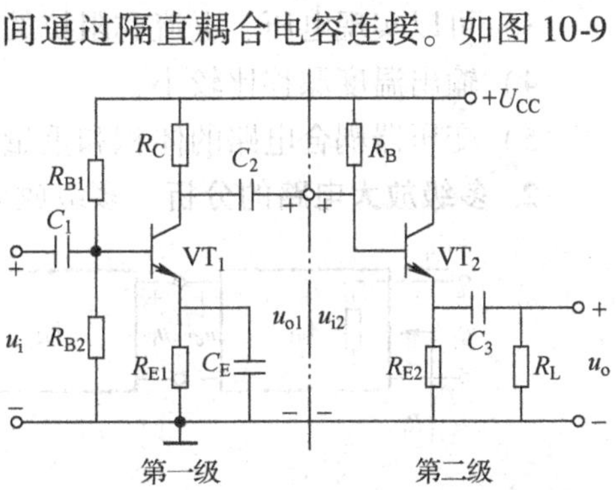

图 10-9　阻容耦合两级放大电路

不易制作大容量的电容，因此阻容耦合放大电路不便于做成集成电路。

（2）直接耦合。直接耦合是指各级放大电路之间通过导线直接相连接。如图 10-10 所示为直接耦合两级放大电路，前级的输出信号 u_{o1}，直接作为后一级的输入信号 u_{i2}。

直接耦合电路的特点如下：

1）各级放大电路的静态工作点相互影响，不利于电路的设计、调试和维修；

2）频率特性好，可以放大直流、交流以及缓慢变化的信号；

3）输出存在温度漂移；

4）电路中无大的耦合电容，便于集成化。

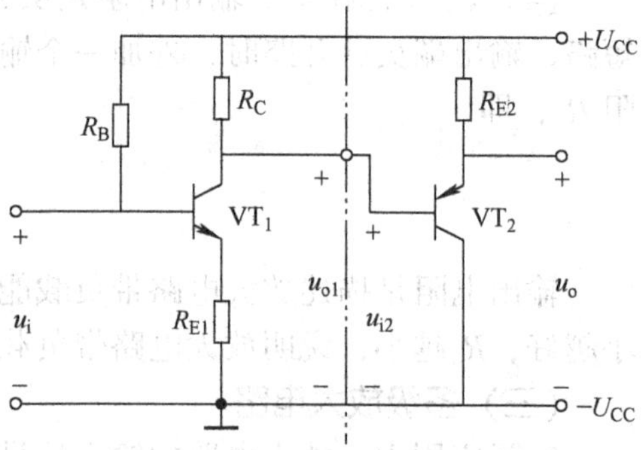

图 10-10 直接耦合两级放大电路

（3）变压器耦合。变压器耦合是指各级放大电路之间通过变压器耦合传递信号。如图 10-11所示为变压器耦合放大电路，通过变压器 T_1 把前级的输出信号 u_{o1} 耦合传送到后级，作为后一级的输入信号 u_{i2}，变压器 T_2 将第二级的输出信号耦合传递给负载 R_L。

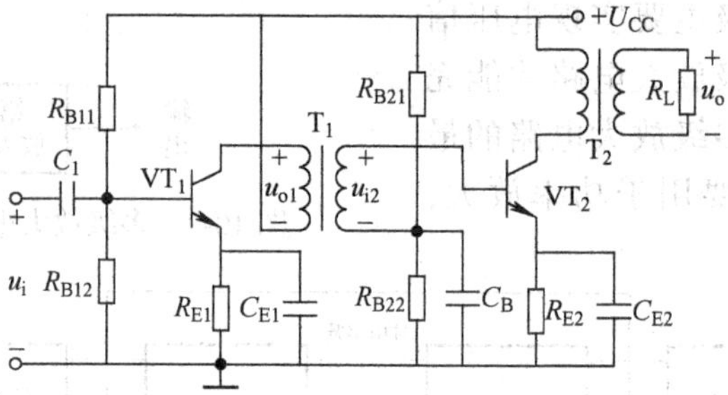

图 10-11 变压器耦合放大电路

变压器具有隔离直流、通交流的特性，因此变压器耦合放大电路具有如下特点：

1）各级的静态工作点相互独立，互不影响，利于放大器的设计、调试和维修；

2）同阻容耦合一样，变压器耦合低频特性差，不适合放大直流及缓慢变化的信号，只能传递具有一定频率的交流信号；

3）可以实现电压、电流和阻抗的变换，容易获得较大的输出功率；

4）输出温度漂移比较小；

5）变压器耦合电路的体积和重量较大，不便于做成集成电路。

2. 多级放大电路的分析 多级放大电路的动态参数框图如图 10-12 所示。

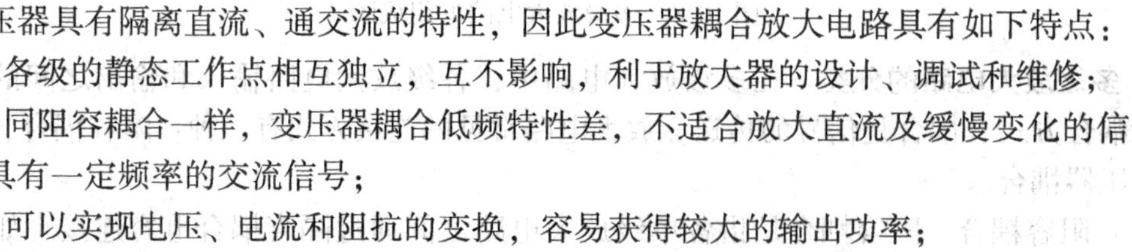

图10-12 多级放大电路动态参数框图

（1）多级放大电路的电压放大倍数 A_u：总电压放大倍数 = 各级电压放大倍数的乘积，即

$$A_u = A_{u1}A_{u2}\cdots A_{un}$$

（2）多级放大电路的输入电阻 R_i：多级放大电路的输入电阻 R_i 等于从第一级放大电路的输入端所看到的等效输入电阻 R_{i1}，即

$$R_i = R_{i1}$$

（3）多级放大电路的输出电阻 R_o：多级放大电路的输出电阻 R_o 等于从最后一级（末级）放大电路的输出端所看到的等效电阻 $R_{o末}$，即

$$R_o = R_{o末}$$

综上可知，多级放大电路具有如下的特点：

1）由于电容的隔直作用，各级放大器的静态工作点相互独立，应分别估算；

2）前一级的输出电压是后一级的输入电压；

3）后一级的输入电阻是前一级的交流负载电阻；

4）总电压放大倍数 = 各级电压放大倍数的乘积；

5）总输入电阻 R_i 即为第一级的输入电阻 R_{i1}；

6）总输出电阻即为最后一级的输出电阻。

二、集成运算放大器的认知

集成运算放大器实质上是一个具有高电压放大倍数的多级直接耦合放大电路。

运算放大器从 20 世纪 60 年代发展至今已经历了四代产品，其类型和品种相当丰富，但在结构上基本一致，其内部通常包含四个基本组成部分：输入级、中间级、输出级以及偏置电路，如图 10-13 所示。

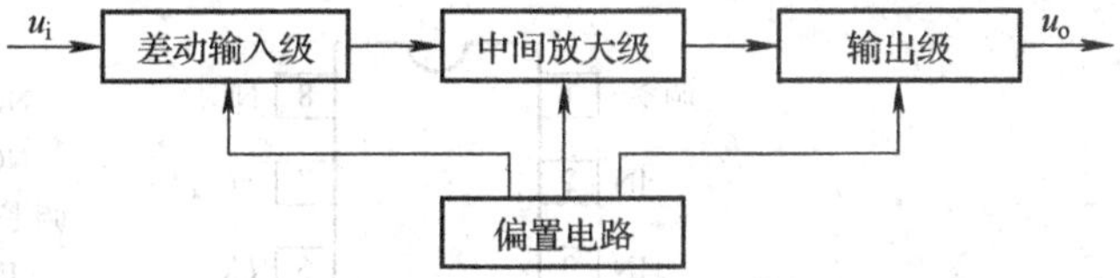

图 10-13 集成运算放大器的基本组成部分

输入级是提高运算放大器质量的关键部分，要求其输入电阻高。为了能减少零点漂移和抑制共模干扰信号，输入级都采用具有恒流源的差动放大电路，也称差动输入级。

中间级的主要作用是提供足够大的电压放大倍数，故而也称电压放大级，要求中间级本身具有较高的电压增益。

输出级的主要作用是输出足够的电流以满足负载的需要，同时还需要有较低的输出电阻和较高的输入电阻，以起到将放大级和负载隔离的作用。

偏置电路的作用是为各级提供合适的工作电流，一般由各种恒流源电路组成。

1. 集成运算放大器的电路符号 集成运算放大器的电路符号可表示为如图 10-14 所示。

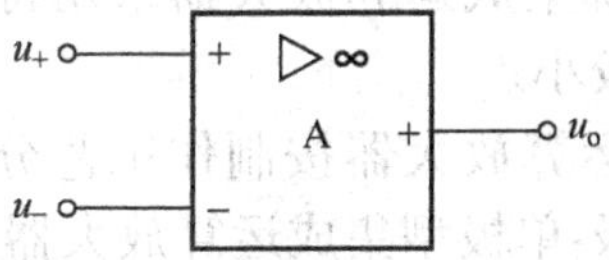

图 10-14 集成运算放大器的电路符号

2. 集成运算放大器的识读 常见的集成运算放大器有圆形、扁平形和双列直插式等，也有8引脚和14引脚等，如图10-15和图10-16所示。

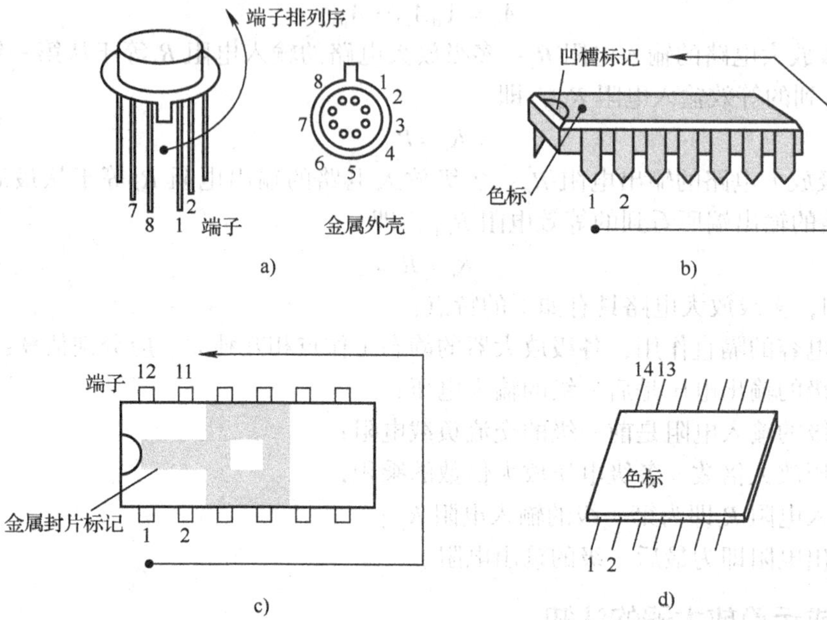

图10-15 圆形、扁平形和双列直插式集成运算放大器
a）圆形集成运算放大器 b）扁平形直插式集成运算放大器（塑料封装）
c）扁平形直插式集成运算放大器（陶瓷封装） d）扁平形平插式集成运算放大器

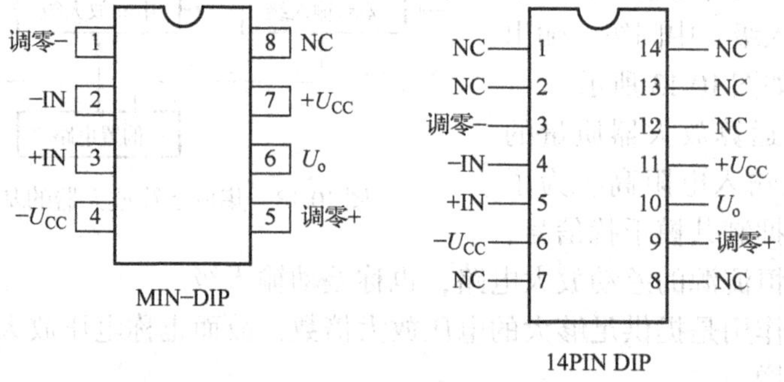

图10-16 8引脚和14引脚集成运算放大器

3. 集成运算放大器的分类 集成运算放大器有四种分类方法。

（1）按用途分类。集成运算放大器按用途分为通用型和专用型两大类。

（2）按供电电源分类。集成运算放大器按供电电源分为双电源集成运算放大器和单电源集成运算放大器两大类。单电源集成运算放大器采用特殊设计，在单电源下能实现零输入、零输出，交流放大时，失真较小。

（3）按制作工艺分类。集成运算放大器按制作工艺分类，可分为双极型集成运算放大器、单极型集成运算放大器和双极-单极型集成运算放大器三类。

（4）按运算放大级数分类。按单片封装中的运放级数分类，集成运算放大器可分为单运放、双运放、三运放和四运放四类。

4. 集成运算放大器的主要参数 集成运算放大器的主要参数包括开环差模电压放大倍数 A_{ud}、输入失调电压 U_{IO}、输入偏置电流 I_{IB}、输入失调电流 I_{IO}、输入失调电压温漂 dU_{IO}/dT 和输入失调电流温漂 dI_{IO}/dT、共模抑制比 K_{CMR}、差模输入电阻 r_{id} 和输出电阻 r_{od}，其中输入偏置电流 I_{IB} 可表示为

$$I_{IB}=\frac{1}{2}(I_{B1}+I_{B2}) \tag{10-10}$$

共模抑制比 K_{CMR} 可表示为

$$K_{CMR}=20\lg\left|\frac{A_{ud}}{A_{uc}}\right| \tag{10-11}$$

5. 集成运算放大器的应用

（1）集成运算放大器的选择。选择集成运算放大器时主要考虑信号源的性质、负载的性质、精度要求和环境条件四个方面。

（2）集成运算放大器参数的测试。以 μA741 为例，其引脚排列如图 10-17a 所示，其中 2 脚为反相输入端、3 脚为同相输入端、7 脚接正电源 15V、4 脚接负电源 -15V、6 脚为输出端、1 脚和 5 脚之间应接调零电位器。μA741 的开环电压放大倍数 A_{ud} 约为 94dB（5×10^4 倍）。

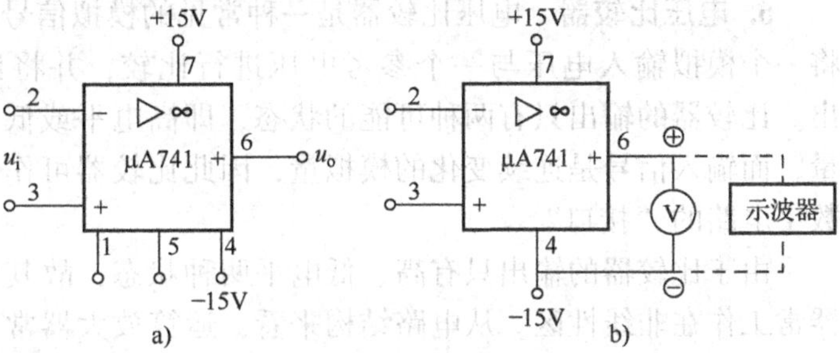

图 10-17 μA741 的引脚排列及估测运算放大器的放大能力

a）μA741 的引脚排列 b）估测运算放大器的放大功能

用万用表估测 μA741 的放大能力时，需接上 ±15V 的电源，将万用表拨至 50V 挡，其电路如图 10-17b 所示。

（3）集成运算放大器的保护。集成运算放大器在使用中常因以下三种原因被损坏：输入信号过大，使 PN 结击穿；电源电压极性接反或过高；输出端直接接“地”或接电源。因此，为使运算放大器安全工作，也需要从这三个方面进行保护。

1）输入保护。如图 10-18a 所示是防止差模电压过大的保护电路，限制集成运算放大器两个输入端之间的差模输入电压不超过二极管 VD_1 和 VD_2 的正向导通电压；如图 10-18b 所示是防止共模电压过大的保护电路，限制集成运算放大器的共模输入电压不超过 $+U$ 至 $-U$ 的范围。

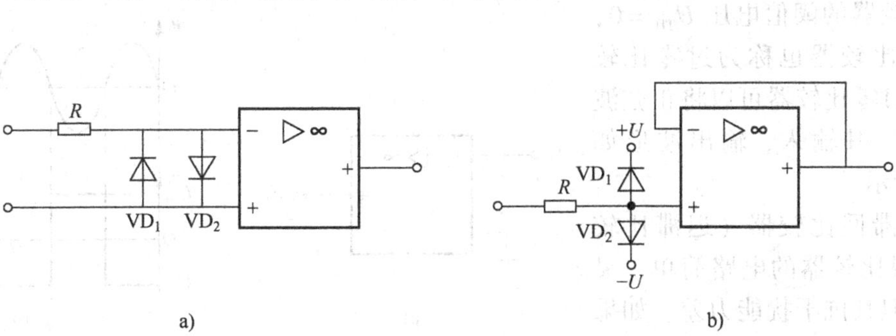

图 10-18 输入保护电路

a）防止差模电压过大 b）防止共模电压过大

2）输出保护。如图10-19所示为输出保护电路，限流电阻 R 与稳压管VZ构成限幅电路，它一方面将负载与集成运算放大器的输出端隔离开来，限制了运算放大器的输出电流，另一方面也限制了输出电压的幅值。当然，任何保护措施都是有限度的，若将输出端直接接电源，则稳压管会损坏，会使电路的输出电阻大大提高，从而影响电路的性能。

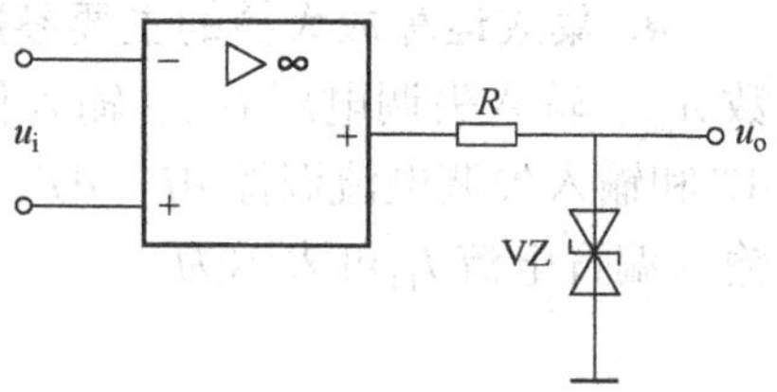

图10-19 输出保护电路

3）电源端保护。为防止电源极性接反，可利用二极管的单向导电性，在电源端串接二极管来实现保护，如图10-20所示。由图可知，若电源极性接错，则二极管 VD_1、VD_2 不能导通，使电源被断开。

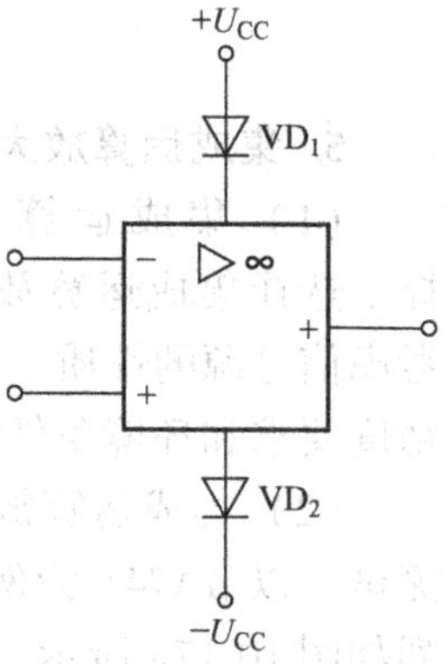

图10-20 电源端保护

6. 电压比较器 电压比较器是一种常见的模拟信号处理电路，它将一个模拟输入电压与一个参考电压进行比较，并将比较的结果输出。比较器的输出只有两种可能的状态，即高电平或低电平，为数字量，而输入信号是连续变化的模拟量，因此比较器可作为模拟电路和数字电路的“接口”。

由于比较器的输出只有高、低电平两种状态，故其中的运算放大器常工作在非线性区。从电路结构来看，运算放大器常处于开环状态或加入正反馈。

根据传输特性不同，比较器可分为单限比较器、滞回比较器和双限比较器等。

（1）单限比较器。单限比较器是指只有一个门限电压的比较器。单限比较器的电路及其传输特性如图10-21所示。

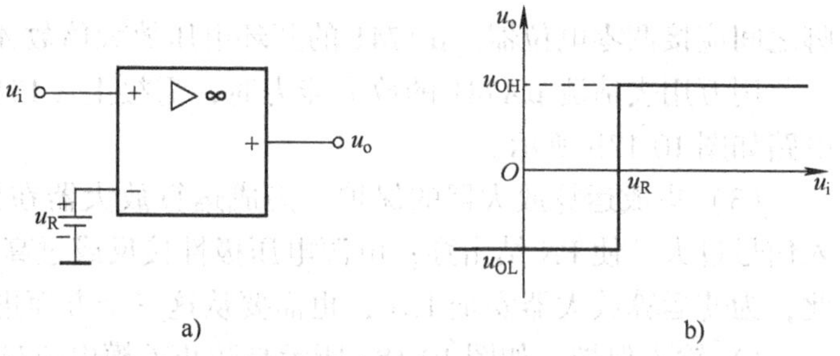

图10-21 单限比较器的电路及其传输特性

a）单限比较器的电路 b）单限比较器的传输特性

比较器的输出电压由一种状态跳变为另一种状态时，所对应的输入电压通常称为阈值电压或门限电压，用 U_{TH} 表示。可见，这种单限比较器的阈值电压 $U_{TH}=U_R$。若 $U_R=0$，即运算放大反相输入端接地，则比较器的阈值电压 $U_{TH}=0$，这种单限比较器也称为过零比较器。利用过零比较器可以将正弦波变为方波，其输入、输出波形如图10-22所示。

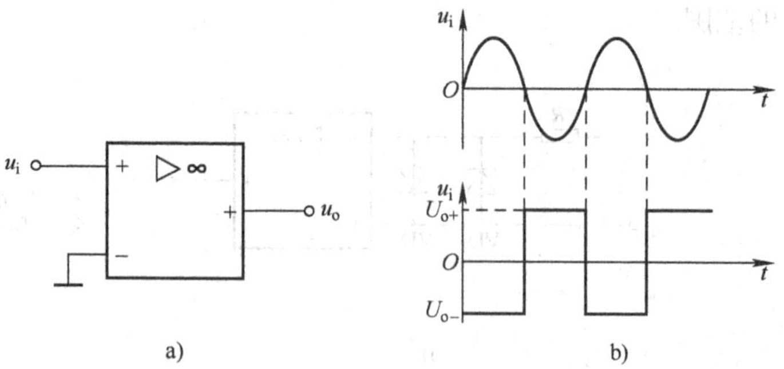

图10-22 简单过零比较器的电路及其输入、输出波形

a）过零比较器的电路 b）过零比较器的输入、输出波形

（2）滞回比较器（迟滞比较器）。单限比较器的电路简单、灵敏度高，但其抗干扰能力差。如果输入电压受到干扰或噪声的影响，在门限电平上下波动，则输出电压

将在高、低两个电平之间反复跳变，如图 10-23 所示。若用此输出电压控制电动机等设备，将出现误操作。为解决这一问题，常采用滞回电压比较器。

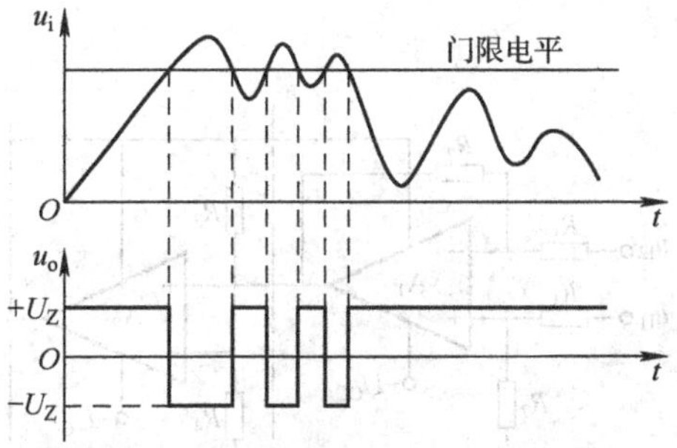

图 10-23　存在干扰时，单限比较器的输入、输出波形

滞回电压比较器通过引入上、下两个门限电压，以获得正确、稳定的输出电压。滞回电压比较器有两个门限电平，故其传输特性呈滞回形状。反相滞回电压比较器的电路图及传输特性如图 10-24 所示。

滞回电压比较器用于控制系统时的主要优点是抗干扰能力强。当输入信号受干扰或噪声的影响而上下波动时，只要根据干扰或噪声电平适当调整滞回电压比较器的两个门限电平 U_{TH1} 和 U_{TH2} 的值，就可以避免比较器的输出电压在高、低电平之间反复跳变，如图 10-25 所示。

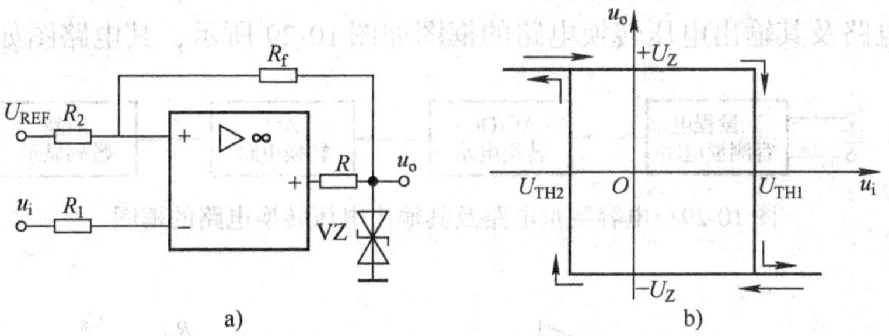

图 10-24　反相滞回电压比较器的电路图及传输特性

a）电路图　b）传输特性

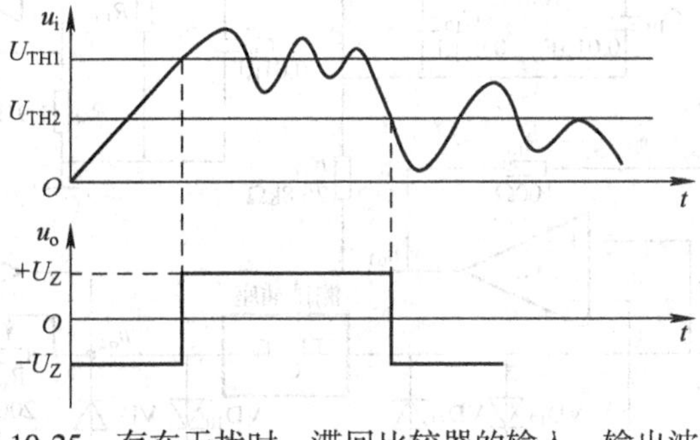

图 10-25　存在干扰时，滞回比较器的输入、输出波形

三、设计简单的晶体管放大电路

（一）城市轨道交通车站火灾报警电路的设计

城市轨道交通车站火灾报警电路的构成如图 10-26 所示，其电路如图 10-27 所示。

在火灾报警电路中，A_2 组成的电压比较器的传输特性如图 10-28 所示。

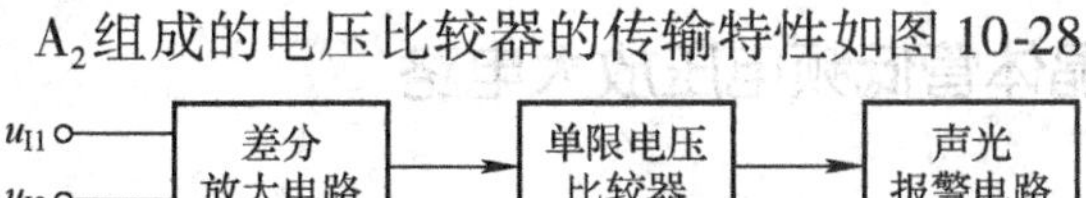

图 10-26　火灾报警电路的构成

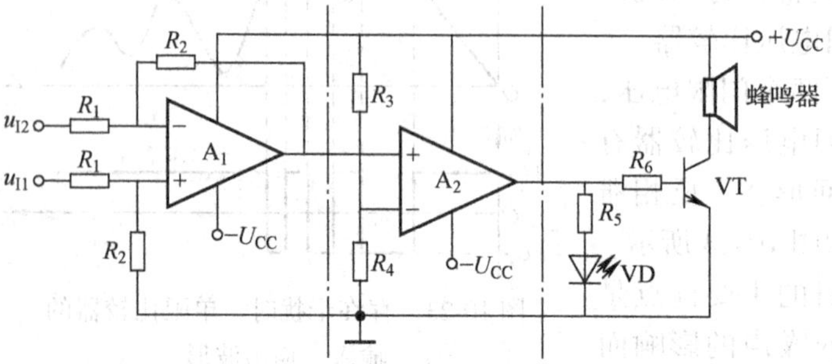

图 10-27　火灾报警电路

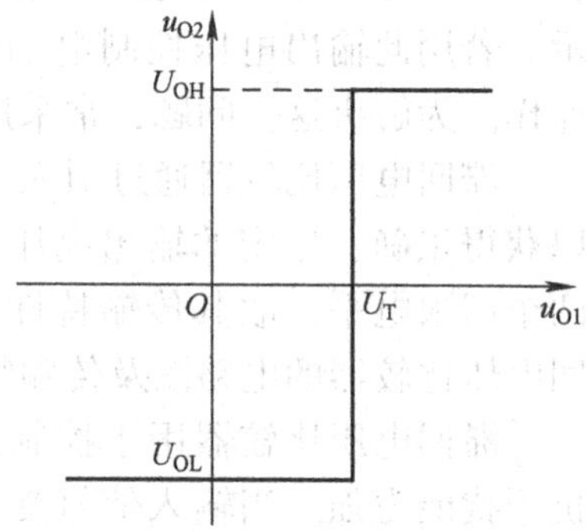

图 10-28　火灾报警电路中 A_2 组成的电压比较器的传输特性

（二）五量程电容测量电路的设计

电容测量电路及其输出电压转换电路的框图如图 10-29 所示，其电路图如图 10-30 所示。

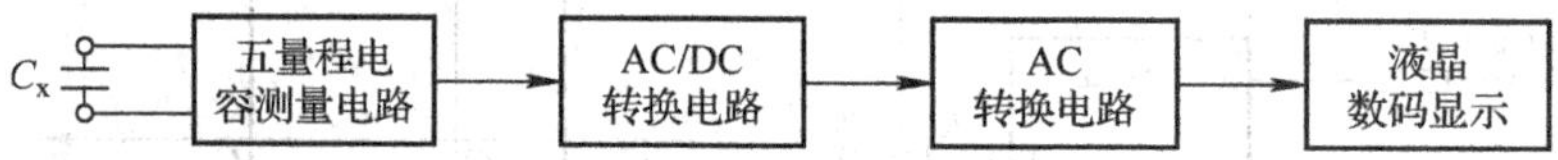

图 10-29　电容测量电路及其输出电压转换电路的框图

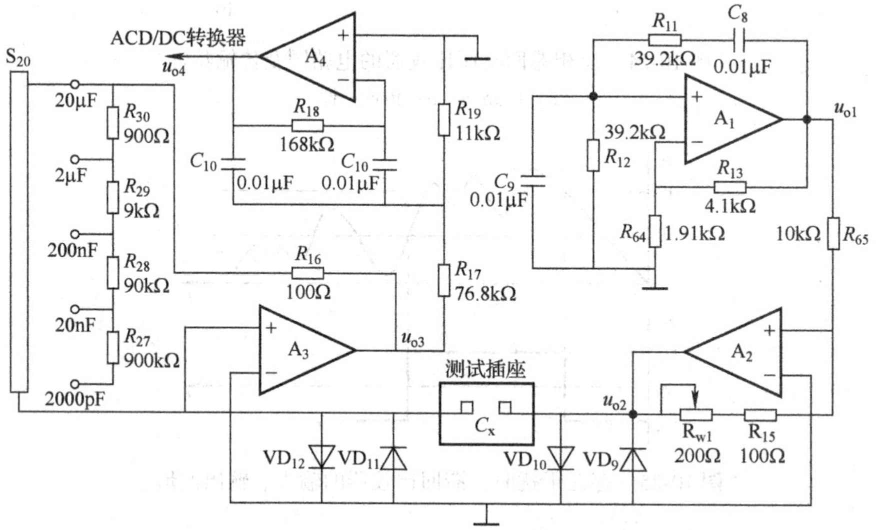

图 10-30　五量程电容测量电路的电路图

【项目实施】

实训任务　测量晶体管低频电压放大电路

1. 实训目标

（1）加深理解放大电路的工作原理。

（2）掌握放大电路静态工作点的调整和测量方法。

（3）学会测量电压放大倍数、输入电阻和输出电阻。

2. 实训任务

确保电路连接正确的前提下，接通直流电源和仪器，观察静态工作点变化对放大器输出波形的影响。

3. 实训原理

利用晶体管组成的电压放大电路来实现对电压信号的有效控制和放大。

4. 实训工具

双踪示波器、低频信号发生器、交流毫伏表、双路直流稳压电源、失真度测试仪、万用表和电烙铁等。

5. 实训步骤

（1）连接单管放大电路并将电路与测量仪器仪表进行正确连接。

合上开关，按如图 10-31 所示连接电路，接通电源和仪器。要求元器件排列整齐，密度匀称，不互相重叠，连接线应尽量短并避免交叉，必须交叉时应使用绝缘导线；对电解电容应注意其正负极性；元器件的标称值字符朝外以便于检查。连接完毕后，应根据电路图仔细检查有无错误，并用万用表检查电源和地之间有无短路现象，然后用连接线将仪器和放大线路正确地连接起来，检查无误后接通电源（稳压电源的输出电压值应预先调到 +12V，待与电路连接后，再进行微调，确保直流电压值为 +12V）。

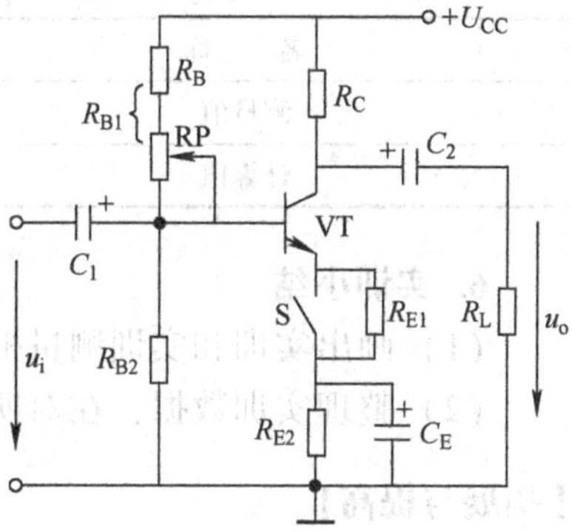

图 10-31 测量晶体管低频电压放大实验电路图

注意：仪器的接地端必须与电路的接地端连接在一起；必须用万用表的直流电压挡或者示波器“DC”方式测量直流电源电压的数值。

（2）调整并观察静态工作点变化对放大器输出波形的影响。调节 RP 使集电极和发射极之间的直流电压可调并且 $U_{CE}=3\sim8V$（如果改变 RP 的阻值，集电极和发射极之间的直流电压 U_{CE} 跟着改变，则直流电路正常，否则应先检查直流电路），再在放大器的输入端加入一个频率 $f=1kHz$、$U_{ip-p}=50mV$ 的正弦信号，同时用示波器观察放大器的输出波形。调节 RP 的阻值以调整静态工作点，使输出波形大而且不失真（即满足对该信号进行不失真放大的最佳静态工作点）。

在此基础上，正确测量出表 10-1 要求的各项内容，并对要求计算的数值进行计算。

表 10-1 测量与计算结果

U_{ip-p}	U_{op-p}	$A_u=\dfrac{U_{op-p}}{U_{ip-p}}$

（3）断开开关 S，保持输入信号不变，用示波器观察此时的输出波形的改善情况，并将数据记录在表 10-2 中。

表 10-2 数据记录

U_{ip-p}	U_{op-p}	$A_u = \frac{U_{op-p}}{U_{ip-p}}$

（4）断开输入交流信号，并将交流输入端短接，然后用正确的方法测量电路中的直流电压和电流，并将测量数据记录在表 10-3 中。

表 10-3 测量数据

U_C	U_B	U_E	U_{CE}	U_{BE}	I_C	I_B

（5）用正确的方法测量放大器的输入电阻和输出电阻，并记录在表 10-4 中。

表 10-4 测量结果

名　　称	R_i	R_o
测量值		
计算值		

6. 实训小结

（1）画出实训和实训测量框图，讨论放大器输出波形与静态工作点的关系。

（2）整理实训数据，在对所测量数据进行计算的基础上，分析产生误差的原因。

【拓展与提高】

放大电路中的功率放大电路

功率放大电路通常作为多级放大电路的输出级。在很多电子设备中，要求放大电路的输出级能够带动某种负载，例如驱动仪表，使指针偏转；驱动扬声器，使之发声；驱动自动控制系统中的执行机构等。总之，要求放大电路有足够大的输出功率。能够向负载提供足够信号功率的放大电路称为功率放大电路，简称功放。

1. 功率放大电路的任务 提供尽可能大的输出功率、尽可能高的效率、尽可能小的失真。

2. 功率放大电路的特点 在大信号下工作，只能用图解法进行分析，而不能用微变等效电路法分析。

3. 功率放大电路的主要技术指标

（1）最大输出功率 P_{om}。功率放大电路提供给负载的信号功率称为输出功率，它是交流功率，表达式为 $P_o = I_o U_o$。最大输出功率是在电路参数确定的情况下，负载上可能获得的最大交流功率。

（2）转换效率 η。功率放大电路的最大输出功率与电源提供的直流功率之比，称为转换效率。直流功率等于电源输出电流的平均值与电压之积。

（3）最大输出电压 U_{om}。

4. 功率放大电路的分类 在放大电路中，若输入信号为正弦波，根据晶体管在信号整个周期内的导通情况，功率放大电路可分为甲类（导通角 $\theta=2\pi$）、乙类（$\theta=\pi$）、甲乙类（$\pi<\theta<2\pi$）、丙类（$\theta<\pi$）和丁类（功放管工作在开关状态，晶体管仅在饱和导通时消耗功率）。

5. 功率放大电路的应用　例如LM386是一种音频集成功放，具有功耗小、电压增益可调节、电源电压范围大、外接元件少和总谐波失真小等优点，广泛应用于录音机和收音机中。

如图10-32所示为LM386的内部电路原理图，第一级为差分放大电路（双入单出），第二级为共射放大电路（恒流源作有源负载），第三级为OTL功放电路，输出端应外接输出电容后再接负载。电阻 R_7 从输出端连接到 VT_2 的发射极形成反馈通道，并与 R_5 和 R_6 构成反馈网络，引入深度电压串联负反馈。

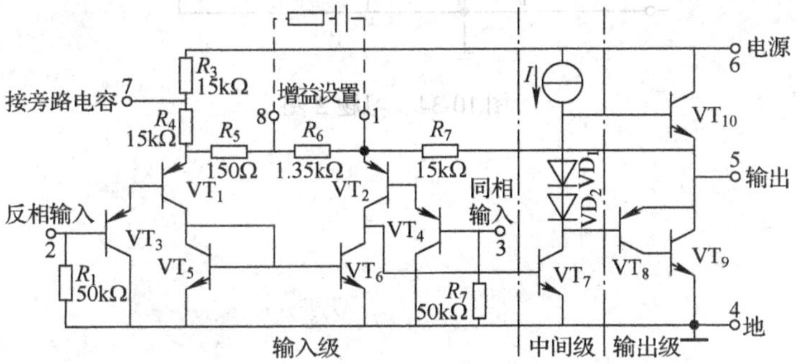

图10-32　LM386的内部电路原理图

【复习思考题】

1. 晶体管放大电路如图10-33a所示，已知 $U_{CC}=12V$，$R_C=3k\Omega$，$R_B=240k\Omega$，晶体管的 $\beta=40$。（1）试用直流通路估算各静态值 I_B，I_C，U_{CE}；（2）如晶体管的输出特性如图10-33b所示，试用图解法作放大电路的静态工作点；（3）在静态时（$u_i=0$），C_1 和 C_2 上的电压各为多少？

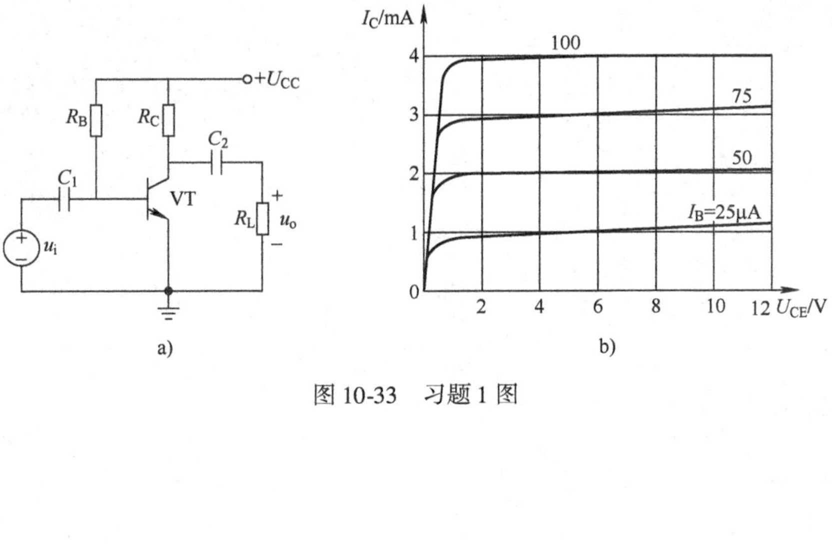

图10-33　习题1图

2. 两级放大电路如图 10-34 所示，晶体管的 $\beta_1=\beta_2=40$，$r_{BE1}=1.37\text{k}\Omega$，$r_{BE2}=0.89\text{k}\Omega$。

（1）画出直流通路，并估算各级电路的静态值（计算 U_{CE1} 时忽略 I_{B2}）；

（2）画出微变等效电路，并计算 A_{u1}，A_{u2} 和 A_u。

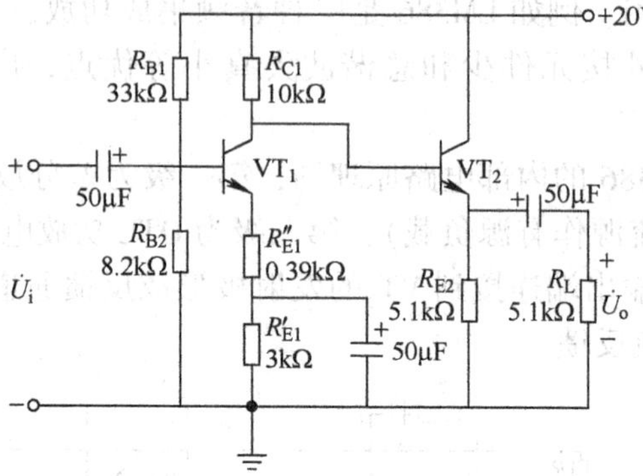

图 10-34 习题 2 图

项目十一　蓄　电　池

【知识要点】

1. 蓄电池的分类、蓄电池的工作特性、蓄电池的容量及影响因素；
2. 蓄电池的放电倍率、镍镉电池的性能特点；
3. 蓄电池的失效与保护；
4. 蓄电池的活化、调试和检修。

【项目任务】

1. 掌握蓄电池的检测与保护方法；
2. 掌握蓄电池的活化与调试方法；
3. 能掌握给蓄电池加注电解液的操作方法；
4. 掌握车载蓄电池的结构与功用。

【项目准备】

本项目开始前，应准备高率放电计、万用表、密度针、蓄电池、用于LR型单元的预先混合的碱性电解液和用蒸馏水或去离子水调制的氢氧化钾溶液，该溶液中包含一定比例的氢氧化锂（21.3g/L），其电解质浓度为1.19kg/L，温度为20℃。另外，还要准备视保眼镜、橡皮手套、湿布和玻璃管等实训用具。

【相关理论知识】

一、常用蓄电池的分类及工作原理

蓄电池是一种储存电能的装置，一旦连接外部负载或接通充电电路，便开始其能量转换过程。在放电过程中，蓄电池中的化学能转变成电能；在充电过程中，电能被转变成化学能。

在城市轨道交通系统中，车辆和车站的机电设备都应用有蓄电池，在列车起动时，主蓄电池为列车起动时工作的电气设备提供直流电源，直至列车辅助逆变器正常工作。如图11-1所示为车载蓄电池的实物图。

图11-1　车载蓄电池的实物图

在列车运行过程中，若整列车失去高压电源，主蓄电池的容量还能够为紧急照明、列车控制和监视设备、通信设备、头灯及尾灯、紧急通风等负载提供45min的电能。

(一)蓄电池的定义、分类和型号

1. 蓄电池的定义 蓄电池是一种化学电源，它既能将电能转化为化学能储存，也能通过其内部的化学反应向用电设备供电，是一个可逆的低压直流电源。以酸性水溶液为电解质的蓄电池称为酸蓄电池，以碱性水溶液为电解质的蓄电池称为碱蓄电池。

2. 蓄电池的分类 蓄电池主要有铅酸蓄电池、镍镉蓄电池、氢镍蓄电池、硫（Na-S）蓄电池、锂蓄电池、锌空蓄电池、飞轮蓄电池、燃料蓄电池和太阳蓄电池等种类，其中铅酸蓄电池中常用的车用蓄电池主要分为普通蓄电池、干荷蓄电池、免维护蓄电池和复合蓄电池四种。如图11-2所示为蓄电池的分类。

（1）普通蓄电池。普通蓄电池的极板由铅和铅的氧化物构成，电解液是硫酸的水溶液，其主要优点是电压稳定、价格便宜；缺点是比能低（即每千克蓄电池存储的电能）、使用寿命短和日常维护频繁。

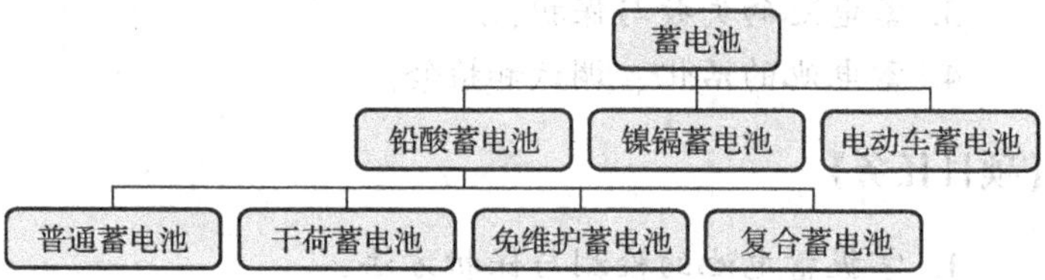

图11-2 蓄电池的分类

（2）干荷蓄电池。干荷蓄电池的全称为干式荷电铅酸蓄电池，其主要特点是负极板有较高的储电能力，在完全干燥的状态下，能在两年内保存所得到的电量。如果干荷蓄电池在规定的保存期内需要使用，只需加入电解液，等待20～30min，将液面高度和密度调整至规定标准后，不需要进行充电就可使用。干荷蓄电池主要是负极板的制造工艺与普通蓄电池不同。

（3）免维护蓄电池。免维护蓄电池由于自身结构上的优势，电解液的消耗量非常小，在使用寿命内基本不需要补充蒸馏水，同时，它还具有耐振、耐高温、体积小、自放电少的特点，其使用寿命一般为普通蓄电池的两倍。市场上的免维护蓄电池有两种，一种是在购买时一次性加电解液以后，使用中不需要维护（添加补充液）；另一种是蓄电池在出厂时就已经加好电解液并封死，用户根本就不能加补充液。如图11-3所示为免维护蓄电池的实物。

图11-3 免维护蓄电池实物

（4）复合蓄电池。复合蓄电池是一种最新式的蓄电池，它采用含胶状物质的隔板取代液态的电解液，隔板放在栅格板之间，有极低的电阻。这种蓄电池不含酸液，能以任何状态放置，甚至倒放，能耐过度充电而不损坏，且无需维护。

（5）蓄电池按其他方式分类，包括以下种类：

1）按蓄电池的用途分类：起动型（Starter）、牵引动力型（Traction）和固定型（Stand-by）。

2）按蓄电池所使用的极板类型分类：平板式（Flat）、管式（Tubular）、卷绕式（Spiral）和普朗特式（Plante）。

3）按蓄电池技术分类：富液式（Flooded）、密封式（Sealed）和阀控式（VRLA），其中阀控式又分为胶体电池（Gel）和 AGM 电池。

4）按蓄电池盖的结构分类：开口式、排气式、防酸隔爆式和密封阀控式。

5）按蓄电池的维护方式分类：普通式、少维护式和免维护式。

（6）按蓄电池用途及我国有关标准规定，主要的蓄电池系列产品分类如下：

1）起动型蓄电池：主要用于汽车、拖拉机、柴油机船舶等的起动和照明；

2）固定型蓄电池：主要用于通信、发电厂、计算机系统作为保护和自动控制的备用电源；

3）牵引型蓄电池：主要用于各种蓄电池车、叉车和铲车等的动力电源；

4）铁路用蓄电池：主要用于铁路内燃机车、电力机车、客车的起动和照明的动力；

5）摩托车蓄电池：主要用于各种规格摩托车的起动和照明；

6）煤矿用蓄电池：主要用于电力机车的牵引动力电源；

7）储能用蓄电池：主要用于风力、水力发电的电能储存。

3. 蓄电池的型号 根据原机械工业部颁发的 JB/T2599—1993《铅酸蓄电池型号编制办法》，蓄电池的型号由以下几部分组成：

串联的单格电池数 — 蓄电池类型 — 蓄电池特征 — 额定容量

（1）串联的单格电池数，用阿拉伯数字表示。

（2）蓄电池类型是根据其主要用途来划分的，如起动用蓄电池代号为“Q”，摩托车用蓄电池代号为“M”。

（3）蓄电池特征为附加部分，仅在同类用途产品中具有某种特征而在型号中又必须加以区别时采用。当产品同时具有两种特征时，原则上按表 11-1 产品特征代号中的顺序将两个代号并列标示。

表 11-1 产品特征代号

序 号	1	2	3	4	5	6	7	8	9	10	11	12
产品特征	干荷电	湿荷电	免维护	少维护	防酸式	密闭式	半密闭式	液密式	气密式	激活式	带液式	胶质电解质
代号	A	H	W	S	F	M	B	Y	Q	I	D	J

（4）额定容量指 20h 放电率的额定容量，单位为 A·h，用阿拉伯数字表示。

（5）产品具有某些特殊性能时，可在相应产品型号的末尾注明，如“G”表示薄型极板的高起动率蓄电池，“S”表示采用工程塑料外壳、电池盖及热封工艺的蓄电池。

例如：6-QA-105G：由 6 个单格电池组成，故额定电压为 12V，额定容量为 105A·h 的起动用干荷电高起动率蓄电池。

（二）蓄电池的结构

蓄电池由若干单格电池组成，其结构包括外壳、防护片、联条、正负极柱、加液孔盖和极板组等，如图 11-4 所示。单格电池由正极板、负极板、隔板、电解液、蓄电池盖板、加液孔盖和外壳组成。

蓄电池一般分隔为 3 个或 6 个单格，每个单格电池的电压为 2V，将 3 个或 6 个单格电池串联后制成一只 6V 或 12V 的蓄电池总成。

1. 极板 蓄电池的极板由栅架和活性物质组成，活性物质填充在铅锑合金栅架上。极板分为正极板和负极板，是蓄电池的核心部分。正极板上的活性物质是深棕色的二氧化铅（PbO_2），负极板上的活性物质是青灰色海绵状纯铅（Pb）。蓄电池充放电过程中，电能和化学能的相互转换，就是依靠极板上活性物质和电解液中硫酸的化学反应来实现的。由 PbO_2 和 Pb 形成的原电池的电动势大约为 2V。

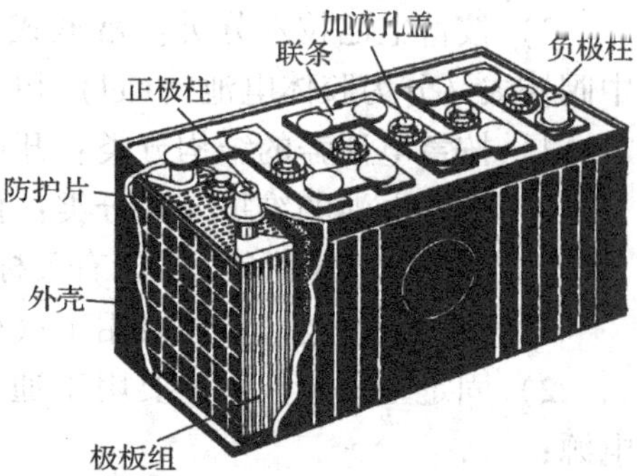

图 11-4 蓄电池的结构

在栅架的铅锑合金中，锑的质量分数为 6% ~ 8.5%，加入锑是为了提高栅架的机械强度并改善浇铸性能，但铅锑合金的耐电化学腐蚀性能比纯铅差，锑易从正极板的栅架中解析出来，引起蓄电池自行放电和栅架的膨胀、溃烂，缩短蓄电池的使用寿命。因此，目前多采用铅-低锑合金栅架（锑的质量分数为 2% ~ 3%）和铅-钙-锡合金栅架（无锑栅架）。

由于单片极板上的活性物质数量少，所存储的电量少，为了增大蓄电池的容量，通常将多片正、负极板分别并联，并用横板焊接，组成正、负极板组，如图 11-5 所示。横板上连有极桩，各片间留有间隙。安装时，正负极板相互嵌和，中间插入隔板。在每个单格电池中，负极板的数量总比正极板多一片。

图 11-5 蓄电池的极板组

2. 隔板 隔板在正、负极板间起绝缘作用，可使蓄电池结构紧凑。隔板有许多微孔，让电解液畅通无阻。隔板一面平整，一面有沟槽，沟槽面对着正极板，使得充放电时，电解液能通过沟槽及时供给正极板，当正极板上的活性物质 PbO_2 脱落时，能迅速通过沟槽沉入容器底部。隔板材料应具有多孔性且化学性能稳定，以便电解液渗出，同时应具有良好的耐酸性和抗氧化性。隔板的材料有木质、微孔橡胶和微孔塑料等。木质隔板价格便宜，但耐酸性能差，已很少使用；微孔橡胶隔板性能好，寿命长，但生产工艺复杂、成本较高，故尚未推广使用；微孔塑料隔板孔径小。

3. 外壳 蓄电池的电解液和极板组装在外壳中，外壳应耐酸、耐热、耐振动冲击。外壳有硬橡胶外壳和聚丙烯塑料外壳两种，外壳上有联条和加液孔。

每个单格电池的正负极板所产生的电动势大约为 2V，为了获得更高的电动势，通常要将多个 2V 的单格电池单元串联起来。为此，在制造蓄电池外壳时，将一个整体的外壳分成若干个单格，一般是将整个外壳分为 3 个或 6 个互不相连的单格，安装 3 组或 6 组极板组，形成 6V 或 12V 的蓄电池。

每个单格电池都有一个加液孔，旋下加液孔盖，可以加注电解液或检测电解液密度；旋入孔盖便可防止电解液溅出。孔盖上设有通气孔，该小孔应保持畅通，以便随时排出蓄电池内化学反应放出的氢气（H_2）和氧气（O_2），防止蓄电池外壳胀裂和发生事故。

蓄电池外壳上还有正负极桩。

4. 联条　联条是用来串联各单格电池的，其材料一般为铅。

5. 电解液　电解液是蓄电池内部发生化学反应的主要物质，由纯净硫酸和蒸馏水按一定的比例配制成，电解液的密度一般为1.24～1.30g/cm³。选择电解液的浓度时，因为气候的原因，北方和南方略有不同。

使用电解液时应注意：电解液的腐蚀性极强，溅到皮肤上或眼睛里会使其受伤。如果不慎接触了蓄电池电解液，要立即用苏打水冲洗（苏打中和酸）；酸液溅到眼睛里，要立即用清水或医用冲眼器冲洗，然后请医生处置。

（三）蓄电池的工作原理

蓄电池的工作原理就是化学能与电能的相互转化。当蓄电池将化学能转化为电能而向外供电时，称为放电过程；当蓄电池与外界直流电源相连而将电能转化为化学能储存起来时，称为充电过程。当蓄电池充足电时，正极板上的活性物质是二氧化铅，负极板上的活性物质是纯铅。

从实例的角度出发来解释蓄电池的工作原理，电动势的建立可从正极板、负极板的角度来看：

正极板：$PbO_2 \rightarrow Pb^{4+}$——+2.0V

负极板：$Pb - 2e \rightarrow Pb^{2+}$——-0.1V

两极板之间的电动势为2.1V，一个极板组的电动势也是2.1V，要得到12V的电压，需串联6个单格蓄电池。

放电时的化学反应为：正极板：$Pb^{4+} + 2e \rightarrow Pb^{2+}$　$Pb^{2+} + SO_4^{2-} \rightarrow PbSO_4$

负极板：$Pb - 2e \rightarrow Pb^{2+}$　$Pb^{2+} + SO_4^{2-} \rightarrow PbSO_4$

总方程式为：$PbO_2 + Pb + 2H_2SO_4 \rightarrow 2PbSO_4 + 2H_2O$

其中$PbSO_4$因不溶于电解液而附着在极板上，电解液中：$H^+ + OH^- \rightarrow H_2O$，硫酸根的减少使得电解液的硫酸浓度降低。

蓄电池放电过程的特征：单格电池的电压降到终止电压，电解液的密度下降到最小许可值；蓄电池充电过程的特征：电解液中有大量气泡冒出，呈沸腾状态，电解液密度和端电压上升到规定值，且2～3h保持不变。蓄电池工作时的化学反应过程如图11-6所示。

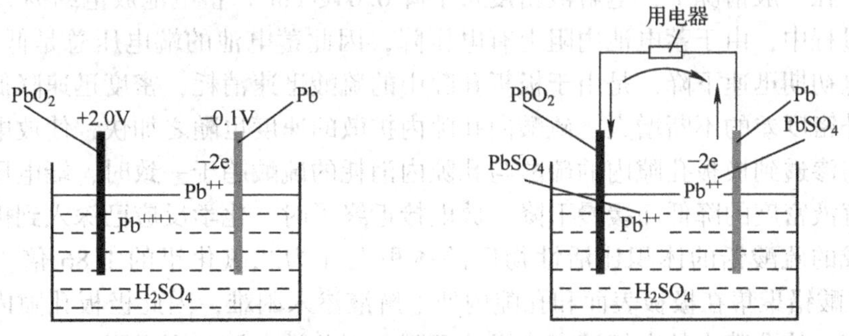

图11-6　蓄电池的工作时的化学反应过程

蓄电池的充电过程和放电过程是可逆的化学反应。充电过程是将电能转化为化学能储存在蓄电池中，放电过程是将化学能转变为电能供给用电设备使用。蓄电池的充放电次数对其寿命有很大的影响。

（四）蓄电池的工作特性

1. 电解液的相对密度 电解液的相对密度是指电解液中硫酸成分所占的比例，通常简称为电解液密度。

2. 蓄电池内阻 蓄电池内阻的大小反映了蓄电池带负载的能力。在相同条件下，内阻越小，输出电流越大，带负载能力越强。蓄电池的内阻包括极板电阻、隔板电阻、电解液电阻、联条电阻和极桩电阻。

极板电阻很小，且随活性物质的变化而变化，充电时电阻变小，放电时电阻变大，特别是放电终了时，由于活性物质转变成为导电性能极差的硫酸铅，因此极板内阻显著增加。隔板电阻与多孔性材料的孔径和孔率等因素有关。电解液电阻与其温度和密度有关，一般来说隔板材料的通透性影响电解液的电阻，例如，当电解液温度为40℃时，6-Q-75型蓄电池的内阻为0.010Ω，而当电解液温度为-20℃时，其内阻则为0.019Ω，可见电解液电阻随温度降低而增大；电解液电阻也与电解液密度有关，因为电解液密度为1.20g/cm^{3}时，硫酸的离解度最好，粘度较小，所以电阻最小。联条电阻与蓄电池单格之间的连接形式有关，内部穿壁式联条的电阻比外露式联条的电阻大大减小。

3. 静止电动势 静止电动势是指蓄电池在静止状态下（不充电不放电）时，正负极板之间的电位差（即开路电压）。静止电动势的大小与电解液的密度和温度有关。蓄电池电解液的相对密度在充电时升高，放电时降低，变化范围为1.12～1.30g/cm^3，因此其静止电动势相应地在1.97～2.15V变化。

4. 放电特性 蓄电池的放电特性是指在恒流放电过程中，蓄电池的端电压U和电解液密度ρ在室温25℃时随时间t变化的规律。蓄电池的恒流放电过程分为三个阶段：开始放电阶段、相对稳定阶段、迅速下降阶段。

在对完全充足电的蓄电池以20h放电率的电流I_f进行恒流放电过程中，每隔一定时间（一般为2h），测量其单格电池的平均电压U_f、电解液密度ρ_T和温度T等工作参数，将其描绘在坐标纸上，即可得到蓄电池的放电特性曲线。

在放电过程中，因为放电电流恒定，即单位时间内消耗硫酸的数量相同，所以电解液密度随放电时间增加而线性下降。因此，在使用过程中，通过测量电解液密度可以判断蓄电池的放电程度。在一般情况下，电解液密度每下降0.04g/cm^3，蓄电池放电约为25%。

在放电过程中，由于蓄电池内阻上有电压降，因此蓄电池的端电压总是低于其电动势。端电压在放电初期迅速下降，是由于极板孔隙中的硫酸迅速消耗，密度迅速降低所致。随着极板孔隙内外密度差的不断增大，硫酸向孔隙内扩散的速度也随之加快，使放电电流得以维持。当扩散与渗透到极板孔隙内的硫酸与孔隙内消耗的硫酸趋于一致时，端电压将随整个蓄电池槽内电解液密度的降低而缓慢下降。放电接近终了时，化学反应已深入到极板内层，由于极板上生成的硫酸铅的体积比活性物质的体积大（为二氧化铅的1.86倍，海绵状铅的2.68倍），硫酸铅聚集在极板表面和孔隙内使电解液渗入困难，因此极板孔隙内消耗的硫酸难以得到补充，使孔隙内的电解液密度迅速下降，因此端电压急剧下降。

当端电压下降到规定的放电终止电压（20h放电率的放电终止电压为1.75V）时，应停止放电，继续放电则为过度放电。过度放电不仅没有使用意义（试验证明，过度放电3～5min，蓄电池电压就会下降到0V），而且不利于蓄电池充电时还原活性物质。

蓄电池放电终止电压的高低与放电电流的大小有关，见表11-2。放电电流越大，则放电时间就越短，允许的放电终止电压就越低。

表 11-2 起动型蓄电池的放电率与终止电压的关系

放 电 率	20h	10h	3h	30min	5min
放电电流/A	$0.05C_{20℃}$	$0.1C_{20℃}$	$0.25C_{20℃}$	$1C_{20℃}$	$3C_{20℃}$
终止电压（单格电池）/V	1.75	1.70	1.65	1.55	1.5

停止放电后，蓄电池的内压随之消失，极板孔隙中的电解液与蓄电池槽中的电解液趋于平衡，所以端电压稍有回升。

蓄电池放电终了的特征是：

（1）单格电压降到放电终止电压；

（2）电解液密度降到最小终止值。

5. 充电特性 蓄电池的充电特性是指在恒流充电过程中，蓄电池的端电压 U 和电解液密度 ρ 在室温25℃时随时间 t 变化的规律。

在对放完电的蓄电池以恒定电流 I_c 进行充电过程中，每隔一定时间（一般为2h）测量其单格电池的平均电压 U_c、电解液密度 ρ_T 和温度 T 等工作参数，将其描绘在坐标纸上，即可得到蓄电池的充电特性曲线。

在恒流充电过程中，由于充电电流不变，即单位时间内生成硫酸的数量相等，因此电解液密度 ρ 随时间增加而线性上升，静止电动势随电解液密度的增加而升高。

蓄电池充电时，因为充电电压 U_c 必须克服蓄电池的电动势 E 和内阻产生的电压降 I_cR_i 之后，才能在电路形成电流，所以充电电压始终高于蓄电池电动势，即

$$U_c = E + I_cR_i \tag{11-1}$$

在充电初期，蓄电池的端电压迅速上升，这是因为充电时活性物质和电解液的作用首先是在极板孔隙中进行，生成的硫酸使孔隙内的电解液密度迅速增大所致。随着硫酸增多并不断地向周围扩散，当极板孔隙内生成硫酸的速度与其向外扩散的速度达到动态平衡时，端电压便随整个蓄电池槽内电解液密度的升高而逐渐上升。

当端电压达到2.4V左右时，电解液中开始产生气泡，此现象说明蓄电池已经基本充足电，极板上的活性物质已基本转变为二氧化铅（PbO_2）和铅（Pb），部分充电电流已用于电解水，产生了氢气与氧气。随着充电时间的延长，电解水的电流增大，产生的氢气和氧气增多，就会呈现所谓的“沸腾”现象。由于氢离子在极板上与电子的结合速度比较缓慢，因此，在靠近负极板处会积存较多的正离子“H^+”，使极板与溶液之间产生附加电位差（称为氢过电位，约0.33V），使端电压急剧升高到2.7V左右，此时如果继续对蓄电池进行充电，则称为过量充电。在蓄电池过量充电时，极板内部产生的大量气泡会形成局部压力而加速活性物质的脱落，使极板过早损坏，因此应尽量避免长时间过量充电。在实际充电中，为了保证蓄电池充电充足，通常需要进行2～3h的过量充电。

停止充电后，由于内压降随充电电流的切断而自动消失，极板孔隙内外的电解液也逐渐混合均匀，因此蓄电池的端电压逐渐降低，最终等于静止电动势。

蓄电池充电终了的特征是：

（1）端电压和电解液密度上升到最大，且在2h内不上升；

（2）电解液中剧烈冒气泡，呈沸腾现象。

（五）蓄电池的容量

1. 蓄电池容量的定义 蓄电池的容量是反映蓄电池对外供电能力、衡量蓄电池质量优劣以及选用蓄电池的重要指标。蓄电池容量越大，可提供的电能越多，供电能力也就越大；反之，容量越小，则供电能力就越小。

完全充足电的蓄电池在规定的放电条件（放电电流、放电温度和终止电压）下，在允许的放电范围内对外输出的电量称为容量，用“C”表示，单位为安培小时（A·h）。当恒流放电时，蓄电池的容量等于放电电流与放电时间之积，即

$$C = I_f \cdot T_f \tag{11-2}$$

式中 C——蓄电池容量，单位为 A·h；

I_f——放电电流，单位为 A；

T_f——放电持续时间单位为 h。

蓄电池的容量与放电电流及电解液的温度等因素有关，为了准确地表示出蓄电池的容量，要规定蓄电池的放电条件。在一定放电条件下，蓄电池的容量分为额定容量、储备容量和起动容量。

（1）额定容量。蓄电池的额定容量用 20h 放电率容量表示，即将充足电的蓄电池在电解液温度为 25℃的条件下，以 20h 放电率放电电流连续放电，直至单格电池平均电压降到 1.75V 时，输出的电量。

（2）起动容量。起动容量一般分为常温起动容量和低温起动容量。常温起动容量指电解液在 30℃时，以 3 倍额定容量的电流持续放电至终止电压（12V 蓄电池为 8V、6V 蓄电池为 4V）所放出的电量（持续时间应在 5min 以上）。低温起动容量是指电解液在 -18℃时，以 3 倍额定容量的电流持续放电至终止电压（12V 蓄电池为 6V、6V 蓄电池为 3V）所放出的电量（持续时间应在 2.5min 以上）。

2. 影响蓄电池容量的因素 蓄电池容量与很多因素有关，归纳起来分为两类，一类是与生产工艺及产品结构有关的，如活性物质的数量，极板的厚度、面积，活性物质的孔率等；另一类是使用条件，如放电电流、电解液温度和电解液密度等。

（1）放电电流的影响。实验表明，放电电流越大，则电压下降越快，放电至终止电压的时间越短，因此容量越小。如图 11-7 所示为 6-Q-75 型蓄电池在不同放电电流情况下的放电特

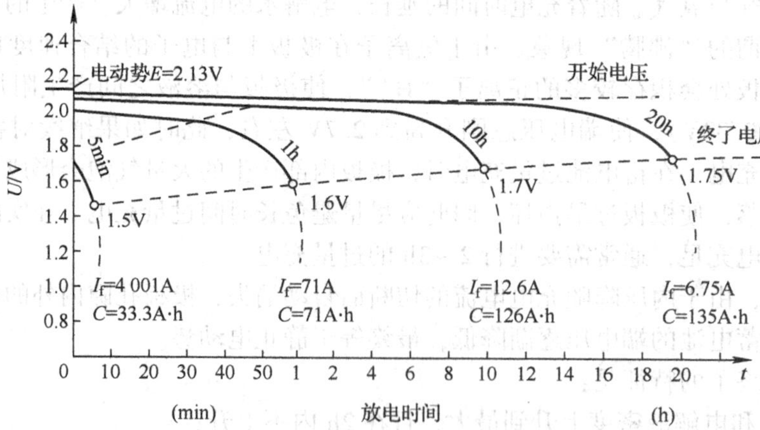

图 11-7 不同放电电流时的放电特性

性曲线。因为蓄电池放电时，极板上生成的硫酸铅的摩尔体积为二氧化铅的 1.92 倍、为海绵状铅的 2.68 倍，所以在大电流放电时，极板表面活性物质的孔隙会很快被生成的硫酸铅堵塞，使极板内层的活性物质不能参加化学反应，因此放电电流增大时，蓄电池容量减小。

如图 11-8 所示为 6-Q-75 型蓄电池在电解液温度为 30℃时，蓄电池容量与放电电流的关系。由图可知，放电电流越大，电压下降越快，越容易出现放电“终了”现象，如继续放电，则将导致过量放电而影响蓄电池的使用寿命。图中，C_{20}表示蓄电池容量剩余百分比。

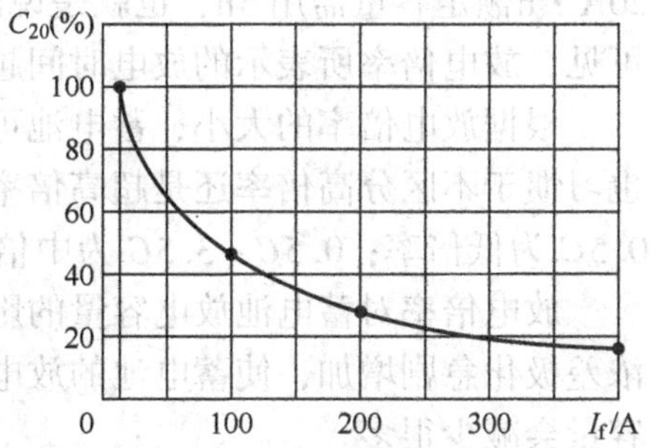

图 11-8　蓄电池容量与放电电流的关系

（2）电解液温度的影响。电解液温度降低则容量减小。因为电解液温度降低时，电解液的粘度增加，渗入极板内部困难，使离子扩散速度和化学反应速度降低，同时电解液电阻也增大，使蓄电池内阻增加，电动势消耗在内阻上的压降增大，蓄电池端电压降低，允许放电时间缩短，所以蓄电池容量较小。如图 11-9所示为 6-Q-75 型蓄电池以 225A 电流放电时，在不同温度条件下输出的容量。

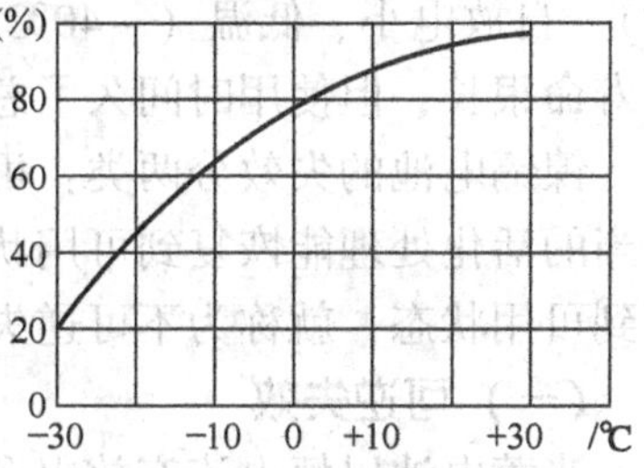

图 11-9　电解液温度对蓄电池容量的影响

我国标准 GB/T 5008.1—2005《起动用铅酸蓄电池技术条件》规定，蓄电池的额定容量是指电解液温度为 25℃时的 20h 容量。电解液温度每降低 1℃，缓慢放电时的容量约减少 1%，迅速放电时将减少 2%。不同温度条件下的容量可用下式换算为 25℃时的容量

$$C_{25℃} = C_T[1-0.01(T-25)] \tag{11-3}$$

式中　$C_{25℃}$——换算为标准温度 25℃时的容量，单位为 A·h；

C_T——电解液平均温度为 T℃时的实际容量，单位为 A·h；

T——放电终止时，中间单格电池电解液的温度，单位为℃。

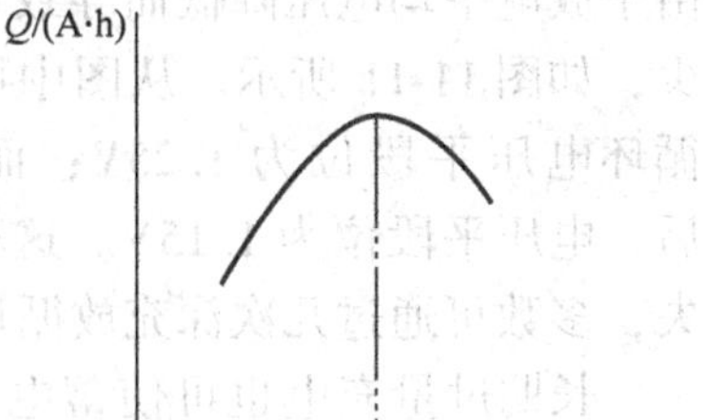

图 11-10　电解液密度与蓄电池容量的关系

（3）电解液密度的影响。适当增大电解液密度，可以提高电解液的渗透速度和蓄电池的电动势，延长放电时间，从而提高蓄电池的输出容量。但是，当密度超过一定值时，由于电解液的粘度增大使浸透速度降低，内阻和极板硫化增加，因此蓄电池的输出容量又会减小。试验证明，电解液密度约为 1.23g/cm³ 时，蓄电池的输出容量最大，如图 11-10 所示。

（六）蓄电池的放电倍率

蓄电池放电电流的大小常用放电倍率表示，简称放电率。

$$放电倍率 = 额定容量/放电电流 \tag{11-4}$$

换言之，蓄电池的放电倍率以放电时间来表示，或者说，以一定的放电电流放完额定容

量所需的小时数来衡量。如某蓄电池额定容量为20A·h，若用4A的电流放电，则放完20A·h额定容量需用5h，也就是说以5h倍率放电，用符号“$C/0.5$”或“$2C$”表示。由此可见，放电倍率所表示的放电时间越短，即放电倍率越高，则放电电流越大。

根据放电倍率的大小，蓄电池可分成低倍率、中倍率、高倍率和超高倍率四类（有时，也习惯于不区分高倍率还是超高倍率，而统称为高倍率电池），其区分标志大致如下：小于$0.5C$为低倍率；$0.5C\sim3.5C$为中倍率；$3.5C\sim7C$为高倍率；大于$7C$为超高倍率。

放电倍率对蓄电池放电容量的影响很大，放电倍率越大，放电电流越大，电化学极化和浓差极化急剧增加，使蓄电池的放电电压急剧下降，电极活性物质来不及充分反应，蓄电池容量会减少很多。

二、蓄电池的失效

镍镉电池具有使用寿命长（充放电循环周期高达数千次）、机械性能好（耐冲击和振动）、自放电小、低温（-40℃）性能好等优点，被广泛应用在各个领域。尽管镍镉电池使用寿命很长，但使用时间久了总会出现不能正常工作甚至完全不能工作的失效现象。

镍镉电池的失效分两类：可逆失效和不可逆失效。当蓄电池符合规定的性能要求，通过适当的活化处理能恢复到可用状态，称为可逆失效；当蓄电池通过活化或其他方法仍不能恢复到可用状态，就称为不可逆失效或永久失效。

（一）可逆失效

当蓄电池以恒电流充放电和固定时间反复循环时，可能受到可逆的容量损失，这种效应称为记忆效应。无论大电流放电到较低的终止电压还是小电流放电到较高的终止电压，其效应相同。容量衰减的基本原因就是浅度放电。蓄电池在重复浅度放电循环时，由于放电平均电压降低而导致蓄电池容量减少，如图11-11所示。从图中可知，第5次循环电压平段位为1.25V；而500次循环后，电压平段位为1.15V。这种放电电压损失，多数可通过几次深充放循环后恢复。

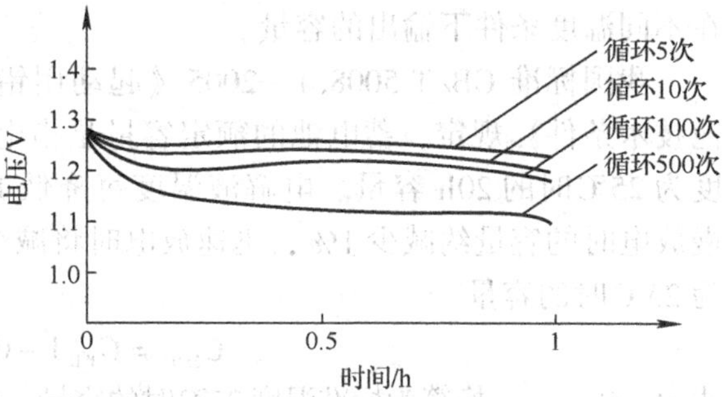

图11-11 蓄电池以$0.2C$倍率循环放电1h的电压曲线

长期过量充电也可使蓄电池发生可逆失效，尤其在高温下更是如此。如图11-12所示，由于长期过量充电引起放电快终止时的“过渡阶梯”，虽容量仍可适当利用，但工作电压比较低，这也是可逆失效，通过几次深充放电循环后可恢复到额定电压和期望的容量。

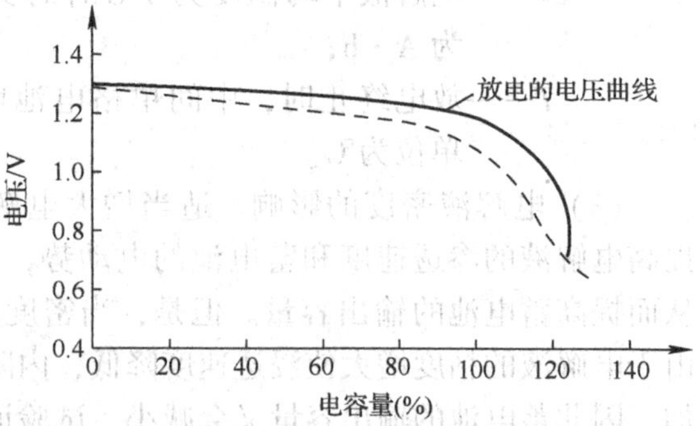

图11-12 对蓄电池以$0.1C$倍率长期过量充电后（虚线）

（二）不可逆失效

密封圆柱蓄电池永久失效的原因主要有两个，即短路和电解液干涸。蓄电池内短路会导致蓄电池无使用价值。电解液若稍有损耗即会引起容量降低，其容量损耗与电解液的减少量成正比。蓄电池反极、高温下高倍率充电、直接短路等都会引起电解液损耗。由电解液损耗所引起的容量降低在高倍率放电时更为明显。

另外，高温也会降低蓄电池的寿命，温度高会使隔板受损并增加短路的可能，较高温度还会使水通过密封圈迅速蒸发，尽管这种影响是长期的，但温度越高，蓄电池损坏得越快。

（三）蓄电池失效的现象

（1）蓄电池短路。

1）低电阻短路：蓄电池开路电压为0V，以0.1*C*倍率电流充电20h，充电终止电压仍低于1.25V。

2）高电阻短路：蓄电池充电终了电压大于1.25V，充电后立即放电也能放出部分容量，但长时间搁置又降至0V（称为微短路）。

3）间隙短路：这种蓄电池受到振动后，电压忽有忽无或忽高忽低。

（2）蓄电池断路。由于制造厂商的工艺控制不严，蓄电池内部焊接脱开或螺纹松动，充电控制失调或使用维护不正确等造成的蓄电池无电能输出。

1）蓄电池膨胀。由于充电电压高，蓄电池常处于过充电状态，造成半烧结电池的负极膨胀、壳体变形。圆柱电池也会发生蓄电池膨胀问题。

2）气体阻挡层失效。气体阻挡层失效是由于过充电电流过大、过充电温度过高或电解液液面低时的高倍率放电所引起的。

3）热失控。这是气体阻挡层失效的蓄电池在恒电位充电场合所引起的后果。镍镉电池的电压与温度成反比，环境温度升高时，蓄电池电压下降。过充电时，电能部分转变成热能，产生的热量使蓄电池温度升高。随着温度上升，蓄电池电压下降。若采用恒电压充电，会造成充电电流增加，致使过充电量也增加。如此循环往复，使蓄电池温度进一步升高，电压进一步下降，出现热失控。热失控可使电解液温度达到沸腾的程度，使隔板严重损坏，直至电解液耗干，造成蓄电池内部短路。

三、蓄电池的活化

蓄电池的活化处理（也称蓄电池性能调节）是镍镉电池使用维护不可缺少的重要环节之一。蓄电池长期处于浮充电状态或其他恒压充电使用状态，会出现蓄电池容量不足和单格蓄电池之间容量不均匀等问题，因此要求每年对蓄电池进行一次活化，实际上就是进行1~3次深充电、深放电，使蓄电池的电化学活性“复活”，电容量恢复到一定的水平。具体的活化处理方法如下：

（1）先对蓄电池以0.1*C*倍率充电8~14h，停置1h，以0.2*C*倍率放电，放电终止电压为1.0V，记录放电时间，计算蓄电池容量，若与初期容量差不多，可再通过1~2次充电放电循环直到活性恢复。若容量相差较大，则需按下列步骤处理。

（2）在用0.1*C*倍率充足电后，以0.2*C*倍率放电到每个单格电池的平均电压约为0.5V，分别将每个单格电池的正、负极接短路12h以上。

（3）拆除短路导线，以0.1*C*倍率充电，充电5min后测量单格电池电压，如高于1.50V则认为蓄电池内阻大，应补加蒸馏水，10min后再次测量单格电池电压，将高于1.55V和低于1.20V的单格电池取出另外处理。

（4）连续充电14~16h，测量并记录单格电池电压。如单格电池电压低于1.50V，则认为该单格电池不正常，必须更换。

（5）以 0.2C 倍率放电，放电终了电压为 1.0V，记录放电时间并计算蓄电池容量。

（6）若放电容量不足，可重复（2）、（3）、（4）、（5），直到恢复至一定容量为止。如活化多次仍达不到额定容量的 70%，则认为蓄电池已失效。

四、镍镉蓄电池的调试

下面这些调试适用于型号为 FNC222LR，$C=160\mathrm{A}\cdot\mathrm{h}$ 的镍镉蓄电池，没有添加混合电解液。

（1）特殊工具：蓄电池单格电池加注设备。

（2）材料：用于 LR 型单元的预先混合的碱性电解液，成分为用蒸馏水或去离子水调制的氢氧化钾溶液，包含一定比例的氢氧化锂（$21.3\times10^{-3}\mathrm{g/cm^3}$），电解质浓度为 $1.19\mathrm{g/cm^3}$，温度为 20℃，另外还有视保眼镜、橡皮手套、湿布和玻璃管。

（一）安全预防

（1）碱性电解液是具有腐蚀性的物质，工作时应使用橡胶手套、视保眼镜，穿长袖衣服。

（2）确认已准备好用于清洗的水，如果电解液意外溅到皮肤或衣服上，立即用水冲洗 10～20min。

（3）如果眼睛受到伤害，用水冲洗并使用特种药物。

（二）加注电解液

（1）将电解液拿进充电室。

（2）在灌注前将蓄电池的黄色运输塞盖拿开。

（3）使用加注设备将电解液最初加注到最低刻度线上 15mm 处。

（三）初次充电

注意：以下工作必须由熟练电工操作，并应遵循有关电工规则及电工操作注意事项，操作中应使用绝缘工具。

（1）正、负极的检查。

1）在将蓄电池极板连接好后，检查 80 个单格电池的端电压，其值为：80×1.27V，即大约 101.6V。

2）如果端电压小于 101.6V，检查极性。

（2）与充电器相连。

1）初次充电时，将 DC110V 蓄电池连接到充电/放电装置。

2）仔细观察极性，蓄电池正极应与充电器正极相连，相应地，负极与负极相连。

3）将蓄电池连接到充电器后，充电器的显示器或电压指示器显示应为“80 组 101.6V”。

（3）开始充电过程。

1）在将蓄电池连接充电器及加注电解液存放 10h 后，方可开始充电。

2）用恒定的 32A 电流充电，充电时间为 7.5h，在充电期间，蓄电池的电压从 1.30V/节上升到 1.75～1.85V/节。

注意：充电电压应该为 2V/节，确认在 7.5h 的充电时间内，充电电压没有被充电器限制。在充电期间，读取并记录每节电池的充电电流、充电电压、电解液温度及浓度。

（4）充电调试。

1）在第一次充电后，放置24h，可将蓄电池电解液加注至最高位。电解液的高度可以通过盒中的高低亮/暗线来区分，它必须在最低与最高刻度线之间，如果无法看清，打开盒子检查电解液液面。

注意：碱性电解液有很强的腐蚀性，不要将金属物弄进盒内，小心着火。

2）用湿布清除多余的氢氧化物或灰尘。

3）加装白色通风栓，充电完毕后，将80组电池装备好，以备装车。

五、城市轨道交通列车用蓄电池

如图11-13所示为城市轨道交通列车的蓄电池，蓄电池箱的外形如图11-14所示。

图11-13　城市轨道交通列车的蓄电池

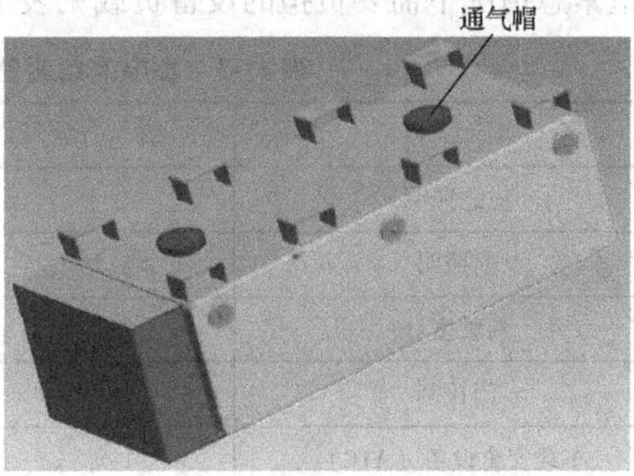

图11-14　蓄电池箱的外形

（一）北京地铁某线路的车载蓄电池

北京地铁某线路列车的两个蓄电池箱安装在带驾驶室的拖车车下中部位置，蓄电池箱靠螺栓悬挂在车体横梁下表面，车体横梁和车体底架都是金属材质，他们之间没有任何可燃材料。两个蓄电池箱分别位于车体的A侧和B侧，两者之间有一根低压线槽和线管，线槽由1.5mm的不锈钢板制成，线管为铝塑管，都起到了内外隔离火源的作用。线槽和线管内的所有电线、电缆均采用低烟、阻燃、无卤材料，并符合相关标准。除此之外，蓄电池箱周围还有110V/24V电源转换箱、紧急逆变箱和空压机控制箱，但这些箱体都是金属外壳，都具有内外隔绝的防火屏障作用。该蓄电池的具体安装位置如图11-15所示。

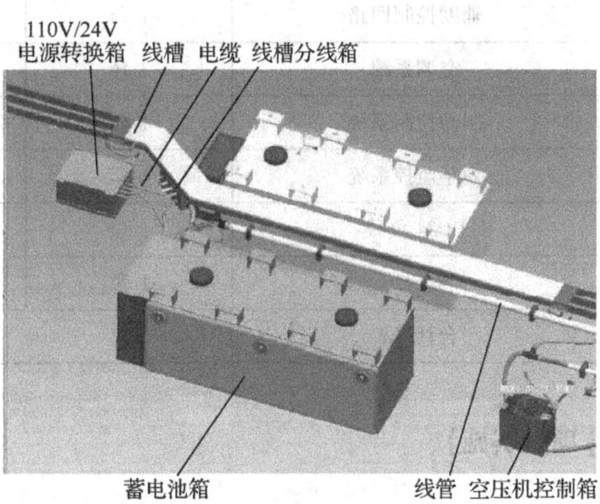

图11-15　车底蓄电池和设施

（二）车载蓄电池的功能

蓄电池负载能达到以下功能要求：

（1）列车负载、平直轨道、蓄电池牵引模式下运行50米，完成运行后重新恢复到正常水平的充电时间合理，不影响正常操作使用。

（2）如果列车无网压，蓄电池的容量能够供给列车内部事故照明、外部照明、应急通风、车载安全设备、广播、通信系统等工作45min，并保证列车开关一次车门；当网压恢复时，蓄电池电压能保证辅助逆变器的起动。

（三）车载蓄电池的实际功效

北京地铁某线路列车的蓄电池为四方机车车辆股份有限公司提供，额定供电时间为45min。因为在北方受温度条件影响，在－10℃环境中，蓄电池组满足车辆规定紧急情况用电的持续时间会缩短。根据该蓄电池的特点，在－10℃环境中其最大放电容量为蓄电池总容量的80%，则可用于蓄电池牵引的容量为144A·h。

下列DC110V系统负载表是以三辆车作为一个蓄电池组供电单元进行计算的，一组蓄电池组紧急情况下需要负担的设备负载见表11-3。

表11-3 蓄电池组紧急情况下需要负担的设备负载表

项　目	数　量	紧急负载容量/kW	小计/kW
应急照明	12个	0.04×12	0.48
前照明	2个	0.035×2	0.07
驾驶室灯	2个	0.02×2	0.04
门控制	24套	0.008×24	0.192
车载安全设备（ATC）	1套	0.505×1	0.505
无线通信设备	1套	0.2×1	0.2
广播系统	1套	0.945×1	0.945
应急通风（降频输出）	3台	3.2×3	9.6
辅助控制回路	1套	0.6×1	0.6
空调系统	3套	0.25×3	0.75
制动控制系统	1套	0.3×3	0.9
列车监控系统	1套	0.25×1	0.25
DC24负载	1套	0.41×1	0.41
CCTV	1套	0.5×1	0.5
合计/kW	15.442		

【项目实施】

实训任务一　检测镍镉蓄电池

1. 实训目标

（1）掌握蓄电池电解液液面高度的检查方法。

（2）掌握蓄电池电压的检测方法。

（3）掌握蓄电池放电程度的检查方法。

2. 实训任务

主要任务是观察蓄电池的结构，了解蓄电池的基本结构，检查蓄电池的电解液液面高度，检测蓄电池的端电压，通过测试检查蓄电池的放电程度。

3. 实训工具

高率放电计、万用表、密度计和蓄电池。

4. 实训内容与步骤。

（1）蓄电池电解液液面高度的检查。必须定期检查电解液的液面高度，如有必要，必须添加蒸馏水。

蓄电池的壳体由透明或半透明的材料制成，在透明壳体上有正常液位范围标记，电解液的液位必须在该范围之内，如图 11-16 所示。

在黑壳体的蓄电池中，电解液液位必须保持在隔板以上 10～15mm 处（见图 11-17），即保持液面足够高，以浸过各电解槽中的极板。

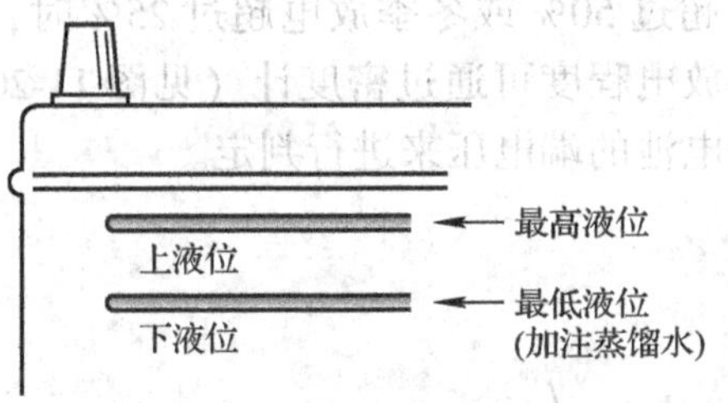

图 11-16　透明壳体液位的检查

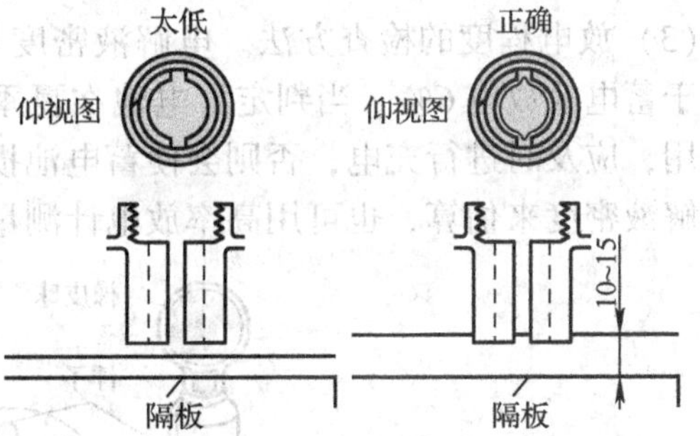

图 11-17　黑壳体的蓄电池电解液液位检查

（2）蓄电池端电压的检测。用高率放电计测量单格电池的端电压，如图 11-18 所示，测量时，按以下步骤进行：

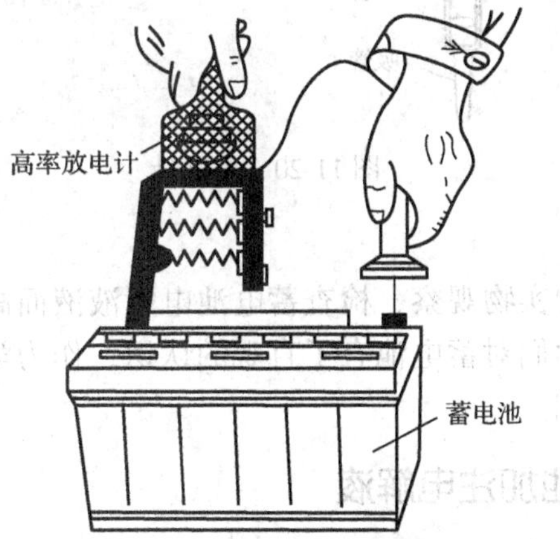

图 11-18　用高率放电计测量端电压

1）放电计的两触针紧压在蓄电池单格电池的正、负极桩上。

2）测量 5s，观察放电计的电压，记录电压值。

3）分别测得6个单格电池的电压。此时，蓄电池处在大电流放电情况下，因此各单格电池的端电压应在1.5V以上，且能稳定5s。

① 如果各单格电池的端电压低于1.5V，但5s内尚能稳定，则表明放电过多，应及时进行充电恢复。

② 单格电压低于1.5V，且5s内电压迅速下降，则表示该单格电池内部有故障存在。

③ 某单格电池无端电压指示，说明内部有短路、断路或严重硫化故障。

用万用表测量蓄电池的端电压，按如下步骤进行：

1）将万用表置于直流电20V挡位。

2）用万用表的正表笔接蓄电池的正极、负表笔接蓄电池的负极，如图11-19所示。

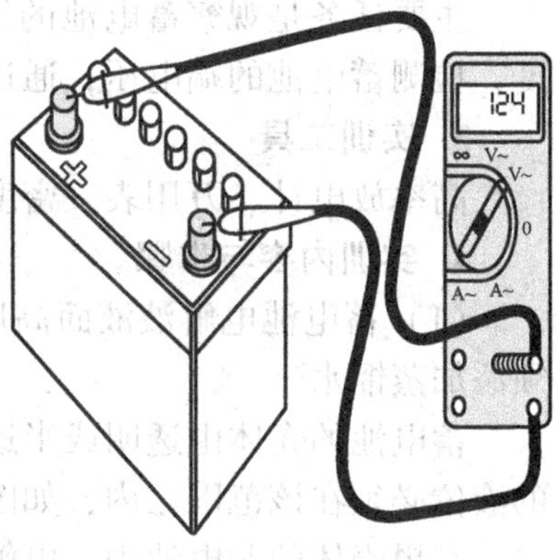

图11-19　用万用表测量蓄电池端电压

3）读出指示电压值，12V以上为正常。

4）若电压值低于12V，表明蓄电池已放电，需进行补充充电。

（3）放电程度的检查方法。电解液密度与放电程度的关系是：密度每下降0.01g/cm^3，相当于蓄电池放电6%。当判定蓄电池在夏季放电超过50%或冬季放电超过25%时，不宜再使用，应及时进行充电，否则会使蓄电池损坏。放电程度可通过密度计（见图11-20）测量电解液密度来估算，也可用高率放电计测量单格电池的端电压来进行判定。

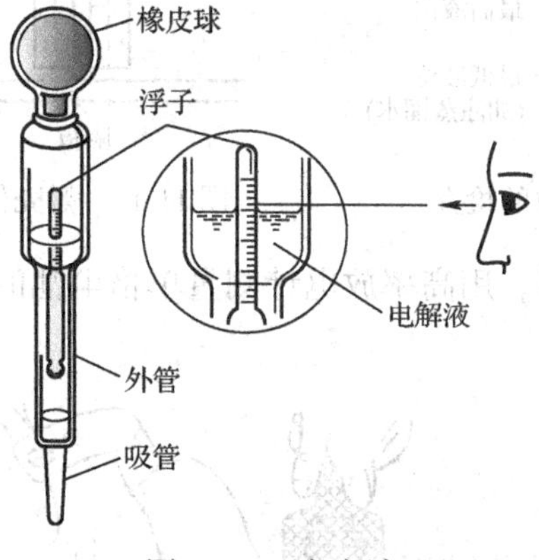

图11-20　密度计

5. 实训小结

本实训通过对蓄电池的实物观察、检查蓄电池电解液液面高度、检测蓄电池的电压、检查蓄电池放电程度，让同学们对蓄电池有了直观的认识，作为学习蓄电池的知识准备，为今后学习专业知识打下了基础。

实训任务二　蓄电池加注电解液

1. 实训目标

（1）了解单格蓄电池加注设备的构造。

（2）了解蓄电池电解液的组成。

（3）了解蓄电池加注电解液的安全预防措施。

（4）掌握蓄电池加注电解液的方法。

2. 实训任务

主要任务是掌握蓄电池加注电解液的方法和步骤，了解蓄电池的结构和电解液的组成。

3. 实训工具

特殊工具：蓄电池单格电池加注设备；材料：用于 LR 型单元的预先混合的碱性电解液，成分为用蒸馏水或去离子水调制的氢氧化钾溶液，包含一定比例的氢氧化锂（$21.3\times10^{-3}g/cm^3$），电解质浓度为 $1.19g/cm^3$，温度为 20℃。另外还有视保眼镜、橡皮手套、湿布和玻璃管。

4. 实训内容与步骤

（1）安全预防。

1）碱性电解液是具有腐蚀性的物质，工作时应使用橡胶手套、视保眼镜，穿长袖衣服。

2）确认已准备好用于清洗的水，如果电解液意外溅到皮肤或衣服上，立即用水冲洗 10~20min。

3）如果眼睛受到伤害，用水冲洗并使用特种药物。

（2）加注电解液。

1）将电解液拿进充电室。

2）在灌注前将蓄电池黄色的运输塞盖拿开。

注意：有黄色运输塞盖时，不要对电池进行充放电。

3）使用加注设备将电解液最初加注到最低刻度线上 15mm 处。

注意：① 在这里，不要安装白色通风栓。如果使用白色通风栓，相应地调整灌注的高度。

② 灌注电解液后，读取并记录所有单格电池的开路电压。在调试记录上记录所有数据。

5. 实训小结

本实训通过对蓄电池外观结构的观察以及对蓄电池电解液的加注，让同学们对蓄电池的结构有了直观的认识，为学习蓄电池的检测和维护打下了基础。

【拓展与提高】

一、蓄电池容量的计算方法

容量计算公式为

$$C=1/L\times[K_1I_1+K_2(I_2-I_1)+\cdots+K_n(I_n-I_{n-1})] \qquad (11\text{-}5)$$

式中 C——相应环境温度的额定放电率换算容量，单位为 A·h；

L——保守率；

K——根据放电时间 T、蓄电池最低温度及容许的最低电压而定的容量换算时间，单位为 h，（但容量换算时间的 K-T 特性是采用日本古河公司铁路车辆用的标准特性）；

I——放电电流，单位为 A。

数字 1、2、3…n 为根据放电电流变化的顺序给 T、K、I 编号。

二、计算用参数

（1）适用蓄电池：LPH-A 形烧结式碱性蓄电池。

（2）保守率：1.0。

（3）允许最低电压：1.00V/节（78V/组电池）。

（4）环境温度：-10℃。

【复习思考题】

1. 列车上蓄电池的功能有哪些？

2. 什么是蓄电池的放电倍率？怎样计算？

3. 怎样进行镍镉蓄电池的活化？

项目十二　数字电路认知

【知识要点】

1. 数字信号和模拟信号、脉冲；
2. 数制及其转换；
3. 与、或、非逻辑及门；
4. 组合逻辑，与非、或非、异或、与或非门；
5. 编码器、译码器；
6. 基本 RS 触发器、同步 RS 触发器、主从 JK 触发器及 D 触发器；
7. 异步二进制加法计数器、异步二进制减法计数器和十进制计数器。

【项目任务】

1. 掌握二进制和十进制的使用及其转换；
2. 掌握与、或、非、与非、或非、异或、与或非门的基本原理和使用；
3. 掌握触发器的基本使用；
4. 掌握计数器的使用。

【项目准备】

本项目开始前，应准备信号发生器、实验箱、74LS00、CD4011、74LS20、74LS138、74LS48、74LS153、LED 七段数码管和电阻等教具和实训工具。

【相关理论知识】

一、数字电路概述

数字电路包括信号的传送、控制、记忆、计数、产生和整形等内容。数字电路在结构、分析方法、功能、特点等方面均不同于模拟电路。数字电路的基本单元是逻辑门电路，分析工具是逻辑代数，在功能上则着重强调电路输入与输出间的因果关系。

数字电路比较简单、抗干扰性强、精度高、便于集成，因而在无线电通信、自动控制系统、测量设备和电子计算机等领域获得了日益广泛的应用。

（一）模拟信号与数字信号

现代电子技术主要涉及两种电信号：一种叫做模拟信号（Analog Signal），其电压随时间连续变化，如图 12-1a 所示；另一种叫做数字信号（Digital Signal），其电压随时间的变化是不连续的，要么处于高电平状态（H），要么处于低电平状态（L），除此之外，不会处于其他状态，如图 12-1b 所示。所谓的状态并不是某一个固定电压值，而是一个允许的取值区间，如图 12-1c 所示。

本项目研究对象是数字电子信号，传送这种信号的电子线路叫做数字逻辑电路，简称数字电路。数字信号有正负逻辑之分，如将高电平状态定义为“1”，低电平状态定义为“0”，这样的数字信号称为正逻辑信号；若反过来定义则称为负逻辑信号。值得注意的是，这里的“1”和“0”是两种状态的抽象表示，没有大小之分。绝大多数数字电路采用正逻辑信号，本书中如不特别声明，数字信号指的都是正逻辑信号。

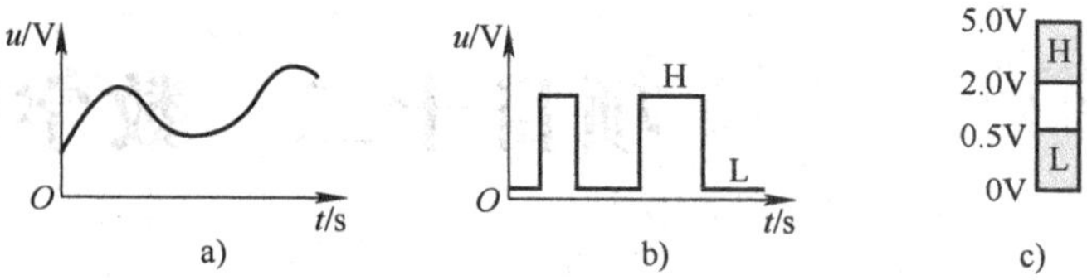

图 12-1 模拟信号和数字信号

a）模拟信号 b）数字信号 c）数字信号的状态

知识链接：电子计算机内部存储、传输和处理的信号就是数字信号。例如某计算机的数据总线（Data BUS）由 32 根单线并列组成，每根单线的电平状态定义为二进制数的“1”和“0”，且各单线的权重依次为 2^0，2^1，…，2^{31}，那么该数据总线能传输 32 位的二进制数。

（二）脉冲

在数字电路中，分别以高电平和低电平表示 1 状态和 0 状态，此时电信号的波形是非正弦波。通常，就把一切既非直流又非正弦交流的电压或电流统称为脉冲。

如图 12-2 所示为几种常见的脉冲波形，它们既可有规律地重复出现，也可以偶尔出现一次。

脉冲波形多种多样，表征它们的特性的参数也不尽相同，这里仅以图 12-3 所示的矩形脉冲为例，介绍脉冲波形的主要参数。

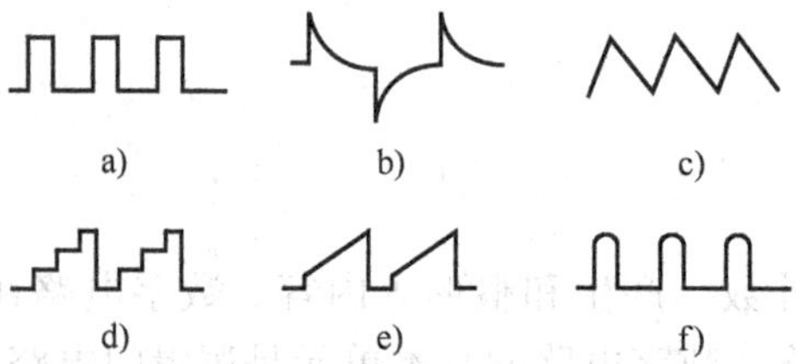

图 12-2 几种常见的脉冲波形

a）矩形波 b）尖脉冲 c）锯齿波

d）梯形波 e）阶梯波 f）钟形波

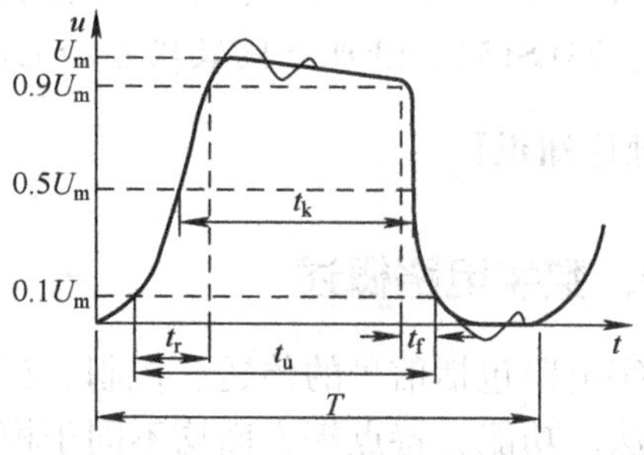

图 12-3 矩形脉冲的参数

（1）脉冲幅度 U_m/A_m：指脉冲电压或电流的最大值。脉冲电压幅度的单位为 V、mV，脉冲电流幅度的单位为 A、mA。

（2）脉冲前沿上升时间 t_r：指脉冲前沿从 $0.1U_m$ 上升到 $0.9U_m$ 所需要的时间，单位为 ms、μs 或 ns。

（3）脉冲后沿下降时间 t_f：指脉冲后沿从 $0.9U_m$ 下降到 $0.1U_m$ 所需要的时间，单位为 ms、μs 或 ns。

(4) 脉冲宽度 t_k：指从脉冲前沿上升到 $0.5U_m$ 处开始，到脉冲下降到 $0.5U_m$ 处为止的一段时间，单位为 s、ms、μs 或 ns。

(5) 脉冲周期 T：指周期性重复的脉冲序列中，两相邻脉冲重复出现的间隔时间，单位为 s、ms 或 μs。

(6) 脉冲重复频率：指脉冲周期的倒数，即 $f=1/T$，表示单位时间内脉冲重复出现的次数，单位为 Hz、kHz 或 MHz。

(7) 占空比 t_k/T：指脉冲宽度与脉冲周期的比值，亦称占空系数。

(三) 数制及其转换

数制是人们用以表示数的进位方式和计数的制度。数字系统中常采用的计数制有十进制、二进制、八进制和十六进制。

1. 十进制　十进制是人们最习惯采用的一种数制。十进制数是用 0、1、2、3、4、5、6、7、8、9 十个符号（称为数码）按一定规律排列起来表示的数。10 是这个数制的基数，向高位数进位的规则是“逢十进一”，给低位借位的规则是“借一当十”。数码处于不同位置（或称数位），它所代表的数量的含义是不同的。例如 572.34，数码 5 处于百位，它所代表的数为 500；7 处于 10 位，它代表的数为 70；2 处于个位，它所代表的数为 2；3 处于 10 分位，它所代表的数为 3/10，4 处于百分位，它所代表的数为 4/100。不同位置的数码代表不同数值的数的表示方法称为位置计数法。把表示某一数位上单位有效数字所代表的实际数值称为“位权”，简称“权”。十进制数的权是以 10 为底的幂。位置计数法的权，以小数点为参考点，整数部分的权离小数点越近，权越小；小数部分的权离小数点越近，权越大。十进制数 572.34 的权的大小顺序为 10^2、10^1、10^0、10^{-1}、10^{-2}。数位上的数码称为系数，权乘以系数称为加权系数。

例 12-1　把十进制数 5634.28 表示成加权系数的展开式。

解　$(5634.28)_{10}=5\times10^3+6\times10^2+3\times10^1+4\times10^0+2\times10^{-1}+8\times10^{-2}$

2. 二进制　二进制是计算机技术中广泛采用的一种数制。二进制数是用 0 和 1 两个数码来表示的数。它的基数为 2，进位规则是“逢二进一”，借位规则是“借一当二”。二进制数也是采用位置计数法，其位权是以 2 为底的幂，例如二进制数 110.11，其权的大小顺序为 2^2、2^1、2^0、2^{-1}、2^{-2}。

例 12-2　将二进制数 111.01 写成加权系数的形式。

解　$(111.01)_2=1\times2^2+1\times2^1+1\times2^0+1\times2^{-2}$

3. 二进制数和十进制数的转换

(1) 二进制数转换成十进制数：由二进制数转换成十进制数的基本做法是，把二进制数首先写成加权系数展开式，然后按十进制数的加法规则求和，这种做法称为按权相加法。

例 12-3　把二进制数 110.11 转换成十进制数。

解
$$\begin{aligned}(110.11)_2&=1\times2^2+1\times2^1+0\times2^0+1\times2^{-1}+1\times2^{-2}\\&=4+2+0+0.5+0.25=(6.75)_{10}\end{aligned}$$

(2) 十进制数转换为二进制数：十进制数转换为二进制数时，由于整数和小数的转换方法不同，所以先将十进制数的整数部分和小数部分分别转换后，再加以合并。

十进制整数转换为二进制整数采用“除 2 取余，逆序排列”法。具体做法是：用 2 去除十进制整数，可以得到一个商和余数；再用 2 去除商，又会得到一个商和余数，如此进行，直到商为零时为止，然后把先得到的余数作为二进制数的低位有效位，后得到的余数作为二进制数的高位有效位，依次排列起来。十进制小数转换为二进制小数采用“乘2取整法”，即将小数部分乘以2，然后取整数部分，剩下的小数部分继续乘以2，然后取整数部分，剩下的小数部分又乘以2，一直取到小数部分为零为止。如果永远不能为零，就同十进制数的四舍五入一样，按照要求保留多少位小数时，就根据后面一位是0还是1取舍，如果是零，舍掉；如果是1，向前入一位，换句话说就是“0舍1入”。

例12-4　把 $(173.125)_{10}$转换为二进制数。

解　整数部分：

除数	被除数/商	余数
2	173	……余1
2	86	……余0
2	43	……余1
2	21	……余1
2	10	……余0
2	5	……余1
2	2	……余0
2	1	……余1
	0	

（逆序排列 ↑）

$(173)_{10}=(10101101)_2$

小数部分：

0.125×2=0.25，整数部分为0，小数部分为0.25；

0.25×2=0.5，整数部分为0，小数部分为0.5；

0.5×2=1.0，整数部分为1，小数部分为0；

读数。从第一位读起，读到最后一位，即 $(0.125)_{10}=(0.001)_2$；

所以，$(173.125)_{10}=(10101101.001)_2$

（3）BCD码（二-十进制码）：在一些数字系统中，如电子计算机和数字式仪器中，往往采用二进制码表示十进制数。通常，把用一组四位二进制码来表示一位十进制数的编码方法称作二-十进制码，亦称BCD码（Binary Code Decimal）。

四位二进制码共有16种组合，可从中任取10种组合来表示0~9这10个数。根据不同的选取方法，可以编制出很多种BCD码，如8421码，5421码，2421码，5211码和余3码。表12-1列出了这几种BCD码，其中的8421BCD码最常用。

表12-1　BCD编码表

编码类型 / 十进制数	8421码	5421码	2421码	5211码	余3码
0	0000	0000	0000	0000	0000
1	0001	0001	0001	0001	0100
2	0010	00	0 0010	0100	0101
3	0011	0011	0011	0	01 0110

（续）

编码类型 十进制数	8421 码	5421 码	2421 码	5211 码	余 3 码
4	0100	0100	0100	0111	0111
5	0101	1000	0101	1000	1000
6	0110		01 0110	10	1 1001
7	0111	1010	0111	1100	1010
8	1000	1011	1110	1101	1011
9	1001	1100	1111	1111	1100
权	8421	5421	2421	5211	

由于每一组四位二进制码只代表一位十进制数，因而 n 位十进制数就得用 n 组四位二进制码表示。

例 12-5　把十进制数 369.74 编成 8421BCD 码。

解

3　　6　　9　　7　　4

↓　　↓　　↓　　↓　　↓

0011　0110　1001　0111　0100

$$(369.74)_{10} = (0011\ 0110\ 1001.0111\ 0100)_{BCD}$$

二、门电路

逻辑电路用到的基本逻辑关系有与逻辑、或逻辑和非逻辑，相应的逻辑门为与门、或门和非门。

（一）与逻辑和与门

与逻辑指的是只有当决定某一事件的全部条件都具备之后，该事件才发生，否则就不发生的一种因果关系。

如图 12-4 所示电路，只有当开关 A 与 B 全部闭合时，灯泡 Y 才亮；若开关 A 或 B 其中有一个不闭合，灯泡 Y 就不亮。这种因果关系就是与逻辑关系，可表示为：Y = AB，读作“A 与 B”。在逻辑运算中，与逻辑称为逻辑乘。

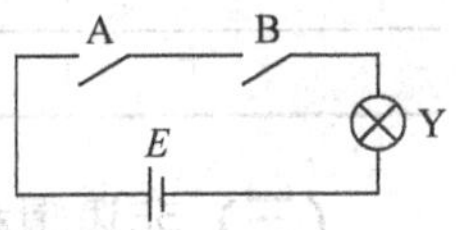

图 12-4　与逻辑举例

与门是指能够实现与逻辑关系的门电路。与门具有两个或多个输入端，一个输出端，其逻辑符号如图 12-5 所示，为简便计，输入端只用 A 和 B 两个变量来表示。

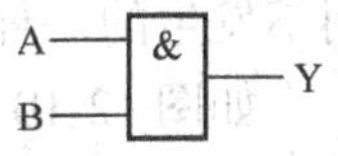

图 12-5　与逻辑符号

与门的输出和输入之间的逻辑关系用逻辑表达式表示为

$$Y = AB \tag{12-1}$$

两输入端与门的真值表见表 12-2，其波形图如图 12-6 所示。由图和表可见，与门的逻辑功能是：输入全部为高电平时，输出才是高电平，否则为低电平。

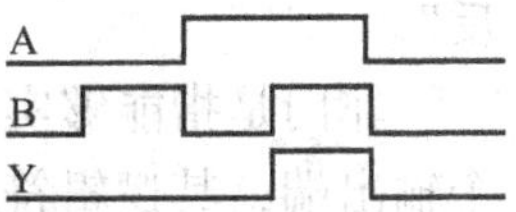

图 12-6　与门波形图

表 12-2 两输入端与门的真值表

A	B	Y
0	0	0
0	1	0
1	0	0
1	1	1

（二）或逻辑和或门

或逻辑指的是在决定某事件的诸条件中，只要有一个或一个以上的条件具备，该事件就会发生；当所有条件都不具备时，该事件才不发生的一种因果关系。

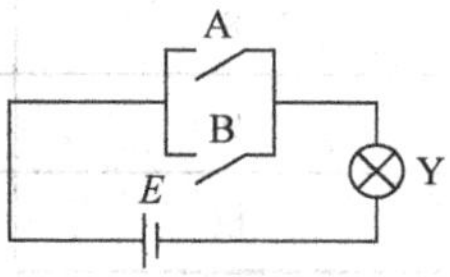

图 12-7 或逻辑举例

如图 12-7 所示电路，只要开关 A 或 B 其中任一个闭合，灯泡 Y 就亮；A、B 都不闭合，灯泡 Y 才不亮。这种因果关系就是或逻辑关系，可表示为：Y = A + B，读作“A 或 B”。在逻辑运算中，或逻辑称为逻辑加。

或门是指能够实现或逻辑关系的门电路。或门具有两个或多个输入端，一个输出端，其逻辑符号如图 12-8 所示。

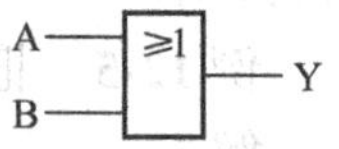

图 12-8 或逻辑符号

或门的输出与输入之间的逻辑关系用逻辑表达式表示为

$$Y = A + B \tag{12-2}$$

两输入端或门电路的真值表和波形图分别如表 12-3 和图 12-9 所示。由图和表可见，或门的逻辑功能是：输入有一个或一个以上为高电平时，输出就是高电平；输入全为低电平时，输出才是低电平。

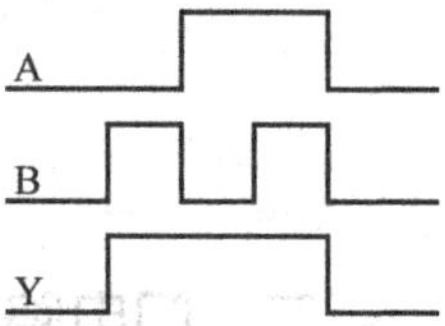

图 12-9 或门波形图

表 12-3 两输入端或门电路的真值表

A	B	Y
0	0	0
0	1	1
1	0	1
1	1	1

（三）非逻辑和非门

非逻辑是指决定某事件的唯一条件不满足时，该事件就发生；而条件满足时，该事件反而不发生的一种因果关系。

如图 12-10 所示电路，当开关 A 闭合时，灯泡 Y 不亮；当开关 A 断开时，灯泡 Y 才亮。这种因果关系就是非逻辑关系，可表示为：$Y = \overline{A}$，读作“A 非”或“非 A”。在逻辑代数中，非逻辑称为“求反”。

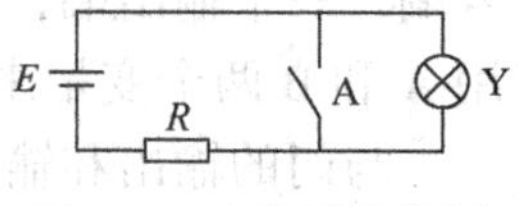

图 12-10 非逻辑举例

非门是指能够实现非逻辑关系的门电路，它有一个输入端，一个输出端，其逻辑符号如图 12-11 所示。

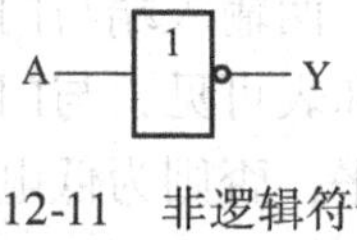

图 12-11 非逻辑符号

非门的输出与输入之间的逻辑关系用逻辑表达式表示为

$$Y = \overline{A} \qquad (12\text{-}3)$$

非门的真值表和波形图分别如表 12-4 和图 12-12 所示。由图和表可见，非门的逻辑功能是：输出状态与输入状态相反，通常又称作反相器。

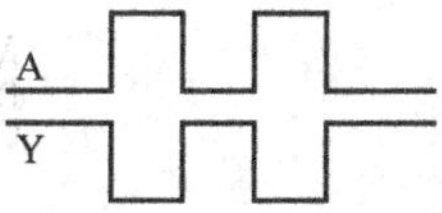

图 12-12　非门波形图

表 12-4　非门的输出与输入真值表

A	Y
0	1
1	0

（四）复合逻辑门

由与门、或门和非门可以组合成其他逻辑门，组合的逻辑门叫复合门。常用的复合门有与非门、或非门、异或门和与或非门等。

1. 与非门　将一个与门和一个非门按图 12-13 所示方式连接，就构成了一个与非门。与非门有多个输入端，一个输出端。三端输入与非门的逻辑符号如图 12-14 所示，它的逻辑表达式为

$$Y = \overline{ABC} \qquad (12\text{-}4)$$

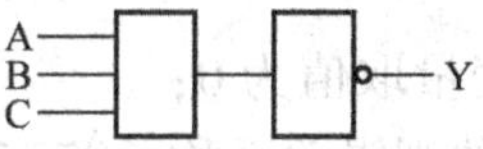

图 12-13　与非门

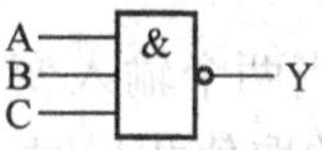

图 12-14　与非门逻辑符号

与非门的真值表和波形图分别如表 12-5 和图 12-15 所示，由图和表可知，与非门的逻辑功能为：当输入全为高电平时，输出为低电平；当输入有低电平时，输出为高电平。

表 12-5　与非门输入与输出真值表

A	B	C	Y
0	0	0	1
0	0	1	1
0	1	0	1
0	1	1	1
1	0	0	1
1	0	1	1
1	1	0	1
1	1	1	0

2. 或非门　把一个或门和一个非门连接起来就可以构成一个或非门，如图 12-16 所示。或非门也可有多个输入端和一个输出端。三端输入或非门的逻辑符号如图 12-17 所示，它的逻辑表达式为

$$Y = \overline{A + B + C} \qquad (12\text{-}5)$$

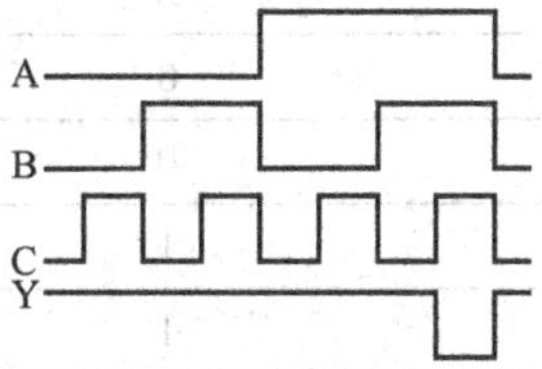

图 12-15　与非门的波形图

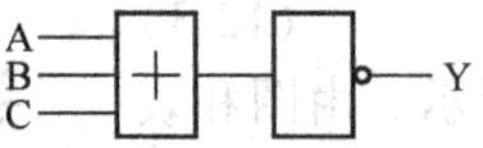

图 12-16 或非门

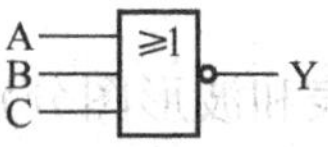

图 12-17 或非门逻辑符号

或非门的真值表和波形图分别如表 12-6 和图 12-18 所示，由图和表可知，或非门的逻辑功能为：当输入全为低电平时，输出为高电平；当输入有高电平时，输出为低电平。

表 12-6 或非门输入与输出真值表

A	B	C	Y
0	0	0	1
0	0	1	0
0	1	0	0
0	1	1	0
1	0	0	0
1	0	1	0
1	1	0	0
1	1	1	0

3. 异或门 当两个输入变量的取值相同时，输出变量取值为 0；当两个输入变量的取值相异时，输出变量取值为 1，这种逻辑关系称为异或逻辑。能够实现异或逻辑关系的逻辑门称为异或门。异或门只有两个输入端和一个输出端，其逻辑符号如图 12-19a 所示。

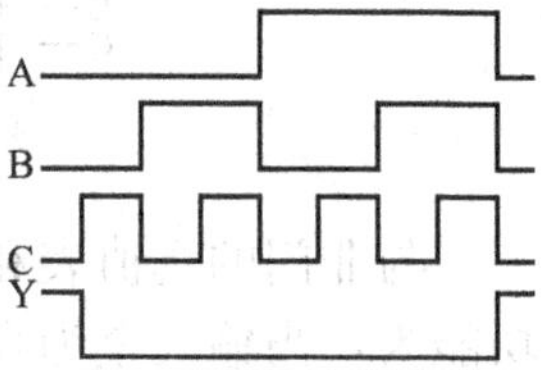

图 12-18 或非门波形图

异或门的逻辑表达式为

$$Y = A\overline{B} + \overline{A}B = A \oplus B \qquad (12\text{-}6)$$

式中 符号“⊕”表示异或逻辑。

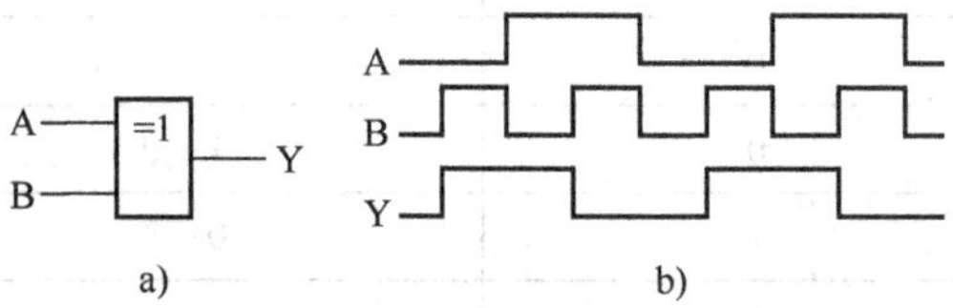

图 12-19 异或门的逻辑符号和波形图

a）逻辑符号 b）波形图

异或门的真值表见表 12-7，波形图如图 12-19b 所示。

表 12-7 异或门输入与输出真值表

A	B	Y
0	0	0
0	1	1
1	0	1
1	1	0

异或门的逻辑功能可简述为：输入相异，输出为高电平；输入相同，输出为低电平。

4. 与或非门 把两个与门、一个或门和一个非门连接起来，就构成了与或非门。与或非门有多个输入端，一个输出端，其逻辑符号如图12-20所示。

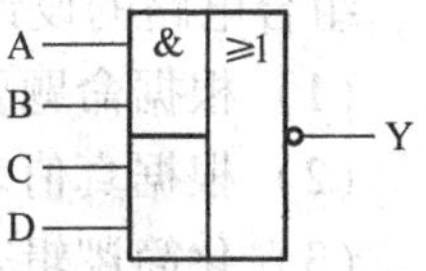

图12-20 与或非门逻辑符号

与或非门的逻辑表达式为

$$Y = \overline{AB + CD} \tag{12-7}$$

与或非门的真值表见表12-8，其波形图如图12-21所示。

表12-8 与或非门真值表

A	B	C	D	Y
0	0	0	0	1
0	0	0	1	1
0	0	1	0	1
0	0	1	1	0
0	1	0	0	1
0	1	0	1	1
0	1	1	0	1
0	1	1	1	0
1	0	0	0	1
1	0	0	1	1
1	0	1	0	1
1	0	1	1	0
1	1	1	0	0
1	1	0	1	0
1	1	1	0	0
1	1	1	1	0

与或非门的逻辑功能是：当任一组与门输入端全为高电平或所有输入端全为高电平时，输出为低电平；当任一组与门输入端有低电平或所有输入端全为低电平时，输出为高电平。

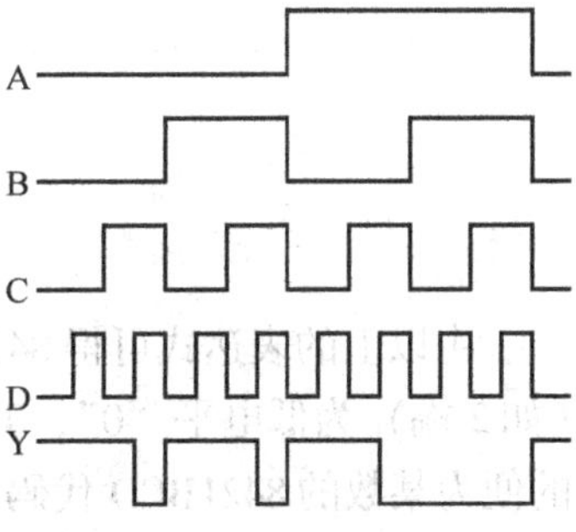

图12-21 与或非门波形图

（五）组合逻辑电路

任意时刻的输出信号仅决定于该时刻的输入信号，而与电路的原始状态无关的数字电路称为组合逻辑电路，简称组合电路。

组合电路的分析方法一般是根据给定的逻辑电路，逐级写出信号的逻辑表达式或真值表，进而分析电路的逻辑功能。

组合电路的设计，一般可依下列步骤进行：

（1）根据命题要求列出真值表；

（2）根据真值表列出逻辑表达式；

（3）化简逻辑表达式；

（4）根据化简的逻辑表达式，画出逻辑电路图。

常用的组合逻辑电路有编码器、译码器、加法器（包括半加器和全加器）以及多路选择器和分配器等，这里主要介绍编码器和译码器。

1. 编码器　编码是指按一定的规律，把输入信号转换为二进制代码，每一组二进制代码被赋予固定的含意。用来完成编码的数字电路称为编码器。

8421BCD 编码器是常用的一种编码器，它要求将与十进制数 0、1、2、…、9 对应的十个状态转换成 8421BCD 码输出，其框图如图 12-22 所示，其十个输入端分别表示被编码的数，四个输出端 D、C、B、A 表示 8421BCD 码，DCBA 的权分别为 8、4、2、1。表 12-9 是其编码的真值表。

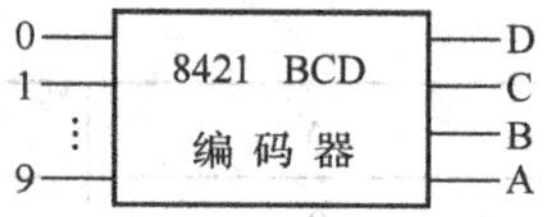

图 12-22　8421BCD 编码器框图

表 12-9　8421BCD 编码真值表

十进制数	D	C	B	A
0	0	0	0	0
1	0	0	0	1
2	0	0	1	0
3	0	0	1	1
4	0	1	0	0
5	0	1	0	1
6	0	1	1	0
7	0	1	1	1
8	1	0	0	0
9	1	0	0	1

由编码表可见，当输入为“8”或“9”时，输出 D 为“1”，即 $D=8+9$。同理可以写出 C、B、A 端的逻辑表达式。若要求用与非门来实现编码，则输出端的逻辑表达式为

$$D=8+9=\overline{\overline{8}\cdot\overline{9}}$$

$$C=4+5+6+7=\overline{\overline{4}\cdot\overline{5}\cdot\overline{6}\cdot\overline{7}}$$

$$B=2+3+6+7=\overline{\overline{2}\cdot\overline{3}\cdot\overline{6}\cdot\overline{7}}$$

$$A=1+3+5+7+9=\overline{\overline{1}\cdot\overline{3}\cdot\overline{5}\cdot\overline{7}\cdot\overline{9}} \tag{12-8}$$

由以上的表达式可得 8421BCD 编码器如图 12-23 所示。接地开关置于某输入端，则输入端（如 2 端）为低电平“0”，其他输入端通过电阻 R 接电源正极，故为高电平“1”，输出端对应的便为某数的 8421BCD 代码。由逻辑表达式可知，用或门也能完成编码功能，当接地开关接通某输入端时，则该端为高电平“1”，其他各端经电阻 R 接地，均处于低电平“0”。

2. 译码器　将代码表示的原意“翻译”出来的过程叫译码，实现译码功能的电路称为译码器。二—十进制译码器的用途较广，其作用是把二进制代码译成十进制数字。

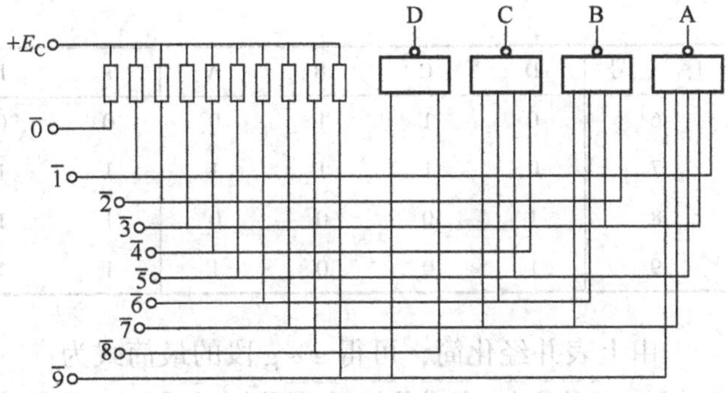

图 12-23　8421BCD 编码器

实际使用中，常需直接显示出十进制数字。为此，可采用发光二极管（LED）、液晶（LCD）显示器以及荧光数码管等器件。由 LED 构成的数码管示意图如图 12-24a 所示。由图可见，这种数码管共有七段笔画，每一段为一发光二极管，分别用 a ~ g 的 7 个字母表示。七段 LED 显示的 0 ~ 9 这十个数字的字形，如图 12-24b 所示。七段 LED 又有共阴极连接和共阳极连接两种方式，如图 12-24c 所示，图中的 a ~ g 为段信号输入端，以保证能按要求使相应的 LED 发光；D 为位信号输入端，借以确定该位的数码管是否能发光。例如，在共阴极接法中，当 D 接高电位时，数码管不会发光；当 D 接低电位时，数码管才可能发光。BCD-七段 LED（共阴极）译码器的真值表见表 12-10，当某段输入信号为“1”时，该段 LED 发光。

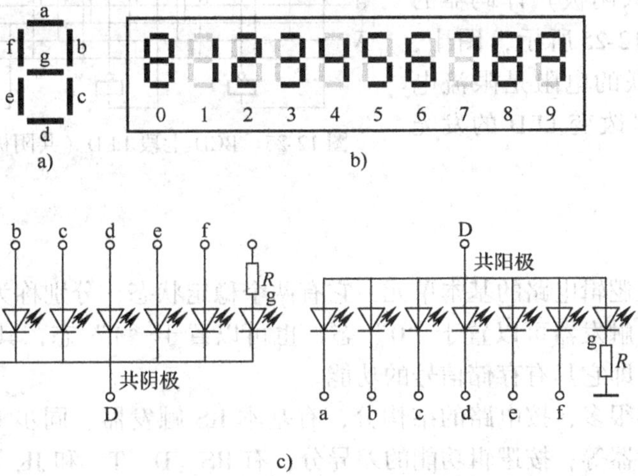

图 12-24　七段数码管

a）分段示意图　b）发光显示图　c）LED 的内部接法

表 12-10　译码器真值表

序　号	D	C	B	A	a	b	c	d	e	f	g
0	0	0	0	0	1	1	1	1	1	1	0
1	0	0	0	1	0	1	1	0	0	0	0
2	0	0	1	0	1	1	0	1	1	0	1
3	0	0	1	1	1	1	1	1	0	0	1
4	0	1	0	0	0	1	1	0	0	1	1
5	0	1	0	1	1	0	1	1	0	1	1

（续）

序　号	D	C	B	A	a	b	c	d	e	f	g
6	0	1	1	0	0	0	1	1	1	1	1
7	0	1	1	1	1	1	1	0	0	0	0
8	1	0	0	0	1	1	1	1	1	1	1
9	1	0	0	1	1	1	1	0	0	1	1

由上表并经化简，可得 a ~ g 段的最简式为

$$a=\bar{D}\bar{C}\bar{B}\bar{A}+\bar{D}\bar{C}B\bar{A}+\bar{D}\bar{C}BA+\bar{D}C\bar{B}A+\bar{D}CBA+D\bar{C}\bar{B}\bar{A}+D\bar{C}\bar{B}A=\overline{C\bar{A}+\bar{D}\bar{C}\bar{B}A}$$

$$b=C\bar{B}A+CB\bar{A}$$

$$c=\overline{\bar{C}B\bar{A}}$$

$$d=\overline{CBA+C\bar{B}\bar{A}+\bar{C}\bar{B}A}$$

$$e=\overline{A+C\bar{B}}$$

$$f=\overline{BA+\bar{D}\bar{C}A+\bar{C}B}$$

$$g=\overline{\bar{D}\bar{C}\bar{B}+CBA} \qquad (12\text{-}9)$$

根据以上逻辑表达式，可画出BCD-七段 LED（共阴极）译码器的驱动电路，如图12-25所示，图中，与发光二极管串联的电阻是限流电阻，改变该电阻可改变 LED 的发光强度。

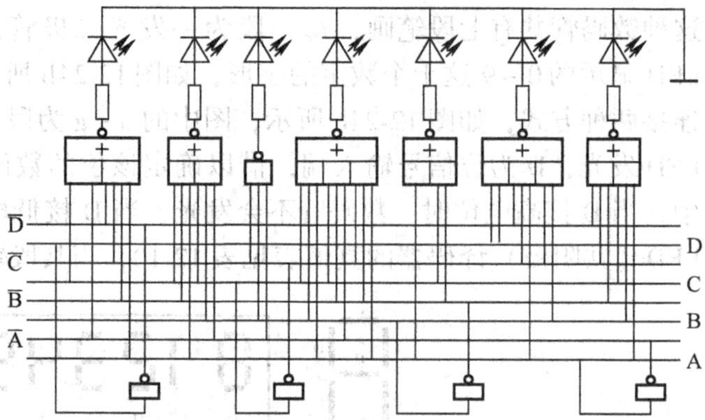

图 12-25　BCD-七段 LED（共阴极）译码器的驱动电路

三、触发器

触发器是时序逻辑电路的基本单元，它有两个稳定状态，分别称为“0”态和“1”态。根据输入的不同，触发器可以置于“0”态，也可以置于“1”态，其所置状态在输入信号消失后保持不变，即它具有存储信号的功能。

触发器的种类很多，按电路的结构分，有基本 RS 触发器、同步 RS 触发器、主从触发器及维持阻塞触发器等；按逻辑功能的差异分，有 RS、D、T、和 JK 等触发器。

（一）基本 RS 触发器

1. 基本 RS 触发器的逻辑电路组成及符号　基本 RS 触发器的逻辑电路图和符号如图12-26 所示，它由两个与非门交叉耦合组成。$\bar{R}$、$\bar{S}$ 为两个输入端，Q、$\bar{Q}$ 为两个输出端。符号中输入端的小圆圈表示该触发器用负脉冲（0 电平）触发。

2. 基本 RS 触发器的工作原理　根据与非门的逻辑关系，触发器的输出逻辑表达式为

$$\left.\begin{aligned} Q&=\overline{\bar{S}\bar{Q}} \\ \bar{Q}&=\overline{\bar{R}Q} \end{aligned}\right\} \qquad (12\text{-}10)$$

下面分几种情况分析触发器输出与输入的逻辑关系：

（1）当 $\bar{R}=1$、$\bar{S}=0$ 时，设触发器的初始状态为 0 态（即 Q = 0，$\bar{Q}=1$），当 $\bar{R}$ 端保持高电平（1 状态），而 $\bar{S}$ 端加上负脉冲（低电平）时，则 Q 由 0 变 1，Q 又反馈到 G_2 门的输入端，使得 $\bar{Q}$ 为 0，故触发器的状态由 0 变为 1。此后，即使 $\bar{S}$ 端的负脉冲消失，触发器仍

然保持在1状态。这是因为与非门只要有一个输入端为0，与非门就被封锁，输出就为1，而这时，G_1门的一个输入恰好为0，通常把这种在$\overline{S}$端加入负脉冲后，使触发器由0态变为1态的过程称为触发器置1，$\overline{R}$端称为置1端。

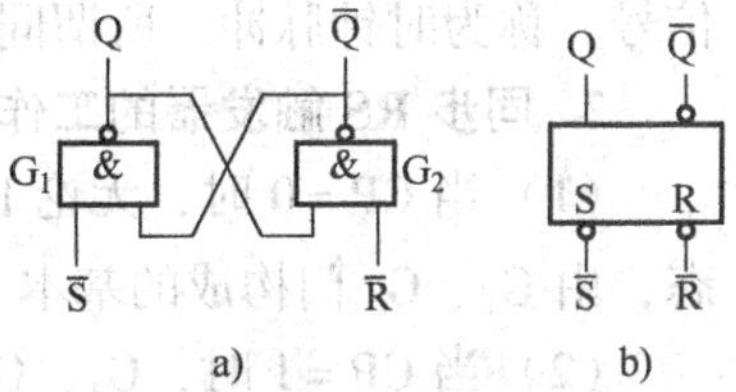

图12-26　基本RS触发器的逻辑图和符号

a）逻辑电路图　b）逻辑符号

（2）当$\overline{R}=0$、$\overline{S}=1$时，若$\overline{S}$端保持高电平，而$\overline{R}$端加一负脉冲（低电平）时，其工作过程与前述触发器置1过程相反，触发器为0状态。通常把在$\overline{R}$端加入负脉冲使触发器状态由1态变为0态的过程称为使触发器置0，$\overline{R}$端称为置0端。显然，只有当触发器的原状态为1态时，在$\overline{R}$端加负脉冲，触发器的状态才发生翻转，使其由1态变为0态，若原状态已为0时，在$\overline{R}$端加入负脉冲，触发器仍保持0状态，即不发生状态翻转。

（3）当$\overline{R}=\overline{S}=1$时，不难分析出触发器仍保持原来的状态不变。

（4）当$\overline{R}=\overline{S}=0$时，与非门被封锁，迫使$Q=\overline{Q}=1$，破坏了触发器的逻辑关系，所以应避免这种情况出现。因为一旦输入端的负脉冲同时撤除以后，触发器的状态是不确定的。所以，基本RS触发器的输入$\overline{R}$、$\overline{S}$之间的约束条件为

$$\overline{R}+\overline{S}=1 \tag{12-11}$$

上述四种逻辑关系可用表12-11来表示。

表12-11　基本RS触发器真值表

$\overline{R}$	$\overline{S}$	Q	$\overline{Q}$	说　明
1	1	1 0	0 1	状态不变
0	1	0	1	置0
1	0	1	0	置1
0	0	1	1	触发负脉冲同时撤销后，状态不变

基本RS触发器也可由两个或非门组成，它与与非门组成的基本RS触发器的区别在于：它采用正脉冲置1，所以在其符号中置0和置1的输入端引线靠方框处无小圆圈，R、S也不加非号。

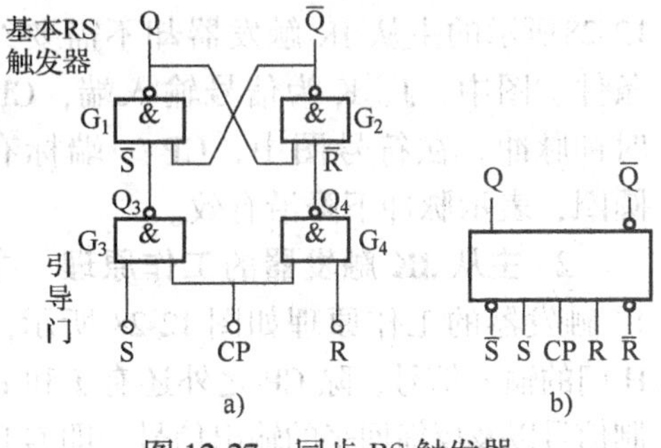

图12-27　同步RS触发器

a）逻辑电路图　b）逻辑符号

（二）同步RS触发器

1. 同步RS触发器的逻辑电路组成和符号　基本RS触发器的特点是输出状态直接受控制端信号的控制，只要控制端加有置0或置1信号，输出状态就随之变化，而实际中往往要求触发器的状态不仅仅受$\overline{R}$、$\overline{S}$端信号的控制，还要求按一定的时间节拍把$\overline{R}$、$\overline{S}$端的状态反映到输出端，这就要再增加一个输入控制端，只有这个控制端有控制信号时，触发器才能动作，至于触发器转换到什么状态，仍由输入端R和S的信号决定，采用这种触发方式的触发器称为同步RS触发器，如图12-27所示。图中，与非门G_1、G_2组成基本RS触发器，与非门G_3、G_4构成控制电路，作用在控制端的信号CP是一个标准脉冲

信号，称为时钟脉冲。所谓同步触发器就是触发器状态的改变与时钟脉冲同步。

2. 同步 RS 触发器的工作原理

（1）当 CP = 0 时，无论 R 和 S 是什么信号，G_3 和 G_4 门的输出均为 1，处于被封锁状态，由 G_1、G_2 门构成的基本 RS 触发器因输入信号全为 1 而保持原状态不变。

（2）当 CP = 1 时，G_3、G_4 门被打开，输入信号反映到 G_3、G_4 门的输出端并去触发基本 RS 触发器，使其状态作相应的变化。由于 $Q_3 = \overline{S \cdot CP} = \overline{S}$，$Q_4 = \overline{R \cdot CP} = \overline{R}$，如果 R = 0、S = 1，则 $Q_3 = 0$，$Q_4 = 1$，将使触发器置于 1 状态；反之，若 R = 1，S = 0，则 $Q_3 = 1$，$Q_4 = 0$，将使触发器置于 0 状态；如果 R = S = 0，触发器保持原来的状态不变；如果 R = S = 1，则 $Q_3 = 0$，$Q_4 = 0$，触发器的 Q 与 $\overline{Q}$ 端同为 1 状态，是不允许使用的不定状态。上述情况见表 12-12，其中 Q_n 表示触发器在时钟脉冲作用前的状态，称原态或现态；$Q^{n+1} = \overline{Q}^n$ 表示触发器在同步脉冲作用后的状态，称次态或新态。

表 12-12 同步 RS 触发器特性表

S_n	R_n	Q^n	$Q^{n+1} = \overline{Q}^n$	说 明
0	0	0	0	不变
0	0	1	1	
0	1	0	0	输出与 S 状态相同
0	1	1	0	
1	0	0	1	输出与 S 状态相同
1	0	1	1	
1	1	0	×	不定
1	1	1	×	

（三）主从 JK 触发器

1. 主从 JK 触发器的逻辑电路组成和符号 基本 RS 触发器和同步 RS 触发器都有约束条件 RS = 0 的限制，即不允许 R = S = 1 出现，否则触发器的状态不确定，而如图 12-28所示的主从 JK 触发器却不需要约束条件。图中，J、K 为信号输入端，CP 为时钟脉冲。在符号图中，CP 一端标有小圆圈，表示脉冲下降沿有效。

2. 主从 JK 触发器的工作原理 主从 JK 触发器的工作原理如图 12-28 所示，G、H 门的输入信号，除 CP 之外还有 J 和 K 控制信号以及反馈回来的输出信号，即 G 门的输入为 J、$\overline{Q}^n$、CP，H 门的输入为 K、Q^n、CP。对该触发器，有下面的公式

$$S_n = J_n \overline{Q}^n$$
$$R_n = K_n Q^n \qquad (12\text{-}12)$$

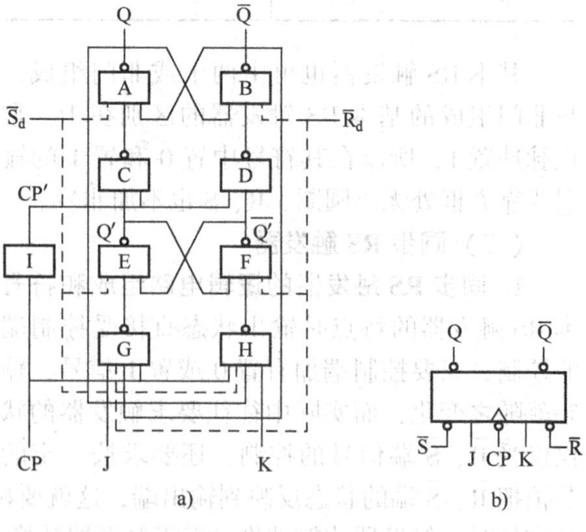

图 12-28 主从 JK 触发器
a）逻辑电路图 b）常见的逻辑符号

由上式便可得出主从 JK 触发器的特性方程

$$Q^{n+1} = S_n + \overline{R_n}Q^n = J_n\overline{Q}^n + \overline{K_nQ^n}Q^n = J_n\overline{Q}^n + \overline{K_n}Q^n \qquad (12\text{-}13)$$

显然，当 $J = K = 1$ 时，$Q^{n+1} = \overline{Q}^n$、$\overline{Q^{n+1}} = Q^n$，可见 JK 触发器的 J、K 之间不会有约束。

（四）D 触发器

1. D 触发器的逻辑电路组成和符号　D 触发器的基本逻辑电路组成和逻辑符号如图 12-29 所示，它由六个与非门组成，其中 A、B 门组成基本 RS 触发器，C、D、E、F 门构成导引电路，D 为信号输入端，CP 为时钟脉冲控制端（设 C、D、E、F 门的输出分别为 Z_1、Z_2、Z_3、Z_4）。

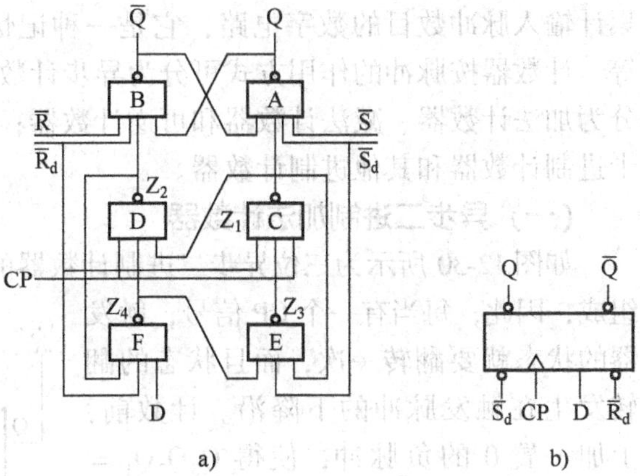

图 12-29　D 触发器
a）逻辑电路图　b）逻辑符号

2. D 触发器的工作原理

（1）当 CP = 0 时，C、D 门被封锁，其输出 $Z_1 = Z_2 = 1$，与 D 端的输入信号无关，因此由 A、B 门所组成的基本 RS 触发器保持原状态。

（2）当 CP = 1，即上升沿到来时，若 D = 1，则 D 门封锁，C 门打开，这是因为：

$$Z_4 = \overline{Z_2D} = \overline{1 \cdot 1} = 0$$
$$Z_2 = \overline{Z_4Z_1CP} = \overline{0 \cdot 0 \cdot 1} = 1$$
$$Z_3 = \overline{Z_4Z_1} = \overline{0 \cdot 0} = 1$$
$$Z_1 = \overline{Z_3CPF} = \overline{1 \cdot 1} = 0$$

这时，$Z_1 = 0$ 有三路去向：一是送到 A 门使触发器置 1；二是送到 D 门将 D 门封锁，阻止 Z_2 变成低电平，即阻塞产生置 0 信号；三是送到 E 门，以保证 E 门的输出 $Z_3 = 1$，从而在 CP = 1 其间维持 $Z_1 = 0$，即维持置 1 信号。因此，将 C 门输出端至 E 门输入端连线称为维持置 1 线，至 D 门的连线称为阻塞置 0 线。显然，$Z_1 = 0$ 送至 D 门、E 门的输入端，产生维持阻塞作用之后，D 信号无论怎样变化，对触发器的 1 状态不会有影响。

若 D = 0，则 C 门封锁，D 门打开，CP 只能进入 D 门，故有

$$Z_2 = \overline{Z_4 \cdot Z_1} \cdot CP = \overline{1 \cdot 1 \cdot 1} = 0 \qquad (12\text{-}14)$$

这时，$Z_2 = 0$ 有两路去向：一是送到 B 门使触发器置 0；二是送到 F 门的输入端去封锁 F 门，保证 $Z_4 = 1$，从而维持 $Z_2 = 0$，即维持置 0 信号，且 $Z_4 = 1$ 又会使 Z_3 继续为低电平，阻止 $Z_1 = 0$，即阻塞产生置 1 信号。可见，D 门的输出端至 F 门输入端的连线既起维持置 0 线的作用，又起阻塞置 1 线的作用。显然，一旦 $Z_2 = 0$ 的信号送至 F 门，D 信号就被拒之门外，无论 D 端信号如何改变，都不会影响触发器的状态。

由上述讨论可知，在 CP 上升沿到来时，如果 D = 1，则触发器置 1；反之，如果 D = 0，则触发器就置 0，故 D 触发器的特征方程为

$$Q^{n+1} = \overline{Q^n} = D_n \text{（CP 上升沿到来后有效）}$$

由于触发器只接受 CP 上升沿到来时 D 端的信号，而且一经翻转后，在内部形成的维持阻塞作用下，不再受 D 端输入信号的影响。因此，维持阻塞结构的触发器，也和主从结构

的触发器一样，不存在空翻现象。

四、计数器

计数器是一种常用的数字部件，是触发器的重要应用之一。顾名思义，计数器就是能够累计输入脉冲数目的数字电路，它是一种记忆系统，除用作计数外，还可用作分频、定时等。计数器按脉冲的作用方式可分为异步计数器和同步计数器；按计数过程中数字的增减可分为加法计数器、减法计数器和可逆计数器；按计数体制的不同，又可分为二进制计数器，十进制计数器和其他进制计数器。

（一）异步二进制加法计数器

如图 12-30 所示为三位异步二进制计数器的逻辑电路，它由三个接成触发器的 JK 触发器组成，因此，每当有一个 CP 信号，触发器的状态就要翻转一次，而且状态的翻转发生在触发脉冲的下降沿。计数前，上加一置 0 的负脉冲，使得 $Q_3Q_2Q_1 = 000$。第一个计数脉冲来到后，F_1 由 0 态变为 1 态，F_2 和 F_3 的状态不变；第二个计数脉冲来到后，F_1 由 1 态变为 0 态，在它的 Q 端上产生一个负跳变的脉冲，致使 F_2 由 0 态变为 1 态。可见，F_1 翻转两次，F_2 才翻转一次。同理，F_2 翻转两次，F_3 翻转一次。当第 7 个脉冲来到后，$Q_3Q_2Q_1 = 111$；第 8 个脉冲来到后，$Q_3Q_2Q_1 = 000$，且 Q_3 向更高位输出一个负跳变的进位脉冲，此后，计数又进入新的计数周期。这种计数器的时序图和状态转换分别如图 12-31 和表 12-13 所示。

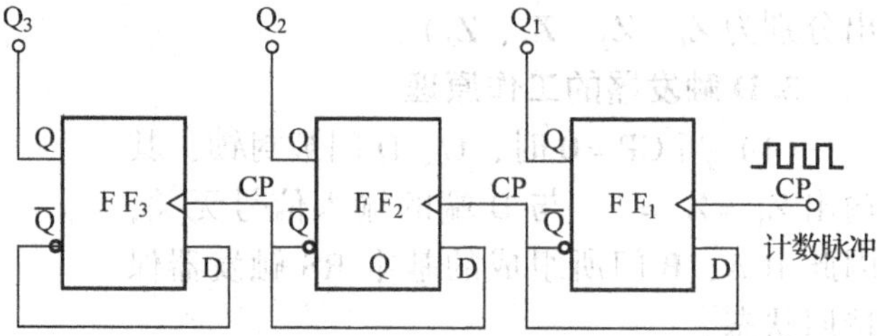

图 12-30 三位异步二进制加法计数器的逻辑电路

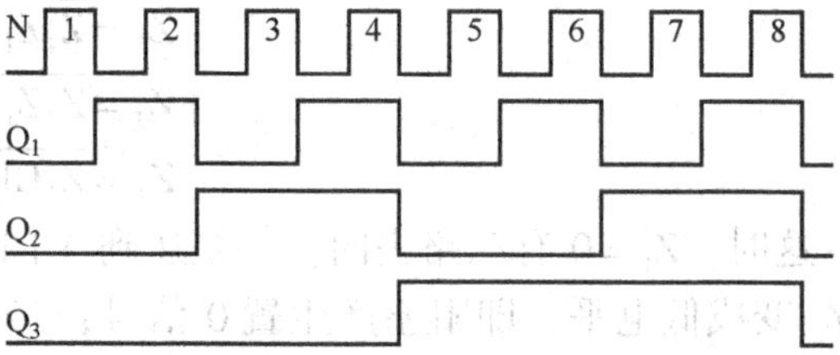

图 12-31 三位异步二进制加法计数器的时序图

表 12-13 三位异步二进制加法计数器状态表

N	Q_1	Q_2	Q_3	十进制数
0	0	0	0	0
1	0	0	1	1
2	0	1	0	2
3	0	1	1	3
4	1	0	0	4
5	1	0	1	5
6	1	1	0	6
7	1	1	1	7

（二）异步二进制减法计数器

当把图 12-28 中的 CP 端改接到 $\overline{Q}$ 端，就构成了如图 12-32 所示的三位异步二进制减法计数器。

令计数器的初始状态为 000，第一个计数脉冲来到后，F_1 处于 1 状态，同时输出一个负跳变信号，使得 F_2 也由 0 态变为 1 态，同理，F_3 也处于 1 态。第二个脉冲来到后，F_1 由 1 态变为 0 态，但由于是下降沿触发，所以 F_2 仍为"1"态，当然 F_3 的状态也不会变。第三个脉冲来到后，F_1 由 0 变为 1，$\overline{Q_1}$ 由 1 态变为 0，致使 F_2 由 1 变为 0，显然，F_3 的状态不变。与图 12-28 的工作原理类似，低位触发器的状态变化两次，高位触发器的状态变化一次。这种触发器的时序图和状态表，分别如图 12-33 和表 12-14 所示。

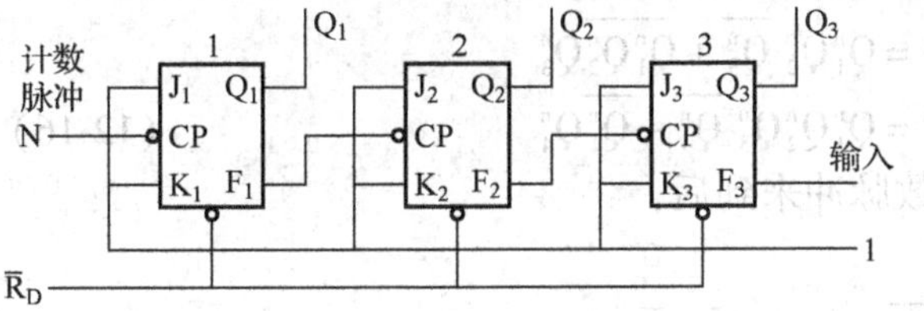

图 12-32　三位异步二进制减法计数器

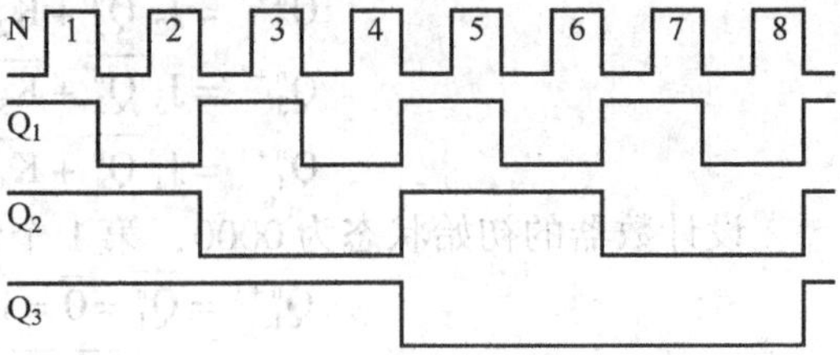

图 12-33　三位异步二进制减法计数器的时序图

表 12-14　三位异步二进制减法计数器状态表

N	Q_3	Q_2	Q_1	十进制数
0	0	0	0	0
1	1	1	1	7
2	1	1	0	6
3	1	0	1	5
4	1	0	0	4
5	0	1	1	3
6	0	1	0	2
7	0	0	1	1
8	0	0	0	0

（三）十进制计数器

同二进制计数器相比，十进制计数器较为复杂，其分析步骤一般是：

（1）从逻辑图上得出每个触发器的输入信号表达式；

（2）将上述表达式代入各触发器的状态方程，得到表示该计数器工作状态的状态方程；

（3）由状态方程得到计数器的状态转换表；

（4）判断计数器的功能。

例如，在图 12-34 所示的同步十进制加法计数器中

$$J_2 = \overline{Q_4^n} Q_1^n;\ K_2 = Q_1^n$$

$$J_3 = K_3 = Q_2^n Q_1^n$$

$$J_4 = Q_1^n Q_2^n Q_3^n;\ K_4 = Q_1^n \qquad (12\text{-}15)$$

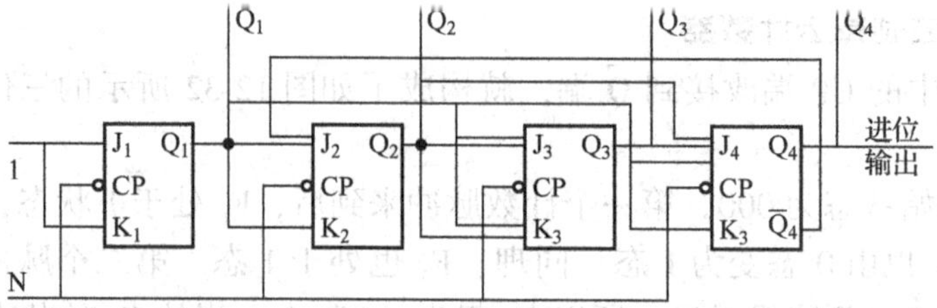

图 12-34　同步十进制加法计数器的逻辑电路图

将这些关系式代入各 JK 触发器的特性方程，则得计数器的状态方程为

$$
\begin{aligned}
Q_1^{n+1} &= J_1\,\overline{Q_1^n} + \overline{K_1}Q_1^n = Q_1^n\\
Q_2^{n+1} &= J_2\,\overline{Q_2^n} + \overline{K_2}Q_2^n = Q_1^n\,\overline{Q_4^n}\,\overline{Q_2^n} + \overline{Q_1^n}Q_2^n\\
Q_3^{n+1} &= J_3\,\overline{Q_3^n} + \overline{K_3}Q_3^n = Q_1^nQ_2^n\,\overline{Q_3^n} + \overline{Q_1^nQ_2^n}Q_3^n\\
Q_4^{n+1} &= J_4\,\overline{Q_4^n} + \overline{K_4}Q_4^n = Q_1^nQ_2^nQ_3^n\,\overline{Q_4^n} + \overline{Q_1^n}Q_4^n
\end{aligned} \tag{12-16}
$$

设计数器的初始状态为 0000，第 1 个计数脉冲来到后，

$$
\begin{aligned}
Q_1^{n+1} &= \overline{Q_1^n} = \overline{0} = 1\\
Q_2^{n+1} &= Q_1^n\,\overline{Q_4^n}\,\overline{Q_2^n} + \overline{Q_1^n}Q_2^n = 0\cdot\overline{0}\cdot\overline{0} = 0\\
Q_3^{n+1} &= Q_1^nQ_2^n\,\overline{Q_3^n} + Q_1^nQ_2^nQ_3^n = 0\cdot 0\cdot\overline{0} + 0\cdot 0\cdot 0 = 0\\
Q_4^{n+1} &= Q_1^nQ_2^n\,Q_3^n\overline{Q_4^n} + \overline{Q_1^n}Q_4^n = 0\cdot 0\cdot 0\cdot\overline{0} + \overline{0}\cdot 0 = 0
\end{aligned} \tag{12-17}
$$

即计数器的状态为 0001。可以算得，第 2 个计数脉冲来到后，其状态为 0010。以此类推，可以得到表 12-15 所示的状态表。但需注意，在第 9 个脉冲来到后，亦即计数器处于 1001 状态时，$\overline{Q_4}$的低电平封住了 F_2 的置 1 端，Q_1 的高电平又使 $K_4=1$，故第 10 个计数脉冲来到后，F_2、F_3 状态不变，F_1、F_4 同时置 0，计数器跳过多余的 6 个状态，完成一次十进制计数循环。结合计数脉冲的触发方式，可以断定该计数器是同步十进制加法计数器。

表 12-15　同步十进制加法计数器状态表

N	Q_4	Q_3	Q_2	Q_1	十进制数
0	0	0	0	0	0
1	0	0	0	1	1
2	0	0	1	0	2
3	0	0	1	1	3
4	0	1	0	0	4
5	0	1	0	1	5
6	0	1	1	0	6
7	0	1	1	1	7
8	1	0	0	0	8
9	1	0	0	1	9
10	1	0	1	0	×

（续）

N	Q_4	Q_3	Q_2	Q_1	十进制数
11	1	0	1	1	×
12	1	1	0	0	×
13	1	1	0	1	×
14	1	1	1	0	×
15	1	1	1	1	×

【项目实施】

实训任务一　设计组合逻辑电路

1. 实训目的

掌握组合逻辑电路的设计方法。

2. 实训任务

组合逻辑电路的实际设计。

（1）设计一个优先排队电路，排队顺序为：

A = “1” 最优先级；

B = “1” 次优先级；

C = “1” 普通级；

输出端最多只能有一端为“1”。

（2）要求：

1）写出详细的设计方法、步骤；

2）画出完整的逻辑电路图；

3）验证结果。

3. 实训设备

数字实训箱，实训器件：74LS00 3 片，CD4011 2 片，74LS20 3 片。

4. 实训内容与步骤

设计一个四人无弃权表决的电路（多数赞成则通过）。

5. 实训小结

本实训通过设计四人无弃权表决的电路，让同学们通过实际效果来理解逻辑电路在实际生活中的使用，作为学习数字电路的准备，为今后学习专业知识打下基础。

实训任务二　测试译码器的逻辑功能

1. 实训目的

（1）掌握七段译码驱动器 74LS47 的逻辑功能。

（2）掌握 LED 七段数码管的判别方法。

（3）熟悉字段译码器的典型应用。

2. 实训任务

LED 数码管是目前最常用的数字显示器，如图 12-35a、12-35b 所示为共阴极管和共阳极管的电路，图 12-35c 所示为两种不同出线形式的引脚功能图。

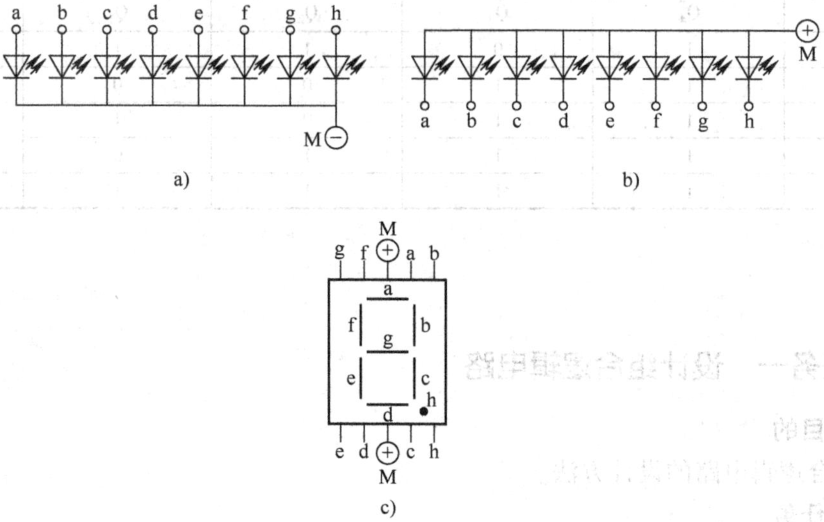

图 12-35 LED 数码管

a）共阴极连接（“1”电平驱动） b）共阳极连接（“0”电平驱动） c）符号及引脚功能

一个 LED 数码管可用来显示一位 0 ~ 9 十进制数和一个小数点。小型数码管（0.5 寸[⊖]和 0.36 寸）每段发光二极管的正向压降随显示光（通常为红、绿、黄、橙色）的颜色不同略有差别，通常为 2 ~ 2.5V。每个发光二极管的点亮电流在 5 ~ 10mA。LED 数码管要显示 BCD 码所表示的十进制数字需要有一个专门的译码器，该译码器不但要完成译码功能，还要有相当的驱动能力。

3. 实训仪器及材料

TDS-4 数电实训箱、双踪示波器、数字万用表。参考元件：译码器 74ls47 一片、共阳极数码管一个。

4. 实训内容及步骤

（1）集成七段显示译码器的功能测试。按照图 12-36 所示连线，输出端接数码管，对照功能表逐项进行测试，并将实训结果与功能表进行比较。

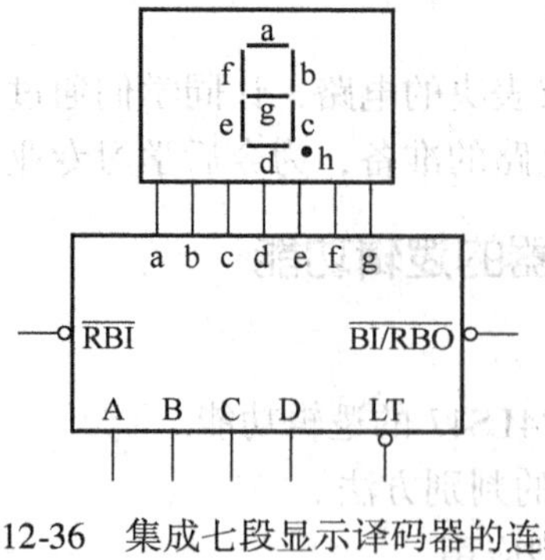

图 12-36 集成七段显示译码器的连线

⊖ 1 寸 = （1/30） m = 0.33m。

（2）LED 七段数码管的判别方法。

1）共阳极及共阴极的判别及好坏的判别。先确定显示器的两个公共端，两者是相通的。这两端可能是两个地端（共阴极），也可能是两个 U_c 端（共阳极），然后用万用表像判别普通二极管的正、负极那样判断，即可确定出是共阳极还是共阴极，好坏也随之确定。

2）字段引脚的判别。将共阴极显示器接地端和万用表的黑表笔相接触，万用表的红表笔接触七段引脚之一，则根据发光情况可以判别出 a、b、c 等七段。对于共阳极显示器，先将它的 U_{cc} 和万用表的红表笔相接触，万用表的黑表笔分别接显示器各字段引脚，则七段之一分别发光，从而做出判断。

5. 实训小结

通过本实训，让学生了解译码器的使用，并熟悉日常生活中的数码管的使用方法和设计方法。

【复习思考题】

1. 将十进制的 65 转换为二进制，写出具体步骤。

2. 说出与逻辑电路的使用实例。

3. 写出当七段数码管显示为 4 时，ABCD 的值。

4. 简述 D 触发器的工作原理。

项目十三　安全用电

【知识要点】

1. 触电事故、触电急救和安全电压的知识；
2. 绝缘材料的分类，绝缘材料的电气性能及其影响因素；
3. 接地装置的安装、检查和维护；
4. 漏电保护的原理；
5. 过电压的定义。

【项目任务】

1. 了解电流对人体的作用；
2. 了解触电方式和危害；
3. 掌握安全电压的概念；
4. 了解触电的急救知识。

【项目准备】

本项目开始前，应准备安全用电方面的课件。

【相关理论知识】

一、电流对人体的作用及安全电压的认识

为了使电能更有效地为生产服务，造福人类，除了掌握电的基本知识外，还必须了解安全用电的知识，才能切实做到安全合理地使用电能，避免用电事故的发生。

安全用电包括人身安全和设备安全两部分，前者指因为人体接触带电体或处于强电场中受到电击或者电弧灼伤而导致的生命危险；后者指因为电气事故引起的设备损坏、起火爆炸等危险。

（一）电流对人体的作用

触电事故主要是由电流通过人体引起的。根据研究，影响触电伤亡的因素主要有通过人体电流的大小和频率、电流通过人体的时间和途径、触电者本身的健康状况等。

1. 电流大小的影响　触电时通过人体的电流越大，对人体和器官的伤害程度就越大。

2. 电源频率的影响　交流电对人体的危害最大，20～300Hz 的交流电流对人体的危害程度最为严重，工频交流电恰好在这个范围。人体对于直流电的忍受量是工频交流电的两倍左右。电流频率大于 1kHz 时，由于高频电流对细胞机能的破坏作用较小，触电危险反而减小，但高压高频电流对人体的危害仍旧十分危险。

3. 人体电阻的影响　人体电阻值变化较大，在干燥环境下，可达 $10^4\Omega$ 以上；在潮湿环

境下，则会降到几百欧。一般情况下，人体电阻可按 1 000～2 000Ω 考虑。人体所能耐受电流的大小也是有差异的，男性的耐受能力通常较女性高 30% 左右。

4. 电流持续时间的影响　触电时电流流过人体的时间越长，对人体各部位和器官的伤害就越重，而且随着时间的延长，人体的电阻会下降，在同样的电压下，电流会增大，对人体的危害就更为严重。因此，触电时应尽可能地缩短触电的时间，而且要分秒必争。

5. 电流途径的影响　触电时，电流流过人体的心脏、中枢神经系统与呼吸系统时的危险性最大。当电流流过心脏时，会引起心跳停止而死亡；当电流流过头部、大脑、脊髓中枢神经时，会引起昏迷、瘫痪或死亡；当电流流过呼吸系统时，会引起呼吸衰竭、停止或休克而死亡。由于人的心脏位于人体偏左侧，因此，触电时电流流过左手到双脚比流过右手到双脚的危险性要大。在日常工作与生活当中，当手有可能触及带电体时，要尽可能用右手，而不要用左手。

（二）安全电压和触电方式

1. 安全电压　安全电压是在一定条件下、一定时间内不危及生命安全的电压。根据欧姆定律，可以把加在人身上的电压限制在某一范围之内，使得在这种电压下，通过人体的电流不超过允许的范围，这一电压就叫做安全电压，也叫做安全特低电压。具有安全电压的设备属于Ⅲ类设备。

（1）安全电压限值。安全电压限值是在任何情况下，任意两导体之间都不得超过的电压值。我国标准规定，工频安全电压有效值的限值为 50V，这一限值是根据人体电流 30mA 和人体电阻 1 700Ω 的条件确定的；直流安全电压的限值为 120V。对于电动儿童玩具及类似电器，当接触时间超过 1s 时，建议在干燥环境中工频安全电压有效值的限值取 33V、直流安全电压的限值取 70V；在潮湿环境中工频安全电压有效值的限值取 16V、直流安全电压的限值取 35V。

（2）额定值。我国规定工频有效值的额定值有 42V、36V、24V、12V 和 6V。凡特别危险环境使用的携带式电动工具，应采用 42V 安全电压；凡有电击危险环境使用的手持照明灯和局部照明灯应用 36V 或 24V 安全电压；金属容器内、隧道内、水井内以及周围有大面积接地导体等工作地点狭窄、行动不便的环境应用 12V 安全电压；水下作业等特殊场所应采用 6V 安全电压。当电气设备采用 24V 以上安全电压时，必须采取直接接触电击的防护措施。例如：机床照明灯采用 36V 供电，汽车使用 24V、12V 供电；在潮湿、有导电尘埃、高温的环境中，安全电压是 12V。

2. 触电方式　接触触电。

（1）单相触电。触电事故多数是单相触电。当人体直接接触带电设备的其中一相导线，电流通过人体流入大地时，这种触电现象称为单相触电，如图 13-1a 所示。单相触电的危险程度与电网运行方式有关。对于中性点接地的电网，单相触电时，相电压几乎全部加在人体上，是比较危险的；对于中性点不接地电网的单相触电，若遇绝缘不良时，也是很危险的。

（2）两相触电。两相触电指人体同时接触带电设备或线路中的两相导体，或在高压系统中，人体同时接近两相导体而发生电弧放电的触电现象，如图 13-1b 所示。此时，作用于人体的是线电压，因此这种触电方式最危险。

（3）跨步电压触电。当架空线路的一根带电导线断落在地上时，接地电流就会从落地点流入大地，并向四周分散，于是就会在落地点周围的地面上形成分布电位，若人在周围或从此经过，其两脚之间就有电位差，这个电位差称跨步电压。由跨步电压引起的触电叫做跨步电压触电，如图13-1c所示。发觉跨步电压威胁时，应赶快把双脚并在一起，或赶快用一条腿跳着离开危险区。

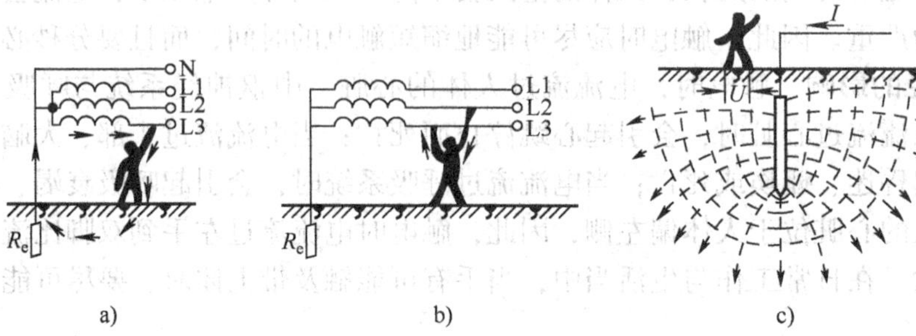

图13-1 触电方式

a）单相触电 b）两相触电 c）跨步电压触电

3. 接触电压触电 当电气设备发生短路时，人体与带电设备的外壳相接触，手和脚之间承受的电压称接触电压。由接触电压引起的人体触电称接触电压触电。一般在工矿企业和家庭中所发生的触电事故主要是接触电压触电事故。

（三）触电急救常识

在日常的生产生活中，触电事故是无法绝对避免的。因此，就有必要掌握一定的触电急救知识，以备在发生触电事故时应急使用。

当发生触电事故时，首先不要慌乱，要沉着、镇定，保持思路清晰，然后要分秒必争地对触电者采取各种措施，对触电者进行触电急救。触电急救的基本步骤如下：

1. 设法将触电者快速地脱离电源

（1）低压设备上的触电。当触电者触及低压带电设备时，救护人员应设法迅速切断电源，如拉开电源开关或刀开关、拔除电源插头等，或使用绝缘工具，如干燥的木棒、木板、绳索等不导电的东西解脱触电者，如图13-2所示；也可抓住触电者干燥而不贴身的衣服，将其拖开，切记要避免碰到金属物体和触电者的裸露身躯；也可戴绝缘手套或将手用干燥衣物等包起绝缘后解脱触电者；救护人员也可站在绝缘垫上或干木板上，绝缘自己进行救护。

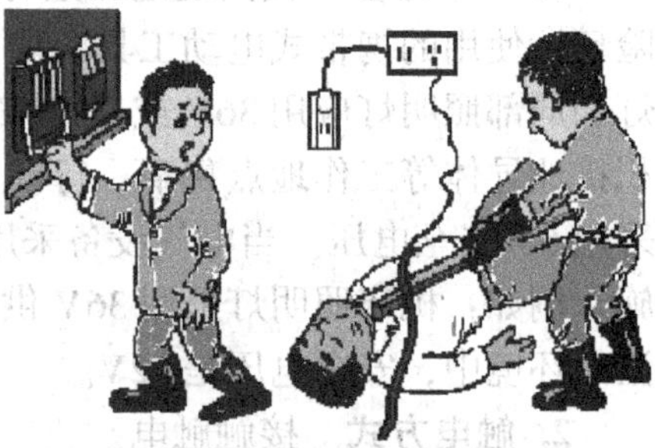

图13-2 设法使触电者脱离电源

为使触电者与导电体解脱，最好用一只手进行。如果电流通过触电者入地，并且触电者紧握电线，可设法用干木板塞到其身下，使其与地隔离，也可用干木把斧子或有绝缘柄的钳子等将电线剪断。剪断电线要分相，应一根一根地剪断，并尽可能站在绝缘物体或干木板上进行。

（2）高压设备上的触电。当触电者触及高压带电设备时，救护人员应迅速切断电源，或用适合该电压等级的绝缘工具（戴绝缘手套、穿绝缘靴并用绝缘棒）解脱触电者。救护人员在抢救过程中应注意保持自身与周围带电部分必要的安全距离。

（3）架空线路上的触电。当触电发生在架空线杆塔上时，如是低压带电线路，能立即切断线路电源的，应迅速切断电源，或者由救护人员迅速登杆，束好自己的安全皮带后，用带绝缘胶柄的钢丝钳、干燥的不导电物体或绝缘物体将触电者拉离电源；如是高压带电线路，又不可能迅速切断电源的，可采用抛挂足够截面的适当长度的金属短路线的方法，使电源开关跳闸。抛挂前，将短路线一端固定在铁塔或接地引下线上，另一端系重物，但抛掷短路线时，应注意防止电弧伤人或断线危及人身安全。不论是何种线电压线路上触电，救护人员在使触电者脱离电源时要注意防止发生高处坠落的可能和再次触及其他有电线路的可能。

（4）断落在地的高压导线上的触电。如果触电者触及断落在地上的带电高压导线，如尚未确认线路无电，救护人员在未做好安全措施（如穿绝缘靴或临时双脚并紧跳跃地接近触电者）前，不能接近断线点 8～10m 的范围，以防止跨步电压伤人。触电者脱离带电导线后亦应迅速将其带至 8～10m 以外，并立即开始触电急救。只有在确定线路已经无电时，才可在触电者离开触电导线后，立即就地进行急救。

2. 观察触电者受伤害的程度 发生触电事故后，触电者的临床表现根据其受伤害程度可以分为轻型、中型与严重型三种，同时可能会伴有不同程度的因电灼伤及高空跌落等造成的外伤。

（1）轻型伤害：精神紧张，面色苍白，表情呆滞，呼吸心跳加快，甚至出现短暂神志丧失，但很快可以恢复。恢复后有肌肉疼痛感、疲乏无力、头痛恶心等症状。

（2）中型伤害：出现惊恐、心慌、肌肉痉挛、神志丧失、呼吸心跳加快、心律不齐、血压下降等症状。

（3）严重型伤害：神志丧失，心跳停止，手试颈动脉搏动与心跳音消失，呼吸不规则或停止、休克，面色、口唇苍白或发紫，瞳孔放大，对光反射消失。人的心跳若停止 4～6min，脑组织就会出现不可恢复的损伤。有时还会因触电而导致咽喉部肌肉痉挛，窒息而死亡。

（4）创伤：有时因触电后肌肉痉挛、昏迷而摔倒或从高空跌落以及电气设备爆炸等原因，可造成触电者四肢、颅内、内脏或肢体骨骼损伤，还有可能出现电灼伤，灼伤的伤口一般呈现干性创面或皮肉破裂和烙印等。

3. 人工呼吸和心脏按压 发生触电事故后，抢救工作应分秒必争。使触电者脱离电源后，应立即判断其伤势情况，若出现心跳停止、休克等症状，应立即对其进行人工呼吸和心脏按压等心肺复苏抢救，同时尽快通知医护人员赶往现场，或将伤者送往医院抢救。

（1）人工呼吸法。人工呼吸法适用于有心跳但无呼吸的触电者。救护的方法是：将病人仰卧在平地上，先清理口鼻腔，然后松扣解衣裳，在触电者的颈下垫入物体，使其鼻孔朝天颈后仰，救护者用一只手的食指与拇指捏住其两侧鼻孔，另一只手托其颈部，口对口向触电者的呼吸道内吹气。吹 2s 放松 3s，每分钟约吹气 12 次，每次吹气 900～1 100mL。口对口人工呼吸的操作方法如图 13-3 所示。若触电者口腔内有异物或口对口吹气不方便时，也可用口对鼻人工呼吸法。口对鼻人工呼吸法的方法与口对口方法相似，需一只

图 13-3 口对口人工呼吸法

手按住触电者的额头，另一只手捏住其嘴巴，口对鼻吹气，操作方法如图13-4所示。在进行人工呼吸时，要注意触电者的胸部有无起伏及起伏的幅度，观察触电者是否恢复呼吸，以保证人工呼吸的有效性。

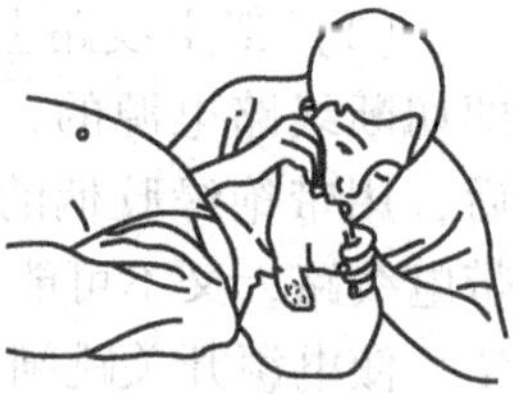
图13-4 口对鼻人工呼吸法

(2) 胸部心脏按压法。这种方法的作用是恢复心跳，适用于有呼吸但无心跳的触电者，可结合人工呼吸同时进行。胸部心脏按压法的操作方法为抢救者站或跪在触电者胸部一侧，用中指沿触电者肋骨下缘向中移至剑突上二指处，食指与中指并拢，另一只手掌根部放在触电者胸骨上，紧贴前一手食指，再将手重叠其上，不得交叉，而且手指抬起，不得贴附胸壁。心脏按压的位置错误可造成触电者肋骨骨折、肝脏破裂或胃内压力增加而导致胃内食物流出，因此一定要保证按压位置正确。胸部心脏按压时，抢救者双手重叠，两臂伸直，肘关节不得弯曲，身体略前倾，肩部正对触电者的胸骨，用上体的重量垂直下压触电者的胸骨。心脏按压的按压速度每分钟60~80次，按压幅度约4cm，按压与放松时间比大致相等，需连续进行，不得断续。单人抢救时，每进行心脏按压15次，人工呼吸2次，如此循环，操作方法如图13-5所示。双人抢救时，每进行心脏按压5次，人工呼吸1次，如此循环，直至呼吸心跳恢复。

图13-5 胸部按压法的操作方法

4. 抢救有效特征 对触电者进行抢救时，要随时注意观察被抢救者的反应，看其呼吸心跳是否恢复。当被抢救者出现自主心跳、自主呼吸、神志恢复、面色恢复红润、血压恢复或出现可触摸到的脉搏时，即可认为其恢复呼吸与心跳，但此时不得大意，应继续对其注意观察。若被抢救者呼吸心跳未恢复，抢救动作不得停止，直至其心跳呼吸恢复或医护人员到来。

5. 创伤急救 在触电事故发生的同时，可能会由于跌倒、高空跌落、设备爆炸等原因，对触电者造成皮肉以及骨折等创伤，对此也需要采取一定的急救措施。

(1) 高空抢救。发生高空触电事故时，应首先将触电者脱离电源，将其扶卧在自己的安全带上（或让其在适当的地方平躺），并注意尽可能使触电者保持呼吸道畅通。确认触电者呼吸、心跳停止后，如条件允许，可先对其进行两次人工呼吸，并用空心拳头叩击其心前区两次，以促使其呼吸、心跳恢复，然后及早将触电者送至地面，并进行抢救。将触电者从高空送至地面的操作方法如图13-6所示。

(2) 创伤急救的基本要求。创伤急救的基本要求如下：

1) 创伤急救原则上是先抢救、后固定、再搬运，并注意采取措施，防止伤情加重或伤口感染。需要送医院救治的，应立即做好保护触电者的措施后，再送医院进行救治。

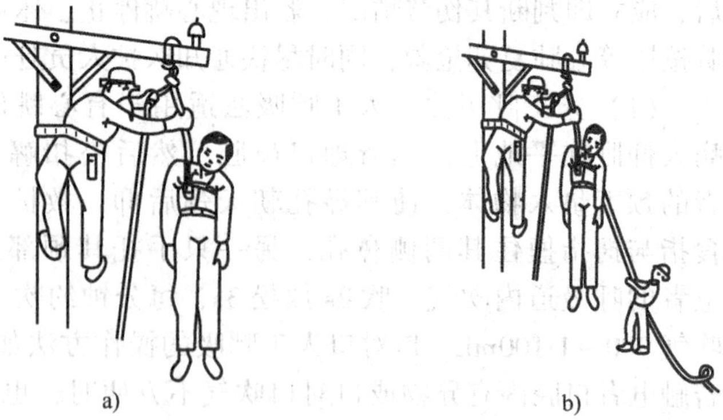

图13-6 将触电者从高空救下
a) 单人操作示意图 b) 双人操作示意图

2）抢救前应先使触电者安静地平躺，判断其全身情况和受伤程度，如有无出血、骨折和休克等。

3）如触电者有外部出血，应立即采取止血措施，防止失血过多而休克。如触电者外观无伤，但呈休克状态，神志不清或昏迷，要考虑胸腹部内脏或脑部受伤的可能性。

4）为防止伤口感染，应用清洁的布片将其覆盖。救护人员不得用手直接接触伤口，更不得在伤口内填塞任何东西或随便用药。

5）搬运时，应让触电者平躺在担架上，腰部束在担架上，防止跌下。平地搬运时，应使触电者头部在后，上楼、下楼、下坡时，使其头部在上，搬运中应严密观察，防止伤情突变。

（3）出血急救。

1）触电者伤口渗血时，用较伤口稍大的消毒纱布数层覆盖伤口，然后进行包扎。若包扎后仍有较多渗血，可再加绷带适当加压止血。

2）当伤口出现呈喷射状的鲜红色血液涌出时，立即用清洁的手指压迫出血点上方（近心端），使血流中断，并将出血肢体抬高，以减少出血量，防止触电者出血过多而休克。

用止血带或弹性较好的布带止血时，应先用柔软布片或触电者的衣袖等数层布垫在止血带的下面，再扎紧止血带，其松紧以刚刚使肢端动脉搏动消失为度。上肢止血带每60min放松一次，下肢80min放松一次，每次放松1～2min，开始扎紧与每次放松的时间均应书面标明在止血带旁。不要在上臂中1/3处和腋窝下使用止血带，以免损伤神经。若放松时观察已无大出血，可暂停使用止血带。严禁使用铁丝、电线等做止血带。

3）高空跌落、撞击、挤压的触电者可能有胸腹内脏破裂出血。此时，受伤者外观无出血，但常表现出面色苍白、脉搏细弱、气促、冷汗淋漓、四肢厥冷、烦躁不安甚至神志不清或休克的状态。这种情况下，应使伤者迅速躺平、抬高下肢、保持温暖、并速送医院救治。若送医院需要的时间较长，可给其饮用少量的糖盐水。

（4）骨折急救。

1）当发生肢体骨折时，可用夹板或木棍等将断骨上、下方的两个关节固定，如图13-7所示，也可对触电者的身体进行固定，避免骨折部位移动，以减少疼痛，防止伤势恶化。当发生开放性骨折，并伴有大出血时，应先止血、再固定，切勿将外露的断骨推回伤口内。

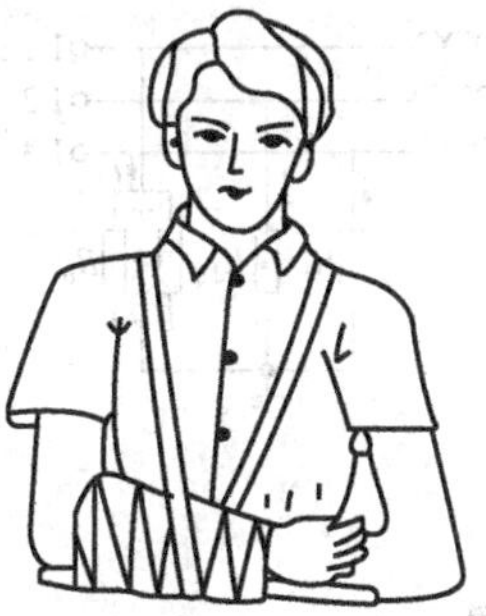

a)

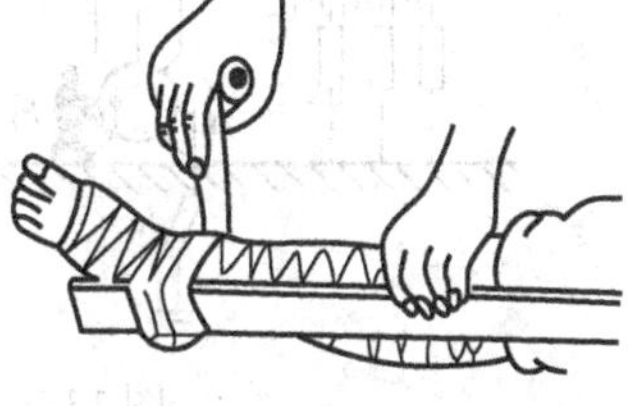

b)

图13-7 骨折的固定方法（一）

a）上肢骨折的固定方法 b）下肢骨折的固定方法

2）当怀疑可能发生颈椎骨折时，在使触电者平躺后，应用沙布袋（或其他代替物）放置其头部两侧，使其固定不动，如图 13-8a 所示。当必须进行口对口人工呼吸时，只能采用抬颏使呼吸道畅通，不能将其头部后仰或转动其头部，以免造成瘫痪或死亡。

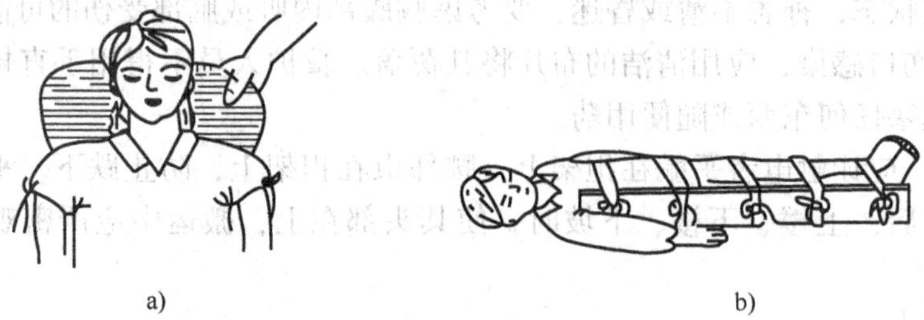

图 13-8　骨折的固定方法（二）

a）颈椎骨折的固定方法　b）腰椎骨折的固定方法

3）当怀疑发生腰椎骨折时，应让触电者平躺在平硬的木板上，并将其腰椎躯干及两侧下肢一同进行固定，以防止瘫痪，如图 13-8b 所示。搬运时，应数人合作，保持平稳，不能使触电者的身体扭曲。

（5）颅脑创伤急救。当触电者发生颅脑创伤时，伤势可能复杂多变，而且危险性较大，应禁止给其饮食，使其采取平卧位，保持呼吸道畅通；若有呕吐物，应扶好其身体和头部，使身体和头部同时侧转，防止呕吐物造成窒息死亡；当耳鼻有液体流出时，不要堵塞，只可轻轻拭去以有利于降低颅压，并应速送医院救治。

（6）灼伤急救。当发生电灼伤，电气火灾烧伤，高温高压气、水烫伤时，均应保持伤者伤口清洁，并用清洁布片覆盖，防止感染。四肢灼伤时，可先用清洁的冷水清洗，然后用清洁的布片或消毒纱布覆盖，并送医院进行救治。未经医务人员同意，灼伤部位不宜涂敷任何东西和药物。强酸或强碱灼伤时，应立即用大量清水彻底冲洗，并迅速将被浸湿的衣物剪去。

（四）防止触电的技术措施

1. 保护接地　在电源中性点不接地的供电系统中，把电气设备的金属外壳、框架等用接地装置与大地可靠地连接，以保护人身安全，称为保护接地。接地电阻不允许超过 4Ω，如图 13-9 所示为保护接地原理图。

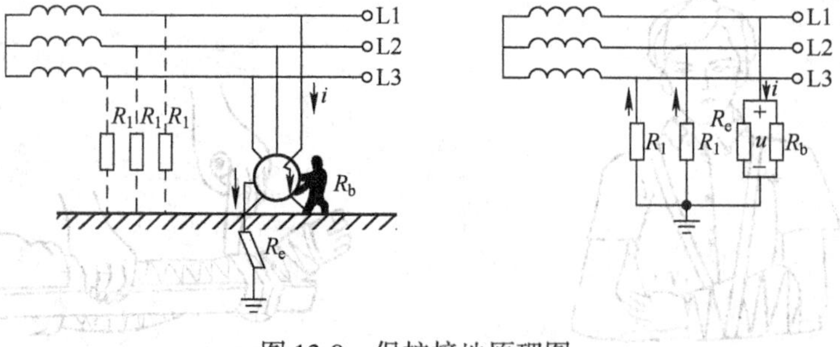

图 13-9　保护接地原理图

如某相绕组与机壳相碰，使机壳带了电，而此时人体与机壳接触时，由于采用了保护接地装置，相当于人与接地电阻并联起来，由于接地电阻远小于人体电阻，电流绝大部分通过接地线流入地下，从而保证了人身安全。

2. 保护接零　在电源中性点已接地的供电系统中，将电气设备的金属外壳与电源零线相连，称为保护接零。如图 13-10 所示为保护接零的原理图。当电气设备的一相因绝缘损坏而碰到机壳时，电流通过零线构成回路，由于零线阻抗很小，致使短路电流很大，立即将熔丝烧断，或使其他保护电器动作，迅速切断电源，消除触电危险。采用保护接零时，电源零线决不允许断开。因此，电源零线上不允许安装开关、熔断器。

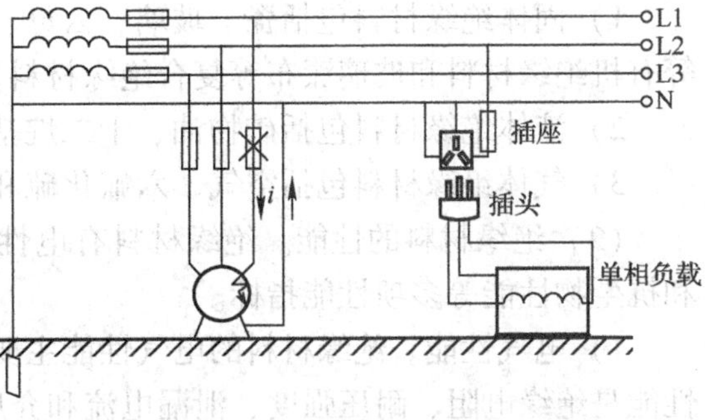

图 13-10　保护接零原理图

在实际应用中，用户端往往将电源零线再重复接地，以防零线断开，重复接地电阻一般小于 10Ω。加装保护零线，将单相两线制改为单相三线制，三相四线制改为三相五线制，室内安装了符合标准的单相三孔插座。如图 13-10 所示，设备的外壳接在插头的保护接地极上，三孔插座的接线规定为“左零右火上接地”。

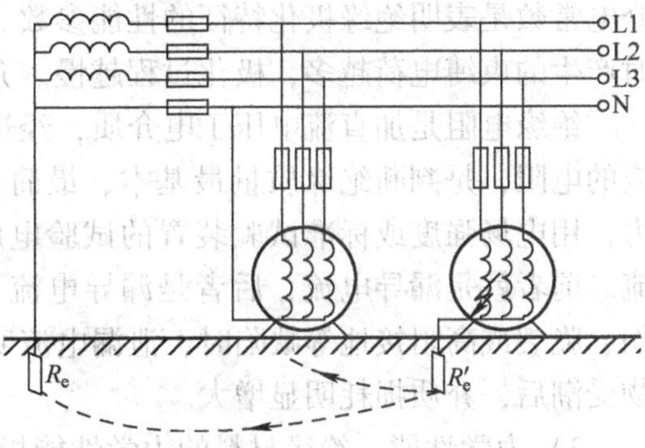

图 13-11　同一低压电网中不允许电气设备有的接零、有的接地保护

采用保护接零时要特别注意，在同一台变压器供电的低压电网中，不允许将有的设备接地、有的设备接零，如图 13-11 所示。

二、用电安全

（一）绝缘材料及其电气性能

1. 绝缘　绝缘是用绝缘物把带电体封闭起来。良好的绝缘是保证电气设备和线路正常运行的必要条件，也是防止触及带电体的安全保障。电气设备的绝缘应符合其相应的电压等级、环境条件和使用条件。绝缘是防止直接接触电击的技术措施之一，虽然看起来十分简单，但对于预防当前大约 50% 的触电死亡事故有很大的现实意义。

2. 绝缘材料　绝缘材料，英文名称为 Insulation Material，是指体积电阻率 $10^7\Omega\cdot m$ 以上的材料，又称电介质，如图 13-12 所示。

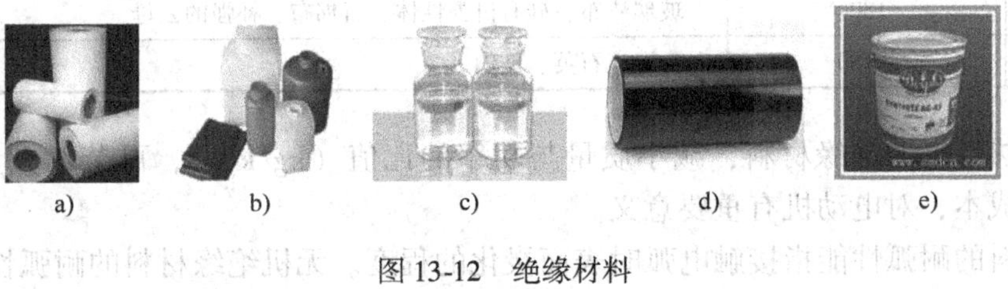

a)　b)　c)　d)　e)

图 13-12　绝缘材料

a）绝缘纸　b）塑料　c）变压器油　d）绝缘 PC 薄膜　e）绝缘漆

（1）绝缘材料的分类。

1）固体绝缘材料包括瓷、玻璃、云母、石棉等无机绝缘材料；橡胶、塑料、纤维制品等有机绝缘材料和玻璃漆布等复合绝缘材料。

2）液体绝缘材料包括矿物油、十二烷基苯和硅油等。

3）气体绝缘材料包括空气、六氟化硫和氮等。

（2）绝缘材料的性能。绝缘材料有电性能、热性能、力学性能、化学性能、吸潮性能和抗生物性能等多项性能指标。

1）电气性能。绝缘材料的电气性能主要是电阻率和介电常数。作为绝缘结构，其主要性能是绝缘电阻、耐压强度、泄漏电流和介质损耗。

电阻率是用来表示各种物质电阻特性的物理量。某种材料制成的长1m，横截面积是1mm^2 的导线在常温下（20℃）的电阻，叫做这种材料的电阻率，符号为ρ，单位是$\Omega \cdot m$。介电常数是表明绝缘极化特征的性能参数。介电常数越大，表明绝缘的极化能力越强，极化时产生的束缚电荷越多，极化过程越慢。介电常数的符号是ε，单位为F/m。

绝缘电阻是加直流电压于电介质，经过一定时间极化过程后，流过电介质的泄漏电流对应的电阻，是判断绝缘质量最基本、最简易的指标。耐压强度表明绝缘物承受过电压的能力，用电场强度或标准试验装置的试验电压表示。泄漏电流分直流泄漏电流和交流泄漏电流。前者就是漏导电流，后者是漏导电流、极化电流、位移电流的几何和。绝缘物带有硬伤、脆裂或高阻接地等缺陷时，泄漏电流明显增大。介质损耗是介质损耗角的正切值。绝缘物受潮后，介质损耗明显增大。

2）力学性能。绝缘材料的力学性能指强度、弹性等性能。随着使用时间的延长，绝缘材料的力学性能将逐渐降低。

3）热性能。绝缘材料的热性能包括耐热性能、耐弧性能、阻燃性能、软化温度和粘度。绝缘材料的耐热性能用允许工作温度来衡量。按耐热性能不同，绝缘材料的分级见表13-1。

表13-1 绝缘材料分级表

级别	允许工作温度/℃	材料举例
Y	90	纸板、有机填料、塑料、木材、棉花及其纺织品
A	105	层压布板、沥青漆、漆布、漆包线的绝缘、浸渍过的Y级绝缘料
E	120	玻璃布、油性树脂漆、耐热漆包线的绝缘
B	130	高强度漆包线的绝缘、石棉纤维、玻璃纤维、聚酯漆和聚酯薄膜
F	155	云母制品、石棉、玻璃漆布、复合硅有机树脂漆
H	180	玻璃漆布、硅有机弹性体、石棉布、补强的云母
C	>180	陶瓷、石英、玻璃

采用耐热性高的绝缘材料，减小质量与功率的比值（kg/kW），可节约大量金属材料，降低电动机成本，对电动机有重要意义。

绝缘材料的耐弧性能指接触电弧时表面炭化的程度。无机绝缘材料的耐弧性能优于有机绝缘材料的耐弧性能。

绝缘材料的阻燃性能用氧指数评定。氧指数是在规定的条件下，材料在氧、氮混合气体中恰好能保持燃烧状态所需要的最低氧浓度。氧指数用百分数表示。显然，氧指数越低的材料越容易燃烧。氧指数在21%以下的材料为可燃性材料，氧指数在21% ~27%的材料为自熄性材料，氧指数在27%以上的材料为阻燃性材料。阻燃性材料应能保证短路电弧熄灭后或外部火源熄灭后不再继续燃烧，而且在一定的火焰温度（如750~800℃）下，经过一定的时间（如1.5~2h），最里面的绝缘层仍有足够的绝缘能力维持通电。阻燃性绝缘材料可以抑制火灾的蔓延，具有减缓、终止有焰燃烧和抑制无焰燃烧的功能。

软化温度是指固体绝缘材料在较高温度下维持不变形的能力。

粘度指绝缘液体的流动性。例如，10号变压器油在-10℃时流动性变坏，只能用于环境温度在-10℃以上的场合。

4）吸潮性能。吸潮性能包括吸水性能和亲水性能。木材属于吸水性材料，而玻璃属于不吸水性材料。玻璃表面能凝结水膜，属于亲水性材料，而蜡和聚四氟乙烯表面不能凝结水膜，属于不亲水性材料。

5）抗生物性能。抗生物性能是材料抵御真菌等生物性破坏的能力。

（3）绝缘破坏。绝缘材料受到电气、高温、潮湿、机械、化学、生物等因素的作用时，均可能遭到破坏，并可归纳为以下三种破坏方式。

1）绝缘击穿。当施加于绝缘材料上的电场强度高于临界值时，会使通过绝缘材料的电流剧增，绝缘材料发生破裂或分解，完全失去绝缘性能，这种现象称为绝缘击穿。发生绝缘击穿时的电压称为击穿电压，击穿时的电场强度简称击穿强度。

气体绝缘材料的击穿是由碰撞电离导致的电击穿。气体被击穿后绝缘性会很快恢复。

液体绝缘材料的击穿特性与其纯净程度有关。为保证绝缘质量，液体绝缘材料使用前需经过纯化、脱水、脱气处理；使用中也应避免这些杂质的侵入。液体绝缘材料的击穿强度除受杂质影响外，还受湿度、电压作用时间、电场均匀程度等因素的影响。液体绝缘材料被击穿后，绝缘性能只在一定程度上得到恢复。

固体绝缘材料的击穿有电击穿、热击穿、电化学击穿、放电击穿等击穿形式。电击穿是固体介质在强电场的作用下，内部少量可自由移动的载流电子剧烈运动，与晶格上的原子发生碰撞使之游离，并迅速扩展而导致的击穿。电击穿的特点是作用时间短、击穿电压高。热击穿是固体绝缘材料温度上升、局部熔化、烧焦或烧裂导致的击穿。热击穿的特点是电压作用时间较长，而击穿电压较低。电化学击穿是由于电离、发热和化学反应等因素综合效应造成的击穿。电化学击穿的特点是电压作用时间较长，击穿电压往往很低。放电击穿是固体绝缘材料在强电场的作用下，内部气泡首先发生碰撞电离而放电，继而加热其他杂质，使之汽化形成气泡，由气泡放电进一步发展导致的击穿。除上述外，当固体绝缘材料与气体（或液体）绝缘材料同处于电场中时，可能发生沿分界面的所谓沿面放电。当沿面放电发展到另一电极时称为闪络。固体绝缘材料的击穿受电压作用时间、电场均匀程度、湿度、电极几何形状、周围媒质特征、电压种类等多种因素的影响。固体绝缘材料被击穿后将失去其原有性能。

2）绝缘老化。绝缘老化是绝缘材料在运行过程中受到热、电、光、氧、机械力、微生物等因素的长期作用，发生一系列不可逆的物理、化学变化，导致其电气性能和力学性能的劣化。

3）绝缘损坏。绝缘损坏是指绝缘材料受到外界腐蚀性液体、气体、蒸气、潮气、粉尘的污染和侵蚀，以及受到外界热源、机械力、生物因素的作用，失去电气性能或力学性能的现象。

（4）绝缘检测。绝缘检测包括绝缘试验和外观检查。绝缘试验包括绝缘电阻试验、耐压强度试验、泄漏电流试验和介质损耗试验。现场只进行绝缘电阻试验。绝缘电阻试验包括绝缘电阻测量和吸收比测量。绝缘电阻和吸收比都用兆欧表测量。

外观检查主要是绝缘机构物理性能的观察和检查，包括是否受潮，表面有无粉尘、纤维或其他污物，有无裂纹或放电痕迹，表面光泽是否减退，有无脆裂，有无破损，弹性是否消失，运行时有无异味等项目。

（二）接地装置

接地装置是接地体（极）和接地线的总称。电气设备的接地装置应当始终保持在良好状态。

1. 自然接地体和人工接地体 自然接地体是用于其他目的，但与土壤保持紧密接触的金属导体。例如埋设在地下的金属管道（有可燃或爆炸性介质的管道除外）、金属井管、与大地有可靠连接的建筑物的金属结构、木工构筑物及类似构筑物的金属管、桩等自然导体均可用作自然接地体。利用自然接地体不但可以节省钢材和施工费用，还可以降低接地电阻和等化地面与设备间的电位。如果有条件，应当优先利用自然接地体。当自然接地体的接地电阻符合要求时，可不敷设人工接地体（发电厂和变电所除外）。在利用自然接地体的情况下，应考虑到自然接地体拆装或检修时，接地体被断开，断口处出现的电位差及接地电阻发生变化的可能性。自然接地体至少应有两根导体在不同地点与接地网相连（线路杆塔除外）。利用自来水管以及利用电缆的铅、铝包皮作接地体时，必须取得主管部门同意，以便互相配合施工和检修。

人工接地体可采用钢管、角钢、圆钢或废钢铁等材料制成。人工接地体宜采用垂直接地体，多岩石地区可采用水平接地体。垂直埋设的接地体可采用钢管、角钢或圆钢。垂直接地体可以成排布置，也可以作环形布置。水平埋设的接地体可采用扁钢或圆钢。水平接地体可呈放射状布置，也可成排布置或环形布置。

2. 接地线 交流电气设备应优先利用自然导体做接地线。在非爆炸危险环境，如自然接地线有足够的截面积，可不再另行敷设人工接地线。

如果车间的电气设备较多，宜敷设接地干线。各电气设备的外壳分别与接地干线连接；而接地干线经两条连接线与接地体连接；各电气设备的接地支线应单独与接地干线或接地体相连，不应串联连接。接地线的截面积应与相线的截面积相适应。

电力线路杆塔接地体的引出线应镀锌，截面积不得小于 $50mm^2$。

未经允许，接地线不得作其他电气回路使用；不得用蛇皮管、管道保温层的金属外皮或金属网以及电缆的金属护层做接地线。

3. 接地装置的安装 典型角钢垂直接地体的安装如图 13-13 所示，每一垂直接地体的垂直元件不得少于两根，垂直元件的长度以 2～2.5m 为宜，因为太短了会增加流散电阻；太长了施工困难，而且接地电阻减小甚微。

相邻垂直元件之间的距离不宜小于其长度的两倍。接地体垂直元件的上端用扁钢或圆钢焊接成一个整体。为了减少自然因素对接地电阻的影响，接地体上端离地面的深度不应小于

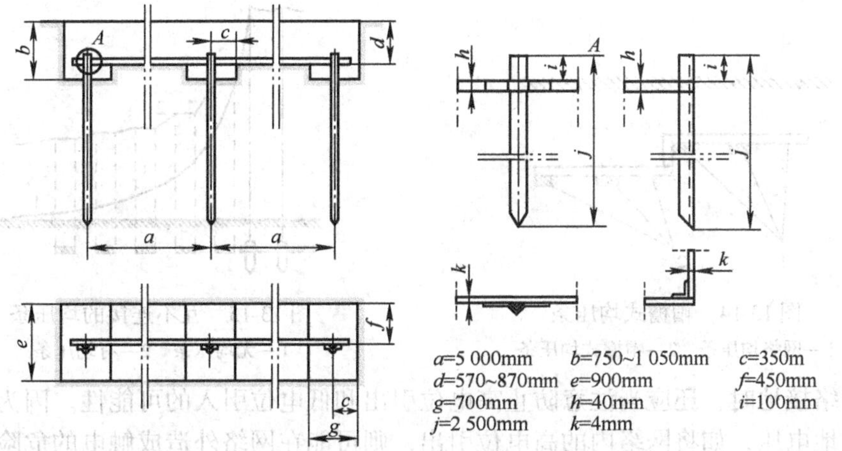

图 13-13 角钢接地体的安装

0.6m（农田地带不应小于1m），并应在冰冻层以下。接地体的引出导体应引出地面0.3m以上。接地体与独立避雷针接地体之间的地下距离不得小于3m；与建筑物墙基之间的地下距离不得小于1.5m。

普通垂直接地体可打入地下。对于挖坑埋设者，填土不应夹有石块、建筑垃圾等杂物，并应分层夯实。

接地体宜避开人行道和建筑物出入口附近。接地装置应尽量避免敷设在土壤中含有电解活性物质或各种溶液等腐蚀性较强的地带，如不能避开，则应采取防腐蚀措施，必要时可采用外引式接地装置，否则应采取改良土壤的措施。接地体的引出线和连接部位应作防腐处理。

为防止机械损伤和化学腐蚀，接地线与铁路或公路的交叉处及其他可能受到损伤处，均应穿管或用角钢保护。如穿过铁道，接地线应向上拱起，以便有伸缩的余地，防止断开。接地线穿过墙壁、楼板、地坪时，应敷设在明孔、管道或其他坚固的保护管中。接地线与建筑物伸缩缝、沉降缝交叉时，应弯成弧状或另加补偿连接件。

在高土壤电阻率地区，可采用外引接地法、延长接地体法、深埋法、土壤化学处理法（即应用减阻剂）和换土法等方法降低接地电阻。

在冻土地区，为提高接地质量，可采用将接地体敷设在溶化地带或溶化地带的水池、水坑中；敷设深埋式接地体或充分利用井管或其他深埋在地下的金属构件作接地体；在房屋溶化盘内敷设接地体的方法。除深埋式接地体外，再敷设深度为0.5m的延长接地体，以便在夏季地层表面化冻时起流散作用，并在接地体周围人工处理土壤，以降低冻结温度和土壤电阻率。

接地线的位置应便于检查，并不应妨碍设备的拆卸和检修。

对于能与大地构成闭合回路且经常流过电流的直流接地装置的接地线，应沿绝缘垫板敷设，不得与金属管道、建筑物和设备的构件有金属连接。

很多厂房采用网络接地体。当网络接地体外部的跨步电动势大于允许数值时，可采取在网络外埋设帽檐式均压条（见图13-14）或埋设互不连接的均压条（见图13-15）的措施，也可采取在地面铺设卵石、砾石或沥青层的措施。

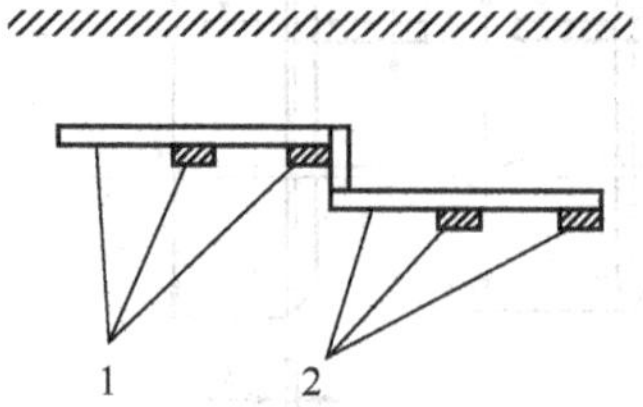

图 13-14 帽檐式均压条

1—网络均压条 2—帽檐式均压条

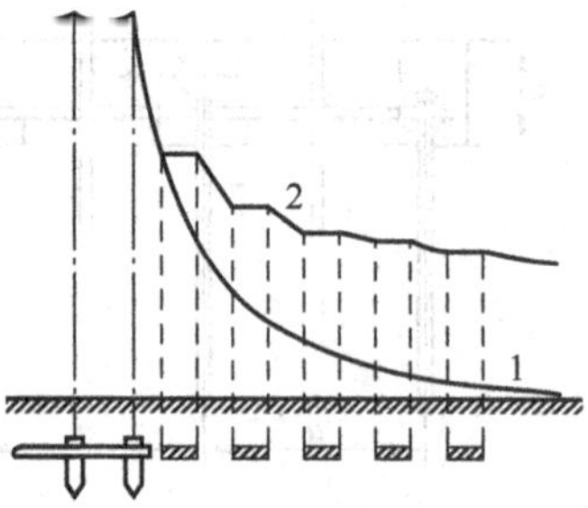

图 13-15 互不连接的均压条

1—无均压条 2—有均压条

采取网络接地时，还应当注意防止高电位引出和低电位引入的可能性。因为网络可能呈现较高的对地电压，如将网络内的高电位引出，则可能在网络外造成触电的危险；如将网络外的低电位引入，则可能在网络内造成触电危险。

4. 接地装置的连接 接地装置地下部分的连接应采用焊接，并应采用搭焊，不得有虚焊。扁钢与扁钢的搭接长度不得小于扁钢宽度的两倍，且至少在 3 个棱边施焊；圆钢与圆钢、圆钢与扁钢的搭接长度不得小于圆钢直径的 6 倍，且至少在两边施焊；扁钢与钢管、扁钢与角钢焊接时，除应在接触部位的两侧进行焊接外，还应在连接处焊以圆弧形或直角形卡子（包板），或直接将扁钢弯成圆弧形或直角形与钢管或角钢焊接。

利用建筑物的钢结构、起重机轨道、工业管道、电缆的金属外皮等自然导体作接地线时，其伸缩缝或接头处应另加跨接线，以保证接地连续可靠。自然接地体与人工接地体之间务必连接可靠。

接地线与管道的连接可采用螺纹联接或抱箍螺纹联接，但必须采用镀锌件，以防止锈蚀。在有振动的地方，还应采取防松措施。

5. 接地装置的检查和维护

（1）接地装置定期检查的周期。

1）变、配电站接地装置每年检查一次，并于干燥季节每年测量一次接地电阻。

2）车间电气设备的接地装置每半年检查一次，并于干燥季节每年测量一次接地电阻。

3）防雷接地装置每年雨季前检查一次；避雷针的接地装置每 5 年测量一次接地电阻。

4）手持电动工具的接零线或接地线每次使用前进行检查。

（2）接地装置定期检查的主要内容。

1）检查各部分连接是否牢固、有无松动、有无脱焊、有无重锈蚀。

2）检查接零线、接地线有无机械损伤或化学腐蚀、涂漆有无脱落。

3）检查人工接地体周围有无堆放强烈腐蚀性物质。

4）检查地面以下 0.5m 深处的腐蚀和锈蚀情况。

5）测量接地电阻是否合格。

（3）在下列情况下，应对接地装置进行维修：

1）焊接连接处开焊；

2）螺纹联接处松动；

3）接地线有机械损伤、断股或有严重锈蚀、腐蚀，锈蚀或腐蚀达 30% 以上者应予更换；

4）接地体露出地面；

5）接地电阻超过规定值。

（三）漏电保护

漏电保护装置主要用于防止间接接触电击和直接接触电击，也用于防止漏电火灾以及监测一相接地故障。

漏电保护装置的种类很多，按照动作原理，分为电压型和电流型两类；按照有无电子元器件，分为电子式和电磁式两类；按照极数，又分为二极、三极和四极漏电保护器。

1. 电压型漏电保护　电压型漏电保护装置以设备上的故障电压为动作信号，动作信号经处理后带动执行元件动作，促使线路迅速分断。

电压型漏电保护的电路图如图 13-16 所示。作为检测机构的电压继电器 FV 的零电位参考端接有三个相同的灯泡组成的辅助中性点，信号端接电动机外壳。当电动机漏电，电动机外壳对地的电压达到危险数值时，继电器迅速动作，切断作为线路主开关的接触器 KM 的控制回路，从而切断电源。图中，电阻 R 和复式按钮 3SB 组成检查支路，R 是分压电阻。复式按钮可保证检查时电动机的外壳不带电。

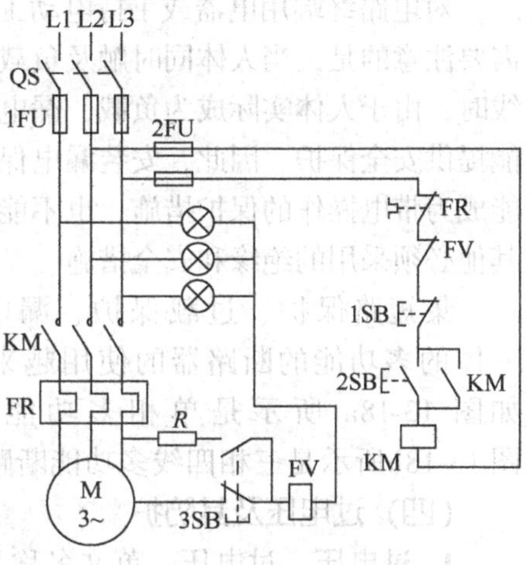

图 13-16　电压型漏电保护电路图

为了提高漏电保护装置的灵敏度和动作可靠性，可以采用直流继电器代替交流继电器。电压型漏电保护装置的零电位参考端也可以接地，但其接地线和接地体应与设备重复接地或保护接地的接地线和接地体分开。否则，保护装置将失效。

电压型漏电保护装置结构简单，可用于接地系统，也可用于不接地系统，但只能用于设备的漏电保护，而对直接接触电击不起防护作用。

2. 电流型漏电保护　电流型漏电保护装置以漏电电流或触电电流为动作信号。电流型漏电保护一般指零序电流型漏电保护或剩余电流型漏电保护。这种漏电保护装置采用零序电流互感器作为取得触电或漏电电流信号的检测元件。

电流型漏电保护不如电压型漏电保护的结构简单，但这种漏电保护能防止间接接触触电，又能防止直接接触电击。如图 13-17 所示为电流型漏电保护器的工作原理图，其结构包括检测电流互感器、放大器、电磁脱扣器、试验装置和主触点。

检测漏电的基本原理是：对所要控制的电路，其传输电能的所有导线要从漏电保护器中的检测电流互感器中穿过，构成一次绕组，二次绕组接电子放大器。根据用电需要，漏电保护器所带的负载（或负载群）有单相二线供电、三相三线供电和三相四线供电方式，图 13-17 所示为三相三线供电方式。

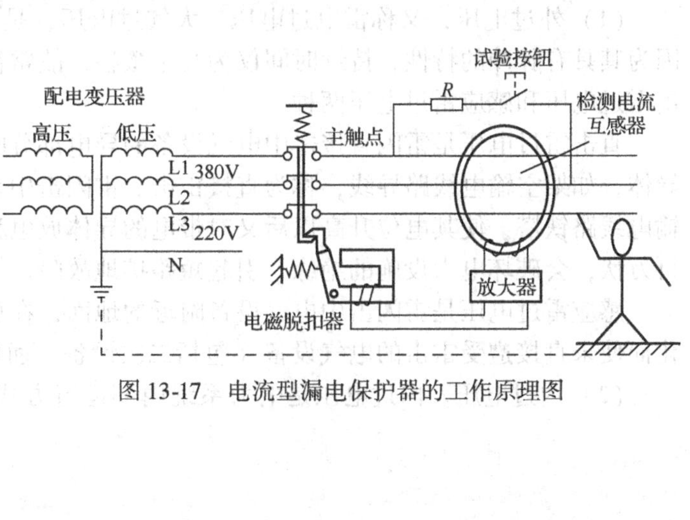

图 13-17　电流型漏电保护器的工作原理图

在正常情况下，电路中没有发生人身电击、设备漏电或接地故障时，根据基尔霍夫电流定律可知，检测电流互感器一次侧电路的电流矢量和等于零，因此产生的磁通矢量和也为零，检测电流互感器二次绕组中没有感应电压。当电路中发生人身电击、设备漏电或接地故障时，漏电流从大地返回配电变压器的中心端，检测电流互感器一次侧电路的电流矢量和就不等于零，二次绕组中就有感应电压。当漏电流等于或大于额定值时，通过电子放大器，使电磁脱扣器吸合脱扣，断开主触点，从而切断电源，起到漏电和触电保护的作用。

使用漏电保护器应定期检查。检查时，按下试验按钮，由检测电流互感器的外回路经电阻 R 产生一个模拟的漏电电流，漏电保护器应立即跳闸。

对电路终端用电器或手持电动工具控制的漏电保护器，其额定漏电动作电流不超过30mA。需要注意的是，当人体同时触及负载侧的两条线时，由于人体实际成为负载，漏电保护器不能提供安全保护。因此，安装漏电保护器绝不能成为带电操作的保护措施，也不能因此免除其他必须采用的绝缘和安全措施。

集短路保护、过载保护、漏电保护于一体的多功能的断路器的使用越来越普遍，如图 13-18a 所示是单相多功能断路器，图 13-18b所示是三相四线多功能断路器。

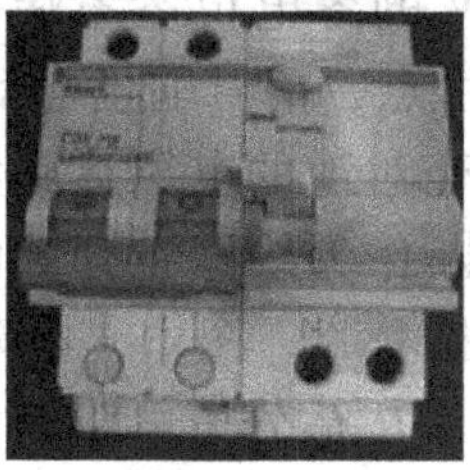
a)

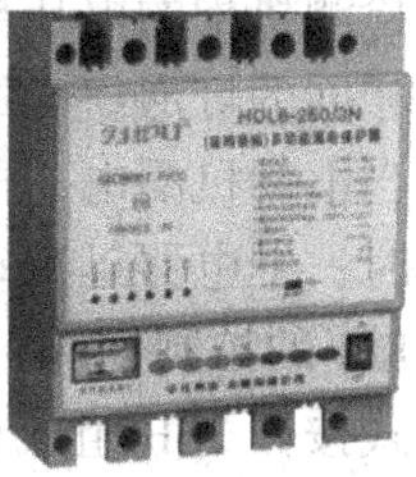
b)

图 13-18 多功能断路器实物图
a）单相多功能断路器 b）三相四线多功能断路器

（四）过电压及其防护

1. 过电压 过电压，英文名称为 Over Voltage，是指工频下交流电压均方根值升高，超过额定值的 10%，并且持续时间大于 1min 的长时间电压变动现象。过电压的出现通常是负荷投切的结果，例如切断某一大容量负荷或向电容器组增能（无功补偿过剩导致的过电压）。

电力系统在特定条件下所出现的超过工作电压的异常电压升高，属于电力系统中的一种电磁扰动现象。电气设备的绝缘长期耐受着工作电压，同时还必须能够承受一定幅度的过电压，这样才能保证电力系统安全可靠地运行。研究各种过电压的起因、预测其幅值、并采取措施加以限制，是确定电力系统绝缘配合的前提，对于电气设备的制造和电力系统的运行都具有重要意义。

2. 过电压的分类

（1）外过电压，又称雷电过电压、大气过电压，是由大气中的雷云对地面放电引起的。因为其具有脉冲的特性，持续时间仅为几十微秒，故常被称为雷电冲击波。雷电过电压分直击雷过电压和感应雷过电压两种。

直击雷过电压是雷闪直接击中电气设备的导电部分时所出现的过电压。雷闪击中带电的导体，如架空输电线路导线，称为直接雷击。雷闪击中正常情况下处于接地状态的导体，如输电线路铁塔，使其电位升高以后又对带电的导体放电称为反击。直击雷过电压幅值可达上百万伏，会破坏电力设施的绝缘，引起短路接地故障。

感应雷过电压是雷闪击中电气设备附近的地面，在放电过程中由于空间电磁场的急剧变化而使未直接遭受雷击的电气设备（包括二次设备、通信设备）上感应出的过电压。

（2）内过电压。内过电压是电力系统内部运行方式发生改变而引起的过电压。内过电压有暂态过电压、操作过电压和谐振过电压。

暂态过电压是由于断路器操作或发生短路故障，使电力系统经历过渡过程以后重新达到某种暂时稳定的情况下所出现的过电压，又称工频电压升高，常见的有：① 空载长线电容效应（费兰梯效应）：在工频电源作用下，由于远距离空载线路电容效应的积累，使沿线电压分布不等，末端电压最高；② 不对称短路接地：三相输电线路 a 相短路接地故障时，b、c 相上的电压会升高；③ 甩负荷过电压：输电线路因发生故障而被迫突然甩掉负荷时，由于电源电动势尚未及时自动调节而引起的过电压。

操作过电压是由于进行断路器操作或发生突然短路而引起的衰减较快、持续时间较短的过电压，常见的有：① 空载线路合闸和重合闸过电压；② 切除空载线路过电压；③ 切断空载变压器过电压；④ 弧光接地过电压。

谐振过电压是电力系统中电感、电容等储能元件在某些接线方式下与电源频率发生谐振所造成的过电压，一般按起因分为：① 线性谐振过电压；② 铁磁谐振过电压；③ 参量谐振过电压。

过电压的分类如图 13-19 所示。

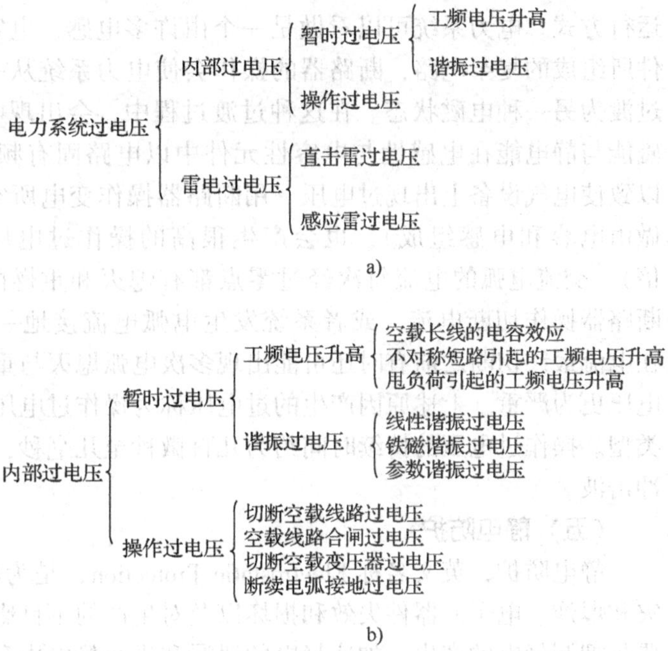

图 13-19　过电压的分类

a）电力系统过电压　b）内部过电压

3. 过电压的防护　电气设备的绝缘强度必须能够承受一定幅值的操作过电压。主要采取开关触头加并联电阻的方法限制操作过电压的幅值，同时还可以用避雷器加以防护。

（1）外过电压的防护。常规的防雷电方法可分为防直击雷电、防感应雷电和综合性防雷电三种。

防直击雷电的避雷装置一般由三部分组成，即接闪器、引下线和接地体。接闪器又分为避雷针、避雷线、避雷带和避雷网。外过电压的防护一般采用避雷针、避雷器、避雷网、避雷线等装置将雷电直接导入大地。下面以避雷针为例来说明接闪器的防雷电原理。

避雷针如图 13-20 所示，它安装在高大建筑物的顶端，通过金属线与埋在地下的一块金属板连接，通过导线与地面形成等电位差，利用自身的高度，使电场强度增加到极限值的雷电云的电场发生畸变，开始电离并下行先导放电；避雷针在强电场作用下产生尖

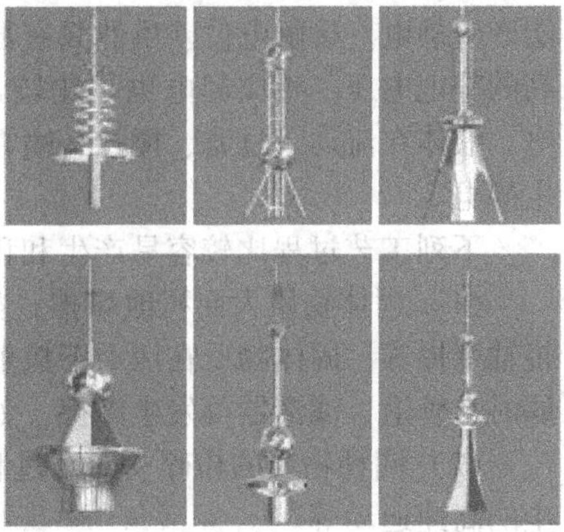

图 13-20　避雷针

端放电，形成向上先导放电；两者会合形成雷电通路，随之泻入大地，达到避雷效果。实际上，避雷针是引雷针，可将周围的雷电引来并提前放电，将雷电电流通过自身的接地导体传向地面，避免建筑物直接遭雷击。

避雷针主要用来保护露天变配电设备、建筑物和构筑物；避雷线主要用来保护电力线路；避雷网和避雷带主要用来保护建筑物；避雷器主要用来保护电力设备。

(2) 内过电压的防护。电力系统内部运行方式发生改变而引起的过电压称为内过电压。为了满足正常运行的需要，或者有时要被迫切除故障，电力系统会经常通过断路器（见图 13-21）操作改变运行方式。电力系统可以看做是一个由许多电感、电容等性质的元件所组成的复杂电路，断路器的操作会使电力系统从一种电磁状态过渡为另一种电磁状态。在这种过渡过程中，会出现电磁振荡，电磁能与静电能在电感性与电容性元件中以电路固有频率交替转化，以致使电气设备上出现过电压。用断路器操作变电所空母线（可看做由电容和电感组成），也会产生很高的操作过电压（1.8～2.0倍）。交流电弧的电流每次经过零点都有熄灭和重燃的过程，通过断路器操作切断电流，或者系统发生电弧电流接地——弧光接地，在电流最终切断之前有时还可能出现多次电弧熄灭与重燃，从而加剧电磁振荡的过程，使过电压更为严重。上述原因产生的过电压称为操作过电压，是电力系统内部过电压的一种主要类型。操作过电压的持续时间约为几百微秒至几毫秒，它的峰值也具有脉冲性质，称为操作冲击波。

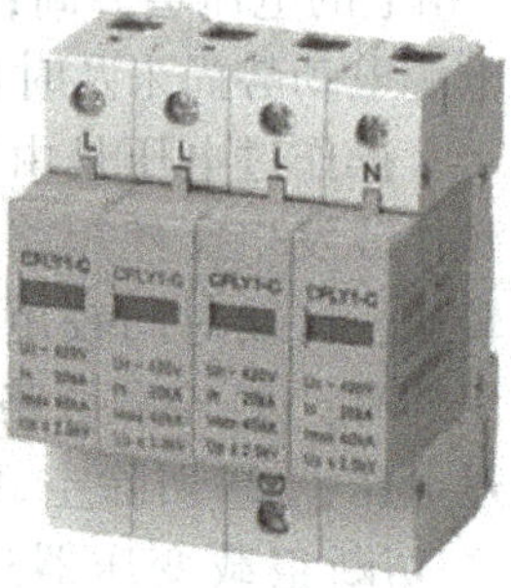
图 13-21 过电压保护器（断路器）

（五）静电防护

静电防护，英文名称 Electrostatic Protection，是为防止静电积累所引起的人身电击、火灾和爆炸、电子元器件失效和损坏以及对生产的不良影响而采取的防范措施，其防范原则主要是抑制静电的产生、加速静电的泄漏和进行静电中和等。

1. 静电的产生 静电产生的机理比较复杂，产生的方式也很多，最常见的方式是接触—分离起电。当两种物体接触，其间距离小于 25×10^{-8}cm 时，由于不同物质束缚最外层电子的能力不同，将发生电子转移。此时，界面两侧会出现大小相等、极性相反的两层电荷，这两层电荷称为双电层，其间的电位差称为接触电位差。如果这时两种物体迅速分离，即可能产生静电。接触电位差虽然只有数毫伏至数百毫伏，但在特定的条件下，它可以演变成很高的静电电压。感应起电也是比较常见的起电方式。此外，破断、挤压、吸附也能产生静电。液体在流动、过滤、搅拌、喷雾、喷射、飞溅、冲刷、灌注、剧烈晃动等过程中也会产生静电。

下列工艺过程比较容易产生和积累静电：

(1) 固体物质大面积地摩擦，如纸张与辊轴摩擦、橡胶或塑料碾制、传动带与带轮或辊轴摩擦等；固体物质在压力下接触而后分离，如塑料压制、上光等；固体物质在挤出、过滤时与管道、滤清器等发生摩擦，如塑料的挤出、赛璐珞的过滤等。

(2) 同种物质的粉碎、研磨过程；粉体物料的筛分、过滤、输送、干燥过程；悬浮粉尘的高速运动等。

(3) 在混合器中搅拌各种高电阻率物质，如纺织品的涂胶过程等。

（4）高电阻率液体在管道中流动且流速超过1m/s时；液体喷出管口，液体注入容器发生冲击、冲刷和飞溅时等。

（5）液化气体、压缩气体或高压蒸气在管道中流动和由管口喷出时，如从气瓶放出压缩气体和喷漆等。

（6）操作人员穿化纤布料衣服、穿高绝缘（底）鞋操作。

2. 静电的特点

（1）静电电压高。固体静电电压可达200kV以上，液体静电和粉体静电可达数万伏，气体和蒸气静电可达10kV以上，人体静电也可达10kV以上。

（2）静电泄漏慢。静电泄漏有两条途径：一条是绝缘体表面，一条是绝缘体内部。前者遇到的是表面电阻，后者遇到的是体积电阻。很多易起电材料的电阻率都很高，其上的静电泄漏很慢。例如，某橡胶的电阻率$\rho = 10^{14}\Omega \cdot m$、介电常数$\varepsilon = 17 \times 10^{-12}F/m$，则时间常数$r = \varepsilon\rho = 1\ 700s$，经20min后，其上的静电才能泄漏一半。正因为如此，高电阻材料容易积累危险静电。

（3）静电放电形式。

1）电晕放电。电晕放电是发生在带电体尖端附近局部区域内的放电。电晕放电可能伴有“嘶嘶”声和淡蓝色光。电晕放电的电流很小，能量密度不高，如不继续发展则没有引燃危险。

2）刷形放电。刷形放电是火花放电的一种，其放电通道有很多分支，放电时伴有声光。绝缘体束缚电荷的能力很强，其表面容易出现刷形放电。同一带电绝缘体与其他物体之间，可能发生多次刷形放电。刷形放电能引燃一些敏感度高的爆炸性混合物，属于高积累危险静电。由于空气湿度受环境温度的影响，因此环境温度的变化可能加剧静电的产生。

3）火花放电。火花放电是放电通道火花集中，即电极上有明显的放电集中点的火花放电。火花放电伴有短促的爆裂声和明亮的闪光，其引燃危险性大。

4）雷形放电。雷形放电是悬浮在空气中的带电粒子形成空间电荷云后所发生的闪电状放电。雷形放电的引燃危险性也很大。

3. 静电的影响因素　静电的产生和积累受材质、工艺设备和工艺参数、环境条件等因素的影响。

（1）材质和杂质的影响。容易得失电子，而且电阻率很高的材料才容易产生和积累静电。生产中常见的乙烯、丙烷、丁烷、原油、汽油、轻油、苯、甲苯、二甲苯、硫酸、橡胶、赛璐珞和塑料等都比较容易产生和积累静电。杂质对静电有很大的影响，静电在很大程度上取决于所含杂质的成分。一般情况下，杂质有增强静电的趋势。

（2）工艺设备和工艺参数的影响。接触面积越大，双电层正、负电荷越多，产生的静电越多；接触压力越大或摩擦越强烈，会增加电荷的分离，以致产生较多静电。设备的几何形状也对静电有影响，例如平带与带轮之间的滑动位移比V带大，产生的静电也比较强烈。滤清器会大大增加接触和分离程度，可能使液体静电电压增加十几倍到100倍以上。

（3）环境条件的影响。湿度对静电泄漏的影响很大。随着湿度增加，绝缘体表面凝成薄薄的水膜，并溶解空气中的二氧化碳气体和绝缘体析出的电解质，使绝缘体表面的电阻率降低，从而加速静电的泄漏。空气湿度降低，很多绝缘体表面的电阻率升高，静电泄漏变慢，从而容易积累静电。

4. 静电的危害 工艺过程中产生的静电可能引起爆炸和火灾，也可能对人造成电击伤害，还可能妨碍生产，其中爆炸或火灾是最大的危害和危险。

(1) 爆炸和火灾。静电的能量虽然不大，但因其电压很高而容易发生放电，如果静电所在场所有易燃物质，又有由易燃物质形成的爆炸性混合物，包括爆炸性气体和蒸气以及爆炸性粉尘等，即可能由静电火花引起爆炸和火灾。

应当指出，带静电的人体接近接地导体或其他导体时，以及接地的人体接近带电的物体时，均可能发生火花放电，导致爆炸。

(2) 静电电击。静电电击不是电流持续通过人体的电击，而是静电放电造成的瞬间冲击性的电击。由于生产工艺过程中积累的静电能量是不大的，静电电击不会使人致命。但是，不能排除由静电电击导致严重后果的可能性，例如人体可能因静电电击而坠落或摔倒，造成二次事故；静电电击还可能引起工作人员紧张而妨碍工作等。

(3) 妨碍生产。在某些生产过程中，如不消除静电，将会妨碍生产或降低产品质量。例如在电子技术领域，生产过程中产生的静电还可能引起计算机、开关等设备中的电子元器件误动作，可能对无线电设备产生干扰，还可能击穿集成电路的绝缘等。

【拓展与提高】

静电防护措施

静电最为严重的危险是引起爆炸和火灾。因此，静电安全防护主要是对爆炸和火灾的防护。静电防护措施对于防止静电电击和防止静电影响生产也是有效的。

1. 环境危险程度控制 静电引起爆炸和火灾的条件之一是有爆炸性混合物存在。为了防止静电引燃火灾，可采取取代易燃介质、降低爆炸性混合物的浓度、减少氧化剂含量等控制所在环境爆炸和火灾危险程度的措施。

2. 工艺控制 工艺控制是从材料的选用、摩擦速度或流速的限制、静电松弛过程的增强、附加静电的消除等方面采取措施，限制和避免静电的产生和积累。

为了有利于静电的泄漏，可采用导电性工具；为了减轻火花放电和感应带电的危险，可采用阻值为 $10^7 \sim 10^9\Omega$ 的静电导电性工具；为了限制产生危险的静电，烃类燃油在管道内流动时，流速与管径应满足以下关系

$$v^2 D \leqslant 0.64$$

式中 v——流速，单位为 m/s；

D——管径，单位为 m。

为了防止静电放电，在液体灌装、循环或搅拌过程中不得进行取样、检测或测温操作。进行上述操作前，应使液体静置一定的时间，使静电得到足够的消散或松弛。

为了避免液体在容器内喷射或溅射，应将注油管延伸至容器底部，而且其方向应有利于减轻容器底部积水或沉淀物的搅动；装油前，应清除罐底积水和污物，以减少附加静电。

3. 接地 接地的作用主要是消除导体上的静电。金属导体应直接接地。为了防止火花放电，应将可能发生火花放电的间隙跨接连通起来，并予以接地，使其各部位与大地等电位。为了防止感应静电的危险，不仅产生静电的金属部分应当接地，而且其他不相连接但邻近的金属部分也应接地。

因为静电泄漏的电流很小，所以防静电接地电阻原则上不超过 1MΩ 即可；对于金属导体，为了检测方便，可要求接地电阻不超过 10～1 000Ω；对于感应静电，接地只能消除部分危险；采用电阻率 $1\times10^{8}\Omega\cdot m$ 以下的材料制成的静电导电性地面，实质上也是一种接地措施；对于产生和积累静电的高绝缘材料，宜通过 $10^{6}\Omega$ 或稍大一些的电阻接地。

4. 增湿 为防止被保护设备表面大量带电，相对湿度应在 50% 以上；为了提高降低静电的效果，相对湿度应提高到 65%～70%；对于吸湿性很强的聚合材料，为了保证降低静电的效果，相对湿度应提高到 80%～90%。应当注意，增湿的方法不宜用于消除高温环境里的绝缘体上的静电。

5. 抗静电添加剂 抗静电添加剂是化学药剂，具有良好的导电性或较强的吸湿性。因此，在容易产生静电的高绝缘材料中，加入抗静电添加剂之后，能降低其电阻率或表面电阻率以加速静电的泄漏，消除静电的危险。

6. 静电中和器 静电中和器又叫静电消除器，是能产生电子和离子的装置。由于产生了电子和离子，物料上的静电电荷得到异性电荷的中和，从而消除了静电的危险。

静电中和器主要用来消除非导体上的静电。尽管它不一定能把带电体上的静电完全消除掉，但可将其降至安全范围以内。按照工作原理和结构的不同，静电中和器分为感应式中和器、高压式中和器、放射线式中和器和离子风式中和器。在消电要求较高的场所，还可以采用组合型的静电中和器。

【复习思考题】

1. 简述电流对人体的作用。

2. 安全电压是如何定义的？

3. 画图简述保护接零和保护接地的原理。

4. 绝缘材料是如何分类的？

5. 绝缘材料的性能与哪些因素有关？

6. 绝缘材料有哪些性能？

7. 过电压是如何定义和分类的？

8. 如何防护过电压？

9. 静电防护可以采取哪些方法？

10. 哪些情况下可能产生静电？

参考文献

[1] 王鼎，王桂琴．电工电子技术 [M]．北京：机械工业出版社，2006.

[2] 林红，张鄂亮，周鑫霞．电工电子技术 [M]．北京：清华大学出版社，2010.

[3] 安宗权．汽车电工电子技术 [M]．北京：机械工业出版社，2010.

[4] 王芳荣，王鼎．电工电子技术实验指导 [M]．北京：清华大学出版社，2009.

[5] 于松伟．城市轨道交通供电系统设计原理与应用 [M]．成都：西南交通大学出版社，2008.

[6] 王艳荣．城市轨道交通车辆电气检修 [M]．上海：上海科学技术出版社，2010.

[7] 胡晓光．数字电子技术基础 [M]．北京：高等教育出版社，2010.

[8] 陈健巍，刘骋．电工电子技术基础实验与实训 [M]．上海：同济大学出版社，2009.

[9] 王秀和，杨玉波，朱常青．异步起动永磁同步电动机：理论、设计与测试 [M]．北京：机械工业出版社，2009.

[10] 朱茂勋．三相异步电动机绕组嵌接线实用图集 [M]．上海：上海科学技术出版社，2009.

[11] 张崇巍，张兴．PWM 整流器及其控制 [M]．北京：机械工业出版社，2003.

[12] 曲学基，曲敬铠，于明扬．电力电子整流技术及应用 [M]．北京：电子工业出版社，2008.

[13] 张新德．蓄电池保养维修与再生即时通 [M]．北京：机械工业出版社，2009.

[14] 皮埃罗 (Robert F. Pierret)．半导体器件基础 [M]．黄如，王漪，王金延，译．北京：电子工业出版社，2004.

[15] 袁寿财．IGBT 场效应半导体功率器件导论 [M]．北京：科学出版社，2007.

[16] 洪雪燕，林建军，王富勇．安全用电 [M]．北京：中国电力出版社，2008.

[17] 果强，熊化武．安全用电基础 [M]．北京：电子工业出版社，2007.

[18] 洪雪燕，林建军．安全用电 [M]．北京：中国电力出版社，2005.

[19] 刘宝玲．电子电路基础 [M]．北京：高等教育出版社，2006.

[20] 陈永甫．常用半导体器件及模拟电路 [M]．北京：人民邮电出版社，2006.